中国社会科学院
老年学者文库

我思古人

古代铭刻与历史考古研究

赵　超◎著

社会科学文献出版社
SOCIAL SCIENCES ACADEMIC PRESS (CHINA)

目 录
CONTENTS

"邦、封""命、令"辨

　　1980 年第 5 期《考古》杂志《辽宁省新金县后元台发现铜器》一文中介绍了一件"廿一年启封戈"。该戈内面铸有铭文："廿一年启𤯜呤（令）瘫，工帀（师）金，冶者。"字体为战国时期三晋文字。内背刻有"启封"二字，字体为秦隶书。根据铭文内容来看，这件兵器原属魏国，后被秦国缴获，归秦国驻启封守军使用。对比内背、内面铭文可以断定内面铭文中的𤯜字应释为封。金文封字的这种写法尚属初次发现。从这件戈铭中，我们联系到一点古文字释读中的问题，试述于下。

一　邦与封

　　以往的甲骨释文中均将𤯜字释作邦。孙海波撰《甲骨文编》、岛邦男撰《殷墟卜辞综类》等甲骨字书都采用了这一说法。又《说文解字》六下邑部、邦字古文作𤯜。虽有形讹，但仍可以看出是由𤯜变来。《汗简》下之二、田部收古文尚书邦字作𤯜，与《说文解字》相同。现根据《启封》戈铭文中的封字可知上述"邦"字均应改释为封字。

　　前人多认为古代"邦""封"一字。如刘熙《释名·释州国》："邦、封也。封有功于是也。"桂馥《说文义证》、王国维《古籀疏证》均持此说。或认为邦先于封。如高田忠周《古籀篇》卷二十第 4 页："𤲸即封省，土田同意，故或作𤯜，邦为先出，封为后出，而邦已受意于封，封亦从邦，此转注之例也。"

实际上，无论从意义或形体上看，封都应先于邦，而且在古文字材料中，邦、封二字有着明显的区别，所以不能将邦、封看成一个字。尽管它们声音相同、意义相近，有时还互相假借，但它们的形符却始终不同。为便于比较，兹将封、邦二字在各个时期的典型字体列成下表。

表一

	封	邦
甲骨文	甲 2902 南明 633 乙 6519	尚无可确释为邦者
两周金文	卣① 康侯丰鼎② 伊簋③ 召伯簋④ 鲁少司寇封孙宅盘⑤	盂鼎⑥ 子邦父甗⑦ 禹鼎⑧
战国文字	平阳封宫⑨ "封害"玺⑩ "开封"齐刀，节墨之法化背文⑪ ⑫ 中山壶⑬	侯马盟书⑭ 中山壶 齐刀，齐造邦𨙹法化⑮ 长邦戈（魏器）⑯ 八年相邦剑（赵器）⑰

① 《商周金文录遗》第 244 器。
② 《三代吉金文存》卷三第 3 页。
③ 《三代吉金文存》卷九第 20 页。
④ 《三代吉金文存》卷九第 21 页。
⑤ 《记上海博物馆新收集的青铜器》，《文物》1964 年第 7 期。
⑥ 《三代吉金文存》卷四第 42 页。
⑦ 《三代吉金文存》卷五第 9 页。
⑧ 《商周金文录遗》第 99 器。
⑨ 《金石屑》卷一第 3 页。
⑩ 《契斋古印存》。
⑪ 《古泉汇》亨集卷三。
⑫ 《古文四声韵》上平三钟。
⑬ 《河北省平山县战国时期中山国墓葬发掘简报》，《文物》1979 年第 1 期。
⑭ 《侯马盟书》第 309 页。
⑮ 《古泉汇》亨集卷一。
⑯ 《长沙识字岭战国墓》，《考古》1977 年第 1 期。
⑰ 《小校经阁金文拓本》卷十第 75 页。

	封	邦
战国文字	🔲 "后开封"玺① 🔲 "史封"玺② 🔲 "封闲"玺③	🔲 十五年相邦剑（赵器）④ 🔲 "匈奴相邦"玺⑤ 🔲 "史邦"玺⑥ 🔲 "公孙邦"玺⑦
秦汉隶书	封 云梦睡虎地秦简编年纪32简⑧	邦 马王堆汉帛书老子甲本第65行⑨

由上表中可见"封"有无形符及从土从寸三体，但均不从邑。"邦"则无论声旁丰形体如何变化，形旁邑始终存在，决不省去。此即封、邦二字的区别。邦原与国同义，均指都邑。《国语·周语上》"后非众无与守邦"。韦昭注："邦，国也。"《仪礼·既夕礼》"至于邦门"郑玄注："邦门，城门也。"贾公彦疏："此邦门者，国城北门也。"《史记·魏世家》集解云："《汲冢纪年》曰：梁惠王九年四月甲寅，徙都大梁也。"《孟子·梁惠王上》正义同。而《水经·渠水注》则作"徙邦于大梁"。《续古逸丛书》所收永乐大典本《水经注》亦作邦。可见邦与都意义近同。邦字所从邑旁正为了说明这一点。两周、战国、秦汉形声字中常有减省声符的现象。但邦的形符从未简省，表明邦字的邑旁有其特殊意义。

邦、封二字在使用中也存在着一些区别。例如齐刀币节墨之法化有两种背文：一为安邦（🔲🔲），一为开封（🔲🔲）。节（即）墨是齐国大邑名。刀背文则应为吉语。邦、封二字虽同时存在，使用时表达的内容却不同。安邦指安定国家，开封指开拓疆土。中山壶铭文中有"刉辟封疆""受赁（任）猕（佐）邦"。中山王鼎铭文中有"辟启封疆""克翦（敌）大邦""叟（邻）邦难🔲（亲）"等句子，与齐刀铭一样，在"邦""封"二字的

---

① 《待时轩印存》。

② 《伏庐藏印》第二册。

③ 《镝庐印稿》。

④ 《商周金文录遗》第600器。

⑤ 《上海博物馆藏印选》第11页。

⑥ 《十钟山房印举》册一第29页。

⑦ 《十钟山房印举》册一第34页。

⑧ 《睡虎地秦墓竹简》，文物出版社线装本。

⑨ 《马王堆汉墓帛书》，文物出版社线装本。

使用上有明显的区别。

而在甲骨文字中，没有封、邦的区别，或者说尚未明确产生"邦"这一概念。邦的意义包含在封字中，即只有封字没有邦字。

甲骨文中有𡉚、𡉚、𡉚等形体，现均释作封。如：

> 甲 2902：……幺卜隹其克贝雔𠮷封。
>
> 后上 2.16：宾乙且奭妣乙……于二封方。
>
> 后上 18.2：己酉，王卜贞余正三封方重𦎧令邑弗每不亡……在大邑商王卜曰大吉在九月遘上甲……五牛。
>
> 掇 2.399：……子卜……于大七封。
>
> 佚 271：癸丑卜行贞今月亡祸在封卜癸丑卜行贞王其步自𡉚于封亡灾甲寅卜行贞王其田亡灾在二月在𡉚封。

上诸辞中，封或作封地之义，或为地名。陈梦家先生曾将以上诸辞中𡉚字释作邦，认为是邦伯之邦（见《殷墟卜辞综述》第 325 页）据康侯丰鼎封字作𡉚来对照，甲骨文字中𡉚、𡉚、𡉚亦应释为封。从其形体上看，它可能是葑的本字，象形。《诗经·邶风·谷风》"采葑采菲，无以下体"毛传曰："葑，须也。菲，芴也。"郑笺云："此二菜者，蔓菁与葍之类也，皆上下可食。"《说文解字》一下艸部："葑，蓌从也。"从寸之封当为采葑之会意字。后假借为封疆之封。

甲骨文字中"𡉚"字仍用作地名。如：

> 簠岁 17：丙子卜宾贞耒年于𡉚。
>
> 续 1.47.2：甲申卜亘贞象祸不于𠭇由八人𡉚五人。
>
> 前 4.17.3：贞勿耒年于𡉚土。

前 4.17.3 一辞中的𡉚字。王国维曾释为邦，认为"邦土"即"邦社"。现从陈梦家先生释文，以𡉚为地名（见《殷墟卜辞综述》第 340 页）上引用卜辞中多次提到封方。可知𡉚土即封方。𡉚为𡉚的异体，添加田符。表示在田地上植封，划分疆界。《周礼·地官·封人》"封人掌设王之社壝。为畿封而树之"注："畿上有封，若今时界矣。"陆疏："畿上皆为沟堑，其土在外而为封。又树木以为阻固。""凡封国设其社稷之壝，封其四疆。造都邑之封域者亦如之。"《睡虎地秦墓竹简》第 178 页，法律答问："何如为封？封即田阡陌。"𤰈字从田符当即此义。从古文字资料中看来，邦、封二字的分化产生于西周早期。当时，随着分封制度的固定、新建城邑的增多，都邑逐渐加强了它的重要性。仅有封土尚不足以表示邦国的完整意义。于是，表示田地所有的𤰈与表示都邑的𨙻共同组成了新字"邦"。

二　命与令

"启封"戈监造官员为启封𪾊（命）癰。𪾊即县令之令，为一县主管长官。先秦文献中均写作令。例如：《庄子·外物篇》"饰小说以干县令"。《战国策·赵策一》"请以三万户之都封太守，千户封县令"。《吕氏春秋·去私》"晋平公问于祁黄羊曰'南阳无令，其谁可而为之'"。《说苑·臣术》"子路为蒲令"。《韩非子·外储说右上》"季孙相鲁，子路为郈令"。又《韩非子·外储说左上》"王登为中牟令"。同上左下"中牟无令"。《战国策·魏策一》"西门豹为邺令"。《战国策·楚策一》"城浑出周，三人南游至楚，至于新城。浑说其令……"《淮南子·氾论训》"齐威王设大鼎于庭中而数无盐令……"《韩非子·说难二》"李兑（克）治中山，苦陉令上计而入多"，等等。这些文献中记录了春秋中、晚期至战国晚期各国设有县令一职的一些情况。但它们多成书于战国、秦、汉时期，使用的官职名称不免会受到时代影响。杨宽先生认为：春秋时期的县与战国时期的县有所不同，仍实行县大夫世袭制（见《战国史》，上海人民出版社，1980，第2版第209页）。由此看来，县令一称呼应该是战国时期的职名。在现有的西周、春秋铜器铭文中没有发现过县令这一官职名称，足以证明以上推测。而战国文字材料中的官职名称"令"均写作命（或𪾊、伶等异体），无一例外。

《说文解字》叙曰："假借者，本无其字，依声托事，令、长是也。"把县令之令看作是命令之令的假借字。但并不恰当。由于举例不当，曾使后人对六书中假借的内容、定义产生过多种不同的看法。至今未能予以确切的解释。杨树达先生在《积微居小学述林》卷四《造字有通假证》中指出："六书有假借，许君举令长二字为例，此治小学者尽人所知也，然此类实是义训之引伸，非真正之通假。"提出了"令、长"二字并非假借字例一说。段玉裁注《说文解字》九上令字，则说："义相转注引伸为律令，为时令。"认为令是转注字。杨说或由此而阐发之。这些说法偏重于字义转化，却没有从形体、声音中去找出其根源。

战国兵器铭文中的"命（令）"字，则可以帮助我们说明这一问题。

命、令本为一字，作會形，甲骨文例见：

前 1.50.1 贞帝令（會）雨足年。

甲 249.1 其王令（含）乎射鹿。

佚 527：……卜宾贞王重妇好令（含）正夷。

粹 533：……酉卜宾贞告阜……受命（會）于□三牢函一牛。

……

在西周金文中，令添加形符口，孳乳为命。但令、命二字在金文中仍互相通用。如：免盘"王才周令乍册内史锡免卤百陵"。（命写作令）（《三代吉金文存》卷十四第 12 页），师晨鼎："敢对扬天子不显休令"（《攈古录金文》三之二第 21 页），史墙盘："对扬天子不显休令。"（《文物》1978 年第 3 期《陕西扶风庄白一号青铜器窖藏发掘简报》）；均将命写作令。嗣子壶："命瓜君嗣子。"（命瓜即令狐，令写作命。《古代铭刻汇考·金文续考》第 30 页）战国玺印中令狐氏均写作命狐，如（命狐佗《伏庐藏印》卷四）（命狐买《印邮》卷一），等等。

以上令字除地名、姓氏外总不外号令、命令之义。而作为官职专称的令字在古代铭刻中均作命。例如：春秋战国铜器，王子午鼎："命尹子庚殿民之所敬。"（《文物》1980 年第 10 期《河南淅川发现春秋楚墓》）以及十三年梁阴命鼎（《陶斋吉金缘》卷五第 10 页）中令均写作命。鄂君启节："𦀠𦀠𨺾。"（《考古》1964 年第 8 期图版捌）令写作𦀠（命）。战国玺印中亦如此，如：𦀠（《陈簠斋手拓古印集》第 17 页），𦀠（同上第 18 页，命从邑旁），𦀠（《尊古斋古录集林》一集卷一），𦀠（同上，命从邑旁），𦀠（《金泥石屑》上卷第 2 页）。战国兵器铭文中县令之令字亦均作命，其异体有：

　　𨒅：例如戈：三年𨽔𨒅楀唐下库工帀孙□冶 37 执齐。（北大藏品，据《考古学报》1974 年第 1 期《三晋兵器的国别、年代及相关问题》）

　　𨒅：例如剑：王立吏菊衞𨒅瞿卯左库工帀司马郘冶导执齐。（《商周金文录遗》599 器，按：黄盛璋先生释作𨒅，细审原铭应从彳，十六年喜𨒅戈亦同）

　　𨒅：例如戈：元年郳𨒅夜𨪚上库工帀□冶閞。（同上 582 器）

　　但是，自秦汉以降，县令之令一律使用令字。如《睡虎地秦墓竹简》语书："而令丞弗知，甚不便。"金布律："以丞、令印印。"等均作令。秦汉官印中亦作令字。《十钟山房印举》册二收有"安陆令印""狼邪令印""阳陆令印"等 30 余枚汉代县令印章，印文均写作令。这种现象应该用秦汉隶书中省减形旁的惯例来解释。乃是命字省去形符口。在甲骨文金文中就有不少简省形符的例证。而战国文字，秦汉隶书中尤为常见。战国货币、玺印、匋文、金文以及近年出土的战国秦汉简牍帛书中随时可见，这里就不一一举例了。

　　由此可见，县令之令本字应为命。《说文解字》二上卩部："命，使也。"段注："命者发号也，君事也，非君而口使之，是亦令也。"《说文解字通训定声》"命当训发号也"。《说文解字系传》通论："故于文口令为命。令者，使令也。口者，出令也。"县令由国君委派，代国君发号行事。其本字作命，正与上引义训相符。秦时文字简化，省写作令。

原载（香港中文大学）《中国语文研究》第 6 期，1983

读金文札记三则

"鼓铸旅盨" 读法之商榷

《三代吉金文存》（以下简称《三代》）10.32 收录 "白孝𩵋簋" 一件。其盖铭作："白孝鼓铸旅盨永其万年子子孙孙永宝用。"罗振玉未释出𩵋字。吴荣光《筠清馆金文》3.13 释为 "𫍲"，认为："生兄二文合书，言兄弟也。"刘心源《古文审》卷八页六方将其释作鼓。杨树达先生《积微居金文说》中肯定了这一点，但却认为："白孝乃制器者之名，鼓铸旅盨四字当连读，云鼓铸者，谓鼓橐以铸器也。"[1] 有人也把它当作古代铸造技术的一件实证。我们觉得：将 "鼓铸" 看作表示铸造的动词，尚有可商榷之处。

杨先生自己也谈到："他器多只云铸，而此器独言鼓铸。"[2] 正说明将 "鼓铸" 连读为一个动词缺乏旁证。因此，有必要归纳一下铜器铭文中用于表明制作器物的动词，以考证 "鼓铸" 一词能否成立。

在现可见到的铜器铭文中，绝大多数铭文写成 "乍（某器）"。如《三代》8.12 苏公子簋："苏公子癸父甲乍𬪩簋"；《三代》10.12 商丘叔簠："商丘叔乍其旅簠" 等。此外，有一小部分铜器（就《三代》中收录的十余件器来看，大多为南方诸国器）在其铭文中使用 "𨮯（铸）" 和 "乍铸"，如《三代》8.4 中𣪘父簋。"中𣪘父铸簋"；《三代》17.37 楚嬴匜："楚嬴

---

① 杨树达：《积微居金文说》，上海古籍出版社、科学出版社，1959，增订本，第 276 页。
② 杨树达：《积微居金文说》，上海古籍出版社、科学出版社，1959，增订本，第 276 页。

铸其匜"；《三代》10.29 令瓜君嗣子壶："令瓜君嗣子乍铸奠壶"。……还有一些器铭称"为"，如：《三代》3.23 郑讨鼎"郑讨为其鼎"。

由此可见，铜器铭文中表示制作铜器的动词仅仅有"乍""铸""乍铸""为"等几种。将"鼓"字下读，生造成"鼓铸"这一动词是不符合铜器铭文文例的。

那么，"鼓"字应该作何解释呢？我们认为：鼓是作器者白（伯）孝之名。

我们在古代文献和出土器物中可以看到不少以鼓为名的例子。如《三代》𡧛："陸（鼓）瓶"，河南洛阳出土的䚄（鼓）方甗①等均是以鼓为名署器。《西清古鉴》卷二七第 30 页陵貯簋云"□陵貯眔子鼓䚄铸旅盘"。《三代》8.51 丰姞簋："𥤉叔乍丰嬉䚄旅簋"，亦是以鼓为人名。丰姞簋中鼓字写作䚄，从心。由此可推知古匋文中"䚄"亦为鼓字。此"䚄"字在匋文中同样是作为人名出现的，如《季木藏匋》第 51 页："蒦圆匋里人䚄。"又如《路史后纪》卷四：炎帝纪下："伯陵为黄帝臣封逢实始于齐。……三年，生三子，曰殳，曰鼓，曰延。"《吕氏春秋·当染》有"虢公鼓"。《春秋左氏传》襄公二十九年有"鄑鼓父"，四部丛刊天一阁刊本《竹书纪年》周景王十五年云"宋景鼓，卫公孙仓会齐师围我襄陵"（《水经注》淮水引《竹书纪年》作"宋景㲉"）等。以上均是以鼓为名。

《春秋经》桓公二年："宋督弑其君与夷及其大夫孔父"一句，洪亮吉《春秋左传诂》曰："惠栋云……传曰孔父嘉为司马，是嘉名，孔父字，古人称名字皆先字而后名。"②可知"白孝鼓盨"之铭文当释读为"白（伯）孝鼓铸旅盨，其子子孙孙万年永宝用"。

𡉚国铜盨作器者考

1951 年，山东黄县出土了八件𡉚国铜器。其中四件盨上的铭文相同，

---

① 洛阳市文物管理委员会：《洛阳市北窑庞家沟出土西周铜器》，《文物》1964 年第 9 期。

② 四部备要本。

王献唐先生释为："𡉚白子𡉚左乍其征娿（征𥁰），其阴（阴）其阳，目（以）征（征）目（以）行，割（句）鬘（眉）寿无疆，庆其目（以）臧。"王先生还认为："𡉚，应释为嬽，即宝氏，见《姓苑》，（按：《广韵》上声卅二皓部，宝字注云：又姓，出何氏《姓苑》）嬽当为氏而左为字，𡉚本姜姓，现称嬽，应是嬽氏女子名左者嫁为𡉚妇。""嬽左称伯子，也是指得她为嬽氏长女，嫁子𡉚君，因称'𡉚白子'，省称'𡉚白'，并不是𡉚君长子名嬽左。"[1] 可知王先生断言此四件𥁰为𡉚君夫人所造。现提出几点不同意见：

（1）𡉚字不当释左，应释作父。

𡉚字中间一笔向右侧弯出，其字形与春秋战国间"父"的写法一致。《三代》17.14 齐大宰归父盘中"父"字作"𡉚"，与此铭中"𡉚𡉚"之"𡉚"相同。

金文中的"左"字可以总括为三种形体："𡉚""𡉚""𡉚"。可以看出，这三种写法与"𡉚"都是有所差别的。

值得注意的是：金文中用作名字的"左（佐）"字均写作"𡉚"，隶定作"差"。如国差𦉢铭文中有"国差立事岁"句[2]。国差即《春秋经》宣公十年的"齐大夫国佐"。又《三代》29.52 不易戈铭中的"宋公差"即《春秋经》昭公二十五年"宋元公佐"。

"𡉚"不用作人名，而用来组成"左右"一词，见《三代》9.28 师寰簋"左右虎臣"，又用于组成官称或地名，多见于春秋、战国时期器物中。如《三代》18.17 左关𨧥及 12.12 之东周左师壶等。

"𡉚"存在较早，多用来组成"ナ（左）右"一词。《三代》9.30 师兑簋："辞ナ右走马"，又 8.40 大盂鼎："三十三右。"铜器中尚无用"𡉚"作人名的例证，而且在黄县𡉚器所属的春秋时期铜器铭文中也极少使用

---

① 王献唐：《黄县𡉚器》，山东人民出版社，1960，第12页。
② 《三代》18.17。

"⿰" 字。

因此，"⿰" 不能释为"左"，而应释为"父"。《商周金文录遗》收录此器亦释名为"黄白子㝬父"，甚是。

（2）㝬并非姓氏。

"父"是三代男子美称。《礼记·曲礼下》"曰有天王某甫"，孔疏云："某是天子之字，甫是男子美称也。甫是尼父之类也。故《穀梁传》云：父犹傅也，男子美称也。"铜器铭文中加以美称"父"的人物比比皆是。如《三代》8.40 函皇父簋中的函皇父，《攈古录金文》三之一页三五师汤父鼎的汤父，《三代》9.13 叔向父簋中的叔向父等。以上诸例均为男子之字。因此，"㝬父"也应是男子字而不是女子的姓名。

现可见到的铜器铭文中，作器者均仅称己名，或再冠以国名，并不称姓氏。所以，将"㝬"释作氏名并不符合金文体例和周代礼俗。

（3）"㝬父"不是"㝬氏长女"。

"㝬"不是姓氏。"黄白子㝬父"自然不能释为"㝬氏长女嫁于黄君"，"黄白子"一词中，黄字是国名，位于领格，"白子"只能附属于"黄"，释为"黄君的长子"（或长女，在此铭中仅可释为长子）。而不能将"白子"附属于后文中的"㝬"以下。在黄国族名后面接上外姓氏的排行，是解释不通的。

"白子"在此只可表示黄国㝬父的兄弟排行关系。且黄国姜姓，也可证明"㝬"是字而不是姓氏。同时出土的盘铭作"黄白㝬父媵姜无㠯盘"① 是姜㝬父为其女姜无㠯作的媵器。同样铭文体例的媵器在西周铜器中十分常见，如：《三代》17.13：薛侯乍叔妊襄媵盘，4.18 蔡大师膡媵㼏叔姪可母飤鐼，17.39 鲁大司徒子仲伯乍其庶女䲡孟姬尊匜等，均与此类同。

王献唐先生否认"㝬"为男人名字的理由是"㝬"字以女旁，不能作

---

① 王献唐：《黄县㠱器》，山东人民出版社，1960，第 11 页。

男人名字，但不少实例证明两周及战国时期的男人名字中可以使用从女旁的字。西周铜器中可以见到的有《三代》6.29 安父簋之"安"，1.24 并人妄钟之之"妄"，10.23 许子妆簠之"妆"等。战国匋文中羼、羼、匜等均从女。它们都是在匋器上加盖的匋工之印①。而当时匋工当均由男子承担。再如《史记·魏世家》中之魏赢，《田单列传》中之太史嬓等，其名字亦从女旁。可见用"姪"字作为男子的字并非不可能。

因此，我们认为这四件铜器应是異国君长子姪父自作的征盨。其名称应定为"異白子姪父盨"。

"忌"与"己"

"忌"见于《三代》17.14 齐太宰归父盘，铭文全句作"齐太宰归父鐳为忌盥盘"。《西周金文辞大系图录考释》中释为"己"。全句意思为"齐国太宰归父鐳做自己的盥洗用盘"。看来文通字顺。而且《三代》13.33 女子小臣卣铭有"女子小臣儿乍己尊彝"，似可为郭说提供旁证。但是，我们应该注意到，古人有其所习用的某些语言惯例。在铜器铭文中，这些惯例表现得十分明显，我们可以借助于总结排比铭文中的同类字句，找出惯例，来释读尚不可确认的异体字和模糊不清的文辞。因此，我们应该把铭文中与此近同的这一类文句加以归纳，通过对比，才能判断"忌"，"己"在这里释为何字最为确切。

在大部分西周铜器中，这类表示某人制作某类器物的文句一般作"用乍某某（亲属称谓）宝障彝"。例如：《贞松堂集古遗文》3.15 献侯鼎："用乍丁侯障彝"，《攈古录金文》二之三页八十旅鼎："旅用乍父障彝"。如表示作器自用，则写作"自作障彝"，如胄簋称"胄自作餢簋"②。

---

① 孙浔、孙鼎编《季木藏匋》，1943。
② 王轩：《山东邹县七家峪村出土的西周铜器》，《考古》1965 年第 11 期。

在西周铜器中也出现过一些铭文称："用乍𠀠（其）宝噂龚"，如《三代》6.49白中父龚，但较为少见。而且均用"𠀠"假作"其"字。在春秋战国时期，金文中才较多地使用了"乍（或'为''铸'）其噂龚"的句式。如前揭之郳讨鼎曰："郳讨为其鼎"，𦉢白子㝵父盨曰："𦉢白子㝵父乍其征盨。"《三代》4.9郐王𢕃鼎亦称："铸其鼎"，等等。称乍（或为）己噂龚者仅上揭齐太宰归父盘等数例。

由此可见，铜器铭文在此句式中通用"其"字。"其"字作为物主代词，指代作器者自身。这种以"其"称代自己的用法在古文献中并不罕见。《春秋左氏传》襄公八年，"民知穷困，而受盟于楚，孤也与其二三臣不能禁止"。《春秋经》桓公三年，"宋督弑其君与夷及其大夫孔父"。正义曰："凡言其者，是其身之所有。"正说明"其"在这里的用法。在古代文献中还可以见到以"忌"代"其"的例子。如《诗·郑风·大叔于田》"叔善射忌，又良御忌，抑磬控忌，抑纵送忌"。这里"忌"均借用为"其"，是语助词。又《诗·国风·侯人》"彼其之子"，《礼记·表记》引作"彼己之子"，则是借"己"为"其"，"己"正是"忌"的声符。

上古音中："其""己"同在之部，"其"为群母，"己"为见母，同属舌根音，仅清浊之分，故可相通。金文中有"𦉢"字，前人释为其。《攈古录金文》一之三页五十八。𨬷姬鬲铭文作"𨬷姬乍𦉢齐鬲"。"𦉢"作"其"字使用，"己"是添加的声符。王献唐先生在《黄县𦉢器》一书中曾就"𦉢"字的产生详加论证，指出："𦉢"原仅"𠀠"一体，以后由于齐鲁一带读音与中原有所不同，才在"𠀠"上添加了声符"己"，以保持齐鲁一带的发音。《尚书》微子"告予颠陒，若之何其？"《史记·宋微子世家》集解引郑注曰："其，语助也。齐鲁之间声如'姬'。"正是为了说明这点语音上的差别，才产生了新造形声字"𦉢"。从这个字上，我们正可以看出以"己"借作"其"，直至以"忌"借作"其"的原因。齐太宰归父盘中的"忌"字被借用为"其"，表明齐鲁一带将"其"读为"己"音的规律确实存在，与文献上的记载相符。据此可以推定，女子小臣卣铭文"女子小臣儿乍己尊龚"中的"己"也应该是被借为"其"的假借字。

综上所述，齐太宰归父盘中的这句铭文应释作"齐太宰归父🔲为忌（其）盥盘"。

原载《考古与文物》1987 年第 4 期

"铸师" 考

　　近年以来，有关战国时期官玺的研究有了很多进展。不仅十分成功地释读出一些以往无法确定的文字，而且可以对一些官玺的国别予以确认，有助于解决战国时期各国官制与地理等方面的有关问题。今在前人研究基础上，试对几方有关战国时期手工业职司的玺印加以考证，并从这一考证中推导出一些有关问题的新解释。限于学识浅陋，难免谬舛，谨将有关揣测撷拾成文，以就正于诸位师长。

　　下左玺见于《尊古斋古玺集林》朱文，边长约 4.3 厘米。此玺文笔画粗放。玺印的形制在战国官玺中属于较大者。

　　下右玺见于《燕陶馆藏印》，朱文，边长约 4.2 厘米。形制与字体均与上揭一玺相类似，可断为同一国之物。

　　以上两方玺印中，关键待释者为字。而此字在古文字材料中又较少见，现所见到者仅此二例，故而字长期未得确释。

　　但是，我们从近年来新出土的文字材料中，幸运地发现了一些可以协助解决这一问题的线索，即在近年出土的战国文字材料中发现了一些可以确认的具有这一部首形体的文字。

　　例如：，释作数。见于河北平山出土的中山譻鼎铭："方百里""刺城十"。张政烺先生认为："，从言，臿声，读为数。按《说文》：'数，计也。从攴，娄声。’娄从女，而上部之‘串’的篆文与古籀文各不相同。许氏解说亦纷乱莫衷一是。诅楚文数从□，马王堆帛书《老子》甲乙本数从□，其结构皆不明了，唯此处□字形完具，与三体石经《春秋》古文娄从□合，可以确认为从臼，从角。《尔雅·释器》‘角谓之□’疑即此字。《广韵》□有三音而皆与角音近，知角亦声也。”[①]

又如：□，释作屦，假借作履。见信阳长台关楚简“丝纤屦（履）一两”。又写作□，见长沙仰天湖楚简：“足屦（履）。”

又《汗简》下之一引娄字作□，屡字作□。《古文四声韵》下平声第25页引《义云章》中娄字作□，《黄庭经》中楼字作□。

以上诸例，均可表明□这一形体，应该是娄的上半部分，从中山王譽鼎中将娄简省为□来使用可以看出；□应该是表示娄字声音的主要部分。

正如张先生所指出的，《说文解字》中关于娄的解释十分混乱牵强。其卷十二下女部娄字注云：“娄，空也，从母，从中女，娄空之意也。□，籀文娄，从中女，毌声。□，古文娄如此。”后人注解均从此意发挥。如段玉裁注云：“此正如窗牖丽廔之多孔也。”段氏又解释古文□云：“此上体应是从冋，即窗牖。”朱骏声《说文通训定声》需部第八、娄字云：“按：毌，无也，中女者，离中虚之象，或曰当从母从口会意，媾省声。”这些训解，多为望文生义。按之古文献，娄原有牵曳之意。《诗经·唐风·山有枢》：“子有衣裳，弗曳弗娄。”毛传云：“娄亦曳也。”娄又有系意。《春秋公羊传注疏》昭公二十五年“且夫牛马维娄”。《公羊传》云：“系马曰维，系牛曰娄。”而训娄有中空、多孔、扶疏等文义的，则多为汉以后的文献。据此，并分析古代字形，颇疑娄字本义为搂，即《孟子·告子下》“逾东家墙而搂其处子”之搂。此句注云：“搂，牵也。”与娄字本义相同。其字形亦为双手环抱女子之形。似即《说文》中要字的篆书□。

而中山王譽鼎中的□，多隶定作□。于豪亮先生《中山三器铭文考释》一文中认为：“□（数），从言□声。甲骨文有□字，金文有□字，也都是从

① 张政烺：《中山王譽壶及鼎铭考释》，《古文字研究》第一辑，中华书局，1979。

声。唐兰同志《殷虚文字记》云：'䚗象两手持角，以表意字声化例推之，当为从臼角声。《尔雅·释器》角谓之䚗。《说文》无䚗字。徐铉新修十九文有之，云：治角也。疑本当作䚗矣。其说甚是。'䚗从角声，角与数古音同在侯部，故䚗得读为数。"①

这里就存在有一个问题，即：甲骨文与金文中从臼从角的这个字䚗（后下 21.5）。䚗（解子甗《商周金文录遗》第 100 页），已经被近人解释为解。

如马国权先生《金文札存二则》中认为："余以为䚗即解字。知者，《殷虚书契后编》（下·二十一·五）有解字作䚗，与此结构正同，只少解牛时散溢之残靡二点及牛旁之中竖末上穿而已。字又作䚗，其所从之殳乃棒状利器，盖宰牛之先，必以利物击毙之也。二字乃同义而异构。"② 高明先生在《古文字类编》中也将此二字释作解。

而解字在古音中属支部，与属于屋部的角，属于侯部的数相距甚远，似无通转可能。由此看来，䚗（䚗）与甲骨文、金文中的䚗（解字上部）之间存在有一定的差异，并非同一字形。或者说，用角去解释䚗字中的䚗形不甚妥切。

我们怀疑，䚗字中的䚗形并非角字，而是卤的一种异体。战国陶文中卤字作䚗（见《古匋文䂬录》7.2），与角字形状相近而致讹。而䚗、⊗、⊕等形体，在战国文字中经常通用。如：纗字，信阳楚简中写作䚗。胃字，长沙子弹库帛书中写作䚗等。因此，卤又可能是凶的讹变。我们在战国文字中见到的娄字多从臼从卤，间或从臼从凶，正是这种变化的反映。

凶字古音属真部，与侯部又存在一定距离，所以娄字的原型应该是不带表音成分的会意字。而在改写为从卤后，却具有了可以与侯部通转的幽部声符——卤。这种变化，似乎反映出古代人们为了读字方便而将会意字的部分形体变换为形体相近的可以用来表音的另一种形体。与唐兰先生提出的象意字声化属于同一倾向。此字形变化试用简图示之，即：

---

① 于豪亮：《于豪亮学术文存》，中华书局，1985。
② 马国权：《金文札存二则》，《古文字研究》第八辑，中华书局，1983。

🦋（娄本字）——🦋（字中囟形借用卤形，且表音）——🦋（异体写法）。

幽、侯二部旁转之例，在古文献中常可得见。颇有同一字既属幽部、又读作侯部音者。例如：

漱，《礼记·曲礼上》"诸母不漱裳"释文注音："漱，悉侯反。"而《内则》"咸盥漱"则注音："漱，所救反。"是先作侯部音，又作幽部音。

骤，《礼记·曲礼上》"车驱而骤"释文注音："骤，仕救反，又七须反。"则作侯、幽两部读音。

贸，《礼记·檀弓》"有饿者蒙袂辑屦，贸贸然来"释文注音："贸，徐亡救反，又音茂，一音牟。"牟亦属侯部。

他如矛、蜀、取等声旁均可读幽、侯二部之音。

由此可见，用来表示战国文字娄声符的🦋，可以表达出属于幽部、侯部的两种读音，即可读为娄或卤。

我们再来分析玺印中的🦋字，毫无疑问，其上部即娄的声符，它在这个字中同样应该作为声符。其字下部⌣应释为何字，参照现有古文字材料，可以将其释作曰或火二种文字。

《古匋文䆪录》中收有曹字，作🦋，所从曰作⌣形。然而，此例仅此一见。绝大多数古文字中的曰仍作曰形。用⌣这一形体代表火的例证则较多。象甲骨文中的火字就多写作🔥或⌣形。如：炒字作🔥（粹653），赤字作🔥（后下18.8），焱字作🔥（乙8691）等。

战国文字中火虽然多写作𤆍；但仍保留有⌣的写法，如石鼓文《汧沔》中烝字作🔥，燕国官玺"徒□都丞""左军丞鍴"等印中丞字作🔥（烝）等[1]。上揭二官玺亦可确认为燕国玺印（说见下文），因此，我们认为该🦋

----

[1] 均见于《尊古斋古玺集林》。

字，应该隶定为🔸，从火，🔸声，释作"铸"。

铸，本为会意字，金文中作：

🔸，作册大鼎，《三代吉金文存》4.20

🔸，铸叔匜，《商周金文录遗》174

🔸，旅虎匜，《三代吉金文存》10.9

🔸，仲殷父簋，《三代吉金文存》8.4

🔸，叔皮父簋，《三代吉金文存》8.38

战国文字中，铸字写作：

🔸，《侯马盟书》，🔸，鄂君启舟节

🔸，铸客匜

析其造字之原，为双手持鬲，最下部为皿，鬲中有金，有火，鬲与皿字实即模铸之匋范，火与金象征以火熔化金属浇铸。

在以后文字演变中，又增加了🔸以象声，成为带有表音成分的会意字。在金文中，铸字表现出多种省简的异体，或者去金，或省去皿，或省去🔸声，或省去臼形。在战国文字中，它又进一步简化。🔸则是当时省简、变形的产物之一。

铸在古音中也有多种读法。《说文解字》十四上金部："铸，从金，寿声。"段玉裁注云："之戍切，古音在三部，亦读如祝。"《淮南子·俶真训》"冶金之铸器"注云：读如唾祝之祝。朱骏声《说文通训定声》则注之为遇部。遇、戍古音均属侯部。祝则分属幽、觉二部，寿属幽部。可见铸字亦是一个幽、侯相通的例证。这和上述的从🔸的数、娄等字属侯部，从卤之字属幽部的幽、侯相通之例正相吻合。

综合以上分析，可以释定这两方玺印如下：

官玺一当释作："易铸师玺。"同作🔸形之易字见"易都司徒（🔸🔸司徒）"

玺。易字，前人或释作涿。但战国文字中豕多作🔲形，与此印中作🔲者尚有区别。🔲当为易省形，《古文四声韵》中入声部收有古老子易字作🔲，正同此形。易为燕国南部重镇。《史记·赵世家》"惠文王五年与燕鄚、易"。《水经注》卷十一易水："易水又东迳易县故城南，昔燕文公徙易，即此城也。"

官玺二似可释作"甫阳铸师玺"。首字🔲，其下部🔲与战国玺印中周字上半部相同，如战国玺印：🔲（《尊古斋印存》）🔲（《故宫博物院藏印》）等。其上部作🔲，可隶定作🔲。《尊古斋古玺集林》中收有🔲玺，当释作"甫阳都封人"，根据字形，印制及都字写法，可以定为燕国玺印，由此可证甫阳亦为燕国都邑。封字，西周金文中有作🔲（见召伯簋，《三代吉金文存》9.21），战国文字中又作🔲（齐刀币背文），或省作🔲（平阳封官，《金石屑》1.3）。🔲当即封字省形。《周礼·地官小司徒》"封人掌诏王之社壝，为畿封而树之，凡封国设其社稷之壝，封其四疆，造都邑之封域者亦如之"。此甫阳都封人似即上引文献中之后者，司都邑之封域。甫阳，曹锦炎同志认为就是浮阳（见《荀子·荣辱篇》），地在今河北沧县东南[1]。我们曾怀疑其与易水支流樊石山水旁的覆釜山有关，见《水经注》卷十一易水。确否尚待他证。

文献记载中尚无铸师一职。但是如与燕国以外诸国的铭刻资料对比，可以看到：各国均存在有专司铸造的工师系统。如：在三晋兵器中即反映出三晋存在有工师、冶、执齐等一套系统。楚国铜器中反映出楚具有冶师、佐、铸客（铸冶客）等冶铸官吏与技师[2]。秦国兵器中刻有工师、工大人、丞、工等逐级职司名号。唯独燕国的兵器刻辞上多署名燕王或其将领亲自督造，仅在个别兵器上出现有"工尹"（右攻🔲）及"工"（攻）的刻名，地方监造者尚未得见。

---

[1] 曹锦炎：《古玺通论》第八章，上海书画出版社，1995。

[2] 参见黄盛璋《试论三晋兵器的国别和年代及其相关问题》，《考古学报》1974 年第 1 期；郝本性《试论楚国器铭中所见的府与铸造组织》（楚文化研究会论文）。

　　然而，在战国时期，燕国同样具有强大的冶铸能力。如在燕下都的发掘中，即发现了多处冶铁、铸钱、制镜等金属工业遗址，并发现了多种铁生产工具①。由此推测，燕国各大都邑也应与列国一样设置有专司冶铸的官员，但官员名称应当与三晋不同，如石志廉同志曾经考释故宫博物院藏"外司虘（炉）玺"，结合燕明刀背文"外虘"判定它是燕国掌管铸币的职官名称②。现从有关铸师的二方官印中可以得知，燕国的一些重镇都市中均设有铸师，其职务当与三晋各城邑的工师或楚国的冶师相类似，职司掌握冶铸之业。

　　从训诂上来看：铸、冶、工意义相通，如：《国语·齐语》"美金以铸戟"。韦注："铸，冶也。"

　　又《春秋左传》昭公八年："逐子成、子工、子车。"杜注："子工，成之弟铸也。"是名铸，字子工，名字义同。

　　由此可见，铸师、工师、冶师正相类近，应当是北方的燕、中原的三晋和楚三个不同文化圈中对同一职务的不同叫法。

　　从这里出发，还可以在战国玺印中找到一些与铸造职司有关的玺印。

　　例如：《故宫博物院藏印》。其首字应亦从臼从人从火，当为铸的另一种异体，与楚铜器中作相近，只是省去皿，保留了火。右下一字有残缺，但形体与楚国贝币（鬼脸钱）铭文十分相近。该字骈宇骞同志曾释为巽，李家浩同志将其读作钱③。今依其说，则该玺印当释作"铸钱客玺"。石志廉同志曾经指出：称客者多为楚国官玺④。此印字体及形制亦与多数楚印相符，当即楚国由外国聘请的铸币技师之印。

　　又《尊古斋古玺集林》收有玺印，同样属于楚国。印文当释作：

　① 中国历史博物馆考古组：《燕下都城址调查报告》，《考古》1962年第1期，并参见《文物考古工作三十年》河北省部分。
　② 石志廉：《战国古玺考释十种》，《中国历史博物馆馆刊》第2期。近见《于省吾教授百年诞辰纪念文集》，载吴振武《释双剑誃旧藏燕外司圣鍴玺》一文，指出该印应是负责听察国情的"司声"官员印，鍴应释作瑞，而非玺字。其说颇具情理。然石氏说法亦已流行多年，原稿所从，未便遽改，谨此一并说明。
　③ 李家浩：《战国货币文字中的"尔"和"比"》，《中国语文》1980年第5期。
　④ 石志廉：《战国古玺考释十种》，《中国历史博物馆馆刊》第2期。

"群桌客玺。"《周礼·冬官考工记》载:"桌氏",称:"攻金之工:筑、冶、凫、桌、段、桃。""桌氏为量",即制作量器的铸工。"群桌客玺"当为楚国负责铸造量器的外来技师总管之印。

在关于铸师的讨论之外,由于确认⑬为属于侯部及幽部的声符,我们想对长期聚讼不定的匋文卛字试做一种新的解释。

齐国匋文中的卛字,又省作卛、卛、卛、卛等写法,曾被释作罨、迁、鄙、乡、县等多种文字。在1986年古文字年会上,高明先生提出了将它释为乡的分析意见。这些释法,大都是在吴大澂将它释为罨,即将其隶定为卛这一基础上发展而来的。高先生认为:"卛当较为典型,应隶定为傻或衛,乃从行,罨声。罨,《说文》作罨或罨,仙字古从人罨声,也省作罨。说明罨、罨、傻、衛皆由罨得声,读音相同。古为心钮元部字,乡为晓钮阳部,衛,乡不仅声钮相近,而且韵部相通,古音相同。"

但是,我们可以看到,这种典型的卛字,上半部正是数(卛)、娄(卛)、铸(卛)等字得音的声符⑬,下半部从行从邑,表明字意,如隶定,应该写作衞,或径写作壽。

从匋文内容中可以看出,卛应该是一种位于里上的行政单位,甚至可能是城市内的行政单位,其从邑从行,似正为了表明这一点。高明先生曾统计出临淄城中即有十多个卛,有的卛下属十八个里,有的仅属四五个里。

关于齐国的行政单位建置,《管子》《国语·齐语》中曾经记录了管仲的几套系统,《周礼》中也记录了相近似的系统。比较有代表性的有:

《国语·齐语》:"五家为轨,轨为之长;十轨为里,里有司;四里为连,连为之长;十连为乡,乡有良人焉。"《管子·小匡》近同。

《管子·立政》:"分国以为五乡,乡为之师;分乡以为五州,州为之长;分州以为十里,里为之尉;分里以为十游,游为之宗,十家为什,五家为伍。"

《周礼·地官大司徒》则作:"令五家为比,使之相保;五比为闾,使之相受;四闾为族,使之相葬;五族为党,使之相救;五党为州,使之相赒;五州为乡,使之相宾。"

这里出现了乡以下有州的新系统，李零同志在《中国古代居民组织的两大类型及其不同来源》一文中认为：《管子·立政》与《周礼》的系统应该是一种晚期制度①。在银雀山汉墓中出土的汉简《田法》，被认为是战国时期法令的遗文。其中有句云："五十家而为里，十里而为州（州）而为州（乡）。"可见在战国时期，齐国应该存在过乡、州、里这一行政系统。而乡，在《管子》等文献记载中，应是较大的行政区划。《国语·齐语》云："制国以为二十一乡，工商之乡六，士乡十五。公帅五乡焉，国子帅五乡焉，高子帅五乡焉。"一乡的人户，在以上几种系统中，多者达万户，少者也有两千户。如以 𡦄 为乡，就现有材料临淄城中有十余乡以上的事实。这与《晏子春秋·内篇杂下》所载"临淄三百闾（《太平御览》卷七七九引作'三万户'）"的人户数极难相符，恐怕是不恰当的。

上面我们已经分析出 𡦄 字应从声符 𩵋，因此，我们怀疑 𡦄 可能是齐国文字中特有的"州"字。州字古音属幽部，与 𩵋 声符正相符合。这一推测可否成立，尚未敢遽定，其原因之一，则是现存战国玺印中有"州钵"（上海市文管会藏印）、"右州之钵"（故宫博物院藏印）等几方州的官玺。但据阜阳博物馆韩自强同志示知，阜阳曾征集到"安州之钵"一方战国铜印（系在蚌埠废铜仓库拣选），似为楚印。那么这些写作"州"字的官玺可能是楚国的写法，而齐国另写作 𡦄，亦有可能。所以在此将这一推测一并写出，以就教于师友同好。

附记：此文草就于1988年，为参加中国古文字研究会1988年会的论文，后由《古文字研究》定为第二十二辑发表。但该刊多年来已处于事实停刊，故此文十年未面世。其间欣读曹锦炎兄《古玺通论》等大作，论及此类玺印，也指出了该字上部构形与中山王铜器"数（𢻻）"相同，"𤰈师（𤰈交）"当读为"镂师"，大概是管雕镂工艺之工师。其说源于何琳仪兄《战国文字通论》。细加考比，我觉得这类玺印应该多用于捺印在器物之上，起"物勒工名"的作用。雕镂之物多精细小巧，不堪此大印。而且拙说亦

---

① 李零：《中国古代居民组织的两大类型及其不同来源》，见《文史》第二十八辑。

有一定根据。恰逢陕西省考古所四十大寿之庆，群贤毕至，故不揣鄙陋，以献一孔之见，俟知者正之。

1988.6 初稿

1998.1 补记

原载《远望集——陕西省考古研究所华诞四十周年纪念文集》，陕西人民美术出版社，1998

释"天齐"

  《考古》1961 年 6 期《山东临淄故城试掘简报》报道：在临淄故城曾采集到一种有文字的半瓦当（图一，1、2）。铭文在原简报中未予释读。与此相同的瓦当尚见于罗振玉《秦汉瓦当文字》卷三第 34 页（一品）（图二），日人关野雄《中国考古学研究》1963 年版第 514 页（二品）（图一，3），日《书道全集》1931 年版卷三第 188 页（一品）（图一，4）。此外，陈直先生《秦汉瓦当综述》一文中曾对这种瓦当加以考证（见《文物》1963 年第 11 期）。

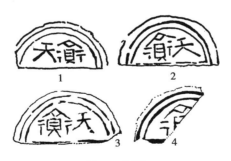

图一　瓦当

1、2. 临淄采集　3、4.《中国考古学研究》《书道全集》所收录瓦当

图二　《秦汉瓦当文字》收录瓦当

  以上各家对该瓦当的释读及断代各有不同，"天齎"二字也未能详释其义。故试加说明如下。

　　从图一、二中可以看出，罗振玉和陈直先生依据的原物与关野雄依据的原物并非同时同范。虽然他们都确定了这种瓦当是齐地产物，但他们研究的侧重点不同。关野雄从半瓦当形制入手，断定齐国半瓦当是由燕国半瓦当系统引入，通行时代在田齐立国至灭亡之间的一百五六十年间（见《中国考古学研究》1963 年版第 517 页）。罗振玉、陈直先生则据其文字特征断为汉代之物。关野雄所据瓦当与山东省博物馆在临淄采集品相同。瓦文上字作天，二横画平行。先秦文字中"天""大"二字中人形的两手多作下垂状，如禾、穴。但齐太宰归父盘（《三代吉金文存》17.14）、鲁白大父作媵季姬簠（《文物》1973 年第 10 期《山东历城出土鲁白大父媵季姬簠》）等器铭中大字作大。梁司寇鼎（《三代吉金文存》3.43）、内大子白簠（同上 10.10）等器铭中大字作大。可见春秋战国时期关东一些国家中存在着与秦汉隶书相近的"大"字写法。瓦文下字作衡，文中行非行旁，而是竹代替竹的重文省形符号。这正是战国文字中的一个显著特点。但是《秦汉瓦当文字》中一品字体更近似汉代隶书。陈直先生将它定为汉代器物也是有一定道理的。因此，综合以上两种类型，这种半瓦当存在的时代似应确定在战国至西汉早期。

　　该瓦当文字读法，罗振玉曾释为大衡，显系将行（竹）误认为行。关野雄认为它与齐国货币文字相近，确认为"大賹"（见《中国考古学研究》1963 年版第 514 页）。陈直先生则释为"齍天"，并称"或有作天齍者，原文未详其义"。可以看出，陈直先生的释法是合理的，这个问题至此已接近于解决。

　　我们认为该瓦当均当释作"天齍"，这种瓦当文字有从左向右读与从右向左读两种形式。这在秦汉瓦当中可以找到同类例证，如"延年"瓦当即如此。"天齍"即"天齐"，见于《史记·封禅书》"齐所以为齐，以天齐也。其祀绝莫知起时。八神，一曰天主，祠天齐。天齐渊水，居临菑南郊山下者"。集解注："（天齐），苏林曰：'当天中央齐。'"索隐云："顾氏案；解道彪齐记云：'临菑城南有天齐泉，五泉并出，有异于常。言如天之腹齐也。'"又见于《水经注》卷廿六淄水："淄水自山东北流迳牛山西，又东迳临淄县故城南。东得天齐水口。水出南郊山下，谓之天齐渊，五泉并出。南北三百步、广十步。……水在齐八祠中，齐之得名起于此矣。地理风俗记曰：'齐所以为齐者，即天齐渊名也。'" 此外，《礼记·玉藻》疏、《汉书·郊祀志》、《初学记》卷八等文献记载并与《史记·封禅书》相同，不再一一引证。

古文献中齐字曾作多种假借。如《诗经·小雅·甫田》"以我齐明"。《经典释文·毛诗音义中·甫田之什》"齐明，本又作齍，又作齍"。《周礼·春宫宗伯·邕人》"禜门用瓠齍"。郑注"齍读为齐"。《小祝》"设道齍之奠"杜注："一读为齐。"《离骚》"荃不察余之中情兮，反信谗而齌怒"。王逸注："齌一作齐。"洪兴祖补曰："释文齐或作齌。"古代简牍、铭刻中亦如是。《武威汉简》仪礼甲本服传第二简"长各齌其心"将齐写作齌。东汉武氏前石室画象题字"齌王"，"齌将"，"此齌桓公也"等将齐写作齌（《汉武梁祠画象录》）。又如东汉杨震碑阴题名"齌安组"（《隶释》卷十二第 3 页），亦可能是齐的假借字。战国、秦汉玺印匋文中作为人名的齐字也常写作齌或齌（图三）。

《適盦藏印》

《魏石经室古钵印景》

《海岳楼藏印》

《簠斋藏印》

《宾虹草堂钵印释文》

《齐鲁古印捃》卷三

《十钟山房印举》册五第 16 页

双面印、背文"狐朱首印"

同上册十第 54 页

双画印、背文"字公京"

"豆里齐"《季木藏匋》第 34 页

陈齐三立事左里敀亳区"同上第 8 页。

图三　战国秦汉钵印

由此可见该瓦当文字释作"天齐"才妥切。《太平御览》卷五二六礼仪部五祭礼下："解道虎（按，应作彪）齐记曰：临淄城南十五里天齐渊五泉并出，有异于常。故庙屋以同瓦有天齐字在。齐八祠祠天于此，故名云。"这种半瓦当正与《太平御览》中记载的有字瓦相符。可能就是齐祭天处建筑所用之瓦。

原载《考古》1983 年第 1 期

从有关秦国石刻的考古发现看
中国古代石刻的起源

　　中华古代文明，作为人类历史最悠久的古代文明之一，具有自己独特的文化特征。其创造文字与书写工具的历史十分久远。但是在制作铭文石刻方面，却远远迟于西亚、北非、地中海等地区的古代文明。这里面的原因可能很复杂，涉及到地理自然条件、生产方式与意识形态等众多方面。以往对中国古代石刻的起源长久没有深入的考察与探讨。近年来，在考古发现与研究中，可以找到越来越多的有助于研究中国古代石刻起源的资料。这里就通过两周以来的秦国地域内有关古代石刻的一些材料略做梳理，讨论一下中国古代石刻的起源问题。

　　首先，我们要把在石制器物与石材上面刻写的文字与形成具体形制的纪念性、实用性铭文石刻加以区别。众所周知，考古发现的中国古代文字铭刻最早出现在陶器上，而后有甲骨契刻、青铜器铭文，以及简牍，等等。而石刻的出现则明显偏晚。现知最早的中国古代石刻文字材料，应该是出现在商代，与我们熟知的甲骨文同时出现。但严格说来，商代的文字石刻只是一种器物上的题刻，并没有形成专门的纪念性石刻类型。例如在1935年，中央研究院历史语言研究所对河南安阳殷墟遗址进行的考古发掘中，曾经获得一件残破的石簋。即在发掘安阳侯家庄1003号大墓时，于该墓西墓道的北部发现了一个打破墓道的长方形小坑，坑中出土了一些殷商时期的遗物。据参加发掘的高去寻先生说，这些遗物可能是后来的盗掘者临时埋在这里的，也可能是一个被盗掘的小墓残存的遗迹。这些遗物中包括三件石簋的残片。有一件簋耳的残片上刻写有铭文，共两行，存16个字。有趣的是，在1003号墓东南方约140米的一处标号为3082的探坑中也发现了一块石簋的残件，可以与那三块残片拼合，属于同一个石簋，由此得到了十分难得的一件商代文字石刻。

这件石簋耳部刻铭的文字形体，整个文体的句式，以及小臣这两个字写成合文的写法都与殷商的甲骨刻铭情况相同。高去寻曾经对这件石刻的文辞和年代等问题加以考证。结合石簋的形制与出土情况、地层等方面的证据，认为它是属于殷后期，就是在祖甲、廪辛、康丁、帝乙、帝辛这五个商王的一段时期，距今三千多年。这件器物不大，可能是用于祭祀的①。《中国考古报告集之三：侯家庄第四本》中记录，这件有铭文的石簋耳部残存为87毫米高，22至26毫米宽。这样，刻的字就很小了。刻字的刀法与甲骨上的契刻刀法相同。我们知道在殷墟发掘中发现过刻写甲骨的青铜小刀。看来这些石刻也是用青铜刀像刻甲骨文一样直接刻写的。

现存铭文释文为："辛丑，小臣【系】入禽，俎。在【专】，以簋。"（括号内的文字原有漫漶）

1976年，在殷墟妇好墓的发掘中，也发现有一件鸥鹝纹小型石磬上面刻有文字，是"妊冉入石"四个字②。应该在记载这件石磬是由叫作妊冉的人进献的。这两个例子，说明在商代已经有了在器物上刻写题铭的习惯做法。石质器物上的刻铭可以称为早期的石刻文字。同样刻写题记的石磬还出现在东周时期的曾侯乙墓中。据发掘报告记录，在曾侯乙墓中出土石磬32枚，上面大多都有刻写的文字或墨书文字。这些石磬铭文的内容都是记录音律和音阶的名词或者编号③。这和在凤翔南指挥村秦公一号大墓中出土的刻有铭文的石磬属于相近似的做法④。都表现着利用器物刻写题铭来表达实用意义的习俗。

---

① 高去寻：《小臣（系）石簋的残片和铭文》，（台湾）《中央研究院历史语言研究所集刊》28本下册。
② 中国社会科学院考古研究所：《殷墟妇好墓》，文物出版社，1980。
③ 湖北省博物馆等：《曾侯乙墓》，文物出版社，1989。
④ 王辉、焦南峰、马振智：《秦公大墓石磬残铭考释》，（台湾）《中央研究院历史语言研究所集刊》67本2册。

　　根据对殷墟历年考古发掘情况的总结，在殷墟发现过约 5500 件石器，其中 87% 是工具，另外包括大量石制器皿，有礼器、兵器、乐器、装饰品和石雕艺术品等。反映了当时成熟的石器制作技术。但是这些器物的形制都比较小，制作的工艺可能还是与玉器制作一样，多采取琢磨而不是凿刻的方式。

　　中国古代琢磨玉器的历史十分悠久。加工出来的纹饰非常精细。这种玉器加工的琢磨手段也影响到在玉器上雕刻文字的形式。近年，在列入全国重大考古发现的陕西韩城梁带村芮国墓地，曾出土大量古代玉器，并发现了一些玉器上琢有文字。如出土玉戚上有"小臣兹（系）用"① 的字样，它应该是通过琢磨而不是凿刻制成的②。然而，石材质地不如玉石坚硬，在雕刻工具不断发展的情况下，凿刻技艺会越来越多地使用在制作石刻文字上，并最后完全取代了琢磨技艺。

　　由此可见，在商代到春秋战国时期的一千多年间，虽然已经有了在石器、玉器等人工制品上刻写文字铭记的情况，但是这种做法是很不普遍的。可能只是受到在青铜器、陶器等器物上题写铭记或制作记录的社会习俗影响。至于专门的纪念性石刻（除去石鼓文外）却一直没有发现过。

　　铭文石刻的出现，需要生产技术的支持，即需要开采石材、使用石材的社会生产能力。而中国上古时代使用石材不够普遍，加工石材的技术也不够发达。这可能影响着铭文石刻的利用。这从中国古代建筑中使用石材的情况中或许能反映出来。与西方不同，中国早期文明乃至后来几千年的建筑大多采用土木结构。除柱础、散水、台阶外，石料使用得很少。现在从商周时期考古发掘中见到的一些迹象有：

　　陕西扶风召陈西周中期建筑遗址发现用卵石作柱础，铺散水。在台阶前铺有石子路面。这时屋顶有瓦。但石料为天然卵石，未加工。

　　陕西扶风云塘的一处制骨遗址中发现有两处石板路面和一处石砌台阶。石砌墙基。石料加工与否不明。

---

① 释文中圆括号内的字为释读的本字，下同。
② 陕西省考古研究院等：《陕西韩城梁带村遗址 M26 发掘简报》，《文物》2008 年第 1 期。该简报中释文作"小臣奚□"。

西周时期使用石材的现象还不多见，等到了春秋战国时期，尤其是战国时期，石料加工制作的规模就逐渐加大。如河南永成姚家岗的春秋建筑宫殿遗址有卵石散水，河北平山中山国故城的建筑遗址中发现有大型柱础石，以及制石作坊等。在已调查的一些春秋战国古城址中都发现过专门的石器作坊。如邯郸大北城，东周王城的西北部，发现有石环、石片等装饰物的半成品。

除去春秋战国时期的建筑使用较多的石料外，在这一时期的墓葬中也开始使用石料，可能是为了保护墓葬，防止盗掘。在很多这一时期的大型墓葬中都发现了积石。如河南陕县后川M2040墓的填土中就有大量石块。20世纪50年代发掘的河南辉县固围村魏国国君墓葬，椁室周围堆积沙与石块。地上享堂出石础、瓦当等。1957年发掘的河南洛阳东郊M1墓圹下部有积石积碳现象。棺西侧出土一件墨书"天子"的石圭。

山西长治分水岭韩国墓地发现大型的积石积碳墓10多处。其中M14号墓中出土9鼎4簋与10件编钟，22件石磬。是规格很高，相当于国君的墓葬。山东临淄也发现过战国时期的积石墓。1990年发掘的山东章丘女郎山M1墓出土有积石、石编磬等，属于战国中期的大型墓葬①。

这些发现表现出古代石加工技艺的发展，也说明随着生产的发展，两周以来，人们在建筑、墓葬以及日常生活中越来越多地使用石材。这就为石刻文字更多地出现奠定了基础。相对关东六国而言，在西部的秦国及秦代遗址中曾经发现了更多的，可以表现早期石刻各种类型的石刻材料。

从现有材料来看，秦国可能比较早地应用石材，并且较早地产生了纪念性的专门文字石刻。值得注意的是在古代历史传说中也反映出秦国是最早利用石材的地区。《史记·秦本纪》记载："飞廉生恶来。……周武王之伐纣，并杀恶来。是时飞廉为纣石北方。还，无所报。为坛霍太山而报得石棺。铭曰：帝令处父，不与殷乱，赐尔石棺以华氏。死，遂葬于霍太山。"② 这应该是现有历史文献中最早的使用石棺与刻铭的记录。中原地区

---

① 以上参见中国社会科学院考古研究所《中国考古学 两周卷》，中国社会科学出版社，2004。

② （汉）司马迁：《史记》，中华书局二十四史标点本，1959，下同。

的新石器时期墓葬中，以石为棺或积石为墓的现象较少见，而东北、西北地区的早期墓葬中则不乏石室墓、石棺的发现。如近代的考古调查中发现在新疆等西部地区的原始民族中存在着石人、石棺葬的风习，并且可能从新石器时期延续至中世纪。应该早于中原地区对石葬具的使用。东北地区的红山文化等新石器文化也是如此。

秦国利用石材较早，除地质矿产条件外，可能与其所处地区与西北游牧部族紧邻，并且容易接受到西方传来的一些风俗与技术有关。我们曾经提出汉代石刻的突然大发展可能与汉武帝通西域有一定联系。而这种影响的苗头可能在两周时期的秦国就有所传递了。

在春秋时期，中原各国一直把秦看作边鄙戎夷之国。秦的祖先也和西方的戎族保持着通婚等密切的关系。如《史记·秦本纪》记载，秦国的先祖非子，曾经被"（周孝王）使主马于汧渭之间，马大蕃息"。又"申侯乃言孝王曰：昔我先骊山之女，为戎胥轩妻，生中潏，以亲故归周，保西垂，西垂以其故和睦。今我复与大骆妻，生适子成。申骆重婚，西戎皆服。所以为王"。说明秦国不仅与西方、北方的众多游牧民族活动区域接壤，而且俨然是西北戎族的领袖，会首先接受西方传来的文化影响。

秦人与西方戎族的关系记载如：

《后汉书·西羌传》："于是秦、晋伐戎以救周。……陆浑戎自瓜州迁于伊川，允姓戎迁于渭汭。"

《史记·秦本纪》："（穆公）三十七年，秦用由余谋，伐戎王，益国十二①。开地千里②，遂霸西戎。天子使召公过贺缪公以金鼓。"

《史记·秦本纪》："（秦孝公）二十年，诸侯毕贺。"（《后汉书·西羌传》称"使太子驷率戎狄九十二国"。）"公子少官率师会诸侯逢泽，朝天子。"

---

① "益国十二"，《韩非子》同，《史记·匈奴传》作"八国服秦"，《李斯传》作"并国二十"，《文选·上始皇帝书》作"并国三十"，《汉书·韩安国传》作"并国十四"。
② "开地千里"，《汉书·韩安国传》："陇西，北地是也。"

结合近来发现的越来越多的秦石刻材料，可以说秦在使用石材、利用石刻上面是走在其他诸侯国前面的。现有材料越来越多地表现出，这很可能是受到了西北草原文化乃至中亚、西亚等古文化的影响。

例如在建筑用石方面，秦雍都遗址的发掘中就多次发现大面积的石子散水，如马家庄一号宫殿建筑遗址、四号建筑遗址、姚家岗宫殿遗址等。在姚家岗发掘的凌阴遗址还使用了片岩铺设地面。秦公陵园中也发现有大片的石散水。说明这时石材普遍进入秦国的土木建筑中①。

近来报道，秦始皇陵的考古工作中出土了大量有石刻文字的器物，以及多种石建筑材料。例如在内外城之间东部陪葬坑（k9801）中出土石甲胄。报告有87领石甲和43顶石胄，其中有些甲片上面刻有文字、数字、符号等。同出的还有石质的马缰构件等②。

经考古调查发掘，秦始皇陵区内发现过石料加工厂的遗址，出土过石下水管道、渗井盖、石门础等。近来发掘的秦始皇陵园内陵寝遗址中，殿址的台阶用青石板铺成。地面有线雕菱纹的石块。甚至在二号建筑的门道壁面上贴砌了青石板。秦始皇地宫夯制宫墙内侧也发现石质宫墙。这些情况表现出秦国石材加工技艺的发展与石建筑材料的广泛应用③。

而石建筑的普遍应用与石雕技艺的发达，正是西亚北非与地中海诸多古文明的代表性成就，如古埃及的金字塔、神庙，古亚述、巴比伦、波斯等地的大型宫殿，古希腊、罗马的神庙、雕塑等。近者则有新疆草原上的石人等纪念性石雕。文字石刻也随之而大量产生。就现有考古资料可知，在公元前约8000年至前7000年间的西亚耶利哥遗址中已经发现了用石头建筑的望楼与城楼，公元前3500年至前3100年之间的西亚乌鲁克文化中便出现了刻有文字的石板和雕刻有图象的石碑。在公元前3100年至前2686年之

---

① 参见雍城考古队《凤翔马家庄春秋秦一号建筑遗址第一次发掘简报》，《考古与文物》1982年第5期；陕西省雍城考古队《凤翔马家庄一号建筑群遗址发掘简报》，《文物》1985年第2期；韩伟、焦南峰《秦都雍城考古综述》，《考古与文物》1988年第5、6期等。
② 张占民：《秦陵铠甲坑发现记》，《文博》1999年第5期。
③ 陕西省考古研究所、秦始皇兵马俑博物馆：《秦始皇帝陵园考古报告（1999）》，科学出版社，2000。陕西省考古研究所、秦始皇兵马俑博物馆：《秦始皇帝陵园考古报告（2000）》，文物出版社，2006。陕西省考古研究院、秦始皇兵马俑博物馆：《秦始皇帝陵园考古报告（2001—2003）》，文物出版社，2007。

间的古埃及早王朝时期中也有了石碑和石建筑。在公元前 2686 年至前 2181 年之间的古埃及古王国时代中就出现了大量宏伟的石质神庙、金字塔和高大的方尖碑。到了公元前 1500 年以降的新王国时代（埃及第 18 至第 20 王朝），埃及人已经建造出了大量的墓碑、方尖碑等纪念性石刻。最大的方尖碑可以达到上千吨重。公元前 18 世纪至前 12 世纪的古巴比伦文明遗址中，曾出土带有浮雕的石界碑等石刻，其中尤以著名的汉谟拉比法典碑为典型代表。该碑石近似圆锥形，高达 2.25 米，经过精细修整的圆首，在顶部刻有人物浮雕，下面刻有铭文。古亚述文化中，遗存有公元前 8 世纪的石刻沙尔马尼瑟尔三世方尖碑等。古代波斯帝王大流士一世在位期间镌刻的贝希斯顿铭文，是在石崖上修整出来多幅长方形的碑面，共刻写 1200 行之多的长篇铭文。这些在世界史上十分重要的古代碑刻都远远早于中国古代文字石刻产生的年代。它们反映出在中国以西直到北非的一系列重要古代文明中都曾经广泛使用石刻，而且制作工艺发达，雕刻精美，势必会对东方的古代文明产生影响。这些文化习俗如果向东方传播，秦国应当首当其冲。

现在发现的考古资料可以证明秦国也是较早地在石料上制作了文字铭刻。如：比起通常认为的中国最早纪念性文字石刻——石鼓文来说，秦公一号大墓中出土的刻有文字的石编磬应该是制作时间更早，年代更确切的秦国石刻文字。该墓葬于 20 世纪 80 年代在陕西省凤翔南指挥村发掘。由于大墓以往曾被盗掘过，这些编磬多有残损遗失。王辉等人推测原有三套以上的编磬，经过缀合，找出 26 条可读的铭文。这些在石磬上刻写的文字字体规整精美，足以与青铜器铭文媲美。现在统计保存的文字共 206 字（包括 6 个重文）。由于残缺不全，无法了解全部文意，但是它应该是一篇通过舞乐赞颂国君的颂词。铭文文体与一些词语同著名的秦国铜器秦公钟等铭文相似。王辉、焦南峰等有《秦公大墓石磬残铭考释》一文，发表在台湾《中央研究院历史语言研究所集刊》67 集 2 册上，对这些铭文做了详细可靠的考释解读，并且深入讨论了有关的问题。

其中缀合最长的一条是："汤汤厥商，百乐咸奏。允乐孔煌，钼锯载入，有几载漾。天子匽喜，龚桓是嗣。高阳有灵，四方以宓平。"根据铭文中有"天子匽喜，龚桓是嗣"的语词，王辉等人指出这个在铭文中宣称自已得到天子欢喜，继承了共公、桓公大业的秦公应该就是共公之孙，桓公之子秦景公。王辉等人还总结了推测秦公一号大墓为秦景公之墓的三个理由：①石磬铭文中反映的时代背景最接近秦景公时代，如85凤南1：495－549－517一条铭文："绍天命，曰：肇敷蛮夏，亟事于秦，即服……"提到诸夏也向秦国服事示好，表明秦国这时国力强大，可以与中原抗衡。正与秦景公时期秦的国力相符。②石磬文的文学体例与字体具有春秋晚期的特点，与秦景公时期的青铜器铭文十分接近。③石磬铭文中有"惟四年八月初吉甲申"的记载，与现在推算的当时历法符合。李学勤也在《夏商周年代学札记》里《秦公编磬的缀联及其历日》一文中推算"秦景公四年即鲁成公十八年的八月壬午朔，石磬铭甲申为初三"属于初吉的范围①。台湾学者陈昭容把石磬文字与秦公簋等铭文上的文字做了详细的比较。认为"它们的字体风格极为相似，部分几可说是出于一人手笔。相对于太公庙秦公钟镈铭文的随意活泼，簋铭与石磬铭的整饬，显示了春秋晚期秦文字的特点"②。

王辉等人认为铭文中写的四年，应该是秦景公行冠礼之年。石磬就是在这一年制作的。而用它随葬则可能是由于秦景公晚年政局不稳，需要通过这些早期的礼乐用品来表明他执政的合法性。

我们可以看到这些石磬文字刻写得非常规整，刻字的技艺十分纯熟，表现出很高的文化素质。显然这是宫中专门制作器物的手工技师来刻写的。从它与当时的青铜器铭文极为相似这一点来看，很可能刻写这些石磬铭文的人也是刻写青铜器模范上铭文的专门技师。说明这时石刻还没有单独形成一种专门的雕刻制作技艺。因此，秦公大墓的石磬文字仍然属于附刻于其他器物上的铭刻，而不是专门制作的纪念性石刻。

这样，我们还得说有关秦国石刻最重要的发现就是在凤翔出土的具有纪念性的专门石刻——石鼓文，以及其他几种用于祭祀祈神的专用石

---

① 李学勤：《秦公编磬的缀联及其历日》，见氏著《夏商周年代学札记》，辽宁大学出版社，1999。"初吉"所指时日，现在学术界认识不一。有人说是月初的吉日。陈梦家和刘启益认为初吉指月亮刚有亮光的日子，即每月初二或初三。
② 陈昭容：《秦系文字研究》，"中央研究院"历史语言研究所，2003。

刻——华山玉版和诅楚文等。这些专门制作的铭文石刻，使石刻脱离作为其他器物附属品的地位，成为独立的，具有重要纪念意义的新器物。这表明在中国古代石刻发展的过程中，秦地以及秦文化可能具有非常关键的作用。因为我们在上面提及的商周石刻文字材料基本上都不是单独的专用石刻，而大都是附着于一件其他的实用器物上，如祭器、乐器、装饰品、兵器、建筑器件等。大多是属于制作者的加工记录。所以，我们说它们都不是单独的石刻。这里说的石刻，应该是我们现在概念中认为的那种作为一个独立的，具有宣传、纪念、艺术表现等文化意义或者实用意义的专用物质。而石鼓文的出现，标志着专门的纪念性石刻在古代中国的产生，也就开创了中国石刻发展的历史。

司马迁在《史记·秦始皇本纪》中记载的《琅琊台刻石》铭文中有"群臣相与颂皇帝功德，刻于金石，以为表经"的句子。说明在秦始皇统一天下后，企图把统治延至久远，同时把自己的功德也永远传流下去的思想已经成为施政的主要理念。而这种思想应该是在随着秦国力强大，野心也日益扩大的过程中逐渐形成的。因此，建筑能够宣扬功德的纪念性石刻也开始成为国家意识形态中的一个组成部分。

在中国古代石刻中，独立出来成为专用石刻形制的刻石与碑，其本身的最初作用就是歌功颂德。现知古代最早的石刻群——秦始皇刻石就是用来赞颂秦始皇的赫赫功绩的。中国现存的石刻中，用于纪功颂德的碑记要早于墓碑出现。正表明石刻最早独立出来，就是由于它能历时久远，具有明显的纪念性意义。

从石鼓本身的外部形状来看，也表现出了这种石刻的原始性。早期的石刻，或者是在一块独立的天然大石上刻字，或者是将天然的石块略加表面处理后进行雕刻。西亚北非的一些古代石刻多采取这样的形制，例如著名的两河流域发现的汉谟拉比法典碑。中国古代将这样的石刻叫作"碣"。石鼓就是这样，所以有的古代学者也把石鼓文称作"猎碣"。

在山崖上直接刻写文字所形成的石刻也是最原始的石刻。它的制作方法与远古时期的岩画制作方法很相似，一般是在山崖中选择一片比较平直的石壁，直接在上面刻字。西亚北非的一些古代石刻常采取这样的形制，例如古代波斯的贝希斯顿刻铭。中国古代将这样的石刻称作"摩崖"。它也是早期石刻常见的表现形式。

相比之下，中国古代石刻早期的产生与发展过程与西方古代文明是很相似的。早期也是尽量利用原始形态的石材。这一阶段比较漫长，而秦国利用石材与发展石刻的情况就是具体而明显的证明。直至秦始皇统一中国以后，他在巡行之处大量树立刻石，纪功载德，仍然采用的是类似石鼓形制的大型刻石。这也反映出当时类似"碑"这样的石刻外部形制还没有传入中国。由此我们推测，这时秦国在使用石刻方面接受的还主要是西北草原地区以及中亚一带的影响。西亚北非以及希腊罗马的文化影响还没有过多地进入中国。因为现在所见的碑这种形制在西亚北非出现得很早，可达公元前 3000 多年，而且建碑之风主要兴盛于这一带。古波斯乃至中亚地区则很少使用碑，而更多采用刻石与摩崖的形式。从东西交通的历史来看，在以后的西汉时期，中国对西方的交通往来进一步拓展。同时罗马帝国在这时的东征，将其疆域扩展到今阿富汗一带，也缩短了中国接触来自更远的西亚、北非、地中海古文明的距离，从而使制作碑石这样的文化意识与石工技艺得以传入中国，便出现了新的专用石刻类型，如汉代流行开来的"碑"与大型艺术石雕。

我们曾经提出：碑石的使用与普及，与汉武帝开通西域后的外来文化影响应该是具有密切关联的。西汉武帝派遣张骞出使西域以来，中华文明与西方文明的接触和交流日益增多。《史记·大宛传》中记载："骞身所至者大宛、大月氏、大夏、康居。骞因分遣副使使大宛、康居、大月氏、大夏、身毒、于阗、扜罙及诸旁国。……其后岁余，骞所使通大夏之属者皆颇与其人俱来。于是西北国始通于汉矣。""诸使外国一辈大者数百，少者百余人。……汉率一岁中使多者十余，少者五、六辈，远者八九岁，近者数岁而反。……其吏卒亦辄复盛推外国所有，言大者予节，言小者为副。"在这些亲身经历异域旅行，接触了中亚乃至西亚地区各国文化习俗的使节返回后，必然大力宣扬西方古文明的新鲜事物。外国来使赠送的礼品与外来商旅交换的商品，也把西方的特产与工艺品传入了中原。《汉书·西域传》记载："明珠、文甲、通犀、翠羽之珍盈于后宫，蒲稍、龙文、鱼目、汗血之马充于黄门，巨象、师子、猛犬、大雀之群食于外圃。殊方异物，四面而至。"便反映了当时外国珍异物品大量流入，皇宫中充斥着西域海外文化风貌的景象。

在西域交通道路开拓后，与汉朝交往频繁的国家中，多有擅长岩石雕刻加工，具有悠久利用石刻历史的西亚、中亚各国。《汉书·西域传》中提到：当时交往的国家中，有"罽宾……其民巧，雕文刻镂，治宫室。……自武帝始通罽宾。""安息……土地风气，物类所有，民俗与乌戈、罽宾通。……武帝始遣使至安息……因发使随汉使者来观汉地。"据近人考证，汉代时的罽宾在喀布尔河中下游①，即今阿富汗与巴基斯坦北部一带，是早期佛教雕刻艺术的流行地。乌戈在今阿富汗一带。安息为古代波斯的一部分，在今伊朗地区。这一带丛山密布，石材丰富，很早就有使用石刻的风习。上文中提到的著名古波斯石刻贝希斯顿铭文以及著名的巴比扬大佛等早期佛教石刻即反映了这一带悠久的石刻历史与高度的石工技术。《汉书》中的记载，说明当时的人已经注意到了中亚一带的石刻技艺。这种利用石刻进行纪念与宣传的文化方式可能也随着中西交通而传入中国。

这一点，可能关注到中国古代石刻的人都会看出来。李零在他的《读丝绸之路草原石人研究——兼谈欧洲石人》一文中也提过类似的疑问。他认为："中国艺术大量使用石材，这件事来得太突然，新石器时代和商代西周，几乎没有什么发现。建筑上不用，零散的作品也少。春秋战国和秦代有一点，但主要是秦石鼓、秦刻石，还有中山国的守丘刻石。石刻的大量出现，还是到西汉，特别是东汉。……这些都使我们不能不考虑，它们的突然出现很可能是受了外来影响。因为中国最早的石刻是出在秦地，而秦多戎胡，又当西域往来的东端。汉承秦制，最初也是以这一地区为核心。还有，汉武帝伐匈奴，同样是继承秦始皇。中国的墓前石刻首先是出在汉征匈奴的大将霍去病墓前。当时，不光是石刻，或一点两点，有些偶然的发现，其实从整个文化的气氛，我们都能感受到四面来风。特别是西边和北边。……正如大家知道的情况，在中国之外，使用石头为建筑材料，装

---

① 余太山：《两汉魏晋南北朝正史西域传研究》，中华书局，2003。

饰雕刻，墓前石刻与大型神像，以旧大陆而论，年代最早也最高大雄伟还属西亚和北非。其次是受其影响的地中海沿岸，以及伊朗高原和伊朗高原东边的阿富汗（佛教艺术传播是经过阿富汗与中亚传入）。在中国的北方，还有很大一块是欧亚草原。那里的居民，他们对石头也是情有独锺，不仅喜欢用石头建造城堡和房屋，修祭祀用的祭坛，石塚和石棺，在山岩上作画，还有在墓前立石的传统。年代很长，分布很广。特别是，如果我们考虑到中国的石刻艺术传统，其早期主要还是表现在陵墓建筑上，这一点就更值得注意。"①

在西汉晚期和东汉时期，石刻开始大量出现，并且日益普及，雕刻技艺也非常成熟。促成这一变化的应该是多方面的文化因素。就目前所见，石刻运用得最广泛的，还是在标榜功德的纪念性石刻以及丧葬建筑之中。墓葬建筑的发展，石室墓，尤其是画像石墓的流行，应该直接促进了用于墓葬的碑石的产生与广泛应用。

所以，中国封建社会大一统的政治格局形成后，在思想意识方面提倡儒家道德体系，加强宣传教化，以及在此基础上进行的中国古代丧葬制度变革，可能是石刻在古代中国风行开来的一个根本因素。建造碑石的外来文化影响恰逢其时，并推动了中国古代石刻的定型与普及。实际上，这种利用石刻的新变化在秦代甚至在战国晚期的秦国就已经有所表现了。陈平更曾经认为在秦穆王征西戎，扩大秦的西部领土时就迎来了中国石刻的第一个高潮②。我们在上面列举的有关考古发现情况，有助于加深对这一观点的认识。

特别耐人寻味的是：迄今为止，在汉代以前的各种古代出土器物中，很少能见到与东汉碑石形制相似的器物。比如汉碑独有的圭首、圆首形状，碑上部用图案装饰的方式，碑表面精工磨制等特点，在此之前，都找不到与之类似的旁证。现存先秦与西汉的石刻中，除了保持原石形状的刻石以外，只有一些没有固定形制的实用刻石，如鲁北陛刻石、杨量买山记、祝

---

① 李零：《读丝绸之路草原石人研究——兼谈欧洲石人》，《入山与出塞》，文物出版社，2004。
② 陈平：《关陇文化与嬴秦文明》，江苏教育出版社，2005。

其卿神坛等。但是，上面提到的这些形制特点，却全都可以在远远早于汉代的北非、西亚一带的古代碑刻上面看到。这些形制在东汉突然出现，在中国文化中又没有先源或逐渐演进的痕迹。这种突变就使得我们倾向于把西汉晚期至东汉时期碑石外形的定型归结于外来文化的影响。

可以想象，如果秦始皇的万世基业能够持续下去，秦帝国可能也会开通西域，也会引进更多的外来文化因素。那么，应该会同样在较晚的时期内产生外部形制受到西方影响的碑石。只是由于短命的大帝国二世而终，虽然秦在古代中国最早地使用了石刻，但使之定型完备这样的发展却只能由继承了秦帝国统治的汉朝来完成了。

原载《考古、艺术与历史——杨泓先生八秩华诞纪念文集》，文物出版社，2016

也谈石鼓文的产生年代

著名的石鼓十件历经历史播迁，现在沉睡在故宫博物院中。它作为中国古代最早的纪念性铭文石刻，在历史考古与古文字研究中都具有重要的参考价值，堪称国宝。然而，这样一件重要的文物，却没有一个确定无疑的制作年代。因此，对其产生年代的判定就是一个有待解决的长期课题了。

由于石鼓文铭刻内容中没有明确的纪年，出土时间又极早，且对其出土情况只有一些传闻性的记载，原所在地不确切，无法进行有关的考古年代学分析，致使一千多年来历代学者对石鼓文的年代讨论不断、众说纷纭。但是至今仍没有一个能够被大家都赞同的确定结论。自从唐代，石鼓文被介绍出来后，就被时人认为是西周宣王时期出游的纪念物，是史籀所书。所谓根据也就是《说文解字》叙中说：宣王太史籀著大篆。如贞观年间的苏勖在《记打本石鼓》卷首说："世咸言笔迹存者李斯最古，不知史籀之迹近在关中。"韦应物所作的《石鼓歌》中就认为"周宣大猎兮岐之阳，刻石表功兮炜煌煌"①。这种说法很有市场，从唐代的张怀瓘、韩愈直到清代的钱大昕、孙星衍等人全都赞同这个说法。甚至后代常把石鼓称作"宣王猎碣"。而宋代程大昌认为这是周成王时候的作品。认为"（《左传昭公四年》载）成王时有岐阳之蒐"。杜预注曰："成王归自奄，大狩于岐山之阳。"而石鼓即出土于陈仓，上面又有与畋猎有关的诗句，于是便以为石鼓记载的

---

① 见《全唐诗》卷 194，中华书局，1960。

畋猎之事与成王大狩之事相合，从而得此看法①。董逌《广川书跋》、沈梧《石鼓文定本》等也采取这一看法。以上这些说法只是依据古文献中的只言片语做出的主观臆断，缺乏全面的考察与具体的证据，何况石鼓文的字体与我们现在所见到的西周铜器铭文字体风格也不相符，是不能成立的。

以后又有金代的马定国说它是北周时期的石刻②。清初学者顾炎武曾认为石鼓文是北朝的刻石，万斯同也持此说③。清代人俞正燮根据《魏书》里面记录的李彪上表中有"礼田岐阳，先皇之义"的记载，提出它是北魏的刻石④。但这些看法认可的人不多。

而早在宋代，郑樵就提出石鼓文是秦国的器物。他说："此十篇是秦篆，以也为殹，见于秦斤；以承为丞，见于秦权。"又说："其文有曰嗣王，有曰天子，天子可谓帝，亦可为王。故知此则惠文之后，始皇之前所做。"⑤ 清代学者震均有《石鼓文集注》和《天咫偶闻》之作。认为石鼓为秦文公东猎后制作。他说："考《史记·秦本纪》文公三年以兵七百人东猎，四年至汧渭之会，此即'汧殹沔沔'是也。""一鼓之中，天子与公杂见……则天子，周王也，公，秦文也。"⑥ 如采此说，则石鼓立于秦文公四年，为公元前762年。

图一　秦石鼓

1923年，马衡发表《石鼓文为秦刻石考》一文，认为石鼓作于秦穆王时，他说："夫秦穆公有功王室，得岐西之地而列为诸侯，至缪公始霸西戎，天子致贺。鼓文纪田渔之事，兼及其车徒之盛，又有颂扬天子之语，证明秦公敦之字体及烈烈桓桓之文，则此鼓之作，当与同时。缪公时居雍城，雍城在今凤翔县之南雍水。《元和郡县志》所记出土之地，正为雍城故址。"⑦ 这时，认为石鼓是秦器的观点占了主流。秦穆公在位的时间是公元前659～前621年。

① （宋）程大昌：《雍录》，中华书局，2005。
② 见《金史·马定国传》，中华书局二十四史标点本，1973。
③ （清）顾炎武：《金石文字记》卷一，亭林遗书本。万斯同《石园文集》卷六，见《四明丛书》张氏约园刊本。
④ （清）俞正燮：《癸巳类稿》，商务印书馆，1957。
⑤ （宋）郑樵：《石刻音序》，见《宝刻丛编》，十万卷楼丛书本。
⑥ （清）震均：《天咫偶闻》，北京古籍出版社，1982；《石鼓文集注》，清光绪年间刻本。
⑦ 马衡：《凡将斋金石丛稿》，中华书局，1977。

1933 年，郭沫若在日本见到三井购去的安国本石鼓文拓本后，作《石鼓文研究》，认为它作于秦襄王时期。"石鼓既在三畤原上，则与三畤之一之建立必有攸关。揆其用意，实犹后世神祠佛阁之建立碑碣也。三畤之作，据《史记·十二诸侯年表》，西畤作于襄公八年，当周平王元年；鄜畤作于文公十年，当平王十五年。"后来他在《再论石鼓文之年代》一文中强调："平王东迁，襄公出师送之，凯旋时所作。事在襄公八年。""今考《而师》一石有'天子□来，嗣王始□，故我来□。'……为新王始立之意，固甚明白。与此关系相合者，谨襄公作西畤一事而已。"① 秦襄公八年为公元前 770 年。

对秦襄公说，王辉曾用四条史实理由证明了它的不合理。即：①周平王在犬戎的攻击下不会来西边的汧水与秦王会猎。②秦襄公时并没有占据汧水流域。③襄公所作西畤在西垂（今陕西礼县），不在三畤原。④石鼓中用"吾"，属于晚期特点，如果石鼓是后人所刻，也应该像秦公钟镈那样将"公"改作"先祖""皇祖"等②。

图二　石鼓文字拓片局部

此后 1947 年，唐兰作《石鼓文刻于秦灵公三年考》，是根据灵公三年作上下畤的记载确定的。秦灵公三年为公元前 422 年。十年后，他又作《石鼓文年代考》，将其时代继续下推，定在秦献公十一年，即公元前 374 年。唐兰认为石鼓文就其书体而言，应该在秦公簋之后，诅楚文之前。他指出石鼓文中四字不写作四横，第一人称代词用吾不用朕，也写作殹，都是较晚的写法。石鼓的写法比秦公簋方正匀称，布局紧密板滞，也显得比较晚。定为秦献公十一年是由于这一年，周太史儋去见秦献公。这一年是周烈王二年，周王"还可以称嗣王"③。

1961 年，段熙仲提出石鼓文是秦德公时期的遗物，认为秦德公元年，即

---

① 郭沫若：《石鼓文研究》，人民出版社，1955。
② 王辉：《由"天子""嗣王""公"三种称谓说到石鼓文的年代》，（台湾）《中国文字》新第 20 期，1995。
③ 唐兰：《石鼓文刻于秦灵公三年考》，《申报·文史周刊》第 2 期，1947 年；《石鼓文年代考》，《故宫博物院院刊》1958 年第 1 期。

公元前 677 年，周僖王崩，周惠王嗣立，符合"天子""嗣王"的说法①。1981 年，李仲操提出秦宣王说，认为秦宣公三年，即公元前 673 年，周天子在郑国与虢君的援助下复国，几个月后，秦宣公即来陈仓北坂作密畤。与"天子□来，嗣王□□，故我来□"相符②。韩伟则根据凤翔高庄秦墓地出土陶缶上的"北园王氏缶"等陶文，结合《诗经·秦风·驷驖》中"游于北园"的诗句，认为北园所在应该是三畤原上，是在秦宪公迁都后开辟的。北园包括部分西虢领地，应该是在秦武公十一年，即公元前 687 年，灭小虢后开辟的。石鼓与《诗经·秦风·驷驖》"均可能是武公时代的产物"③。1982 年，黄奇逸提出石鼓作于秦武王元年（公元前 310 年）到秦昭王三年（公元前 304 年）之间的说法，他认为"天子"与"嗣王"不是一个人，天子是周王，嗣王是新继位的秦王。公是随秦王出猎的大夫，古代，大夫是可以称公的。惠文王是在执政十三年后称王的，算不得嗣王，所以应该是武王或昭王④。

　　以上诸多认为石鼓文属于秦石刻的说法说明学界对于石鼓文是秦国的石刻这一点已经接近共识，但是对具体年代却始终无法统一意见。近来又有很多人根据对石鼓文中部分文字内容的释读与分析，得出了秦哀公等多种说法。这些意见都是根据石鼓文中的内容与历史相对比，由于仅侧重于个别文句词语及不同的史实，得出了多种多样的结论，同时也产生很多无法自圆其说的疑问，也就都缺乏令人信服的说服力。上引王辉批评郭沫若之说即是一个典型例证，其他对石鼓文年代的说法也同样遭受过类似从史实与文字形体方面提出的质疑。须知这批石鼓一共十件，而每件石鼓所刻诗句的内容都不相同，且泛言于渔猎、车马、出游、山水之间，既无确切的纪年与人物名称，又无明显的历史大事。要想把它们记述的事件与历史文献记载套上，并且都确定在同一个年代中，恐怕是不可能的。

---

① 段熙：《论石鼓乃秦德公时遗物及其他——读郭沫若同志〈石鼓文研究〉后》，《学术月刊》1961 年第 9 期。

② 李仲操：《石鼓最初所在地及其刻石年代》，《考古与文物》1981 年第 2 期。

③ 韩伟：《北园地望及石鼓诗之年代小议》，《考古与文物》1981 年第 4 期。

④ 黄奇逸：《石鼓文年代及相关诸问题》，《古文字研究论文集》，四川大学出版社，1982。

台湾学者陈昭容对此做过很好的讨论，她在 1993 年发表的《秦公簋的时代问题——兼论石鼓文相对年代》一文中说："大部分考订石鼓年代的方法，都是从文献资料中找出某位秦公在位时有某一特殊事件，与石鼓所叙相合，以此订其具体年代。然而，渔猎，修道，植树，何代没有？用历史事件来订具体年代，可以是方法之一，但不是唯一的方法。"她认为"其具体年代宜在春秋晚期到战国早期之间，距秦公簋近些，离诅楚文远些"①。实际上也就是婉转地认为石鼓文的绝对年代无法判定，只能确定在一个时间段之中，用石鼓文文辞中的特征与有限的史料去进行历史时代的考证，显然是没有什么把握的。

而且在对石鼓文年代的讨论中，始终有一个问题无法很好解决，就是内容与文字形体时代的无法统一。从石鼓文内容中有"天子，嗣王"等内容来看，似乎在刻石时应该有周天子的存在，而且周王刚继位不久。这样则从内容上应判断为春秋早、中期的产物。郭沫若就是由此把它定为送周平王东迁的秦襄公八年所刻。但是其文字又表现出时代较晚的特点。很多学者认为文字属于春秋晚期的。

裴锡圭认为："关于石鼓文的年代，直到目前还没有出现一种既能很好照顾到内容，又能很好照顾到其字体的说法，为了解决内容与字体的矛盾，有必要强调指出罗君惕关于石鼓文时代的意见里的一个合理因素。……他提出的石鼓所刻之诗是早于刻石年代的作品的想法，却十分具有启发性。""春秋晚或战国早期的秦统治者为了宣扬秦的受命之君襄公的业绩，完全有可能在雍都南郊祭上帝的地方，把襄公时所作的纪功、纪游之诗刻在石碣上。"②

这样一来，等于说我们从石鼓文本身的内容中去寻找可资断代的历史证据是没有什么用处的。也就是说，我们只能去根据文字形体的特点断代，但由于不少学者还坚持认为石鼓文的内容与刻石时期史实有关。如王辉在讨论时，就认为裴锡圭提倡的石鼓的诗篇与刻石不是同时所作这一观点是不能成立的。所以，迄今为止，研究石鼓文的学者们仍然不放弃史料分析

① 陈昭容：《秦公簋的时代问题——兼论石鼓文相对年代》，《中央研究院历史语言研究所集刊》第 66 本 1 分。
② 裴锡圭：《关于石鼓文的时代问题》，《传统文化与现代化》1995 年第 1 期。

的做法，继续着从字里行间寻找断代证据的努力。

如近年来，徐宝贵所作《石鼓文整理研究》一书，比较详尽地汇集了有关石鼓文研究的资料和历代学者的研究，他在对石鼓文年代的考察中，从三个方面讨论。即①文字形体的特点，②与诗经的语言关系，③内容所反映的史实。得出的结论是石鼓作于秦景公时期①。

这一观点得到裘锡圭的赞同。实际上，我们如果细看他们的论述与结论，其观点主要还是认为：根据石鼓文的字形来看，与可以确定为是秦景公时期的秦公钟镈、秦公一号大墓出土石磬十分相似。这一点，早在1997年，王辉讨论石鼓年代时，根据凤翔秦公一号大墓出土石磬文字，就提出石鼓文是秦景公时制作的意见。王辉曾经对秦公大墓石磬的文字与石鼓文做了详尽的对比，认为二者"文字结构，安排布局，甚至运笔方法几乎全同，如出一人手笔"。纵观众多观点的论述中，出自文字形体的判断是根本，其他论据只是陪衬而已。

文字形体的比较断代，无疑是比单纯使用史料去确定年代更为可靠的方法。但是要利用文字形体去断代，我们就需要有一系列比较完备的不同年代文字形体变化资料作为标准，特别是需要有一些具有时代特征以资断代的典型字例。可是需要看到，春秋战国时期秦文字的变化并不是十分明显，而且我们能够掌握的秦文字材料也不是很多，不可能给秦文字画出很明确的时代变化系列。现有的自西周以后到秦统一之前这一时期的秦国文字资料，除秦公钟、镈等一些秦国青铜器与秦公大墓出土石磬外，常用的只有秦兵器刻铭、砖瓦刻铭、陶文、诅楚文、华山玉版与几件秦虎符等。这里面兵器、砖瓦等刻铭又是简略粗糙的民间实用铭刻，无法与石鼓文这样庄重规范的书体相比较。而且即使从所有这些铭刻中去排列比较，也不容易找出秦文字形体上明显的时代变化规律。李学勤在《石鼓文解读》一书的序言中就说过："秦文字在春秋后几百年中，比其他列国文字更稳定与规范，前后变化小。年代确定不了。"但是他也认为石鼓文的文字可能是在"春秋中期后段到晚期"②。

---

① 徐宝贵：《石鼓文整理研究》，中华书局，2008。
② 王美盛：《石鼓文解读》，齐鲁书社，2006。

图三　秦公簋器铭

特别是目前学界对秦系文字变化的比较出现异议。通过对同样的秦文字资料进行排比，却得出不同的意见。如上述王辉、徐宝贵等人的比较，认为石鼓文的字体特点与秦公大墓石磬、秦公钟等相似。陈昭容的比较字形，也得出类似的结论。而赖炳炜也对同样的秦文字资料比较后，却认为石鼓文的字体风格与商鞅量、秦封邑瓦书等相似，从而把石鼓文的时代定在秦惠文王称王之年①。罗君惕《秦刻十碣考释》也早就表达了类似的观点。高明近年在整理秦小篆的基础上，认为："如果将春秋时期的金文与石鼓文及李斯省改的小篆作一较为全面的比较。我们就不难发现，石鼓文与秦篆的形体是多么的接近，而石鼓文的年代也大致可以判定了。"② 从而结合其他论据，将石鼓文定为秦惠文王所作。同样的文字材料，却得出如此歧异的看法，可见秦系文字在春秋战国期间的变化不是很明显，时代特征不多。学者们对字体时代的判定中主观感性成分较多。由此可见，秦文字形体的比较是有一定参考作用的，但是完全依靠它去确定绝对年代也并不可行。

因此，我们非常赞同陈昭容早就提出的一个观点，即就现有资料而言，

---

① 赖炳炜：《石鼓文年代再讨论》，《古文字研究》第二十六辑，中华书局，2006。
② 高明：《石鼓文新证》，《考古学报》2010 年第 3 期。

石鼓文的绝对时代恐怕无法得出令人普遍信服的结论，最好也就是判断一个相对的时间段。所以试在以上习惯考证思路外，从石刻本身的发展情况来看石鼓文的时代。即通过讨论石鼓文的形制与树立地点以及讨论中国古代纪念性石刻出现的大致时代，来给石鼓文的时代推测一个大致范围。

图四　秦公大墓出土石磬铭

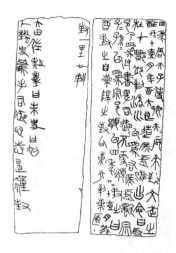

图五 秦封宗邑瓦书

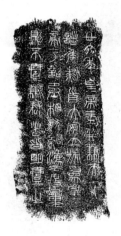

图六 秦北私府椭量铭

回顾历来对于石鼓文的考证研究，就徐宝贵广泛收集的有关论著目录来看，已有 1000 多种论文与专著问世。但是其中很少讨论石鼓这种石刻的形制与其原来的用途。

　　有人曾经提出，石鼓可能是宫殿的柱础石。但是从这十件石鼓顶部浑圆不平，大小尺寸与外形并不完全一致来看，不大可能是柱础。而且从现在了解到的秦国宫殿建筑遗址发掘中还没有发现大型的柱础石存在。所以，参照西方古代石刻的早期形态，如西亚北非的一些古代石刻多采取类似石鼓这样的圆锥形石块，著名的两河流域发现的汉谟拉比法典碑与其他大量亚述、巴比伦石刻均是如此。我们认为这十件石鼓应该是早期的纪念性石刻，专门用于刻写纪念文辞，所以它保存了原石的大致形态。郭沫若曾认为："揆其用意，实犹后世神祠佛阁之建立碑碣也。"虽然有些附会，没有考虑秦时祭天的用途与石鼓歌颂帝王的内容不相符之处，但也是注意到了它的纪念性作用。

　　关于石鼓的出土地点，现在的讨论大多认为它出土于秦雍城地区，可是由于郭沫若力主石鼓是出自秦国所立的"畤"，后来似乎没有什么明显的不同意见，多将其认作是附属于某一秦"畤"的石刻。但是"畤"是用于祭祀上帝，祈求神灵护佑的祭坛，与之有关的建筑与刻石应该都是表达对上帝的虔敬与祈祝。而石鼓文的全部内容都是表达人间的田猎游乐，记述帝王的行迹，与祭祀天神看不出丝毫关联。将其归属到"畤"中实属牵强。与之相比，在雍城地区已经发掘出大量宫殿、宗庙建筑与陵墓，如在凤翔县城南郊发现的马家庄一、二、三、四号建筑遗址，姚家岗宫殿区遗址，铁沟、高王寺宫殿区遗址，在凤翔县城以西的蕲年宫、棫阳宫、年宫等遗址①，以及雍城南郊三畤原上包括数十座大墓的秦公陵园等。据近年来的考古调查勘探，雍城陵区已经发现 14 座秦公陵园②。而这些大型建筑群中，特别是宗庙建筑与陵园中，都有可能树立石鼓文这样的纪念性石刻。从其内容、意义与传说的出土地点来看，我们认为：石鼓诸石树立在秦国王侯

① 参见陕西省考古研究所雍城考古工作队《1982 年凤翔雍城秦汉遗址调查简报》，《考古与文物》1984 年第 2 期；陕西省考古研究所雍城考古工作队《凤翔马家庄一号建筑群遗址发掘简报》，《文物》1985 年第 2 期；马振智、焦南峰《蕲年、棫阳、年宫考》，《陕西省考古学会第一届年会论文集》，《考古与文物丛刊》第 3 号等。
② 焦南峰、孙伟刚、杜林渊：《秦人的十个陵区》，《文物》2014 年第 6 期。

陵墓之前的可能性应该更大一点。高明也曾提出"有可能在秦惠文王死后，臣子们将歌颂他事迹的十只鼓形石刻安放在他陵墓前的神庙里"①。只是从石鼓出土凤翔的情况看，不大可能是出自惠文王陵，焦南峰等已经确定秦惠文王葬于咸阳附近。

如果石鼓文原来是建立在某一位秦国王公陵墓之前的纪念性石刻的话，那么，它很可能像后世在神道两边树立的神道石刻一样，分两列排列在神道两旁。这也正可以说明它的总数必然为双数。从现在能见到的石鼓文字体来看，它们十件铭文的字体书法都很相近，尤其是保存得较好的"车工""汧沔""霝雨"等石，所以以往都是把这批石鼓看作同时一起刊刻的。但我们试在此提出一个设想，如果把它们看作树立在陵墓前的神道石刻的话，它们会不会分属于不同的陵墓，而不是同时刊刻的呢？如果是那样，也就表明从某一时期起，秦国陵墓前已经形成了树立纪念性神道石刻的习俗，并延续被多位王公采用。这比仅在某位秦王（公）时期突兀地产生这样一批既无前兆也无后续的石刻要合理得多。当然，由于资料证据缺乏，这也仅是一个推测。但唐兰有一段话说得很有道理："如果说石鼓要放在公元前8～前7世纪，即春秋前期，那么这样十个一组的石刻。仅仅是昙花一现。要远隔三四百年后才有《诅楚文》的出现，将是不可理解的。"② 因此，唐兰就指出诅楚文和始皇刻石皆晚出，认为石鼓应在前4世纪（献公时）。Gilbert L Mattos（马几道）在研究秦石鼓时也认为刻石的风气在中国出现较晚，所以石鼓应该是前5世纪的作品③。这些看法，已经不仅局限在对石鼓文内容与字体的考证上，而是从历史发展的角度去分析了。须知历史上任何事物，均有一个产生、发展的逐渐过程。理顺这一过程，才利于得出合理的结论。

石鼓文的出现，标志着专门的记功性石刻在古代中国的产生，也就开创了中国石刻发展的历史。因此，它自然会涉及中国古代思想史的发展与宣扬功德、立石纪念的思想是在什么时候开始出现的。

---

① 高明：《石鼓文新证》，《考古学报》2010年第3期。
② 唐兰：《石鼓文刻于秦灵公三年考》，《申报·文史周刊》第2期，1947年。
③ Gilbert L Mattos：*The Stone Drums of Ch'in*，Nettetal Steyler Verlag-Wort und Werk.

司马迁在《史记·秦始皇本纪》中记载的《琅琊台刻石》铭文中有"群臣相与颂皇帝功德，刻于金石，以为表经"的句子。说明在秦始皇统一天下后，企图把统治延至久远，同时把自己的功德也永远传流下去的思想已经成为施政的主要理念。而这种思想应该是在随着秦国力强大，野心也日益扩大的过程中逐渐形成的，特别是为专制独裁的大一统政治思想所需要，所服务的。几千年的历史告诉我们，歌功颂德，并不仅仅是佞臣奴才的阿谀之道，而是专制政体维护权威、巩固统治的重要手段。

在中国古代石刻中，碑本身的最初作用就是歌功颂德。最早的大型石刻群体工程——秦始皇刻石就是用来赞颂秦始皇的赫赫功绩的。中国现存的石刻中，用于纪功颂德的碑记要早于墓碑出现。正表明石刻最早独立出来，得以应用，就是由于它能历时久远，具有明显的纪念性意义，从而得到统治者的青睐与采纳。

巫鸿在他对中国古代纪念性建筑的研究中，特别强调了这一点。巫鸿《中国古代艺术与建筑中的纪念碑性》一书中曾总结西方学者的看法，认为"一座有功能的纪念碑，不管它的形状和质地如何，总要承担保存记忆，构造历史的功能。总力图使某位人物、某个事件或某种制度不朽。总要巩固某种社会关系或某个共同体的纽带。总要成为界定某个政治活动或礼制活动的中心。总要实现生者与死者的交通，或是现在与未来的联系"。

"中国艺术和建筑的三个主要传统——宗庙和礼器，都城和宫殿，墓葬和随葬品。均具有重要的宗教和政治内涵。这些建筑和艺术形式都有资格被称为纪念碑或是纪念碑群体的组成部分。"①

巫鸿还认为：在统治者野心蓬勃高涨的东周时期，丧葬建筑的宏伟程度迅速增加，诸侯们把高大的陵墓看成是个人的纪念碑。建台成为时尚，台越高，个人越觉得强大。我们从文献记载中可以了解到当时的众多大台，如魏王建中天台，齐景公建大台，卫灵公建重华台，晋灵公建九层台等。秦穆公给由余看宫室积聚，由余称"使鬼为之，则劳神矣"。可见秦国的宫殿之巍峨奢华。而后商鞅建冀阙，体现皇权，也是新型的纪念碑。他认为

---

① 巫鸿：《中国古代艺术与建筑中的纪念碑性》，上海人民出版社，2009。

咸阳宫殿中有三组纪念碑，即：仿六国宫殿、十二金人、阿房宫。墓葬在东周末期也加大，向高发展，形成金字塔式的纪念碑建筑物。石碑在中国出现相当晚，原因是在这一特定时期，纪念碑式建筑才成为适当的宗教艺术形式。

以上说法虽不尽完善，但反映了当时政治思想发展的一定规律。需要进一步分析的是：春秋与战国时期的诸侯国关系及政治思想并不相同。作为宗周天子下属的诸侯国，春秋时期的各国公侯们主要目的是争霸，所谓"挟天子以令诸侯"。这时还残留着西周的传统贵族政治，还没有形成专制独裁的寡头统治。诸侯给自己大唱赞歌，宣扬功德，从而巩固个人统治地位的作法还没有条件流行。起码上面还有个名义上的周天子在。楚子发兵中原，观兵于周疆，问鼎轻重，便遭到周大夫王孙满的严厉驳斥，称"天祚明德，有所厎止。成王定鼎于郏鄏，卜世三十，卜年七百，天所命也。周德虽衰，天命未改。鼎之轻重，未可问也"[①]。即其一例。

只有到了战国时期，随着七雄分立的强势，各国纷纷称王，不臣之心、并吞之意日益彰明。诸侯们争相显示实力，强化统治，企图统一天下。专制制度逐渐完善。这时，歌功颂德，大兴纪念的风气才有了合适的环境，并且逐渐出现了高台、大墓、金人、巨阙、刻石等具有纪念性的各种实体物质。

正如在上面介绍的巫鸿意见，树立纪念碑的思想应该是比较晚出现的。特别在秦国，应该是在秦孝公变法，国力强大后，诸侯敬畏，权位日尊，才会逐渐产生歌功颂德、传至久远的思想意识。《史记·秦本纪》中记载"（孝公）十九年，天子致伯，二十年，诸侯毕贺"。表明当时产生了可以扬威后世的强国成就。如果像其他从石鼓内容中去考察断代的做法那样，这一记载也可解释石鼓中关于"天子""嗣王"的说法。《史记·秦本纪》中还特别强调了在秦孝公十二年"作为咸阳，筑冀阙"。《史记正义》云："刘伯庄云：'冀犹记事，阙即象魏也。'"《史记·商君列传》亦云："于是以鞅为大良造。……居三年，作为筑冀阙宫庭于咸阳。"《史记索隐》云：

---

① 见《春秋左氏传》宣公三年，《十三经注疏》，中华书局，1980。

"冀，记也。出列教令，当记于此门阙。"象魏在古代文献中被明确定义为悬挂法令公告的门阙，如《周礼·天官·太宰》称："乃县治象之法于象魏。"可见商鞅在秦国建筑这样的纪念性、公告性建筑是当时的一件重大事件，也应该是首次建立这样的纪念性、公告性建筑。由此，国家宣扬帝王威严、政权强力，树立纪念性标志与宣传物的做法会不断产生，而到秦始皇时则达到在各地刻石纪功的顶点。石鼓的产生因此也不会太早。将之看作秦孝公或秦惠文王以下时间段的产物，属于秦王陵墓或宗庙中的石制纪念物或许是比较合理的。如果考虑到现有记载中多称石鼓出土于凤翔雍城地区的情况，由于秦惠文王以下的秦王陵墓多建于凤翔东方的咸阳、西安一带，那么，可以将其认为属于秦孝公时期的器物。

原载《新世纪的中国考古学——王仲舒先生九十华诞纪念论文集》，科学出版社，2005

试谈几方秦代的田字格印及有关问题

传世秦汉玺印封泥中，有一种特殊的形制，即在印文四周加上界格，呈一个田字形，习惯称之为田字格印。

这种形制的玺印数量不多，以官印为主，也有一些姓名印及吉语印。从字体风格上来看，它是偏于早期的器物，所以前人一般认为它是秦代和西汉的印章。罗福颐、王人聪先生在《印章概述》一书中确定田字格印是秦和西汉早期的器物。这一看法十分正确，但并未予以具体说明。而且，由于这些传世品往往出土情况不明，具体区分每方印章的时代比较困难，有一些秦代的田字格印往往被误认为汉印。本文拟就部分可以确认为秦代的印章及有关问题做一些说明，然后讨论一下田字格印章形制的由来及发展变化过程，以期能为认识秦汉之交的印章提供一点线索。

一　判定秦代田字格印的几点根据

由于战国末期至西汉初年这一阶段时间短暂，且前后三个历史时期的文化有着密切的沿袭继承关系，使得这三个历史时期的墓葬和器物有时不易区分。兼以传世品缺乏出土情况记录，无法寻找旁证，因之我们只能根据印章本身的特点及文献记录来判定印章的时代。如果我们把战国、秦、西汉三个阶段的印章文字、读法、内容对比一下，就可以看到战国与西汉的玺印在文字、读法、内容等方面都有着明显的不同。而秦代印章正处于承上启下的过渡阶段。汉字在秦代产生了根本性的转折。秦统一文字，实行小篆和隶书，使文字完全变成了笔画组成的符号。三代古文字的图画象形面貌逐渐消失了。在这一转变中，一些文字仍然或多或少地残留着象形成分，我们把各个时期的文字略加排比，即可看出：含象形成分多的文字一般要早于含象形成分少的文字。例如保字，商代金文作 🉐（《三代吉金文存》① 2.1），有些甚至将字中大人形体上手指、脚趾都画出来，形象十分逼真，如 🉐（《三代》7.3）。而西周铜器铭文中则均作 𠈃。至春秋铜器铭文中又写作 𠈃（国差䤮，《三代》18.17），添加了新的意符。其时代先后区别十分明显。

我们从秦代印文中，也可以找到一些接近战国古文的象形痕迹，作为它与西汉篆文的区别。例如：马字，西汉印章中均作 馬。像西汉建始二年信都食官行镫"工赵骏"②，河平二年万年县升"考工冯教"③ 字中所从马都是这种写法，而秦代印章"李骀""宋鬶""骆洋""黄腾"④ 等印文中的马字作 馬。接近于战国文字中的写法，如 🐎（石鼓文⑤，春秋晚期），🐎（侯马盟书⑥），🐎（鄂君启节⑦）。印字，秦代特有的条形"私印"印中作 𠂤 𠂤⑧，下部像人屈膝形，西汉则作 𠂤 𠂤，屈膝形逐渐消失。丞字，秦代作 � �丞。左右两 𠂆 形大小、高低相等，如商鞅量始皇廿六年刻辞⑨及其他秦诏版、刻石。西汉印中一般写作 �丞，右侧 𠂆 较左侧 𠂆 大且高。这是由于汉印文要求严谨、方正、充实。因此，将右侧 𠂆 提上以弥补空间。将字，汉印中

---

① 以下简称《三代》。
② 《汉金文录》第 3 卷第 23 页。
③ 《汉金文录》第 3 卷第 23 页。
④ 《十钟山房印举》（以下简称《十钟》）3.45、3.46、3.47、3.51，前三印为竖长方形条印。后一印为圆形有界格印。文字均早于西汉篆文。西汉墓葬中也没有发现过类似形制的印章。故定为秦印。
⑤ 《金石索·石索》。
⑥ 《侯马盟书》，第 322 页。
⑦ 《寿县出土的鄂君启节》，《文物参考资料》1958 年第 4 期。
⑧ 《十钟》3.5、3.7。
⑨ 《秦金文录》第 3 卷第 30 页。

均作𦏲，而田字格印"铚将粟印"① 则作𦏲。秦诅楚文中作𦏲②，与此相同。此外，汉印笔画较粗，字形方正、结构严谨。秦印则笔画细软、圆润，结构较松散。这些字体特征可能有助于区别一些秦印。

同时，某些田字格印仍然保留着战国古玺中的一些特殊读法。为了说明方便，我们将印文上的四个字分别用数字代表，标成下图：3 1 / 4 2则西汉印章一般采用 1—2—3—4 的顺序读。而有些战国玺印却按 1—4—3—2 的顺序释读。如：表三，7 读作"乐陶右尉"③。这种读法的田字格官印有"泰上寝左田""信宫车府"等。又有些战国玺印按 1—3—2—4 的顺序释读。如图一 4 读作"左廪桁木"④，图一 5 读作"左正桁木"⑤ 等。这种读法的田字格官印有"杜阳左尉""邦司马印""御府丞印"等。另外，有一些战国玺印采用 3—4—1—2 的读法。如图一 1 读作"行府之钵"⑥，图一 2 读作"勿正关钵"⑦，图一 3 读作客戒之钵⑧。田字格印表一南宫尚浴一印读法，可能是受到这种战国玺印特殊读法的影响。在秦都咸阳出土的陶文中有从右向左横读的现象，如《考古》1962 年第 6 期《秦都咸阳故城遗址的调查和试掘》一文中介绍的咸阳巨禹是按 1—3—2—4 的顺序读。《文物》1976 年第 11 期《秦都咸阳第一号宫殿建筑遗址简报》中介绍的咸原小婴、咸阳成申、咸邑如顷等也是这样读的。传世秦汉瓦当中也存在着以上各种特殊读法，如大吉日利是按上—下—右—左的顺序读的⑨，平乐宫阿是按 1—4—3—2 的顺序读的⑩，万岁未央是按 1—3—2—4 的顺序读的⑪等。这些特殊的

---

① 凡未加注明的田字格印均见附表。
② 《金石索·石索》。
③ 〔日〕《书道全集》第 1 册第 118 页。
④ 《尊古斋古铢集林》第 1 集第 2 卷。释读从石志廉同志说。见《历史博物馆馆刊》1980 年第 2 期《战国古玺考释十种》。
⑤ 《尊古斋古铢集林》第 1 集第 2 卷。释读从石志廉同志说。见《历史博物馆馆刊》1980 年第 2 期《战国古玺考释十种》。
⑥ 《战国古玺考释十种》第 1 集第 1 卷。
⑦ 见《续衡斋藏印》。
⑧ 《上海博物馆藏印选》，第 9 页；罗振玉；《秦汉瓦当文字》第 2 卷第 23 页。
⑨ 程敦：《秦汉瓦当文字》。
⑩ 《秦汉瓦当》，文物出版社，1964。
⑪ 《秦汉瓦当文字》第 2 卷第 5 页。

读法，在汉代的铜镜、瓦当中还偶尔可以见到，但在汉代的印章中就基本上绝迹了。

图一　战国印摹本

1. 行府之钚　2. 勿正关钚　3. 客戒之钚　4. 左廪桁木　5. 左正桁木

二　部分秦代田字格官印考释

灋丘左尉（印文、形制及出处见附表，下同）

该印从右向左横读，字体秀丽，笔画圆润，具有秦小篆风格。

在古文字材料中，灋、废二字通用。此印之灋丘当读作废丘。湖北云梦发现的秦简"封诊式"中"告灋丘主"①，又《攘古录》卷四第41页收有"灋邱工同"瓦，亦同于印、简。《汉书·地理志上》"右扶风，槐里（县）"颜师古注云："周曰犬丘，懿王都之，秦更名废丘。高祖三年更名，有黄山宫，孝惠二年起。"《史记·高祖本纪》"（二年）引水灌废丘，废丘降，章邯自杀。更名废丘为槐里"。废丘名称这一变化可以从出土器物中得到证实。除上述有灋丘字样的器物外，尚有《小校经阁金文》卷十一第46页著录的"废丘鼎盖"及《贞松堂集古遗文》卷十三第9页著录的"灋丘鼎"。此外，《更续封泥考略》卷二第8页收有"槐里丞印"封泥。又陈直先生曾收藏有"槐里市久"陶瓶②（久读作记。《睡虎地秦墓竹简》中印记

①　《睡虎地秦墓竹简》文物出版社，1977，平装本，第261页。
②　《关中秦汉陶录》1卷及《汉书新证》第131页（天津人民出版社，1979，第2版）。

之记字均写作久，如"金布律"："有久识者靡蚩之①"，"工律"："不可久者，以氂久之"②）。此铭文说明这件陶瓶是汉代槐里县市工制造的产品。

根据文献记载可以判定灋（废）丘这一名称在汉占领该地后即行废除。灋字这一写法亦应视为秦代写法。汉印中则多写作法③。结合该印的特殊形制及读法，可以确定它是秦代印章。《汉书·百官公卿表》称："县令长，皆秦官，掌法其县……皆有丞尉，秩四百石至二百石。"《后汉书·百官志》"尉大县二人，小县一人"，"尉主盗贼"。灋丘地居秦内吏，故设左右二尉。与此印形制、读法相同的"杜阳左尉"印亦应认为是秦代印章。

九江太守印

据《汉书·地理志上》"九江郡，秦置，高帝四年更名为淮南国，武帝元狩元年复"。《水经注·淮水》："始皇立九江郡，治寿春县。"可知秦灭楚后立九江郡，楚汉之际改称淮南国。详细经过见《史记·高祖本纪》"（四年）乃使使者召大司马周殷举九江兵而迎之。……立武王布为淮南王"。"（十一年）秋七月，淮南王黥布反……高祖自往击之，立子长为淮南王。"在西汉初期并不存在一个九江郡。也没有证据可以说明田字格印会沿续到汉武帝时期。所以，这件封泥还是定作秦代器物比较合适。

济北太守、即墨太守

以上诸太守印封泥往往被判断为汉景帝以后的印章。其根据为《汉书·百官公卿表》"郡守……景帝中二年更名太守"。但是，现在我们在新近发现的云梦秦简中即可看到太守的职称④。此外，《战国策·赵策一》"请以三万户之都封太守，千户封县令"。"使阳言之太守，太守其效之。"也说明自战国时期就有太守的称呼，至秦代仍旧沿用这一称呼。景帝更名郡守为太守这一记载，恰恰说明西汉初期仅称郡守，不称太守。而秦代则有太

---

① 《睡虎地秦墓竹简》，第64页。
② 《睡虎地秦墓竹简》，第72页。
③ 如《汉印文字征》十·四收录的"法建成""法惟"印。
④ 《睡虎地秦墓竹简》，第292页《封诊式》毄（迁）子："以县次传诣成都。成都上恒书太守处，以律食。"

守和守两种称呼同时存在，云梦秦简①和田字格印中都可以看到这种现象。

这两方印中的郡名不见于《汉书·地理志》。济北一地，秦属齐郡，汉属齐国，汉文帝元年分置济北国，三年又收为郡，十五年复置国，汉武帝后元二年国除。汉代即墨为县治，先属齐郡，而后属胶东国。这两地在景帝中二年后并未设郡，景帝中二年前虽有数年曾设置郡，但不可能有太守一职，由此看来，这几方印不可能是汉印。

但是，我们在《史记·始皇本纪》"分天下以为三十六郡"一句集解所注明的 36 个郡名中及《汉书·地理志》注明秦置的各郡中都找不到济北、即墨、河间三郡。这就需要对秦代所置郡数加以考察。这个问题较复杂，本文无法深入讨论，仅就有关情况做一简单说明。文献中关于秦汉郡数、郡名的记载多有出入，这一点早已被前人所注意。清代学者往往将这种情况归为楚汉之争时设置了新郡。如清代钱坫著、徐松集释《新斠注地理志集释》云："秦无东阳，彰、吴、郯及胶东、胶西、临淄、济北、博阳、城阳诸郡。皆是楚汉之间诸侯王自为割置，非故立也。"又如吴卓信《汉书地理志补注》中引《汉书考异》云："班志于秦郡皆据始皇时，若二世改元以后，豪杰并起，复称六国，分置列郡。多有出于三十六郡之外者，不久仍复并省。故皆略而不言。如吴郡之类是也。亦有汉兴仍其名者，则归之高帝置，此尊汉之词也。"而后王国维曾搜集文献中关于秦郡的零星记载来说明秦郡数有过多次变化，并考证出秦郡数为 48 个。即在《史记集解》所注 36 郡外又添加：东海、广阳、南海、桂林、象、闽中、陶、河间、陈、胶东、胶西、济北、博阳、城阳诸郡②。《旧唐书·地理志一》则称："昔秦并天下，裂地为四十九郡。"以上诸说不一，反映出秦郡总数尚无定论，需要进一步考察。陈直先生则认为"西汉初中期王国，皆得自分割各县，自置郡名"③。故将济北，河间、即墨等郡归于汉初诸侯王自置。然而据《史记·汉兴以来诸侯王表》云："内地北踞山以东尽诸侯地，大者或五六郡

---

① 《睡虎地秦墓竹简》，第 192 页《法律答问》"今郡守为廷不为？"又第 15 页《语书》"南郡守腾谓县，道啬夫"。

② 《观堂集林》第 12 卷《秦郡考》。

③ 《汉书新证》第 131 页。

（按：《汉书·高帝纪》："以胶东、胶西、临淄、济北、博阳、城阳郡七十三县，立子肥为齐王。"此为诸侯国中最大者）仅仅是汉初的情况。至景帝时，已经"齐分为七，赵分为六，梁分为五，淮南分三……大国不过十余城，小侯不过数十里"。即墨所在的胶东国不过 8 县 7 万余户[1]。济北国献地设立了泰山郡。它所余之地更是屈指可数，怎么可能再自置二千石郡守呢？至于西汉初期不可能有太守一职，上文已说明。因此，我们认为王国维的考证还是可取的。这几方印仍应属于秦代器物。

信宫车府

前人多将该印中的信宫与汉代太后所居的长信宫混为一处。实际上信宫为秦代宫室。《史记·始皇本纪》："二十七年……作信宫渭南，已更名信宫为极庙，象天极。"《三辅黄图》（毕沅校本）[2] 卷一：秦宫室有"信宫，亦曰咸阳宫"。卷三：汉宫室有"长信宫，汉太后常居之……后宫在西，秋之象也。秋主信，故宫殿皆以长信长秋为名"（孙星衍校本）[3]。"长乐宫西有长信宫。"《汉书·外戚传下》：班健仔"求共养太后长信宫"。可与《三辅黄图》互为表证。以上记载正说明信宫与长信宫分属秦汉两代。汉代长信宫在印章中均简称为长信。如《封泥考略》卷一 47 页收有"长信私丞"，49 页有"长信仓印"等封泥。"信宫车府"印文交叉释读，字体与汉印文亦有不同，应属秦代。周明泰《续封泥考略》云："或曰，此印文错综，似是秦印也。"可见前人也尚怀疑它应是秦印。《汉书·百官公卿表》"太仆……属官有……车府、路轺、骑马、骏马四令丞"。此印为秦代信宫所属车府令丞印，看来秦代各宫均设有车府，可能它们统属于太仆车府，品秩亦低于太仆车府。

泰上寝左田[4]

这方印的读法十分特殊，而且将左田二字合写在一个小格里（这种合文在现有的秦汉印中仅此一例），所以不易读通。陈直先生《汉书新证》87

---

[1] 《汉书·地理志下》。
[2] 四部丛刊本。
[3] 四部丛刊本。
[4] 泰与太通，秦汉时多见。《马王堆汉墓帛书·纵横家书》"晋将不菁（逾）泰行"。《银雀山汉墓竹简》孙膑兵法六十简"泰子申"均以泰为太。

页按云："《十钟山房印举》二五卷14页有'泰畤寝上'印（旧释畤字为左田二字合文未确）。泰畤为五畤之一，成帝纪'永始四年春正月，行幸甘泉郊泰畤，神光降集紫殿，是也。雍五畤尉印，此仅存者'。"我们认为左田与畤形状不相符，声类也不相通，无法释作畤字。仍应释为左田合文。同形制的田官印章"赵郡左田""公主田印"① 可作证明。根据该印的字体、形制和特殊读法，应判定其为秦代太上皇（秦庄襄王）陵墓左田正官印。《史记·始皇本纪》二十六年，"追尊庄襄王为太上皇"。集解："汉高祖尊父曰太上皇，亦放此也。"

释为泰畤在时代上也不相符。泰畤并非五畤之一。《史记·封禅书》（秦文公）"于是作鄜畤，用三牲郊祭白帝焉"。"秦宣公作密畤于渭南，祭青帝。""秦灵公作吴阳上畤，祭黄帝，作下畤，祭炎帝。"（汉高祖）"乃立黑帝祠，命曰北畤"。《括地志辑校》卷一34页，岐州雍县条下云："汉有五畤，在岐州雍县南，则鄜畤、吴阳上畤、下畤、密畤、北畤。"至汉武帝时崇尚泰一，才设置了泰畤。《史记·封禅书》"（元鼎四年）十一月辛巳朔旦冬至，昧爽，天子始郊拜太一。……太史公，祠官宽舒等曰：'神灵之休。祐福兆祥。宜因此地光域立太畤坛以明应'"。田字格印章不会晚至武帝时期，因此不宜释作"泰畤寝上"。

汉高祖亦曾尊其父为太上皇，但据《汉书·百官公卿表》记载："奉常……属官有……诸庙寝园食官令长丞。"《太平御览》卷五五九引潘岳《关中记》云："（汉诸陵）守卫陵扫除凡五千户，陵令一人，食官令二人，寝庙令一人，园长一人，园门令史三十二人，候四人。"汉代官印封泥中有孝文庙令、孝景园令、孝惠寝丞②、孝昭园令印③、灞陵园丞④等印，说明《汉书》《太平御览》记载不误，以上文献中并未提及"左田""田"一类官吏。结合印文、形制、读法考虑，排除了该印属于汉代的可能性。

---

① 《上海博物馆藏印选》，第28页。
② 以上均见《封泥考略》第1卷。
③ 《齐鲁封泥集存》第1卷。
④ 《十钟》2.56。

田字格印"赵郡左田"亦应为秦官印。汉代没有设置赵郡,秦三十六郡中虽无赵郡,但可能在秦灭赵后一度设有赵郡。《元和郡县志》卷二十二定州:"秦兼天下,今州盖秦赵郡、钜鹿二郡之地。"《太平寰宇记》卷六十二与之相同。正与此印互为证明,亦是秦代曾设有赵郡之证。

南宫尚浴

印文从左上角交叉释读,亦为秦汉印中极罕见者。定为秦代南宫尚浴官吏印章。《史记·吕不韦列传》"秦王乃迎太后于雍,归复咸阳"。集解:"徐广曰:入南宫。"又《史记·高祖本纪》:"高祖置酒雒阳南宫。"正义:"《括地志》云:'南宫在雒州雒阳县东北二十六里洛阳故城中,舆地志云秦时已有南北宫。'"由此可见秦代在咸阳、洛阳等地都建有南宫。《通典·职官八》"汉仪注曰:'省中有五尚,即尚食、尚冠、尚衣、尚帐、尚席。或云秦置六尚,谓尚冠、尚衣、尚食、尚沐、尚席、尚书'"。据此印可证明尚沐为尚浴之误。秦各宫均有尚浴,统属于少府。

御府丞印

印文由右向左横读。丞、印二字具有秦印文特征。《汉书·百官公卿表》"少府,属官有……尚方,御府,永巷,内者,宦者七官令丞"。均系承袭秦制。御府为管理御用服装的机构。《史记·李斯列传》"(公子高)乃上书曰:'御府之衣,臣得赐之。中厩之宝马,臣得赐之'"。《通典·职官八》"秦有御府令丞,掌供御府,而属少府"。均与此印相合。

铚将粟印

字体较早。将、印二字尤为明显。将为管理义,在秦代宫名及法律中常可见到。云梦秦简中云:"仗城旦勿将司,其名将司者将司之"①(按:将司即监管),又"毋令居赀赎责(债)将城旦春"②。秦官中也有将作少府、将行等,因此我们认为它也应该是秦印。铚县秦时属泗水郡,将粟为负责管理粮食的官员,故该印可能是仓吏之印。

---

① 《睡虎地秦墓竹简》,第89页。
② 《睡虎地秦墓竹简》,第89页。

三　几方可能是秦代的田字格印

皇帝信玺

可能是秦代皇帝用玺。《史记·高祖本纪》"秦王子婴素车白马，系颈以组，封皇帝玺符节，降轵道旁"。索隐云"又汉官仪云：子婴上始皇玺，因服御之，代代传受，号曰'汉传国玺'也"。正义曰："天子有六玺：皇帝行玺、皇帝之玺、皇帝信玺、天子行玺、天子之玺、天子信玺。皇帝信玺凡事皆用之。"《晋书·舆服志》所载与正义同。从上述文献引文中来看，汉代沿用了秦始皇的皇帝玺印。虽然其可靠性与否尚待证明[1]，但是，陕西曾发现西汉"皇后之玺"玉印[2]，另有传世"淮阳王玺[3]"等汉代诸侯王玺。它们均无田字格，字体也与该印不同。对比之下，似应以定于秦代为宜。

邦司马印

汉高祖以后，文中避讳不使用邦字。相邦一职亦改称相国。长沙出土，属于汉文帝时期的马王堆汉墓帛书老子乙本中邦字均改写国。可见这方印应是高祖以前或惠帝以前的器物。而邦司马、邦司寇、邦司工一类职名在战国及秦代多见，以与郡、县司马、司寇、司工……区分开来。如战国魏兵器"七年邦司寇富无"矛[4]，"十二年邦司寇肖新[5]"剑等。又如云梦秦简中有"县司马，司空佐史、士吏将弗得，赀一甲，邦司空一盾[6]"，"县司马赀二甲[7]"等语。此印中邦司马与上文中邦司寇、邦司空相类，均为中央朝廷的官员，与县司马相对。据《汉书·百官公卿表》知秦官卫尉、中尉属官中均有司马一职。我们据此并结合其字体、形制认为它很可能是秦印。

---

① 据《通志》卷 47 记载：汉帝沿用的是一方白玉质刻有"受天之命皇帝寿昌"的御玺。
② 《西汉皇后玉玺和甘露二年铜方炉的发现》，《文物》1973 年第 5 期。
③ 《十钟》2. 1。
④ 《三代》20. 40。
⑤ 北大藏器。据黄盛璋先生《三晋兵器的国别年代及有关问题》，《考古学报》1974 年第 1 期。以上两件兵器的国别亦从其说。
⑥ 《睡虎地秦墓竹简》，第 134 页。
⑦ 《睡虎地秦墓竹简》，第 132 页

右褐府印

《十钟山房印举》第二册 56 页收有"钱府""马府""器府"等印章。均为管理财帛器物的府库之印。褐，为粗毛布衣。《孟子·滕文公上》"其徒数十人皆衣褐"。《史记·始皇本纪》"夫寒者利竖褐"。索隐云："赵岐曰：'褐以毛毳织之，若马衣。或以褐编衣也。'裋，一音竖，谓褐布竖裁，为劳役之衣，短而且狭，故谓之短褐，亦曰竖褐。"可见褐是穷人及刑徒的服装。云梦秦简金布律云："（刑徒）受衣者，夏衣以四月尽，六月禀之。冬衣以九月尽，十一月禀之。过时者勿禀。后计冬衣来年。囚有寒者为褐衣。……在咸阳者致其衣大内，在它县者致衣从事之县。县、大内皆听其官致，以律禀衣。"① 又司空律："凡不能自衣者，公衣之；令居其衣如律然。"② 又《居延汉简释文》卷三 7 页有简云："官使婢弃，用布三匹，系絮三斤十二两。"由此可知秦代贫穷的刑徒由国家发放刑衣，以劳役抵偿。汉代可能沿袭了这一制度，对官奴婢也是如此。右褐府可能就是大内管理刑徒、奴婢服装的机构。该印字体较早，当为秦印。

安台左墍

墍字，《说文解字》十三云："仰涂也。"有涂饰、修补意。云梦秦简云："漏屋涂墍（墍）。"左墍可能是负责修饰宫室的工官，属将作少府管辖。《三辅黄图》（毕沅校本）卷五："……安台观，沧沮观在城外"（观与馆通）。可能该印即为安台馆左墍印，另有安台丞印，印制与此印相同。

最后附带谈一下秦代的田字格吉语印。这类吉语印从文字上可以确认为秦代器物。以下是《十钟山房印举》中收集的这类印文："思言敬事，勿半非有，忠仁思士，日敬毋治（怠），相思得志，交仁必可。"③ 它们的内容十分接近宜和民众、壹心慎事、云子思士、正行治士等战国吉语印。常见战国吉语印多作"敬事，长官，寻（得）志，王之上士，正行亡（无）私，可以正下"等④。而汉代吉语的内容则完全不同，它一般采用祈求官秩地

① 《睡虎地秦墓竹简》，第 66 页。
② 《睡虎地秦墓竹简》，第 85 页。
③ 《十钟》第 3 册。
④ 《十钟》第 1 册。

位，财富享受，吉祥长寿等等的语句。如：出入大吉、宜官内财、长宜子孙、日入千金①、长乐未央②、子孙益昌③、心思勿忘、美人大王④、大吉羊（祥）宜侯王、积善之家、天赐永昌⑤、富贵昌、宜侯王⑥，等等。因此，田字格吉语印应定作秦代器物。

表一　秦汉田字格印释例

印文	释文	边长	著录
	丘灅 尉左	2.3	《十钟》2.45
	阳杜 尉左	2.6×2.1	同上
	太九 守江	2.3	《续封泥考略》2.13
	太济 守北	2.3	同上 2.15
	太即 守墨	2.3	同上 2.17
	太清 守河	2　3	《再续封泥考略》1.50
	车信 宫府	2　3	《续封泥考略》1.12
	寝泰 上杻	2　6	《十钟》2.54

---

① 《十钟》第 12 册。
② 《广仓砖录》第 2 册（汉砖文）及《秦汉瓦当文字》（汉瓦文）。
③ 《广仓砖录》第 2 册（汉砖文）。
④ 《古镜图录》下卷第 9 页（汉镜）。
⑤ 《岩窟藏镜》2 卷上第 24 页（汉镜）。
⑥ 《汉金文录》5 卷第 45 页（汉铜洗）。

续表

印文	释文	边长	著录
	左赵 田郡	2.3	《封泥考略》4.52
	南尚 浴宫	2.2	《十钟》2.56
	府御 印丞	2.3	《古官印集存》（考古所藏打本）
	粟铚 印将	2.2	《十钟》2.15
	信皇 玺帝	2.4	《封泥考略》1.5
	马邦 印司	2.3	《集古印存》
	府右 印褐	2.2	《十钟》2.56
	左安 墅台	2.3	《封泥考略》6.66

表二　Ⅱ（或Ⅲ）字形战国玺印例

印文	释文	边长	著录
	司左 中 马军	2.3	《十钟》1.3
	之司 铚马	2.2	《絜斋古印存》
	大府	6×5	《尊古斋古铎集林》一集一卷

续表

印文	释文	边长	著录
	师城东 铢工武	2.1	《十钟》1.6
	信牧王 铢口	2.2	《上海博物馆藏印选》第 21 页

四　田字格形制发展变化的几个阶段

　　田字形界格，不仅仅是秦汉时期的产物，它的起源还可以上溯到西周末期的铜器铭文中。幽王时期铜器宗妇鼎的铭文之间就划有整齐的方界格。战国铜器鳳羌钟等器铭上也划有界格。推测这种界格的作用是为了使字体整齐美观。它可能通过两种途径产生，一是在器范上做出格线；一是用单个字模在范上打印成铭文，两个字模之间的缝隙自然形成了界格。这种形制影响到战国古玺。早期的玺印并没有界格，而后一些官印和姓名印中添加了将印面竖直划分为二或三部分的界线，而形成日（口）或目（口）字格（表二）战国晚期时，日字格转变为田字格。现在可见到的田字格战国印中尤以楚印为多。这可能与楚地特有的可以拆开的两合（三合）印①有一定关系。嵌合印拼合往往造成缝隙，形成界格，由此影响了楚官印的形制。秦统一以后的田字格印，是秦固有的形制还是受到楚印影响的产物，限于资料，无法做出结论，但如果是吸收了楚印的特点，那么，这种印章或许能反映出一些秦楚之间的文化交流情况。

---

　　① 《考古学报》1957 年第 4 期《长沙沙湖桥一带古墓发掘报告》介绍了两合印（存右半方）"大飤口口"。《文物》1959 年 9 期《战国题铭概述》中介绍了三钮三合印（均不全）："邯華口铢"，"口口亭"，"口口口"。

表三　战国田字格玺印例

印文	释文	边长	钮制	著录
	信臧 铢口 （以下白文）	2.1		《逊庵秦汉印选》二集
	粟傷 铢邦	2.2		《上海博物馆藏印选》第 7 页
	之口 铢府	2.3		《尊古斋古铢集林》二集一卷；《上海博物馆藏印选》第 8 页
	室中 铢织	2.3	坛	《历史博物馆馆刊》1980 之二；《战国古铢考释十种》，长沙出土
	之织 铢藏	2.3		《十钟》1.7
	之计 铢官	2.3		同上
	右乐 尉陶	1.9	鼻	《艺林》旬刊 1929 年 11 月 21 日，第 69 期；〔日〕《书道全集》（一）第 118 页
	敀（右） 釜里	3.1×2.7		《三代》18.24
	王上 之士	1.3	朱文	《十钟》1.8（又有白文"王之上士"一方：边长 1.7 厘米。见《十钟》1.3）

表四　新中国成立后发现的西汉部分界格印

印文	释文	边长	钮制	著录
	买谢		桥 （子母印）	《考古》1961 年第 4 期《贵州清镇平坝汉至宋墓发掘简报》
	之王 印骏	1.7	龟	《考古》1965 年第 12 期《新乡市发现汉代铜印》

印文	释文	边长	钮制	著录
	信王 印羊		桥	《考古》1966 年第 5 期《湖南湘乡可心亭汉墓》
	大出 吉人	1.5	桥	《考古》1980 年第 6 期《青岛市郊区发现汉墓》
	合少 众曲	1.6	穿带	《文物》1980 年第 12 期《介绍一批陕西扶风出土的汉魏铜印等文物》

表三中是一些典型的战国田字格玺，其中绝大部分被认为是楚器。右里敀鋚一印，是铜器上的铭文，可能是由田字格印打制范文后制成。齐地所出土古玺"左司马敀""郑口坿鋚"① 等均与该铭相类，故定为齐器。可见这种田字格形制在战国晚期曾通行于列国之间。

在秦代，田字格印盛行起来，可能成为秦官印的一种标准形制。《文物》1964 年第 7 期《秦都咸阳遗址新发现的陶文》介绍了一方田字格秦印陶文"咸新安盼"。《文物》1976 年第 9 期《湖北云梦睡虎地十一座秦墓发掘简报》介绍了一方日字格秦印陶文"安陆市亭"。这些出土实物可以协助说明秦代田字格印章的流行状况。

秦汉之际，起义军队多沿用秦官印绶。如《史记·项羽本纪》称项梁起义时"持守头，佩其印绶"。而后楚、汉等诸侯自己刻制的官印可能也沿用了田字格形制。

现可见到的西汉早期墓葬中出土的官印均未添加田字格，但端方《齐鲁封泥考存》中收有一方"蕾川丞相"封泥，则可能是汉文帝十五年以后的器物。由此看来，西汉早期可能仍残存有一些使用田字格形制的官印。在西汉早期，田字格形制逐渐消失，但它给西汉印章形制留下的影响却一直持续到新莽时期。这影响就是产生于西汉姓名印中的半边白文、半边朱文印，三字白文、一字朱文印，三字朱文、一字白文印及阳文田字格吉语

---

① 见《尊古斋古钵集林》2 集 4 卷。

印等多种特殊形制（见表四）。从考古发掘中可以看出：这种遗风至东汉才完全消失。

原载《考古与文物》1983 年第 4 期

由出土印章看两处墓葬的墓主等问题

(与孙贯文先生合作)

在墓葬发掘中往往有印章出土。于是,出土印章便成为断定有关墓葬年代和墓主的重要根据之一。所有印章基本上均可以根据其文字、形制判断出它的大致年代。秦代改用小篆和隶书,使战国与秦汉的文字形体出现根本差别,战国玺印与秦汉印章也因之可以明确地区分开来。如果忽视这种差别,不注意印章本身特有的体例,就容易造成错误,影响对墓葬年代的判断。今就发掘报告中因对出土印章判断不确而误定墓葬年代及墓主者,选出二例,加以说明。

一 石家庄市北郊"西汉张耳"墓

《考古》1980年1期发表的《河北石家庄市北郊西汉墓发掘简报》一文(以下简称"简报"),文中称:该墓中棺内墓主头骨附近发现有一方铜印(图一)。桥纽阴文,长、宽各1.2厘米。"简报"作者释印文为"长耳",认为张、长通用,因此断定该墓为西汉初年赵王张耳之墓。

图一

可以看出:"简报"作者主要是依据这方铜印确定墓葬年代和墓主的。那么,这方铜印印文的释读就是至关重要的了。细审印文后,我们认为不能将其释为"张耳"二字。从形制和字体上看,这方铜印不属西汉初年,而属于战国时期,自然也不是西汉初年赵王张耳的印章了。现从四个方面加以说明。

铜印的文字和形制

综观战国秦汉印章，类似这方铜印的有边界阴文小形玺印绝大部分属于战国至秦代。《十钟山房印举》将这类玺印均列入"古玺"和"周秦"两部分。此印字体为典型战国文字，从而排除了属于秦代的可能。

印文首字应释为长，从图二所列甲骨文、金文及战国玺印可证。

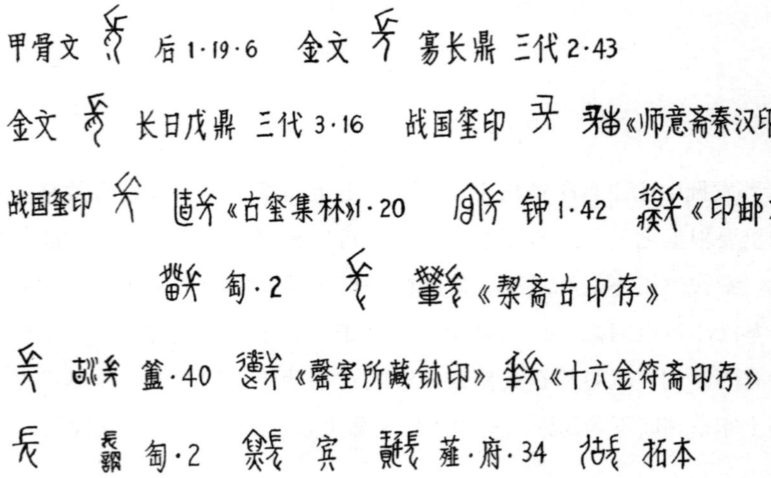

图二

秦汉印章中使用小篆，"长"书体如图三。先秦与秦汉两个时期的两种形体截然不同。此印文"长"字的书体正是战国时的写法。

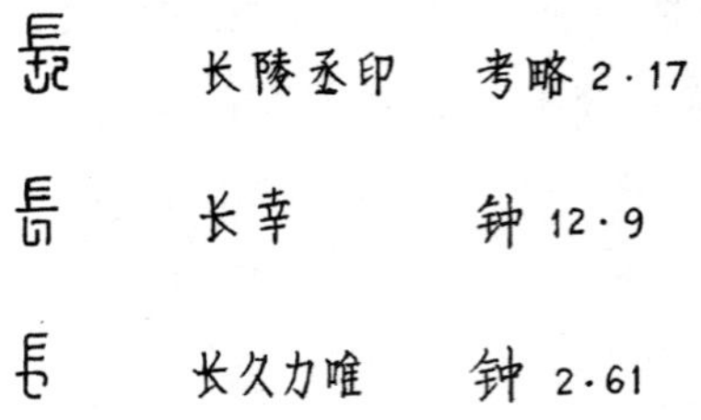

图三

印文第二字不能确释，但不是"耳"字。耳字象形。甲骨文、金文和先秦盟书、陶文钵印中的耳字如图四，汉印中耳字书体如图五。则可以看出，𦣝与以上各种耳字写法均不相同，决非耳字。仍以阙疑为是。

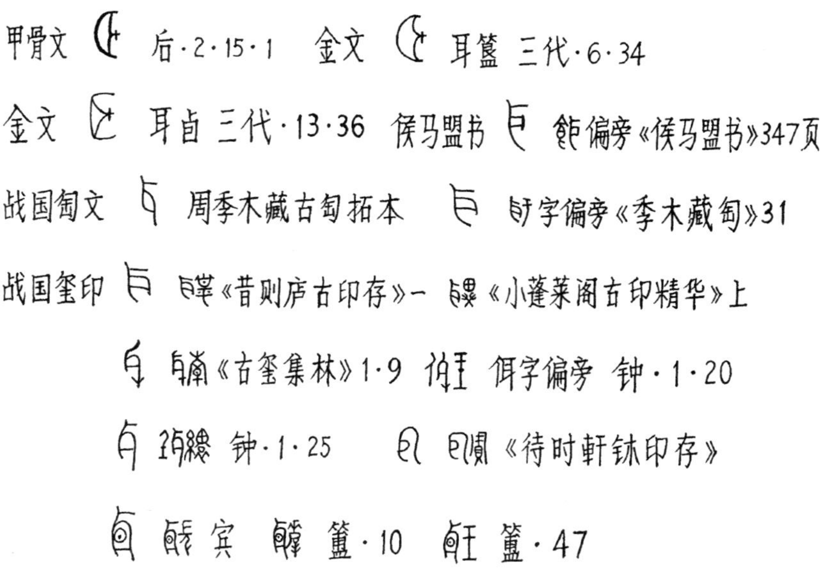

甲骨文　后·2·15·1　金文　耳簋 三代·6·34

金文　耳卣 三代·13·36　侯马盟书　館偏旁《侯马盟书》347页

战国匋文　周季木藏古匋拓本　耵字偏旁《季木藏匋》31

战国玺印　畢《昔则庐古印存》一　媴《小蓬莱阁古印精华》上

酺《古玺集林》1·9　佴字偏旁 钟·1·20

狥總 钟·1·25　閬《待时轩鉢印存》

熊宾 鱹簋·10　玨簋·47

图四

《待时轩鉢印存》

姫 钟·5·62

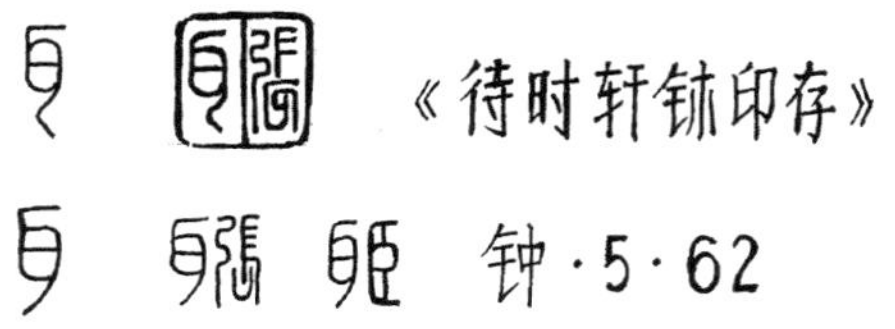

图五

玺印姓氏中张、长不通用

"简报"称："李学勤同志在《战国题铭综述（中）》一文中，将长蘄、长武释为张蘄、张武。黄茂琳同志在《新郑出土战国兵器中的一些问题》一文中将'长朱'释为'张朱'……通过以上分析，我们认为在战国秦汉之际，作为姓氏，'长''张'二字是通用的。"而实际上，在战国秦汉之际玺印姓氏中"长""张"二字是不通用的。

长、张二姓起源不同，是两个不相通的氏姓。长姓据北宋邵思《姓解》卷一影十三："长，姓苑云：'长沮之后。'"南宋邓名世《古今姓氏书辩证》（下平十阳）长姓："春秋卫大夫长牂之后，有长武子，战国时长息为费惠公臣。"明陈士元《姓觿》卷三·二二阳："长，《姓谱》云：子姓，殷人之后。《千家姓》云：河内族。《左传》晋有长克鲁死知伯之难。《论语》有长沮，《孟子》有长息，《左传》有晋大夫长武子，卫有长牂，后汉有邛人长贵。"

张姓据王符《潜夫论·志氏姓》："诗颂宣王，始有张仲孝友。至春秋时，宋有张伯蔑矣，惟晋张侯，张老，实为大家。张孟谈相赵襄子以灭智伯，遂逃功赏，耕于有山。后魏有张仪、张丑……"应劭《风俗通·姓氏篇》："张氏，黄帝第五子挥始造弦，实张网罗，世掌其职，后因氏焉。"赵万里《汉魏南北朝墓志集释》五册第308页大业九年张盈墓志："其先出自黄帝第廿五子，弦木为弧，以利民物，食邑于张，因斯命氏。"明宋濂《宋文宪公全集·銮坡前集·张氏谱图序》："张以字为氏，出于晋之公族有解张者，其字曰张侯，故晋国世有张氏，而谱象（按疑为家误字）谓少昊第五子挥为弓正，赐姓为张，则非也。"经以上考证，可知"长""张"是两个不同的姓氏，不能通用。

在出土品与传世品中可以看到同属战国时期的"长""张"两个姓氏的玺印，书体见图六，及上文已列举的大量长姓玺印。秦汉印章中有张仓印（《汉铜印丛》卷十第8页），张耳（《待时轩钵印存》张服、妾服（两面印，《十钟山房印举》册六第47页）等大量张姓印章，又有长猜、长长孺（两面印《十钟山房印举》册五第19页），《玺印姓氏征》（下平声十阳）中也收有长恁、长猪、长广德等汉代长姓印章。

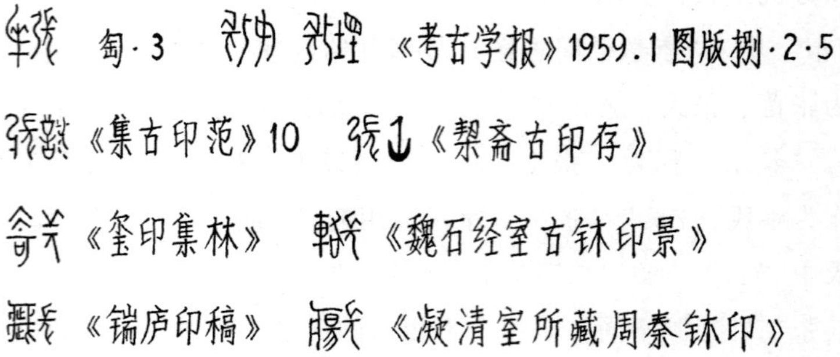

图六

"简报"中引用战国兵器刻辞来说明"长""张"二姓相通。现将有关的兵器刻辞汇集于下，予以说明。

（1）戈："四年奠命韩□司寇长朱武库工师弗慙冶胥敁造。"（《文物》1972 年第 10 期，第 35 页）

（2）戈："五年奠命韩□司寇张朱右库工师春高冶君胥䚦造。"（同上）

（3）矛 "五年奠命韩□司寇长朱左库工师阳徧冶胥弘斂"（《三代》20.40）

（4）戈："八年兹氏命吴庶下库工师长武。"（考古学报》1974 年第 1 期，第 28 页）

（5）矛："（十）五年相邦春平侯邦左粩（佼）啰工师长啰冶粩执齐。"（《周金文存》6.80）

（6）剑："十五年相邦春非侯邦左㣚啰工师长蘿冶啰执齐。"（《遗》600）

（7）剑："十七年相邦春平侯邦左佼啰工师长蘿冶朝执齐。"（《考古学报》1974 年第 1 期，第 22 页）

（8）剑："十七年相邦春平侯邦左佼的工师长蘿冶旬执齐。"（背文："大攻胥韩峀"）（同上）

以上兵器中，八年戈铭文有工师长武，十五年矛及三件剑铭文并有工师长蘿，尚未见到同时同地的兵器铭文中有工师张武，工师张蘿。我们认为此二工师只能是长姓。黄盛璋同志在《试论三晋兵器的国别和年代及其相关问题》一文中释之为长蘿，是很正确的。

长、张互用的唯一例证是"五年奠命戈"铭文中的"司寇张朱"在"四年奠命戈"与"五年奠命矛"铭文中并写作"司寇长朱"。我们认为这并非长、张互通，而是张简省写作长。姓氏省写通例，尽为形声字省去形符，存其声符，决非如王引之所云"咸减古字通"，亦非如李富孙所云"咸减声之转"（李富孙《春秋三传异文释》卷九"咸黜不端"条）。姓氏省写在古代文献中不乏其例，如《春秋左传》僖公四年"辕涛涂"，《公羊传》《穀梁传》并作"袁涛涂"，《春秋左传》襄公二十九年"裨谌"，《汉书·古今人表》《后汉书·皇后纪下》梁皇后纪附虞美人传注引应劭《风俗通》并作"卑谌"；《春秋左传》襄公三十年"驷带"，唐石经作"四带"。《春秋左传》昭公三十年"伍子胥",《吕氏春秋·异宝》《汉书·古今人表》并作"五子胥";《春秋左传》哀公五年"张柳朔",《墨子·所染》并作"长柳朔";《吕氏春秋·过理》《越绝书外传·记宝剑》《淮南子·齐俗训》并有"欧冶子",《淮南子·览冥训》作"区治";《战国策·秦策三》"淖齿",《韩非子·奸劫弑臣》《吕氏春秋·正名》并作"卓齿";《史记·孟子荀卿列传》"赵有剧子之言(《集解》徐广引应劭氏姓注云即处子)",《汉书·艺文志》"法家处子九篇(师古曰:赵有处子)",按:汉隶"剧"书体如图七,处作夂,故剧省作处;《史记·万石君列传》中"咸宣",服虔注曰:"咸音减省之减",可知咸为减之省写。以上例证正可用来说明战国兵器铭文中张省写为长这一现象。

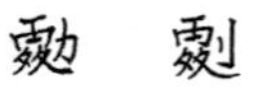

图七

而在玺印中,这种省写现象从未出现。玺印是印主的信物、凭证。为了不造成混淆,决不会采用音同、音近的字来代替自己本来的姓氏。故此印中的"长"姓不能释为"张"姓。

墓葬中的战国器物

可确定为战国器物的有铜印和铜镜。

(1)铜印见于墓坑填土中。"简报"称"上有二字,已模糊不清"。审阅原印拓本,可以辨认出印文为"马是疟"三字(图八,上左)阳文,印长宽各1.2厘米。形制、字体均符合战国玺印特征。同姓"马是"的战国玺见图八。与此姓氏类似的尚有马师、马矢、马适、马史诸姓。罗振玉《玺印姓氏征》卷下上声五旨,收有马矢喜等六印,同卷上声六止有马史校等三印,卷上上平声六脂有马师间等五印。以上马矢、马史、马师诸印据原印证明均为汉印,目前所见汉印中尚未见"马是"这个姓氏。

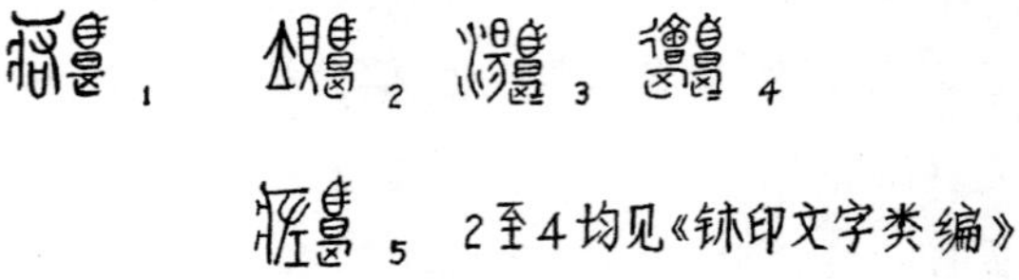

2至4均见《钵印文字类编》

图八

铜镜已残，云雷地纹，龙凤主纹（"简报"称蟠螭纹）边缘饰以连弧纹，三弦纽。这些纹样、纽式均为战国铜镜所特有。李正光同志《略谈长沙出土的战国时代铜镜》（《考古通讯》1957年第1期）一文中认为：云雷纹"可能是由商周铜器上的雷纹演变而来，以后它就作了龙凤纹镜和连弧纹镜的地纹"。云纹地连弧纹镜"可能是汉代内行花纹镜的前身"。我们可以列举一些战国墓中的铜镜为证。如陕西出土战国末年细云雷地纹三兽内向连弧镜（《岩窟藏镜》第一集第29页）全镜纹式与此残镜相似。湖南长沙裕湘纱厂工地M012出土云纹地凤纹镜（《考古通讯》1957年第1期，图版贰壹），淮河流域出土云雷纹地蟠夔八连弧纹镜（《岩窟藏镜》第一集第27页），主纹、纽式与此残镜近似。长沙棺材塘M011出土云纹镜（《考古通讯》1957年第1期，图版拾玖）、寿县出土云雷纹镜（《岩窟藏镜》第一集第3页）与此残镜地纹一致。

关于张耳墓的文献史料

据文献记载，张耳墓已有五处：

（1）长安。《史记·张耳列传》正义曰："张耳墓在咸阳县东三十三里。"《大清一统志》卷179西安府陵墓条："张耳墓在高陵县西，《史记正义》在咸阳县东三十三里。《通志》在高陵县西十余里李赵村。"

（2）开封。《魏书·地形志》"陈留郡浚仪（开封）有张耳冢"。《太平寰宇记》卷一东京开封县条："张耳墓在县东七里。"《大明一统志》卷26开封府陵墓条："张耳墓在祥符县母寺保，其侧有庙。"《大清一统志》卷150开封府陵墓条："张耳墓在祥符县东北。"

（3）安阳。《大明一统志》卷28彰德府陵墓条："张耳墓在府城东白壁里。"《大清一统志》卷157彰德府陵墓条："汉张耳墓在安阳县东二十里，周一百二十步，土人曰常山陵。"

（4）成安。《大清一统志》卷21广平府陵墓条："汉张耳墓，在成安县东北三十里。"民国《成安县志》卷二地理条："汉赵王张耳墓在县东北三十里东珠村。东没于漳，志石尚存。字剥蚀不尽辨。"民国

《河北通志》古迹篇陵墓条:"张耳墓(在)成安东北三十里诸村东,有志石;一在冀县旧城南门外,亦有碑。"

(5)冀县。《周书·齐炀王宪传》:宪至信都,"登张耳冢以望之"(《北史》本传同)。《寰宇通志》卷四真定府陵墓条:"张耳墓在冀州城下。"《大明一统志》卷三真定府陵墓条:"张耳墓在冀州城下,旧有祠。"《大清一统志》卷31冀州陵墓条:"汉张耳墓,在州旧城南门外左,城下有祠。"民国《冀县志》卷四沿袭此说,并谓:"今冀州城南十余里有双冢村,当即其遗址也。"

以上各处,究竟哪一处是真正的张耳墓,尚需考古发掘来证实。从《周书》《北史》等记载来看,冀县一处可能性最大。

二 曲阜九龙山汉墓

《文物》1972年第5期发表的《曲阜九龙山汉墓发掘简报》云:该墓区三号墓中"发现有四枚铜印,印文为:□王(按:应释为王庆忌),□□大吉(二枚)(按:应释为"出入大吉"),王未央"。"简报"中认为:"从三号墓中的宫中行乐钱,封门石上刻有'王陵塞石广四尺'的字样、银缕玉衣残片,'驷马安车'和'王未央'铜印等实物来判断,可能是鲁王之墓。"有的同志进一步把出"王庆忌"铜印的三号墓,断为宣帝甘露三年鲁孝王刘庆忌之墓。以上二说均将出土印章作为断定墓主和年代的重要根据。对于"简报"中的说法,我们认为:"王未央"印和"王陵塞石广四尺"的刻辞不能作为确定墓主为鲁王的根据。至于三号墓是鲁恭王刘庆忌墓一说,更可商榷,论述如下。

四方铜印的释文和形制问题

"简报"与北大教材均将印章"王某某"中的"王"字认为是冠于名字上的诸侯王自称。这种看法并不符合当时礼制和印章体例。据《史记》《汉书》等文献记载,诸侯王拜见皇帝、太后时,仅称臣某。对其他诸侯、官吏、百姓则称："吾"，"寡人"，或自称其名。如需在名字前冠以爵位时，则用爵名全称。如《史记·吴王濞列传》引吴王濞致诸侯书即作"吴王刘濞敬问胶西王……"绝无自称王某某者。现所见到的汉印中，诸侯王玺均用爵名全称。如淮阳王玺（《十钟山房印举》2.1）、河间王玺（《封泥考略》2.1）、菑川王玺（同上，2.2）等。从未见有"王某某玺"。即使在战国玺印中也是如此，如图九所示诸印。现存战国、秦汉玺印中，王某、王某某之印可上千数。倘若依照以上两种看法，则将全部被误认为诸侯王之印了。故此二印章之"王"为王氏之王，并非鲁王之王。

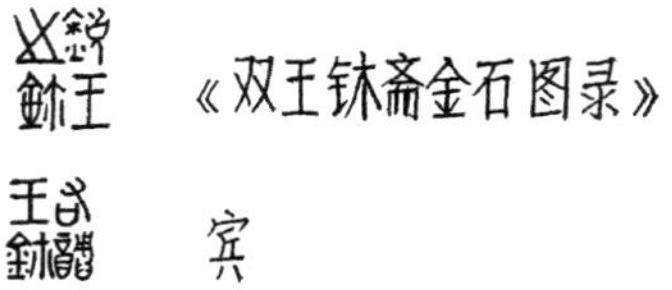

图九

据《汉书·百官公卿表》《汉官仪》《汉旧仪》等文献记载：皇帝、皇后为玉玺，丞相、太尉等官员为金印紫绶。诸侯王玺亦应为金或玉质。传世淮阳王玺为玉质，陕西发现的皇后之玺亦为玉质。以上两玺印与西汉初年的轪侯利苍、中山王后窦绾姓名印均为正方形印，边长 2 厘米以上。印文排列规整，由上至下，从右向左顺读。而这四方印章均为铜质，边长在 1.4 厘米以下。"王未央"一印为小型条印，"王庆忌"一印印文三字横列，这些都不符合诸侯王玺印的规格。

"王未央"一印为长方形条印，长 1.3、宽 0.6 厘米。王字阳文，未央二字阴文，字体为汉代小篆，从形制字体上看应属西汉早期。长沙出土的秦汉之际印章"黄建"与此印形制字体相类，可作参考（《考古》1978 年第 4 期，第 272 页）。

王庆忌一印方形阳文，长宽各 1.4 厘米，为战国时所常见的小型阳文玺印。印文三字横列，见图十，字体与其他战国文字相同。

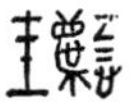

图十

战国文字中，王、庆、忌三字书体应如图十一、图十二、图十三。

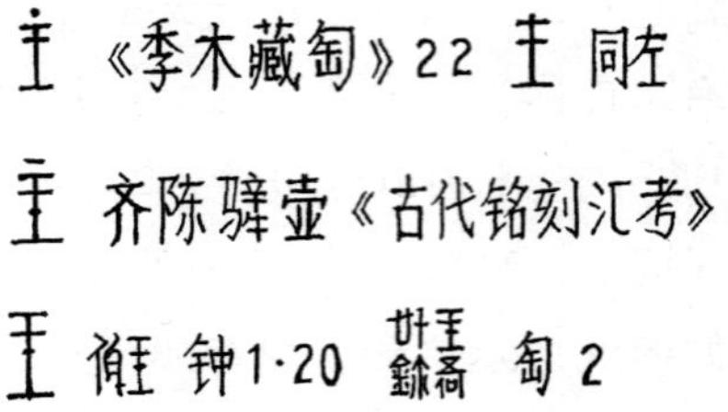

图十一

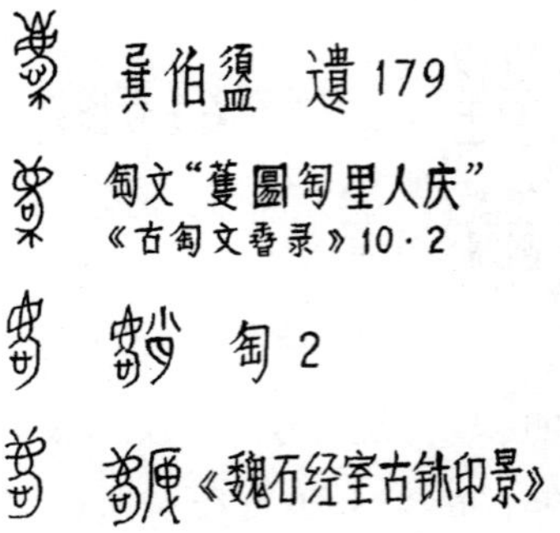

图十二

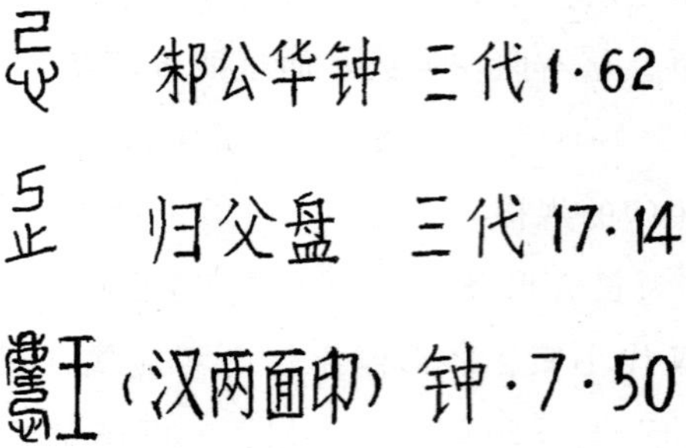

图十三

同出的"出入大吉"亦为战国吉语印（图十四，1）。《匋斋藏印》四集收有一方印与此相同，鄂君启节中的出入二字亦与此相近（图十四，2）。汉代"出入大吉"印文如图十四后四方印。

墓石刻辞的释读及其他

墓石刻辞"王陵塞石广四尺"，字体为汉代隶书。依照汉代墓石刻辞体

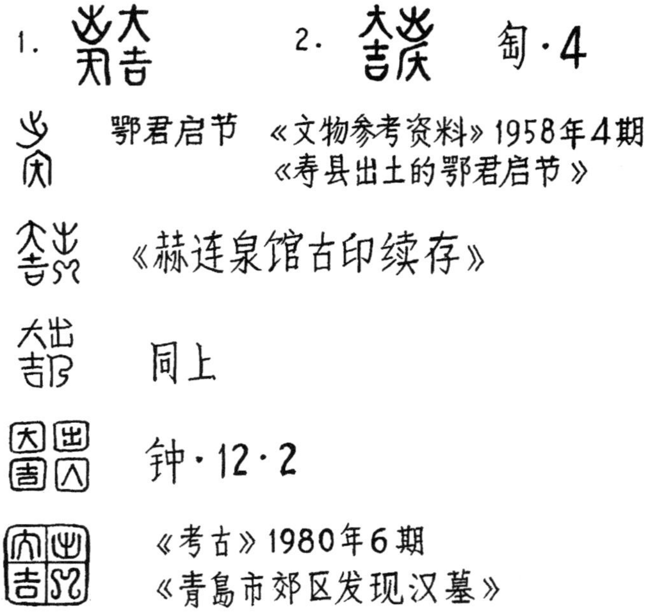

图十四

例，王陵应是制石者的姓名。西汉墓石刻辞罕见著录。东汉墓石刻辞较多。
《匋斋藏石记》中收有"永建五年二月□日，董黄石广三尺，厚尺五，长三
尺"，"禹伯石广三尺，厚二尺，长三尺三寸。弟（第）□。阳嘉元年省"
等刻石。《居贞草堂汉晋石影》中收有"樊阳石广三尺，厚尺五寸，长三尺
二寸。弟（第）十"，"路伯石广三尺，厚尺五寸，长三尺。永建四年二月
省，弟（第）八"等刻石。以上各刻辞中除年月、墓石尺寸外，位于句首
的董黄、禹伯、路阳均为匠人姓名。河北定县北庄东汉前期墓葬中出土的
墓石刻辞有"望都石唐工章伯［石］二尺二［寸]"，"望都曲逆李次孙石
二寸"，"段次义石"等（《考古学报》1964 年第 2 期，第 155 页）。据此，
九龙山三号墓的这方墓石刻辞中的"王陵"亦应为匠人姓名，汉惠帝右丞
相王陵与之同姓名。《隶续》卷一永寿三年鲁相韩敕造孔庙礼器碑阴上有
"故从事鲁王陵少初二百"是另一个王陵。《十钟山房印举》六册第 1 页收
有两方不同的王陵印。都说明王陵是汉代常见的姓名，并非鲁王陵墓之意。

该墓中还发现有玉衣残片。近人往往认为玉衣始于西汉。但据文献记

载，早在春秋时期就已有以玉衣装殓尸体这一葬仪存在了。《吕氏春秋·节丧》"含珠鳞施"，高诱注："含珠，口实也。鳞施，施玉于死者之体如鱼鳞也。"《淮南子·齐俗训》"含珠鳞施"，许慎注："鳞施，玉纽也。"《吴越春秋·阖闾内传》：吴王有女自杀，"珠襦之宝，皆以送女"。《后汉书·张奂传》"奢非晋文"，李贤注引《邺中记》曰："永嘉末，发齐桓公墓，得水银池金蚕数十箔，珠缛，玉匣，缯綵不可胜数。"贺次君《括地志辑校》卷三：晋永嘉末，人发齐桓公墓，"得舍（金）蚕数十薄，珠襦、玉匣、军器不可胜数"。以上引文中所提到的玉匣、珠襦、鳞施就是汉代所谓玉衣。由此可见玉衣残片并不是一件足以协助断代的证物。

综上所述，"王庆忌"等三方玺印是明显的战国器物，不能把它看作汉宣帝时期的鲁恭王刘庆忌印章。"王未央"印和"王陵塞石广四尺"刻辞也不能用以证明墓主为诸侯主身份。玉衣残片仅可说明墓主具有较高身份，但不能协助断代。因此，我们认为：尚无确实证据可以说明九龙山三号墓是西汉鲁王刘庆忌的陵墓。

本文引用书目全、简称对照：后＝殷虚书契后编　三代＝三代吉金文存　钟＝十钟山房印举　匋＝匋斋藏印　簠＝簠斋手拓古印集　宾＝宾虹草堂钤印释文　蕙＝金蕙留珍　考略＝封泥考略　遗＝商周金文录遗

原载《考古》1981年第4期

式、穹窿顶墓室与覆斗形墓志

——兼谈古代墓葬中"象天地"思想的体现

　　覆斗形墓志（或称盝顶形墓志）是中国古代墓志中（特别是北朝中晚期至宋代之间）曾经占据主要地位的一种形制。本文拟就它的形成原因及其形制的意义做一些讨论，由此涉及对古代墓葬中随葬器物之间相互影响的看法以及对随葬品、墓葬形制与古代思想关系的看法，限于篇幅，不能过多列举例证，有些叙述也过于简略，未能展开，不足之处，敬请师友多所指正。

　　现在所能见到的最早的覆斗形墓志，属于北魏中期，在此之前，墓志外形有小碑式、长方形或方形石板式，以及长方形墓砖铭等，而没有类似覆斗形的墓志出现。可见覆斗形墓志定型大约就在北魏中期。由于迄今没有发现与此同时的南朝覆斗形墓志，所以只能暂时把覆斗形墓志看作是北朝的创造。它的外形，与在它出现以前存在过的各种石刻都没有相同之处，显然不是从其他石刻材料类型变化而来的。如果想追溯它形制的来源，只能到其他的墓中随葬品里去寻找。

　　在北魏以前的墓葬中，与覆斗形墓志的形制最为相近的陪葬器物，主要有三种：温明、方盒、式。这里面，温明与式特别值得我们注意。

　　温明在中原的墓葬中还没有明确的发现，但是在江苏扬州一带的汉墓中有过多次发现，以往的发掘简报中均称之为"漆面罩"，裘锡圭先生曾引王念孙《读书杂志·汉书第十二》认为它应该称为"秘器"①，而孙机先生指出："秘器"是汉代对皇帝棺木及赐给重臣的棺木的专称，这种"漆面

---

① 裘锡圭：《漆"面罩"应称"秘器"》，《文物》1987 年第 7 期。

罩"就是《汉书·霍光传》中所说的"温明"①。这一判断是十分正确的。据扬州市博物馆《扬州平山养殖场汉墓清理简报》介绍：在扬州发掘的数百座汉墓中出土漆面罩 7 例，其中扬州东风砖瓦厂 M3 出土过一件彩绘面罩。以平山养殖场在 1983 年清理的汉墓为例，这批汉墓一共有 4 座，在 M1 与 M4 中都出土了温明（漆面罩），M4 中出土的一件已经残朽，长 0.66 米，宽 0.42 米，高 0.35 米，上面没有镶嵌铜镜。而 M1 中出土的一件温明保存得十分完整，它罩在死者头部，呈四方盝顶式，后立板中部有一长方形气孔，两侧下部各有一个马蹄形气孔，木胎、涂漆、素面无纹。在罩内盝顶的中央嵌有一面铜镜，直径 0.09 米，两侧内部也各有一面铜镜，直径 0.078 米，铜镜均为四乳蟠螭纹。温明长 0.58 米，宽 0.36 米，高 0.277 米②。以后，在江苏邗江姚庄 101 号西汉墓等处，又出土过类似的温明，形制基本相同。姚庄 101 号西汉墓中的温明具有精彩的漆绘，包括菱形纹、禽兽纹、云气纹与羽人等。除了在内部嵌有铜镜以外，还在外面装饰了鎏金的铜柿蒂纹饰、铜乳钉与铜铺首等③，见图一。

图一　温明图

《汉书·霍光传》中记载："霍光葬，赐东园温明"，说明温明可以给男子使用。扬州平山养殖场 M4 的墓主也是男子。但是在扬州一带发现的温明，有些却是用于夫妇合葬墓中的女子棺内，如扬州平山养殖场 M1 与邗江姚庄 101 号汉墓，这一点可以从棺中随葬的女用器物及尸骨中得到证明。而同墓的男子棺中却没有使用温明。对于这一现象，我们还不能给予确切的解释。由此产生的诸多问题，如：使用温明出于什么目的？温明又来源于

①　孙机：《"温明"不是"秘器"》，《文物》1988 年第 3 期。
②　扬州市博物馆：《扬州平山养殖场汉墓清理简报》，《文物》1987 年第 1 期。
③　扬州市博物馆：《江苏邗江姚庄 101 号西汉墓》，《文物》1988 年第 2 期。

什么习俗？在使用上有什么特殊规矩或特殊意义等都是值得深入探讨的。由于现在温明的材料仅见于扬州等南方地区，中原是否普遍使用它，也是尚无法说明的问题。有鉴于此，虽然温明的形制与覆斗形墓志颇为近似，而且又具有驱邪的意义，但是我们也暂时不贸然将它与覆斗形墓志形制的形成原因联系起来，留待以后新材料的发现。

这样，在北魏以前的随葬品中，对于墓志形制及其含义影响最显著的就是"式"了。

《老子·道经》中说："人法地，地法天。"模仿天地四方，将天地四方的宇宙概念引入人类的一切活动中来，是先秦时期就已经形成，在汉代得到广泛普及的一种社会概念。《汉书·礼乐志》中便很好地表现了这种思想。其中说："人函天地阴阳之气，有喜怒哀乐之情。天禀其性而不能节也，圣人能为之节而不能绝也，故象天地而制礼乐，所以通神明，立人伦，正情性，节万事也。""象天地"的思想意识，在古代的礼制中占有根本的指导地位。《汉书·礼乐志》中记载的汉代郊祀歌中，"惟泰元"一首就勾画出了当时人们的宇宙时空观念："惟泰元尊，媪神蕃厘，经纬天地，作成四时。精建日月，星辰度理，阴阳五行，周而复始。云风雷电，降甘露雨，百姓蕃滋，咸循厥绪。继统共勤，顺皇之德，鸾路龙鳞，罔不肸饰。嘉笾列陈，庶几宴享，减除凶灾，烈腾八荒。钟鼓竽笙，云舞翔翔，招摇灵旗，九夷宾将。"这里，天地四时，日月星辰，阴阳五行构成了一个完整的宇宙时空模型。这应该就是当时人们思想中在"盖天说"指导下形成的宇宙认识。

象天地的意识渗透到汉代人们的一切社会活动中来，在丧葬礼仪中更是如此。现在人们研究汉代墓葬制度时，特别注意到汉代画像石墓中大量画像石的内涵，而且从墓葬中全部画像石的分布情况去探讨，可以看出汉代人们在建筑画像石墓时，是有意识地将它看作一个完整的宇宙模型来布置。墓顶部表示天穹。星图、四象、天神、仙人，以及佛教的佛像、白象等分布在墓顶。墓室四壁表示地面上的人间。宴乐图、出行图、历史故事、庄园、农耕渔猎等装饰其间[①]。这不正是"鸾路龙鳞，罔不肸饰"，"嘉笾列

---

① 赵超：《汉代画像石墓中的画像布局及其意义》，《中原文物》1991 年第 3 期。

陈，庶几宴享"，"钟鼓竽笙，云舞翔翔"吗？

不只是在画像石墓与壁画墓中，就是在木椁墓的棺饰与石棺上，也体现出同样的思想意识。四象、云气、羽人、日、月等纹饰是棺上常见的装饰，这种装饰内容与汉代墓葬中常见的画像石、壁画如出一辙。如果追溯这种做法的源头，至少可以上溯到春秋战国时期，湖北随县的曾侯乙墓中漆棺盖上图案就是一个典型例子。又如江苏仪征烟袋山西汉墓中女子木棺的棺盖内部用鎏金小铜泡嵌出北斗七星图[1]；北燕冯素弗夫妇墓中的漆棺上绘出羽人、云气[2]等。

式（式盘）这种古代重要的占卜工具，实际上也是古人宇宙模型的一种体现。从现存的出土古代式的实物来看，例如以 1977 年安徽阜阳双古堆M1 出土的漆木式为例（图二），它一般由上、下两盘组成，上盘平面为圆形，象征天，下盘平面为方形，象征地。李零同志曾经总结了出土与传世的 8 件古代式的形制，指出：六壬式的天盘一般都是以北斗居于天盘中心，四周环列①十二月或十二神，②干支，③二十八宿。地盘自内向外分作三

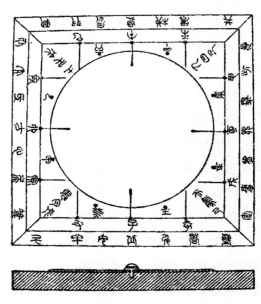

图二　安徽阜阳汉墓出土式盘

①　南京博物院：《江苏仪征烟袋山汉墓》，《考古学报》1987 年第 4 期。
②　黎瑶渤：《辽宁北票县西官营子北燕冯素弗墓》，《文物》1973 年第 3 期。

层，各层排列的情况是：①天干，②地支，③二十八宿①。实际上，为了占
式的方便，天盘与地盘的神名是对应的，占时以天盘为主。地盘上的十二
神主要起着表示方向的作用，与四象的作用相同。

式在古代曾经作为陪葬品埋入墓中，虽然由于它是漆木制品而不易保
存下来，但是在近年的汉代墓葬考古发掘中已经有多次出土，如上述安徽
阜阳双古堆 M1 出土的漆木式 2 件，该墓墓主被判断为西汉初年的汝阴侯夏
侯灶②。又如 1972 年甘肃武威磨嘴子 M62 出土的一件西汉末年的漆木式③
（图三）。这些发现似乎可以说明，在古代，在墓葬中随葬式是一种曾经存
在的文化现象。其随葬应该是有着在方术、宗教上的作用。

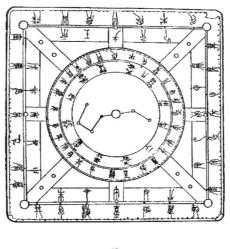

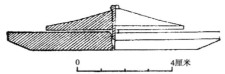

0   4厘米

图三　甘肃武威磨嘴子 M62 出土漆木式

式分作上下两部分的结构与覆斗形墓志是相似的，但是天盘作圆形，

---

① 李零：《中国方术考》，人民中国出版社，1993。
② 安徽省文物工作队、阜阳地区博物馆、阜阳县文化局：《阜阳双古堆西汉汝阴侯墓发掘简
　报》，《文物》1978 年第 8 期。
③ 甘肃省博物馆：《武威磨嘴子三座汉墓发掘简报》，《文物》1972 年第 12 期。

又有所不同。实际上，应该考虑到墓志形成覆斗这种形状是出于制作上的便利。圆拱形、拱券形、人字坡形、覆斗形、穹窿形等在古代建筑中使用过的顶部建筑形式，同样都是可以表示出天穹的含义来的。覆斗形墓志与西汉时期以来的墓室建筑形式正可以形成一个明显的对照。在"象天地"这一点上，式、穹顶（拱顶）墓室与墓志是一脉相承的。

根据现有考古材料，券顶、覆斗形顶，以及穹窿顶砖室墓出现于西汉中晚期，首先产生于洛阳、长安等统治中心，以后逐渐向四方传播。在洛阳涧西周山发掘的西汉早期空心砖墓及土洞墓仍然是平顶，与战国时期的土洞墓相似①。然而，就经常作为中原汉墓分期标尺的洛阳烧沟汉墓群来说，在其第一、二期（相当于西汉中期）的墓葬中，已经开始出现小砖券墓或者仿照这种小砖券墓的弧顶土洞墓。而在烧沟第三期前期（相当于西汉晚期）的墓葬中，小砖券墓与弧顶土洞墓则十分盛行了。这时出现了模仿券顶筑成梯形墓室顶的空心砖墓。后来，又出现了前室为穹窿顶、后室为券顶的小型砖墓，以及仿照这种建筑结构的土圹墓②。这种变化应该是意味着在墓室建筑中模仿天地结构的思想逐渐产生与完善。在具有壁画的西汉砖室墓中，我们可以看到利用壁画表现出的将墓室的梯形斜坡顶（与覆斗形相近）作为天穹来看待的现象。例如作为当时这类墓葬典型例证的洛阳烧沟 M61 西汉壁画墓与洛阳西汉卜千秋墓。

洛阳烧沟 M61 是一座用空心砖与小砖混合筑成的多室墓。其主室用空心砖筑成。顶部两侧为斜坡，中央为平顶。在平顶上，彩绘了包括日、月、星、云图等天象的壁画共 12 幅。两侧的斜坡上绘制了白虎、龙、凤、熊，以及傩戏等图案。在隔墙的三角砖上绘制了鹿、玉璧、熊、狼、天马、猿、羽人等形象③。这些形象图案在大量的汉代壁画墓与画像石墓中都是用来表现天穹与天神境界的。我们从《楚辞·离骚》与《九歌》以及汉代王逸《鲁灵光殿赋》等文学记述中也能够看到这一点。卜千秋墓的形制与 M61 近

---

① 翟维才：《洛阳文管会配合防洪工程清理出二千七百余件文物》，《文物参考资料》1955 年第 8 期。

② 中国科学院考古研究所：《洛阳烧沟汉墓》，科学出版社，1959。

③ 河南省文化局文物工作队：《洛阳西汉壁画墓发掘简报》，《考古学报》1964 年第 2 期。

似，主室的墓顶及墓门内上额处绘制了人首鸟身像、彩云、女娲、月亮、仙人（一般称为羽人）、双龙、枭羊、朱雀、白虎、仙女，等等①，同样是把墓顶处理为天穹。有人将卜千秋墓的壁画全部展开后，认为它的形状与内容都与湖南长沙马王堆汉墓中出土的"非衣"相似②。即使是对照"非衣"来看，它的上部也是在表现天界的景象。因此，在汉代墓葬中，至少在砖室墓中，由墓顶代表天穹的意义是可以加以确定的。那么墓室的四壁应该代表人们生活的世间环境，墓底则是地面了。这样，与式一样，一座小小的砖室墓就体现了产生于阴阳五行理论基础上的宇宙模型的一种模式。这种概念应该在古代葬俗中一直延续下来。

在古代思想史的研究中，揭示过十分重要的一个社会现象，这就是：西汉中期以后（汉武帝以后），儒家经学思想成为社会思想中的主流。儒家礼仪制度加强了对社会的控制。京房易学盛行，阴阳五行灾异思想的影响日益加深。这一切都是在汉宣帝、成帝时期定型的，而且在以后的西汉末年风行全国，成为统治社会思想的系统经学神学③。它使得阴阳五行思想在西汉以后成为社会流行的思想理论体系。用阴阳五行解释的宇宙现象构成了人们宇宙观的基础。它与古代相传的神话结合起来，便形成了人们对宇宙自然的认识，也产生了丰富多彩的汉代壁画墓与画像石墓。券顶、穹窿顶等具有象征天地意义的墓葬形式之所以恰恰在这一时期出现，与这种流行思想也不无关系。东汉时期，阴阳五行思想、经学神学与谶纬思想极度盛行，并形成了道教宗教体系，使阴阳数术之说渗透整个社会。在这种思想指导下，象征天地四方的穹窿顶（以及券顶、圆拱顶、人字坡顶、覆斗顶等）墓室在东汉、魏晋南北朝以及隋唐以下历史时期中都曾经在墓葬建筑中占有相当数量，是上中层社会主要使用的墓葬建筑形式④。

我们在这里仅引一个例证具体说明一下。甘肃酒泉丁家闸 M5 是一座十

①　洛阳博物馆：《洛阳西汉卜千秋壁画墓发掘简报》，《文物》1977 年第 6 期。
②　陈少丰、宫大中：《洛阳西汉卜千秋墓壁画艺术》，《文物》1977 年第 6 期。
③　金春峰：《汉代思想史》，中国社会科学出版社，1997。
④　关于这一时期的墓葬形式概述，可参见张小舟《北方地区魏晋十六国墓葬的分区与分期》，《考古学报》1987 年第 1 期；徐殿魁《洛阳地区隋唐墓的分期》，《考古学报》1989 年第 3 期等；此不赘述。

六国时期的砖室墓。其前室为覆斗形顶，从上向下分为五层绘制壁画。最上面的图案是龙首、庆云、日、东王公、月、西王母以及九尾狐、三足乌、神马、神兽、白鹿、羽人等，墓顶中心是复瓣莲花藻井①。这一切正是在表现天穹的境界，而且明显地继承了汉代的思想传统。覆斗形墓志在北朝时的定型，应该也是这个思想观念延续的结果。

覆斗形墓志的整体，恰似一件放大了的式，又像一个缩小了的穹窿顶墓室。它的志盖，从形状与纹饰上来看，其设计思想正是用它象征天穹，与式的天盘与穹窿顶墓室的顶部意义相同。在北魏一些墓志盖的纹饰上，就可以明确地反映出这一点。如正光三年（公元 522）十月二十五日冯邕妻元氏墓志，志盖中央刻有一朵莲花，莲花的周围缠绕着一条蟠龙，衬有云气纹，四角上刻有四个兽足鹰爪、形象怪异的神物，分别注明为晗螭、拓仰、攫天、拓远，它的志侧也刻了 14 个类似的神物，它的四杀上每一面的中央有大朵花卉，两侧各有两头野兽奔驰。志盖的侧面刻有连续的变形忍冬纹（一说为云纹）②。又如北魏孝昌二年（公元 526）十月十八日侯刚墓志，志盖上志名四周用线划分成八部分。四角为四个正方形，减地刻云纹，上面安装了四个铁环。四边为四个长方形，各刻一组飞腾的神怪。北魏永安二年（公元 529）四月三日笱景墓志，志盖中央刻志名，志名外侧制成斜坡形的四杀，四角安有铁环，四杀上衬有云纹，刻着神怪、异兽、千秋万岁、莲花、火焰祭坛等图案。永安二年（公元 529）十一月七日尔朱袭墓志，志名的四周刻有青龙、白虎、朱雀、玄武四象，四象上还乘坐着仙人，背景衬有云气、树木等纹样。仅存志盖的魏故司徒范阳王墓志，出土于洛阳张羊村，雕刻得十分细致优美。它的四杀分为上下两层，上层减地刻变形云纹，下层减地刻有莲花、怪面、神鸟神兽等图案。这些纹饰图案正与我们在上面介绍的汉代壁画墓、画像石墓中常见的神兽、仙人、四象等纹饰一样，是用来表现天界的代表图案。

而覆斗形墓志的志身则与"式"的地盘相应，其方形自不待言，四周常用来装饰的十二辰（十二生肖），即地支，用以表现大地四方。

---

① 甘肃省博物馆：《酒泉、嘉峪关晋墓的发掘》，《文物》1979 年第 6 期。

② 赵万里：《汉魏南北朝墓志集释》，科学出版社，1958。

在这里，我们想就以冯邕妻元氏墓志纹饰为代表的北魏晚期墓志装饰中的神物形象深入讨论一下。（图四）

图四　北魏冯邕妻元氏墓志

冯邕妻元氏墓志盖及志侧上有 18 位神物，在神物旁边的题榜上，刻写了他们的名称：晗螭、拓仰、攫天、拓远、乌获、礔电、貜撮、挠撮、掣电、懂憘、寿福、迴光、攫远、长舌、挟石、发走、获天、啮石。这些神名，除"长舌"见于《山海经》，"乌获"见于《淮南子》等外，其他的神名在现有的古代宗教文献中都没有见到过，成了一个神秘的谜，至今没有明确的解释。

关百益先生在他的《河南金石志图正编》第一集中首先提出了这个问题，他说："花边上神兽魏中屡见而不知其由来。今一一注其名称，有裨考古不尠。"而后，赵万里先生在其《汉魏南北朝墓志集释》中推测："不知何所取义，殆亦形家厌胜之术耳。"有的国外学者把它们定为雷神与风神①。

① 〔美〕卜苏珊：《中国六世纪的元氏墓志上的雷公、风神图》，《敦煌研究》1991 年第 3 期。

王子云先生则说这类神像是"守护坟墓，驱逐魔鬼的方相神"。这种说法与实物并不相符，方相的形象是"蒙熊皮，黄金四目"，汉代以来又有两目的魌头，与这些神像的形象不同①。近来姜伯勤先生又在段文杰、长广敏雄、林巳奈夫等人意见的基础上，认为"把有翼兽头人身像推定为天神的看法，应该是正确的"。"冯邕妻元氏墓志中所出神像，应该是鲜卑拓跋人中流行过的象征雷电山川的天神像。"②

　　类似神像还曾在敦煌莫高窟 285 窟顶部四披的壁画中③、河南巩县石窟的雕刻中④、洛阳上窑村东出土的北魏石棺纹饰中⑤等处见到。看来它们是在北朝时比较流行的图案装饰纹样。

　　近年，施安昌同志在《北魏冯邕妻元氏墓志纹饰考》一文中又提出了一种新的解释，他认为这些神是拜火教（即祆教）尊崇的天神形象。"身披火焰的拓仰诸神是拜火教诸多神祇中的成员。他们是鲜卑和汉人心目中的胡天火神。"⑥ 这种说法是很有启发意义的，遗憾的是尚缺少直接的有力证据。

　　施安昌同志在其论文中总结了北魏墓志中具有拜火教艺术表现的六个例子，除冯邕妻元氏墓志以外，还有正光五年（公元 524）二月三日元谧墓志、正光五年（公元 524）三月十一日元昭墓志、孝昌二年（公元 526）十月十八日侯刚墓志、永安二年（公元 529）四月三日笱景墓志等。施安昌介绍：元谧墓志盖的中央也是一朵莲花，周围有两条龙围绕，上方是一飞天，下方是一只神兽，双翼鸟尾，口衔三叶草，四角各有一朵莲花。四杀刻卷草纹，中央刻有一个兽面。元昭墓志盖，中央是二龙戏珠，左、右、下方各有一个神像，上方有两鸡对峙，四角各有一朵花。元义墓志盖，中央是莲花，周围有二龙，四角各有一朵莲花。四杀和志盖侧面刻有火焰、云气

① 王子云：《中国古代石刻画选集》，中国古代艺术出版社，1959。
② 姜伯勤：《"天"的图象与解释》，见《敦煌艺术宗教与礼乐文明》，中国社会科学出版社，1996。
③ 敦煌文物研究所：《中国石窟·敦煌莫高窟》第一卷，文物出版社、平凡社，1989。
④ 《中国美术全集·雕塑编》第 13 册，文物出版社，1989。
⑤ 洛阳博物馆：《洛阳北魏画像石棺》，《文物》1980 年第 3 期。
⑥ 施安昌：《北魏冯邕妻元氏墓志纹饰考》，《故宫博物院院刊》1997 年第 2 期。

图案。志座四侧每侧刻有四幅神像，共 16 位。侯刚墓志盖的中央为志名，四周各有一幅神像，四角装饰有莲花，外缘刻兽纹。笱景墓志盖的中央为篆字志名；右边有两个神，中间绘浮云托日；左方有两个神，中间是茂密丛林；上方有二飞天，一个捧莲花，一个捧树叶，中间是荷花荷叶；下方左为牛，右为羊，有翼和尾羽；中央绘花卉，花中升起火焰，火焰中有一个方形祭坛。他认为，这些志盖都是在表现拜火教的神祇崇拜内容。

以上叙述中有些判断不是很精确，以致影响到对其含义的判断。例如笱景墓志盖上被称作飞天的神像，实际上应该是中国古代的"千秋""万岁"人面神鸟。晋代葛洪的《抱朴子·内篇》卷三中就记录道："千岁之鸟，万岁之禽，皆人面而鸟身，寿亦如其名。"王去非先生早就把隋墓中出土的这种人面鸟判定为"千秋""万岁"[①]。在南北朝时期墓葬中出土的遗物内，多次发现这种人面鸟，如 1957 年在河南邓县发现的一件"千秋万岁"画像砖，宁夏固原北魏墓出土一件漆棺，上面有三幅人面鸟，河北磁县湾漳北朝大墓的墓道中，有男女人面鸟的壁画，磁县等地还收集到人面鸟的画像砖等。再早可以上溯到西汉时期，洛阳 29 工区出土的西汉陶壶上已经绘有人面鸟。而后，洛阳金谷园新莽墓中壁画上的"东方句芒图"也把句芒画成人面鸟的形象[②]。由此可见，这些人面鸟的形象是中国古代传统的神话形象，与拜火教并没有关系。

再例如被施文认为是牛、羊、鹿等的有翼神兽，其原型应该是由西亚艺术传来的翼兽，与此相近同的怪兽形象曾出现在西安何家村出土的唐代素地六曲平底异兽纹银盘上以及在中亚地区出土的被确认为萨珊波斯器物的金银器上[③]。这种怪兽曾经被国外学者解释为古代伊朗神话中的龙——孔雀（Dragon-peacock）或称"格里芬（griffin）"、"森莫夫（senmurv）"等。萨珊波斯盛行拜火教，从这种渊源来看，它可能与拜火教的文化背景相同。但是孙机先生对此曾加以研究，引用中国先秦、秦汉等时期的有翼神物材

---

① 王去非：《隋墓出土的陶"千秋万岁"及其他》，《考古》1979 年第 3 期。
② 参见河南省文化局文物工作队《邓县彩色画像砖墓》，文物出版社，1958；宁夏固原博物馆《固原北魏墓漆棺画》，宁夏人民出版社，1988；朱岩石《"千秋万岁"图象源流浅识》，《汉唐与边疆考古研究》第一辑，科学出版社，1994。
③ Lukonin：*Persia* 2，London，barrie & jenkins，1970.

料，指出这是中国古代称作"飞廉"的神兽，是地道的中华文化产物①，那么就更与拜火教没有直接的联系了。可见这些神兽与拜火教有没有关系也是不能确定，尚待深入考证的问题。又比如冯邕妻元氏墓志盖上被认为是火焰的底纹，实际上应该是云纹。该墓志纹饰中神像身上披着的倒应该说是火焰纹，其尖端向上，火舌细长，与上方圆弧状的云纹区别很明显。至于神像的名称，上文已经指出，没有确切的文献证据说明它们是拜火教崇拜的神祇。由此可见，这些纹饰中能够用来说明拜火教影响的材料并不够多。

但是，我们仍觉得在北魏墓志纹饰中反映出拜火教影响的说法是有一定道理的。明显的例证应该是笴景墓志盖上的火焰祭坛。这是在佛教与中国传统宗教中都没有的宗教图饰。北魏时期，拜火教在中原具有一定的影响也是不可否定的事实。利用来自西亚的神兽形象也可能隐含着拜火教来自西亚的文化渊源。只是我们还没有确切的文字记载来证明这些神物的名称属于拜火教。

在中国古代各种宗教的艺术形象中，常常存在各种宗教文化互相融合，你中有我、我中有你的现象。如中国神话中的东王公、西王母在敦煌佛窟内的北朝壁画中大量出现等。当时之所以这样做，除了使外来宗教便于被中原人士接受以外，主要是借用这些形象代表的概念来表达本宗教的体系。也许还有画工习惯绘制传统的图样，对于外来的艺术形象不熟悉等因素。拜火教传入中原后，同样会采用类似做法，在有些地方可能借用了先于拜火教传入中原，并且已经广泛流传的佛教的艺术纹饰和神像。所以，对于上述墓志纹饰中的莲花图案，我们尚无法区分它们是来自佛教还是拜火教。实际上，我们更倾向于它来自佛教。在遍及中原的石窟寺中，莲花的图案比比皆是。如洛阳龙门石窟中建于北朝的莲花洞等处，在窟顶都雕刻了硕大的莲花图案。敦煌莫高窟中北朝与隋朝的洞窟中，也有很多在窟顶的藻井中绘制了莲花图案。其画法正与这些墓志上的莲花相同。其表现出的含义应该是相同的。从上述酒泉丁家闸 M5 墓顶的莲花藻井中，也可以看出同样的用莲花表现天顶的做法。

---

① 孙机：《关于西安何家村出土的飞廉纹小银盘》，《中国考古学会第七次年会论文集》，文物出版社，1992。

　　由此我们可以又得到一个有力的证据，从冯邕妻元氏墓志盖等纹饰的安排上，我们可以清楚地看到，墓志的覆斗盖具有十分明显的象征意义，它和砖室墓的穹顶、石窟寺的窟顶一样，象征着宇宙中的天穹，中央是莲花，象征天堂，四周是天神护卫。天穹，中国传统宗教思想中认为它是上帝天神所在的地方，所以，以前用四象、日月、神龙、仙人等来装饰它，表示天穹中的神奇与阴阳、四方。佛教传入后，又用莲花代表佛祖所在的极乐天堂，象征天穹的所在。有关这一点，日本学者林巳奈夫曾经指出：中国古代的莲花图案象征着闪光的天体，也就是象征着最高的神灵——上帝①。如果墓志盖的纹饰中确实存在鲜卑人宗教中的天神形象，或者有属于拜火教的天神与神兽形象，那么，它同样也是用来表现天穹的所在，与墓志志身象征构成一个缩小了的宇宙模型，就像汉代习用的式盘一样。这里，佛教、拜火教或者鲜卑宗教以及其他外来形式都融入了中国传统的宗教思想与宇宙概念之中。墓志本身所拥有的丰富内涵在这里也得到了全面的体现。

　　覆斗形墓志的外形及其含义来源于式，在制作上仿照式的结构，在隋唐时期的墓志中还有一个有力的证明。即在志盖上刻画了八卦符号。例如出土于洛阳的隋开皇二十年（公元600）十一月十日马稚及妻墓志②，在它的志盖刻名四周刻了八卦符号，四杀上依次刻写了天干地支的名称。志侧刻写了"天帝告冢中王气五方诸神赵子都等马老生善人"等字样。让我们注意一下志盖上八卦的刻法（图五）。它是在四角各刻一个卦象，正对着墓志四杀形成的四条棱线。墓志四边的中央各刻一个卦象。其位置正是四维八方。卦象顺序从墓志右下角的位置开始，为乾卦，接下来顺时针顺序依次为坎、艮、震、巽、离、坤、兑。这正是后天八卦的卦图。与此相同的还有一件唐咸通九年（公元868）十二月七日李公政墓志盖，四角的卦象正刻在四杀形成的棱线上。在马稚墓志盖上八卦外围刻写的天干地支，以下方中央的子开始，顺时针依次为：癸、丑、寅、甲、卯、乙、辰、巳、丙、午、丁、未、申、庚、酉、辛、戌、亥。这种八卦的排列与相对的天干地

① 林巳奈夫：《中国古代における莲花の象征》，《东方学报》（京都）第59册。
② 赵力光：《鸳鸯七志斋藏石》，三秦出版社，1995。

支配合情况，与现在保存下来的两件刻有八卦与干支的古代式完全一致。八卦与式盘的关系极为密切，限于篇幅，就不在此详细讨论了。

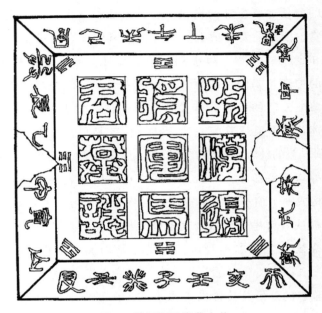

图五　隋马穉及妻墓志盖

这两件式之一是 1925 年在朝鲜乐浪遗址王盱墓出土的漆木式。其年代大约在东汉明帝末年或者章帝前后（约公元 75～88）[1]，另一件是在上海博物馆收藏的六朝晚期铜式[2]。读者对照六朝铜式可一目了然，墓志形制与式的关系也就不言自明了。

如果说马穉墓志盖与这两件式的不同之处，那么就是在四角标志的四门名称不尽一致。式称为：天门、鬼门、地门、人门（顺时针），而墓志盖则是：天、山、风、地。实际上，这只是称呼不同，而所要表现的四门、八卦，以及干支系统则是完全一致的。

由以上例证中还可以看到，墓志仿效"式"的形制，还出于墓中解除，即驱邪避鬼的目的。这也是与中国传统的宗教意识与方术密不可分的。这里还有一个明显的例子：在河南省扶沟县出土的唐赵洪达墓志。它没有分

---

① 《乐浪椽王盱の坟墓》，东京刀江学院，1930。
② 严敦杰：《跋六壬式盘》，《文物参考资料》1985 年第 5 期。

开为志盖与志身，而是制成一件覆斗形的整体，中央刻铭文，四周双勾篆文，每一边四字，上边为"上宫辟非"，下边为"宫□延□"，右边为"青龙□志"，左边为"虎啸□□"。在篆文外侧，还刻有四神的图案①。虽然篆字残损，但是它具有解除的意义已经是很明显了。

解除，在出土的汉代镇墓铅券中又写作解适，如："谨以铅人金玉，为死者解适，生人除罪过。"② 吴荣曾先生认为：解适，即解谪。《汉书·陈胜传》"适戍之众"颜注："适读为谪，谓罪罚而行也。"这就是为死者解除触犯地界的罪过③。汉代学者王充在《论衡·解除篇》中提及当时流行的解除习俗，云："世信祭祀，谓祭祀必有福。又然解除，谓解除必去凶。解除初礼，先设祭祀。……已，驱以刃杖。""解除之法，缘古逐疫之礼也。昔颛顼氏有子三人，生而皆亡，一居江水为虐鬼，一居若水为魍魉，一居欧隅之间主疫病人。故岁终事毕，驱逐疫鬼，因以送陈、迎新、内吉也。世相仿效，故有解除。"这些记载，已经清楚地解释了汉代的解除习俗。秦汉时期，民间普遍相信鬼神，认为灾祸病患、忧愁苦闷都是由于鬼怪作祟。这一点在出土的秦简《日书》中反映得十分清楚，如睡虎地秦简《日书》甲种中有"诘咎，鬼害民罔行，为民不羊（祥）"的说法以及刺鬼、丘鬼等71 种鬼怪妖祥，并详述驱逐鬼怪解除灾祸的方术④，从而在日常生活中产生了多种多样的解除方术。在葬俗中，汉代人认为修筑坟墓会得罪土神，兼而认为人死后会归于地下的世界，由地下的鬼神统治。如《礼记·祭法》云："大凡生于天地之间者皆曰命，其万物死者皆曰折，人死曰鬼，此五代之所不变也。"《礼记·祭义》云："众生必死，死必归土，此之谓鬼。"所以，在建墓时往往要进行解除，驱逐恶鬼，消灾解难。结合现代考古发现中有关出土情况，研究者们普遍认为：用镇墓铅券，镇墓陶瓶置于墓中，借助上面的文字、道符与铅、白石等人们认为有驱鬼法力的物质来达到解除目的，是一种常见的方法。而标志天地神祇的"式"作为方术的重要工

---

① 河南省文物工作队：《河南扶沟县唐赵洪达墓》，《考古》1965 年第 8 期。
② 罗振玉：《贞松堂集古遗文》卷十五。
③ 吴荣曾：《镇墓文中所见到的东汉道巫关系》，《文物》1981 年第 3 期。
④ 睡虎地秦墓竹简整理小组：《睡虎地秦墓竹简》，文物出版社，1988。

具，也应该在墓葬中具有解除的神力。

作为中国古代原始宗教形态中一个重要组成部分的解除，是当时人们日常生活与丧葬礼仪中的常用方术，在后来的道教法术中也占有重要地位。如北周时的佛教徒释道安在攻击道士时，指出他们沿续东汉张鲁等人的方术，列出"三张鬼法"'11 事。其一就是"左道余气，墓门解除"①。可见解除方术在道教中一直应用下来。上述马稺墓志盖中铭文表现的便是其方术孑遗。它也说明在墓志这种器物上附入了墓中解除的意义。这种意义在其他墓志上可能仅通过其形制与纹饰来表现。

墓葬中体现出的这种由阴阳五行思想、鬼神崇拜与"盖天说"理论综合成的宗教方术体系，表现着"象天地"的古老思想传统。虽然由于时代的演进而不断加入新的内容，使之日益繁杂，面貌更新，如在唐宋以来，地理堪舆之学流行，就在葬俗中加入了有关内容，但是它的根本思想所在并没有改变，深入透析便可以寻找出来。例如《永乐大典》中收集的可能成书于金元时期的地理葬书——《大汉原陵秘葬经》中，记载天子、亲王、公侯卿相及大夫以下至庶人墓葬中的各种明器及其放置位置。从中也可以看出"象天地"的指导思想。如："天子山陵用盟器神煞法：十二天官将相，本形，长三尺三寸，合三十三天也。十二元辰，本相。长三尺，合三才，按于十二方位上。五方五呼相将，各著五方衣，长三尺五寸，安五方。二十八宿，本形，长三尺二寸，合三才二仪也。"② 三才，即天、地、人。可见这里在明器的安放上体现表现天地的思想，而且不仅在具体安放位置上体现这种思想，在尺寸上也通过数字的含义来表现这一点。这是在河图洛书的传统基础上将阴阳思想数字化的延续。这种做法也曾在相当长的历史时期内左右丧葬礼仪。例如在四川平武明代王玺家族墓中出土的石买地券上刻画了先天八卦图形，在墓石诏书上刻画了洛书的图形等③。它们与上述自秦汉以来始终存在于丧葬习俗中的象天地、法阴阳思想是一脉贯通的。

徐苹芳先生曾指出："古代墓葬中的随葬明器，很显然地是有两套意义不

---

① 释道宣：《广弘明集》卷八，上海书店，1989。
② 《永乐大典》第 91 册，中华书局影印本，1959。
③ 四川省文物管理委员会等：《四川平武明王玺家族墓》，《文物》1989 年第 7 期。

同的明器：一套是专为死人而设置的迷信压胜之物；另一种是反映死者生前生活情况的奴仆、用具模型或其他器物。如何区别这两种明器，并进一步了解其不同意义，对我们研究古代的葬俗及其反映的社会情况是很有帮助的。"① 确实，通过越来越多的考古发现，我们可以看到，随葬品中有相当大一部分是具有驱邪避祸、除鬼厌胜意义的，甚至有些是以前从没有注意到它们具有这种意义的器物，例如随葬的书籍。上面提到的秦代墓葬中随葬《日书》自不必言，降至唐代，还有唐垂拱元年（公元 685）四月二十二日薛褒墓志记载："以高宗敕书一轴、忠臣孝子传两卷、周易一部、明镜一匣送终焉。"② 这里明镜明显是用于驱鬼的，上有汉代温明的例证，下有唐代传奇小说中有关明镜避鬼的传说，此不赘述。周易可以与式和八卦图象等同。至于孝子传，孙机先生曾指出古人认为它也有驱邪的功能③。进一步来看，不仅在随葬品中，就是在墓葬建筑上，也会出于当时社会流行的数术思想而决定其形式、内容、数量等具体因素。一些专门的墓中丧葬用品，如墓志、墓室壁画、石棺、经幢等，也都是在当时社会思想的影响下出现的。因此，这些随葬品与墓葬形制的变化，就不仅仅是考古学分型分式，断代分期的依据，它还具有反映当时社会思想及社会状况变化的深刻意义。反过来说，历史时期中明显的思想变更与社会动荡，也一定会在墓葬的各个组成因素中充分表现出来。将墓葬中的各种文化因素予以综合性的深入研究，从而加深对古代丧葬制度及由此反映出的古代思想的认识。这一课题值得引起我们的重视。

最后附带提到一种特殊的墓志形制——龟形的墓志。

比较著名的龟形墓志有两件，一件是北魏延昌二年（公元 513）二月二十九日元显儁墓志，它由青灰色的水成岩精雕而成，是一个完整的龟形，下面有方形座，通高 0.35 米，长 0.75 米，宽 0.565 米。龟背甲与龟腹（包括头、四肢）可以分开，龟背甲是墓志盖，中央刻有墓志名称。龟腹上面磨平，形成方形，刻写铭文。这件墓志现在保存在南京博物院。另一件是

---

① 徐苹芳：《唐宋墓葬中的"明器神煞"与"墓仪"制度》，《考古》1963 年第 2 期。
② 隋唐五代墓志汇编辑委员会：《隋唐五代墓志汇编》陕西卷第一册，天津古籍出版社，1991。
③ 孙机：《固原北魏漆棺研究》，《文物》1988 年第 3 期。

近年在西安出土的唐贞观五年（公元 631）十二月十一日李寿墓志。它也是一个完整的龟形，形制更加巨大，长 1.66 米，宽 0.96 米，高 0.64 米。雕刻得也十分精致逼真，现存陕西西安碑林博物馆。

以往解释龟形墓志，大多把它与龟所象征的长寿或碑石的趺座等联系起来。如认为"人们把墓志制成以长寿著称的龟形，似在乞求其永年，实则正是痛悼其短寿"①。而实际上，其中可能蕴含着更深刻的含义。龟形在这里的意义，仍然是与式和覆斗形墓志一样，在象征着天地宇宙，从而起到驱鬼避邪、保佑平安的作用。

龟与中国古代的占卜有着密切的关系。因此龟在古人的意识中是具有通灵特性的，产生过"龟灵崇拜"，这一点已经被仰韶、大汶口等新石器文化墓地随葬龟甲情况及河南舞阳贾湖遗址出土龟甲情况所证明。而近来安徽含山凌家滩遗址中出土的玉龟，更是重要的证据。它不但把"龟灵崇拜"的时间提前，范围扩大，而且向我们揭示了"龟"与"式"的关系。

1987 年，凌家滩遗址下层 M4 中出土了一件玉龟，它由一副背、腹甲组成，有穿孔可以缀联。出土时中间还夹有一片刻有类似式上纹饰的玉片②。据最近报道，凌家滩遗址在 1998 年的发掘中又出土了同样的物品。"出土的长方形玉片，长约 11.4 厘米，宽 8.3 厘米，厚 0.7 厘米。玉料牙黄色。在玉片的中心刻有两个大小相套的圆圈，内圆里刻方心八角形图形，内外圆之间有八条直线将其分割为八等份，每一份各刻有一个箭头，在外圆和玉片的四角之间，也各刻有一个箭头；在玉片的两短边的边沿，各钻有 5 个圆孔，在无凹边的长边钻 4 个圆孔，有凹边的长边钻 9 个圆孔。反映了我国远古先民长期对星辰现象所获得的天文知识，可能是原始无文字时的八卦图象，出土时玉片夹在玉龟背甲和腹甲之间。"③

对 1987 年出土的凌家滩玉龟，李零同志提出："我们怀疑，它可能与式法有一定联系。《初学记》卷三〇、《太平御览》卷九三一引《雒书》说

---

① 梁白泉主编《国宝大观》，上海文化出版社，1990。
② 安徽省文物考古研究所：《安徽含山凌家滩新石器时代墓地发掘简报》，《文物》1989 年第 4 期。
③ 张敬国等：《凌家滩遗址考古发掘获重大成果》，《中国文物报》1998 年第 96 期。

'灵龟者，玄文五色，神灵之精也。上隆法天，下平法地，能见存亡，明于吉凶'（《艺文类聚》卷九九引《孙氏瑞图》、《初学记》卷三〇引《礼统》有类似说法），释其骨象如式。《龟策列传》和后世卜书也多以天文、地理附会龟图，甚至以背甲之纹为五行八宫，腹甲之文为十二时。这些都暗示我们，洛水神龟负文于背的传说，可能是来自龟形、龟纹对'式'的模仿。"① 这一看法是很有道理的。上述新近出土的又一件玉龟及玉片更加有力地证实了这种推测。而"上隆法天，下平法地"的说法，正表现着从龟、式、穹窿顶到覆斗形墓志一脉相通的古代思想底蕴。

由此我们认为，龟形墓志并不是简单地表现龟的长寿或坚固等意义，而是用墓志外形反映古代宇宙概念的另一种表现形式。只是由于造价昂贵，或者对其古义不大明了，采用的人士较少而已。

原载《文物》1999 年第 5 期

---

① 李零：《中国方术考》，人民中国出版社，1993。

汉代画像石墓中的画像布局及其意义

关于汉代画像石的研究，近年来有了相当深入的进展。关于画像石的内容、分期、艺术表现手法，画像石墓的形制及分布等都有大量的研究文章问世。但是，我们看到至今还很少有人就画像石墓中各种不同内容的画像布局情况予以综合分析。而从画像石在墓中所处的位置及其分布情况上，可以发现重要的布局规律，并由此反映出汉代人的某些意识形态，增进对汉代社会丧葬习俗的理解。因此，我们将现有主要汉代画像石墓的情况予以归纳，草成此文，以就教于对汉代画像石有兴趣的各界人士。

一 山东苍山元嘉画像石题记的释读及其 反映的墓中画像石布局

1973 年 5 月，山东省博物馆与苍山县文化馆在山东省苍山县西城前村北发掘了一座画像石墓。在墓前室西横额画像石下支柱上发现了一条长篇题记，分刻于二石上，共 15 行，328 字。这是现在所见到的画像石题记中较长的一则。它详细记述了画像石墓中各件画像石的刻绘内容及其所在位置。是一则罕见的具有重要价值的画像石题记①。

关于苍山元嘉画像石墓的年代问题，曾经引起多方面的热烈讨论，产生了几种不同的看法。原报告作者定为南朝刘宋元嘉元年。方鹏钧、张勋

---

① 山东省博物馆、苍山县文化馆：《山东苍山元嘉元年画像石墓》，《考古》1975 年第 2 期。

燎在《山东苍山元嘉元年画像石题记的时代及有关问题的讨论》一文中提出了大量论据，确定为东汉元嘉元年①。李发林在《山东汉画像石研究》一书中也取同样看法。限于篇幅，本文对有关争论不一一细述。但是可以肯定，此墓在建成后曾有过重修和改建。墓中画像石的图画内容、位置与题记不尽相符，前室东壁一块画像石（编号8）甚至横侧置放即说明了这一点。根据画像石风格及铭文书体、韵律等特征，应该判断这批画像石原属于一座建于东汉元嘉元年的汉画像石墓。

这一画像题记，对于了解汉代画像石中常见的各种内容及其在墓室中的分布情况，有十分重要的意义。但是由于铭文部分残泐及释读中的不同意见，对其全文的读法存在着几种不同的理解。为了正确地解释原文，我们先对原题记的释读加以分析辨正。

图一　苍山元嘉元年画像石题记

①　《考古》1980 年第 3 期。

图二　山东武氏石室画像

现有的释文中，主要有两种：李发林《山东汉画像石研究》附录《苍山元嘉元年画像石墓题记的简释》（以下省作《李文》），方鹏钧、张勋燎《山东苍山元嘉元年画像石题记的时代及有关问题的讨论》（以下省作《方文》）。但这二种释文中，仍有未尽完善之处。现将我们的释读按原题记分行录出，并就释读不同之处加以考辨说明。

括号中的字为释读的正字，问号表示未能确定的字。

（1行）元嘉元年八月廿四日，立郭（椁）毕成，以送贵亲。魂零（灵）有知，矜哀子

（2行）孙，治生兴政，寿皆万年。薄（簿）疎（疏）郭（椁）中画观。后当朱爵（雀）

（3行）对游龚（？）仙人。中行白虎后凤皇。中直柱，只（双）结龙，主守中雷

（4 行）辟邪。夹室上砆（央）五子舆，僮女随后驾鲤鱼。前有青龙白虎车，后即

（5 行）被轮雷公君。从者推车，乎狸冤厨（狐狸鹅雏）。上卫（渭）桥，尉车马。前者功曹后主簿，亭

（6 行）长、骑左（佐）胡使弩。下有深水多鱼者，从儿刺舟渡诸母。使坐上，小车转，驱驰

（7 行）相随到都亭，游掾候见谢自便。后有羊车橡（象）其槢（槽），上即圣鸟乘浮云

（8 行）其中画像（象）家亲。玉女执尊杯桉（案）柈（盘），局狭（拘束）稳梳（？）好弱貌。堂砆（央）外，君出游，车

（9 行）马道（导）从骑吏留。都督在前后贼曹，上有虎龙衔利来，百鸟共持（？）

（10 行）至钱财。其砆内，有倡家。生汗（笙竽）相和化（偕）吹庐（芦），龙爵（雀）除央（殃）骟（鹤）嗝（啄）鱼

（11 行）堂三柱：中央（？）□龙□非详（祥），左有玉女与仙人，右柱

（12 行）请丞卿，新妇主待（侍）给水将（浆）。堂盖荟（总）好中爪（瓜？）叶，上□

（13 行）包（苞），末有旰。其当饮食，就夫（太）仓，饮江海。学者提迁宜

（14 行）印绶，治生日进钱万倍。长就幽冥则决绝，闭旷（圹）之后

（15 行）不复发

1 行中，"矜哀子孙"一句，矜，李文、方文均释作怜。怜原写作憐，在东汉时，尚无将舜省作令的简省写法。如山东嘉祥永寿三年汉画像石刻题记中，"哀怜"即写作"哀憐"。矜哀，即怜悯意，为汉代惯用词。汉荀悦《申鉴·政体》云："矜哀以恤之。"

2 行中"簿疏樟中画观，后当朱雀"。方文读作"簿疏樟中，画观后当，朱雀对游"。断句不妥。此从李文断句。然李文将"簿疏"释作"绵簿粗陋"，亦误。簿即簿书，登记物品的文籍，《史记·张释之传》"上问上林

尉诸禽兽簿"即此。疏为逐条记录。《汉书·苏武传》"数疏光过失予燕王"注云："疏谓条录之。"西汉墓中出土简牍记录随葬品者亦称"衣物疏"等。

3行至4行中"中直柱，双结龙，主守中雷辟邪"。李文读作："中直柱：只结龙主守。中雷，辟邪。"方文读作："中直柱，双结龙，主守中雷辟邪殃。"殃字似误。字原作夹，应为夹字。与"央"字不同。下文中"刾"字左旁即如此写法，"刾"，为刺汉代异体写法。

4行中"夹室上央五子舆，僮女随后驾鲤鱼"。李文作："夹室上殃，五子举僮女，随后驾鲤鱼。"断句不妥。河南唐河针织厂汉画像石墓中即发现一幅鲤鱼驾车的画像，车上二人，有一人高髻，似为女子。可能与此题记所载者相类[1]。

5行中"前者功曹后主簿，亭长骑佐胡使弩"。李文断作："前者功曹，后主簿亭长，骑佐胡使弩。"亦不通顺。功曹、主簿为属吏，位于主官前后，亭长等人只是侍卫身份又低一级，应另句叙述。

8行中："其中画象家亲。玉女执尊杯案盘，拘束稳梳好弱貌。"李文作："其中画象，蒙亲玉女执尊，杯、桉、桦。""蒙"字误。细审原石应为"家"字。方文释作"家"，断句亦可从。但方文将"皃"字释作"完"亦误。该字当为"貌"字省写。汉代石刻，简帛文字中常见类似写法。

9行："车马导从骑吏留，都督在前后贼曹"。李文读作："车马导从，骑吏，留都督在前，后贼曹。"并认为"留"为都督的姓氏。恐亦不确。此处画像石具有象征意义，其他人物均无名姓，为何单列出都督姓氏，无法解释。

10行："有倡家。笙竽相和偕吹芦，龙雀除殃鹤啄鱼"。李文作："有倡家生汙，相和仳吹，庐龙雀，除央，鳾嚼鱼。"认为汙即舞，仳为比，除为泥涂之涂。均不甚妥切。应从方文释读。

（12行）"堂盖蕊好"。李文释作"恣好"。审原石写作"蕊"，即葱字别体。此处似借作"总"字。

上面是对释读中不同意见的几点考释。通观全文，除个别残泐不清之

---

① 周到、李京华：《唐河针织厂汉画像石墓的发掘》，《文物》1973年第6期。

处外，绝大部分可以通读。其主要叙述石椁中刻画内容及分布情况。由此
并结合原墓中画像石，便可以看出原墓室中画像石的分布及其不同的类型
与作用。

该墓室中的画像石可以分为两大类，其一为立柱上的装饰图像。如原
报告中介绍的编号 2、3、4、6，10 等件石刻，即题记中叙述的"中直柱、
双结龙、主守中雷辟邪"。"堂三柱、中□□龙□非祥，左有玉女及仙人，
右柱□□请丞卿，新妇主侍给水浆"等。这些石刻，形制较小，多为竖长
方形，刻有神异怪兽、仙人方相等图案，表现出辟除邪怪不祥、保护亡灵
安宁平稳，得以上升仙界的强烈意向；同时其具有浓重的装饰色彩，起到
协调室内画面布局的作用。显然，它不是墓室画像的主体。构成画像主体
的，是题记中着重介绍的神灵世界与人间活动这部分内容，即墓室画像石
第二种类型。它们大多是大幅的横向长方型石刻画，有些画面还被分割为
二至三个部分。如原报告介绍的 1、5、7、8、9 等件石刻。它们分别表现了
题记中叙述的"堂央外，君出游……上有虎龙衔利来（1 号）"，"上渭桥，
尉车马……从儿刺舟渡诸母（9 号）"，"使坐上，小车辀……上即圣鸟乘浮
云（7 号）"，"其中画象家亲……拘束稳杭好弱貌（8 号）"，"其央内、有
倡家……龙雀除殃鹤啄鱼（5 号）"等内容。这几件石刻分别位于墓室的前
室东西南三面横额及墓门楣上。8 号画像石被侧置于前室东壁、东横额之
下，显然是被后人改建时移置此处的。根据题记及 8 号画像石所表现的宴饮
内容，它本来应该位于主室后壁中。

这些构成墓室画像主体的石刻画，包括三方面的内容：①由神仙怪异
灵瑞等形象构筑的宇宙空间，即天界与仙界。它同时表现出天空与宇宙四
方的空间概念。②墓主及有关人物组成的出行宴饮等现实生活图象。③由
历史人物故事组成的历史人文环境，它同时象征着伦理、法律、礼义道德、
文化教育等意识形态。在汉代画像石中经常出现的周公辅文王，孔子见老
子，孝义人物等都属于这一内容。苍山元嘉元年画像石墓中的"上渭
桥……从儿刺舟渡诸母"等内容，在其他的汉代画像石墓及壁画墓中亦曾
出现，如和林格尔汉墓中即有渭水桥画面。故怀疑它也具有一定的历史典
故，属于历史故事这一类。

二 画像石墓中画像的分布规律

　　将以上分析推广到其他业经科学发掘的汉代画像石墓中，可以看到：它们都毫无例外地存在着相同的分布规律。例如《沂南古画像石墓发掘报告》介绍的大型汉画像石墓，在其墓室的支柱及散斗、角落等处，均刻画有各种神怪、龙虎、凤鸟、羽人等灵异图像及装饰纹样。而作为画像主体的，则是前、中、后室的四壁与横额。在前室四方横额上，刻有大幅的官吏拜谒图、宫室车马图等。墓门内的前室南壁，左右分刻有持彗侍立的门吏和建鼓，南壁正中有兵器兰锜及侍卫官员像，表示严密守卫的宫室大门。前室面向墓门的北横额、北壁及东、西壁，均刻画有神怪、羽人、四象、奇禽怪兽等，使前室成为一个充满奇幻色彩的神仙天界。中室四壁的横额上，刻有乐舞百戏、丰收宴飨、迎候仪仗、出行车马等场面，再现了汉代官吏地主日常的公务活动、人际往来、经济财富和享乐生活等社会画面。四壁上则刻有仓颉、周公、齐桓伐卫、晋灵杀赵盾、孔子见老子等历史人物故事，造成一种浓厚的人文历史氛围。后室中，则完全表现为庄园内院的情景，有家具、侍婢、厕所、衣架以及武库，等等。

　　《密县打虎亭汉代画像石墓和壁画墓》介绍的 1 号墓中，在石门、藻井等处刻饰有怪兽纹及云纹等。前室四壁刻有侍奉的仆婢等人物画像。南耳室的顶部刻有鸟兽、云气。南壁上刻有收租图（后考为敬老图）。东、西二壁上刻园囿山林、仆役车马等。东耳室顶部为鸟兽和几何花纹，壁上刻庖厨图。北耳室顶部与东耳室相同，四壁刻房屋庭院、家具什物及宴饮图。显然这里表现的是一个无官职的地主庄园环境①。

　　以上实例以及其他大量科学发掘的画像石墓中，都反映出：神仙境界、人间生活与历史文化三大部分内容构成画像内容的主体，占据墓室中的主要地位。虽然各个墓中这几部分的比重不尽一致，但是它们各部分在墓室

---

① 《文物》1972 年第 10 期。

中的分布位置却大体相同，反映出一定的规律。综合汉代画像石墓的画像分布情况，可以看出：表现神仙天界的画像大多安排在墓室的顶部或四壁上部（包括上横额）。描写墓主人世生活场景的画面则安排在墓室四壁的中部。表现历史故事的画像或安排在生活场景之下，或穿插于生活场景之中。前室是墓主男性的外部活动世界，重现墓主的政务、交际、出行等活动。中室（无中室者亦安排在前室一部分）是庄园中的庭堂部分，表现日常享乐的宴饮百戏，以及财产田地等内容安排在这里。后室象征墓主的内寝及后园，表现寝卧、宴饮等家室活动。中小型的画像石墓往往不在后室刻画图像。

除此之外，一些特例是将整个前室刻画成天界、仙界，而用中室表现日常生活、人文历史等，后室表现燕寝及后园，如沂南画像石墓即如此。

以上所举例证多为较大型的画像石墓。一些形制较小、装饰图画较少的墓葬，则不具备如此完全的各部分内容。有些则重于表现神幻的天界，如河南唐河冯君孺人墓①。有些侧重于表现人世生活场景，如山东肥城汉画像石墓②。但是画像在墓中的分布情况仍大致遵循上述规律，即在墓室上部安排表现天界、仙界的图画，四壁中部安排人间生活及历史故事等。

对比自西汉晚期兴起的汉代彩绘壁画墓中各种内容壁画的分布情况，可以得出相同的结论，即表现现实生活与经史故事的内容绘于前、中、后室及耳室，描写神话、天象和祥瑞的内容在墓室顶部和墓门③。

三　画像石墓中分布情况显示出的内在意义

上文总结的画像石墓中分布规律，不仅仅是一种简单的偶合，而具有相当丰富的内在含义。实际上，它反映出汉代人们的宇宙观与人生观。是

① 南阳地区文物队、南阳市博物馆：《唐河汉郁平大尹冯君孺人画像石墓》，《考古学报》1980 年第 2 期。

② 王思礼：《山东肥城汉画像石墓调查》，《文物参考资料》1958 年第 4 期。

③ 俞伟超、信立祥《汉壁画墓》条，参见《中国大百科全书·考古卷》，中国大百科全书出版社，1986。

汉代人们企图在墓室中重现天地宇宙与社会人生模式的体现。在墓室中重现宇宙的想法，可能远在汉代以前便已产生。《史记·秦始皇本纪》记载："始皇初即位，穿治郦山，及并天下，天下徒送诣七十余万人，穿三泉，下铜而致椁，宫观百官奇器珍怪徒臧满之。……以水银为百川江河大海，机相灌输，上具天文，下具地理。"这便是一件极其宏大的在墓室中重现宇宙与人世面貌的工程。近年来对始皇陵区进行地质勘测的结果表明，始皇陵地下含有大量的汞成分。证实《史记》的记载是可靠的。但这还仅限于至尊的帝王陵墓，将这样重现宇宙的做法普及到民间，可能还是汉代以来的风气。

上古时期人们通过亲身感受得出的宇宙"盖天说"，在汉代仍是社会上普遍认同的宇宙结构认识。流行于汉代的式盘就反映了这种观点。《晋书·天文志上》记载："蔡邕所谓周髀者，即盖天之说也。其本庖牺氏立周天历度，其所传则周公受于殷高，周人志之，故曰周髀。……其言天似盖笠，地法覆盘……日丽天而平转。"这种认识把人们居住的大地看作一个被天空复盖着的平面。天空像一顶斗笠复盖在大地上。日月星辰附丽于天穹之上。这是一种直观的宇宙模式。

秦汉时期，人们的宗教观念中，又把天穹作为天神上帝居住的神异之地。由汉代帝王举行的祭天大祀中，列举了当时人们心目中的天神。《汉书·郊祀志》云："中央帝黄灵后土畤，及日庙、北辰、北斗、填星、中宿中宫于长安城之未地兆。东方帝太昊青灵勾芒畤，及雷公、风伯庙、岁星、东宿东宫于东郊兆。南方炎帝赤灵祝融畤，及荧惑星、南宿南宫于南郊兆。西方帝少皞白灵蓐收畤，及太白星、西宿西宫于西郊兆。北方帝颛顼黑灵玄冥畤，及月庙、雨师庙、辰星、北宿北宫于北郊兆。"此外，还有西汉初期崇尚的天神太一，以及盘古、伏羲、女娲等开辟鸿蒙，创造人类的天神以及神龙、玄鸟等。

超越人间的，还有人们传说的仙界诸仙人，如东王公、西王母、王子乔、羽人等，这些仙人虽然不居住天上，但也能乘风飞翔，腾举到远离尘寰的高山仙境之中。像《太平御览》卷一八七引《神异经》云："昆仑山有铜柱，其高入天，所谓天柱也，围三千里。周回如削，下有仙人府。"以及

《列子·汤问》中记载的"渤海之东，不知几亿万里，有大壑焉，实为无底深谷。……其中有五山焉；一曰岱舆，二曰员峤，三曰方壶，四曰瀛洲，五曰蓬莱。其山高下周旋三万里，其顶平处九千里。……所居之人皆仙圣之种。一日一夕飞相往来者，不可数焉"。这就是古人幻想的仙界。

象征天神与仙人的种种人物形象，云气，星辰以及青龙白虎、仙禽异兽、天降灵瑞等图像结合在一起，造就了一幅人们心目中的天穹画面。它代表人们未知的宇宙部分，在画像石墓中作为天穹及四方的象征列位于墓室券顶及四壁的最高层。

兴起于西汉晚期的券顶墓，其券顶不仅是砖砌结顶技术的产物，也十分形象地重现了"天似盖笠"的天穹观念。东汉时期的画像石墓中也不乏将日、月、星辰刻石置于顶部的例子。如《米脂汉画像石墓发掘简报》介绍4号墓（砖券顶墓）前室顶部置太阳刻石，后室顶部置月亮刻石。河南唐河针织厂汉画像石墓在南北二室顶部均刻置天象图，有太阳、月亮、北斗、星宿及四环相套、四灵、长虹等等。有的同志认为：画像石墓中的星象图，是当时的占星图，具有一定意义。而且可能是实际天象的记录，表示了一定的时间内容，可能与墓主的生平有关[1]。这种说法如可成立，则更可以说明墓室中各种画像的布局与安排是在有意识地重现墓主亲历的时空世界。

墓室四壁的中、下层表现天穹之下的地面，即重现人们现实生活中身边的社会场景。它是人们亲身经历并认识到的世界。画像石概括并且形象地表现了人们日常生活的主要经历：如官员日常的政务活动、应酬往来。显示身份和威严的外出巡行。庄园及庭院中的日常活动，像耕种收获、狩猎捕鱼、庖厨宴乐、歌舞百戏，乃至内寝侍奉、家具财物等。这些可以说是汉代上层社会成员一生中最有代表性的活动场面，也是汉代社会中最为流行、最得推崇的人生愿望。我们从汉代铜镜、砖瓦、漆器等器物刻铭中经常出现："君宜高官""大富贵、宜子孙""位至三公""长乐未央""君幸酒、君幸食"等吉祥祝愿词语中便可以看出这

---

① 韩连武：《星图探微》，《汉代画像石研究》，文物出版社，1987。

种社会习尚。

汉代人们的思想意识中，还把死亡看作是人的魂魄与形体分离后，到这个世界的某一未知部分去过着与现实世界相类似的生活。在那个世界中仍然有官吏奴仆，仍然有庄园财富。西汉墓葬中出土的告地状，模仿官方文书，由阳间官员给阴间的"地下丞""地下主"等官吏开具通行证，移交死者及随葬奴仆（俑）、车、马、衣物等，便体现了这种意识。如江陵凤凰山 168 号西汉墓出土告地状云："十三年三月庚辰江陵丞敢告地下丞市阳五大夫駃之言，与大奴良等廿八人，大婢益等十八人，轺车二乘，牛车一辆，驷马四匹，骝马二匹，骑马四匹。可令吏以合事。敢告主。"① 即是一个典型的例子。

出于以上原因，汉代人们越来越热衷于为死者建造一个理想的冥间世界。《盐铁论·散不足》称："今厚资多藏，器用如生人。"《后汉书·赵咨传》云："废事生而终荣亡，替所养而为厚葬。"《汉书·成帝纪》《后汉书·光武帝纪》《后汉书·明帝纪》等都记载这些帝王多次下诏，惊呼社会上埋葬逾制，竞为奢靡的风气之盛，达到了"法令不能禁、礼义不能止"的程度。由西汉至东汉始终不衰的厚葬之风，正是汉代社会中人们的生死观、荣辱观等意识形态的体现。这种风气，使得汉代的葬俗与葬制产生了巨大的变化。

综观上古以来的中国埋葬习俗，人们最早是将死者最珍贵的个人物品随身埋葬。阶级分化产生以后，上层社会的随葬品日益增多，大多为实用品，自衣食用品到车马奴婢武器书籍，无所不包。其趋向大有将阳世日常占用品都带入地下之势。新石器时期与商周时期的土坑墓、木椁土坑墓，春秋战国时期的木椁土坑墓中，都在墓主的四周排满了形形色色的随葬品。西汉前期，木椁被分割为几个椁室，分别贮放随葬的衣物、用具、食品、乐器、财物等。如长沙马王堆一号汉墓、江陵凤凰山汉墓等。这时虽然开始将椁室分为几部分，有仿效阳间建筑各部分的倾向，但还没有达到为死者营造宅第的程度。

---

① 舒之梅：《从江陵凤凰山一六八号墓看汉代法家路线》，《考古》1976 年第 1 期。

在西汉前期的黄肠题凑墓中，已经明显地显示出以椁室象征阳间宫室各部分的迹象，如湖南长沙象鼻嘴 1 号墓①、北京大葆台 1 号汉墓等②。逐渐形成了包括前堂、后室、耳室、回廊等成分，模拟阳间宫室建筑的新墓葬格式。1968 年发掘的河北满城西汉中山靖王刘胜墓，是开凿于岩石山中的大型洞室墓。在墓洞中，建有瓦顶的木结构及石板房屋。全墓分为墓道、甬道、南北耳室、中室及后室六部分。各室都仿照生人宫室修造，环绕后室还有一道回廊。摄据随葬品出土情况，南北耳室为库房和车马房，中室为厅堂，后室为内寝，形成了一套完整的居住空间。这种墓葬形制上的变化，表现了由仅以分割象征居室的木椁墓向完全仿照居室建筑的空心砖墓、砖室墓及石室墓过渡的变化趋势。由此而后在西汉中晚期兴起的构筑砖（石）室墓葬之风，反映出人们的丧葬观念普遍发生了重大变化。洛阳发掘的西汉卜千秋壁画墓③，由墓道、前室、南北耳室、南北侧室、主室七部分组成，顶部筑成房脊形，已经完全逼真地再现了地上宫室的面貌，完成了将墓主生前居第缩小概括后随其移至地下的世俗愿望。

随着汉代社会经济的发展，私有欲日益增强，仅仅再现宫室的做法也不能满足世俗的要求，由此发展到完全复原宇宙空间及社会人文环境的尝试。人们不仅要将现有的庄园、器物带至冥间享用，而且要将庄院以外的田地、池陂、作坊等财产也带到阴世继续占有。限于条件，不可能以实物殉葬，只能退而采取象征的形式。山林、农耕、放牧、射猎、纺织、冶铁等图像就是这种意识的产物。东汉中晚期的中原与南方墓葬中往往随葬有陶楼、陶水田、陶车船等明器，表现着同样的财富占有意识和仿造阳世社会的愿望。同时，由于在有形的物质文明以外，汉代社会中的上层人仕已经占有了丰富多彩的人文文化产品，如由官职、财富带来的特权、威势，由学识形成的修养，以及伦理道德、日常礼仪、文娱享乐等。这使得人们不仅要将物质文明的象征带入冥间，而且要将阳间的一切显赫地位、气派威势、礼义知识、文化享受等等完全搬移到冥

---

① 湖南省博物馆：《长沙象鼻嘴 1 号西汉墓》，《考古学报》1981 年第 1 期。
② 北京市古墓发掘办公室：《大葆台西汉木椁墓发掘简报》，《文物》1977 年第 6 期。
③ 洛阳市博物馆：《洛阳西汉卜千秋壁画墓发掘简报》，《文物》1977 年第 6 期。

世去，使墓室成为一个缩小的完全的宇宙社会。因此，逐渐产生和完善了表现社会生活及文化生活的出行图、谒见图、乐舞百戏图、各种历史故事人物图等。汉代画像石墓中画像的各种内容就是这样在社会意识不断变化中逐渐充实完善起来的。

对照汉代壁画墓的产生和演变过程，可以更清楚地看出这一社会意识的发展脉络。

西汉晚期的洛阳卜千秋墓，是现有的时代较早的壁画墓。它的壁画题材仍然继承着西汉早期墓中帛画和漆棺画的传统，主要表现引魂升天的宗教思想与驱除妖邪、保护墓主魂灵的愿望。在其主室的东西两端分绘有伏羲、女娲、日月等形象，在中间则是位于双龙、白虎、朱雀、枭羊等神异后面，由持节仙人引导飞升的墓主夫妇图像。这里的幻想与迷信要远多出现实，显示着构成西汉早期文化主旨的楚文化影响。

到了东汉早期，壁画墓中升仙的内容便开始消失。山东梁山县发现的汉壁画墓中，便以墓主生前活动作为主要题材[①]，有车马出行、都亭驿所等场面。这些表现生前官位和威仪的题材是东汉壁画墓中的主要内容之一。东汉晚期的河北望都二号墓[②]、河南密县打虎亭壁画墓[③]等，都以大量表现墓主仕历及社会生活等内容的图画构成墓室壁画主体。特别是和林格尔汉墓，前室壁分上下两栏表现墓主的仕途经历及与职务有关的属吏、城池、官舍等。中室的西壁至北壁，绘有祥瑞图及历史人物。后室则表现墓主拥有的庄园、牲畜、作坊等财产及生产场面。各室顶部绘有仙人、神兽、四神等象征天穹与仙界的画像。这种内容组成及分布，已与画像石墓完全相同了。

壁画墓与画像石墓，都在努力造成一个完整的反映墓主生前所处宇宙与社会文化的时空范围。当然，由于各种条件限制，这种再现的时空范围远远不能纤毫毕现、面面俱到，而只能采用高度概括抽象的形式，选择社会生活中最有代表性最为人企羡的典型场面作为各方面的反映。因此，除

---

① 关天相、冀刚：《梁山汉墓》，《文物参考资料》1955 年第 5 期。
② 河北省文化局文物工作队：《望都二号汉墓》，文物出版社，1959。
③ 安金槐、王与刚：《密县打虎亭汉代画像石墓和壁画墓》，《文物》1972 年第 10 期。

辟邪与单纯装饰的画面外，画像石墓以及壁画墓中每一块画像都代表了一个特定的宇宙空间或社会范畴，具有高度的象征意义。

各种概括抽象的结果，在四川地区的画像砖墓中表现得最明显，从而可为以上分析做出证明。四川地区的东汉画像砖墓中，均嵌有模制的画像砖，有些墓中还将画像石与画像砖共同使用，互为补充。往往在不同墓葬中发现同出一模的画像砖，可见其由专业陶工统一成批生产出售，是社会上普遍采用的构筑墓室装饰材料。将这些人生各方面概括典型化的图像零件组合起来，便成为一个完整的宇宙时空模式。它再一次有力地证明：汉代画像石（砖、壁画）墓中的画像布局，正是汉代人们宇宙观、人生观的集中体现。

原载《中原文物》1991 年第 3 期

滕州汉画像石中的持幡图与
墓中解除习俗

　　新近出版的《山东汉画像石精粹·滕州卷》中收录了一件 1991 年在滕州市官桥镇车站村出土的汉代画像石"持幡图"（图一）。著者认为：画面上是一个右手执斧、左手持长幡的人首兽。细观画面，可以看出这个人物面目狰狞，蓬头乱发，两只脚作兽足状，活像一个鬼怪。这样的人物形象在已知的汉代画像石中是比较罕见的，而将其制成近 1 米见方的大型画面置入墓中，更是十分引人注目。鉴于对其现有解释尚不甚了了，我们在此试提出一种解释，希望由此加深我们对汉代丧葬习俗与宗教思想的认识。

图一　山东滕县汉画像石执幡图

首先看这个人物的形象。他与汉代画像石中一般的人物形象明显不同。我们所见的汉代画像石人物，大都是面目端正，衣冠整齐。表现官员士绅的自不待言，就是表现下层人物，例如卒吏、仆婢、农人、屠夫……也是如此。这样的面目狰狞者，我们在现有的汉画像石中只能在一些表现材官蹶张与持钺者的画面上找到。如南阳出土的执斧钺者（图二）与材官蹶张画像，以及蚩尤戏等。值得注意的是《山东汉画像石选集》中收录的济宁县城南张画像石上有两处执斧的人面怪物形象，其形象与此石有相似之处（图三）。此外，我们着重看一下南阳出土的一幅蚩尤戏画像石。这幅画面上有两个人在打斗，一人面相凶恶，似乎戴着一个假面具；另一个人面似熊罴，披发。周到同志在其《汉画——河南汉代画像研究》一书中考证此画像，认为是蚩尤戏。梁任昉《述异记》载："今冀州有乐，名蚩尤戏。其民两两三三，头戴牛角而相抵。汉造角抵戏，盖其遗制也。"如果我们根据《周礼》中对方相氏蒙熊皮的记载，推测这个面似熊罴的人是方相氏①。那么，另一个戴假面具的人就应该是被驱逐的鬼怪了。此外，南阳汉画像石中有较多的人兽相斗画面，如虎、兕与人相斗，熊、兕相斗，人、熊相斗，等等。这些画面中的人物大多面相凶恶，研究者多认为他们也是戴着面具

---

① 《周礼·夏官·方相氏》："方相氏掌蒙熊皮，黄金四目，玄衣朱裳，执戈扬盾，帅百隶而时难，以索室驱疫。大丧，先匶，及墓，入圹，以戈击四隅，驱方良。"郑注："冒熊皮者，以惊驱疫疠之鬼，如今魌头也。"这是自先秦以来一直存在的驱逐疫鬼、解除灾祸的葬礼仪式。用怪面与戈盾威慑鬼怪，并驱逐之。后来的大傩即其延续。清代学者孙诒让《周礼正义》中对方相做了详细的考证。其云：《论语·乡党》集解引孔安国云："傩，驱逐疫鬼也。"《续汉书·礼仪志》刘注引《汉旧仪》云："颛顼氏有三子，生而亡去为疫鬼……方相帅百隶及童子，以桃弧、棘矢、土鼓，鼓且射之，以赤丸五谷播洒之。"《独断》说同。是难以惊驱疫疠之鬼。《郊特牲》云："乡人裼。"注云："裼，强鬼也，谓时傩，索室驱疫，逐强鬼也。"是难兼逐强鬼，故亦谓之裼矣。云："如今魌头也"者，《御览·礼仪部》引《风俗通》云："俗说亡人魂气飞扬，故作魌头以存之。言头体魌魌然盛大也。或谓魌头为触圹，殊方语也。"按：魌正字当作顛。《说文·页部》云："顛，丑也。今逐疫有顛头。"《淮南子·精神训》："视毛嫱、西施犹类顛丑也。"高注云："顛，头也。方相氏黄金四目，衣褚，稀世之顛貌，非生人也，但具像耳且。"字又作倛。《荀子·非相篇》："仲尼之状，面如蒙倛"。杨注云："倛，方相也。"又引韩侍郎云："四目为方相，两目为倛。"《慎子》曰："毛嫱、西施天下至姣也，衣之以皮倛，则见之者皆走也。"盖周时谓方相所蒙熊皮黄金四目为皮倛。汉魌头，即周之皮倛。故郑援以为证也……由此可知方相的面具是用熊皮与铜的大目制成。周代四目。汉代已有两目的面具。南阳等地的汉画像石中有熊首人身的执戈人物。研究者据熊皮认为他可能是方相。山东滕州与济宁等地的这类怪物像没有熊皮这一明显特征，未可断言与方相有关，似称为鬼怪更恰当一些。

的力士。戴上面具，无非是在表现鬼怪，或者是要借用鬼神的狰狞面目来
威吓敌手，就像大傩中打鬼的方相氏一般。由此可见，汉代画像石中类似
的面目狰狞凶恶者都应该是在表现鬼怪的嘴脸。直至今日，湖南、贵州一
带民间流行的傩戏面具还是做成这种凶恶的模样。

图二　南阳汉画像石执钺图　　　　图三　山东济宁汉画像石执斧怪人图

　　滕州画像石持幡人物裸体披发的形象，更是异于其他汉画人物形象，
可能仅仅用来表现鬼怪。汉代是一个礼仪约束很严格的社会，从现有图像
资料来看，平常人们的服装都是从头包到脚。裸体往往是犯了罪受刑的情
况下才会发生。即使是最下层的劳动者，最少也要穿犊鼻裈这样的短裤。
南阳汉代画像石中便有穿犊鼻裈的屠夫形象。所以，裸体大多应该是在表

现鬼怪。古代人们心中的鬼怪形象，除与生人近似，或与禽兽相似等以外，最常见的描述就是裸体披发。如《太平御览》卷 883 引《神异经》中记述："南方有人长三二尺，裸形而目在顶上，走行如风。名曰魃。"《幽明录》记述："东昌县山有物，形似人，长四五尺，裸身被发，发长五六寸。""忽有一鬼，体上皆毛，于窗棂中执仲宗臂牵"等。最早亦最有力的材料见于《睡虎地秦墓竹简》《日书》甲种："鬼恒嬴（裸）入人宫，是幼殇死不葬，以灰贲之，则不来□矣。"说明秦代已有鬼怪裸形的看法。至于滕州画像石持幡者像兽足的双脚，更不是人所能具有的了。类似的图象尚见于南阳画像石中。《南阳汉画早期拓片选集》中收有一幅南阳市东关外出土的强梁图。图中是一个头上生角、披发、裸体、怒目圆睁、张口咆哮的兽足怪物。南阳草店出土的另一件汉画像石上，也有与上图类似的两个鬼怪。

把这样一个鬼怪形象置于坟墓之中，究竟是出于何种目的呢？我们认为，应该把它与汉代丧葬习俗中十分流行的解除仪式联系起来。

汉代墓葬中曾经出土过大量用于解除巫术的铭刻材料，如镇墓陶瓶、铅券等。仅书写有解除文、道符等文字的陶器，据王育成同志初步统计，就有 100 件以上[1]。这些陶器，以前多被称作镇墓陶瓶，自吴荣曾先生在《镇墓文中所见到的东汉道巫关系》一文中提出上面的文字是用于解除以后[2]，研究者亦将类似铭刻称为"解除文"，比较典型的有：洛阳邙山出土的东汉延光元年朱书陶罐[3]、陕西户县出土的东汉阳嘉二年曹氏陶瓶[4]、陕西宝鸡铲车厂出土的朱书陶瓶[5]、陕西长安县南李王村出土的朱书陶瓶[6]及见于《古明器图录》《贞松堂集古遗文》《居贞草堂汉晋石影》等著录的传世器物铭刻。王育成同志对此做了专门研究，可看其《东汉道符释例》（《考古学报》1991 年第 1 期）、《洛阳延光元年朱书陶罐考释》（《中原文

① 王育成：《南李王陶瓶朱书与相关宗教文化问题研究》，《考古与文物》1996 年第 2 期。
② 吴荣曾：《镇墓文中所见到的东汉道巫关系》，《文物》1981 年第 3 期。
③ 中国社会科学院考古研究所洛阳唐城队：《1984 至 1986 年洛阳市区汉晋墓发掘简报》，《考古学集刊》第 7 集，科学出版社，1991。
④ 禚振西：《陕西户县的两座汉墓》，《考古与文物》1980 年第 1 期。
⑤ 宝鸡市博物馆：《宝鸡市铲车厂汉墓——兼谈 M1 出土的行楷体朱书陶瓶》，《文物》1981 年第 3 期。
⑥ 员安志、马志军：《长安县南李王村汉墓发掘简报》，《考古与文物》1990 年第 4 期。

物》1993 年第 1 期）等，此不赘述。

解除，现在见到出土的汉代镇墓铅券中又多写作解适。如："谨以铅人金玉为死者解适，生人除罪过。"① 吴荣曾先生认为：解适，即解谪。《汉书·陈胜传》"适戍之众"颜注："适读为谪，谓罪罚而行也。"上述铅券文就是说为死者解除触犯地界的罪过。汉代学者王充在《论衡·解除篇》中提及当时流行的解除习俗，云："世信祭祀，谓祭祀必有福。又然解除，谓解除必去凶。解除初礼，先设祭祀。……已，驱以刃杖。""解除之法，缘古逐疫之礼也。昔颛顼氏有子三人，生而皆亡，一居江水为虐鬼，一居若水为魍魉，一居欧隅之间主疫病人。故岁终事毕，驱逐疫鬼，因以送陈、迎新、内吉也。世相仿效，故有解除。"这些当时的记载，已经把汉代的解除习俗说得很清楚了。秦汉时期，民间普遍相信鬼神，认为灾祸、病患、忧愁、苦闷都是由于鬼怪作祟。这一点在出土的秦简《日书》中反映得十分清楚。如睡虎地秦简《日书》甲种中有"诘咎，鬼害民罔行，为民不羊（祥）"的说法以及刺鬼、丘鬼等 71 种鬼怪妖祥的记载，并详述驱逐各种鬼怪、解除灾祸的方术。因此在日常生活中才会出现多种多样的解除方术并反映在出土文物中。在汉代葬俗中，时人认为修筑坟墓会得罪土神，兼以认为人死后会归于地下的世界，被地下的鬼神统治。文献记载如《礼记·祭法》云："大凡生于天地之间者皆曰命。其万物死者皆曰折。人死曰鬼。此五代之所不变也。"《礼记·祭义》云："众生必死。死必归土。此之谓鬼。"所以，在建墓时往往要进行解除方术仪式，驱逐恶鬼，消灾解难。研究者们普遍认为：用镇墓铅券、镇墓陶瓶置于墓中，借助上面的文字、道符与铅、白石等人们认为有驱鬼法力的物质来达到解除目的，是一种常见的方法。在下葬时进行方相氏驱鬼的仪式，也是一种解除方法。我们认为：把刻画有类似滕州画像石中这样鬼怪形象的画像安置在墓中，可能也是一种解除方法，是以恶驱恶的思想意识产物。

值得注意的是，《论衡·解除篇》中记载汉代缮治房舍时"解土"的方法与我们看到的滕州画像石"持幡人"图像可能相映成趣。其文云："世间

---

① 罗振玉：《贞松堂集古遗文》卷十五。

缮治宅舍，凿地掘土，功成作毕，解谢土神，名曰解土。为土偶人以象鬼形。令巫祝延以解土神。"开挖坟墓，同样是要触犯土神的事。用像鬼形的艺术形象来作为祭祀对象，取得解除，与当时的习俗是相吻合的。在睡虎地秦简《日书》甲种中记有"人毋故鬼昔（籍）其宫，是是丘鬼。取故丘之土，以为伪人犬，置墙上，五步一人一犬，环其宫。鬼来阳（扬）灰击箕以噪之，则止"。也是用土偶来达到驱鬼解除的目的①。

滕州画像石上这个鬼怪形象手中所持的长幡，可能也是表现祝延鬼神、驱逐疫鬼的巫术工具。幡在汉代可以用来书写符命，传达令旨。《汉书·艺文志》载："六体者……皆所以通知古今文字，摹印章，书幡信也。"说明幡的特殊用途，即具有官方符信的作用。而巫道的做法用具往往模仿官方的文书符命。这一点通过大量出土的汉代告地状、镇墓券等已得到确证。《史记·封禅书》与《史记·孝武本纪》都记载了汉武帝时"为伐南越，告祷太一。以牡荆画幡日、月、北斗、登龙，以象天一三星，为太一锋，名曰'灵旗'"。可见当时也在幡旗上画上星斗神物等作为祭祀求神的法物使用。这块画像石上刻画的长幡可能也起着同样的作用。汉乐府《长歌行》云："仙人骑白鹿，发短耳何长，导我上太华，揽芝获赤幢。"可见幢也是常与神仙联系在一起的。

现存传世文献与出土文物可以表明：汉代民间的鬼神迷信思想是非常普及而且根深蒂固的。它的源头原始多神宗教可以上溯到秦代乃至遥远的远古时期。从上述材料中，我们可以清楚地了解到这一社会面貌。作为这种宗教形态一个重要组成部分的解除，便成为当时人们日常生活中的常用方术，延及在巫术与后来的道教法术中也占有重要地位。如南北朝时的佛

---

① 刘信芳《日书驱鬼术发微》（见《文博》1996 年第 4 期）一文中认为《日书》中有大量以土木偶代鬼怪的做法，但其对简文的释读多可商榷。除我们引的这一条可以确定为土偶以外，其他简文并无确切证据可确定为偶人。如《日书》"一室中毋故而室人皆疫，或死或病，是是棘鬼在焉，正立而埋。其上旱则淳，水则干。掘而去之，则止矣"。刘文云："此亦用偶以驱鬼之术，'正立而埋'者，以土或木做成'棘鬼'之偶，然后正立埋入土中。所谓'旱则淳，水则干'乃是厌胜之术。最后将偶掘而去之，以象征鬼被驱逐。"这种解释就显得牵强。这条简文应该是讲室中有埋在地下的"棘鬼"作祟。"正立而埋"系指"棘鬼"直立埋在地下。"旱则淳，水则干"是指埋鬼之地表面的现象，借以寻找埋有"棘鬼"的地点。然后将鬼掘去，就可以消除灾害。刘文解释的其他条简文也有类似问题，限于篇幅，此不一一讨论。

教徒释道安在攻击道士时，指出他们沿续东汉张鲁等人的方术，列出"三张鬼法"11事，其一就是"左道余气，墓门解除"①。说明解除方术是应用得多么普遍，历史多么悠久。

因此可见，在汉代的墓葬中，用于解除的器物、图画、文字符记应该是必不可少的一个组成部分。它们也是反映汉代社会生活与宗教思想的重要材料。只是我们还没有把墓葬中有关这方面的器物全部系统地联系起来加以研究罢了。

例如：除上面提到的镇墓神瓶（解除瓶）、铅券以外，在两汉墓葬中还经常出土有铅人、铜镜、式盘、白石、刚卯及雄黄等药物，凡此种种器物都应具有方术上的辟邪驱鬼作用②。至于秦汉墓葬中已多次发现的简牍《日书》等卜筮术数书籍是否也具有类似的意义，也是可以进一步探讨的问题。又如汉画像石中较为常见的神荼、郁垒及白虎形象，已经被研究者们普遍确定，也一致认为它具有"御凶魅"的意义③。《风俗通义》卷八《祀典》记载："谨按黄帝书：'上古之时，有神荼与郁垒昆弟二人，性能执鬼。度朔山上有桃树。二人于树下简阅百鬼，无道理妄为人祸害，神荼与郁垒缚以苇索，执以食虎。'于是县官常以腊除夕饰桃人，垂苇茭，画虎于门，皆追效于前事，冀以御凶也。"又云："虎者，阳物，百兽之长也。能执搏挫锐，噬食鬼魅。"《论衡·订鬼》所说与之近同。它们在墓中驱鬼解除的意义是很明显的。特别是神荼、郁垒与白虎往往刻绘在墓门上面，应该可以与上引释道安所说"墓门解除"一事联系起来。

这种以鬼怪形象进行"解除"的做法，在汉代以后还有所孑遗。北京大学图书馆收藏有一件晋代太熙元年二月十一日的杜稷墓门题字石刻拓片（图四）。特别引人注意的是在它的上半端刻画了一个裸体的鬼怪形象。这个鬼怪形象与我们在上文中列举的这些鬼怪画像石似乎同出一辙。根据有

---

① 释道宣：《广弘明集》卷八，上海书店，1989。

② 参见李零《中国方术考》第一章。李零在书中指出了几种与厌劾有关的出土发现。如"式图"类铜镜，"兵避太岁"戈与马王堆帛书《避兵图》、刚卯、黄神越章、解适瓶等。厌劾，应该与汉代的解除是同一件事。

③ 参见赵振华《河南洛阳北郊东汉墓壁画浅释》，《汉代画像石砖研究》，《中原文物》1996年增刊；周到：《汉画——河南汉代画像研究》等。

关记载，这件墓门石刻是 20 世纪 30 年代在四川成都双流出土的，原来一同出土的共有两扇墓门，此即其一。由此看来，它可能就正巧体现了方术中为丧葬服务的"墓门解除"，从而为我们的推断又增加了一个有力的实证。

图四　晋杜稷墓门鬼怪像

南阳等地汉代画像石中一些较复杂的表现升仙境界的画面中，也有一些神兽扑杀鬼怪及术士打鬼的内容，特别是有戴面具的人物与虎、兕、熊、牛、神兽等相打斗的画像石，如《南阳汉画早期拓片选集》中收入的"象人逐疫升仙""象人斗虎""象人斗熊""象人斗兕""驱魔逐疫""象人斗虎熊"等[1]。这些画像石的形制相近，都是横向的长条，应该是作为门楣或墓室上横梁使用。依照汉画像石墓中画像布局的一般规律，这些位置正是常用来表现天上与神怪境界的，兼以画面内容也具有辟邪的意义。所以，可能它们也是在墓葬中起到驱鬼解除的作用。

由此我们想到汉代画像石中另外一些面目狰狞的人物形象，如上面说的持斧钺者、材官蹶张，等等。他们往往在墓中单独刻成一幅画面，不与其他人物组合在一起，大多位于立柱、门扉等处。有的研究者已经指出，这种画像是"为御凶压邪而设在墓内的"。实际上，它们应该也是用于解除的目的，正是古代解除仪式中对鬼"驱以刃杖"的表现。

有人曾经把虎、神荼、郁垒等辟邪图画与升仙联系起来，认为是楚文化的影响[2]。实际上，把它们分开来研究可能更有利于了解汉画像石的内容布局及用途。用于解除的图画是有实用价值的，而表现升仙与神话世界的

---

① 此处采用的画像石命名均依《南阳汉画早期拓片选集》，原书定名有不妥处，待另作讨论。

② 王清建：《略论南阳汉画升仙辟邪中的楚文化因素》，《汉代画像石砖研究》，《中原文物》1996 年增刊。

图画则是反映人们对天上未知世界的幻想与向往。这些浸透了巫文化的意识形态无疑具有楚文化的影响，但是把它们完全归结于楚文化的影响则是片面的，因为鬼神观念在古代的各民族中都曾存在过，辟邪驱鬼的做法也十分普遍。从出土的秦国种种《日书》中就足以证实这一点。由于这一问题涉及汉代思想文化的形成这一大课题，就不在这里深入探讨了。

1997 年 9 月

原载《中原文物》1999 年第 3 期

关于伯奇的古代孝子图画

　　日前，承日本佛教大学黑田彰教授寄赠他的新作《伯奇赘语——孝子传图与孝子传》①，文中论及中国北朝石刻、漆画等文物图像中关于伯奇的孝子故事，特别是在考证中引用了在日本流传的古代刻本《孝子传》材料，该《孝子传》中关于伯奇故事的叙述比中国现存古文献中记载的伯奇故事更为详细、完整，如保存了有关伯奇继母在瓶中装蛇来陷害伯奇的一段内容，尤其值得珍贵。它对判定中国古代画像石、壁画、石刻线画等艺术品中有关表现伯奇孝子故事的内容具有重要的参考作用。笔者曾对太原唐墓中的"树下老人"壁画内容做过一些探讨②，当时对这些壁画中有老人与蛇的一种图像做了"孙叔敖"或"随侯珠"的两种推测，那只是在没有更直接的证明材料时做的猜想。特别是把这些壁画解释为"随侯珠"的故事，与把这些"树下老人"屏风画确定为忠孝图的定义并不完全相合。但一直苦于没有更合适的解释。现在拜读黑田先生的大作后，深受启发，继以梳理与伯奇故事有关的图像及古代习俗之传习脉络，感到显然应该将"树下老人"壁画中有老人与蛇的一种也确定为周代伯奇的故事。鉴于这一问题在国内考古文物界尚未有统一的认识，故冒昧续貂，将黑田先生的有关研究加以介绍，并将自己以前的看法做一更正。

　　根据吉川幸次郎至黑田彰等日本学者的研究考证，在日本传留的古代文献中保存有两种《孝子传》的抄本。一种被称为船桥本（或清家本、清

---

　　①　黑田彰：《伯奇赘语——孝子传图与孝子传》，〔日本〕《说话论集、第十二集，今昔物语集》，清文堂，2003 年 6 月。
　　②　赵超：《"树下老人"与唐代的屏风式墓中壁画》，《文物》2003 年第 2 期。

原本），上面有清原枝贤的署名，抄写于天正八年（1580）。该本曾为船桥家旧藏，现存京都大学附属图书馆，为日本重要文物。据考，清原枝贤在世年代为 1520～1590 年。那么它就相当于明代抄本。该卷的末尾有补记："此序虽拾四十五名，此本有三十九名，漏脱译，以正本可补入焉。"由此可见当时还存在着一个流传的正本《孝子传》。吉川幸次郎曾认为，这个正本是六朝时期的传本[1]。也就是说，清原枝贤的抄本源于中国古代六朝时期的《孝子传》抄本。后来西野贞治、东野治之、黑田彰等人则认为清原本依据的本子是在初唐时期修改过的，在盛唐时传入日本。另一种是在阳明文库中收藏的，被称作阳明本，书写时代不详。西野贞治认为这个本子是六朝至隋代之间形成的，船桥本（清原本）与它属于同一个系统[2]。从文字上看，它可能保留了更多的六朝至唐初的原本面貌。

中国现存的古代文献中已经没有一种完整的六朝时期的《孝子传》，现可见的清代茆泮林所编《孝子传》是从《太平御览》《艺文类聚》《法苑珠林》等古代类书中辑逸而成。它收集的内容，主要包括汉代至南朝期间编写的十种《孝子传》的佚文。它们是：刘向《孝子传》、萧广济《孝子传》、王歆《孝子传》、王韶之《孝子传》、周景式《孝子传》、师觉授《孝子传》、宋躬《孝子传》、虞盘佑《孝子传》、郑缉之《孝子传》、逸名《孝子传》等[3]。由于是后人重新编辑，所以里面的内容、顺序都与各《孝子传》书原来的面貌有所不同。如现存日本传本里关于伯奇的一些记载，在中国传留的有关孝子文献中已极为罕见。而日本传本里的记载，很可能保存了六朝时期流传的《孝子传》本来面貌，从而对了解当时流行的有关孝子图画题材起到重要的旁证作用。

因此，我们特别把日本传本《孝子传》中独有的一段记载摘录于下。

船桥本中作："伯奇者，周丞相尹吉甫之子也。为人孝慈，未尝有恶。于时后母生一男，始而憎伯奇。或取蛇入瓶，令赍伯奇遣小儿所。小儿见

---

① 吉川幸次郎：《"孝子传"解说并释文》，〔日本〕京都大学附属图书馆，1959。
② 西野贞治：《阳明本孝子传の性格并に清原家本との关系につて》，〔日本〕《人文研究》七卷六号，1956 年。
③ 茆泮林：《古孝子传》，道光十四年刻本，十种古逸书本。

之，畏怖泣叫。后母语父曰：'伯奇常欲杀吾子，若君不知乎，往见畏物。父见瓶中，果而有蛇。'"

阳明本作："伯奇者，周丞相尹吉甫之子也。为人慈孝。而后母生一男，仍憎嫉伯奇。乃取毒蛇，纳瓶中，呼伯奇将杀小儿戏。小儿畏蛇，便大惊叫。母语吉甫曰：'伯奇常欲杀我小儿，君若不信，试往其所看之。'果见之伯奇在瓶蛇焉。"

除了一些词语上的不同外，两者记录的故事内容是一致的。而这段故事，在国内现存古文献中已经找不到了。

这是我们现知的中国古代孝子故事中仅见的与毒蛇有关的一例（孙叔敖杀两头蛇的故事更应该归入贤良故事而不是孝子故事）。而从文献材料的角度已经可以看到它在南北朝时期是很流行的。与此相对应的题材在古代绘画雕刻中也应该有所反映。有确切铭文说明的材料见于现藏美国明尼阿波利斯美术馆中的北魏元谧石棺线刻孝子图。

图一　北魏孝子石棺

北魏元谧石棺 1930 年在洛阳以西李家凹出土，后被盗卖出国。国内原仅存留有部分拓片。据该石棺同出墓志记载，它在北魏正光五年（公元524）下葬。这件石棺雕刻得非常精美。左右两帮外侧线刻孝子故事画等纹饰，左帮上刻有：丁兰、韩伯余、郭巨、闵子骞、眉间赤，右帮上刻有原谷、舜、老莱子、董永、伯奇。画旁均有题榜，记载了所画故事的人物名称。有关伯奇的题榜有两条，一是"孝子伯奇耶（爷）父"，另一条是"孝子伯奇母赫（吓）儿"。在后一条题榜标示的画面上，刻有一个盛装女子踞坐于席上，前面有一个圆壶，壶口中有一条蜷曲成螺旋状、头部向上的毒蛇。壶前面，有一个小儿与女子相向，踞坐于席上①。这个画面用壶中的毒蛇突出表现了上述日本传本《孝子传》里关于伯奇后母的记载。

与此构图相同的线刻还见于洛阳古代艺术馆中收藏的一件北魏孝子石棺床。这里的画面上有并排踞坐于席上的一男一女，女子身旁同样突出刻画了一条身体卷成螺旋状、头部向上的毒蛇，只是没有圆壶这一道具。虽然这件石棺床上没有刻写榜题，但是它有毒蛇，并与上述元谧石棺上的伯奇故事画表现形式十分相似，从这些特点去看，它无疑也是表现伯奇故事的孝子图画。该棺床上的其他人物形象，也被周到先生考证为郭巨、丁兰等当时流行的孝子故事②。由此可见，这座石棺床上的图画是一套孝子故事画。

分析上面的两种绘画构图，显然已经形成一种定式，即以毒蛇的出现来表示伯奇的孝子故事。我们曾经提出，在古代绘画中，流行的粉本起着重要的作用。一个典型的构图往往传承相当长的时期。而在这个传承过程中，它也经常被逐步简化、变异，如人物的形象、服装、动作等，就随着时代变化而改变，历代表现孝子故事的绘画就可以证实这一现象。通观宁夏固原北魏孝子漆棺、北魏司马金龙墓中的漆画屏风、北魏的孝子石棺、唐代太原的墓中壁画，乃至宋代墓中的二十四孝壁画砖雕等材料，在它们用以表现相同故事的画面上，人物形象、服饰，甚至采用的典型情节都有所不同。相比之下，相对稳定不变的往往是最能说明绘画题材主题的个别代表因素。伯奇故事中的毒蛇应该就是这样的一个典型因素。易言之，在

---

① 参见宫大中《邙洛北魏孝子画像石棺考释》，《中原文物》1984 年第 2 期；奥村伊九良《孝子石棺の刻画》，〔日本〕《瓜茄》一卷四册，1937 年，《镀金孝子传石棺の刻画に就て》，〔日本〕《瓜茄》一卷五册，1939 年；Eugene Y Wang：Coffins and Confucianism. The Northern Wei Sarcophagus in Minneapolis Institute of Arts，Orientations June 1999。

② 《中国美术分类全集　中国画像石全集　八、石刻线画》，山东美术出版社、河南美术出版社，2000。

属于孝子图画类型的绘画中具有毒蛇形象的应该都是在表现伯奇的故事。

我们曾经梳理过中国古代文物中有关孝子故事的图画、雕刻等艺术作品。大量文物材料说明，绘制孝子故事画的这种风俗起码在汉代已经形成，绵延持久，在中国古代社会中流传了近二千年。汉代大力提倡以孝治国以来，孝子故事就是古代社会上常见的伦理教材，也是民间画工常常采用的绘画题材。东汉到北朝期间，孝子故事一直用于人们墓葬中的艺术装饰，除了大力宣扬孝道，彰显墓主及其子孙的孝顺品德以外，可能还具有辟除邪恶的宗教意义。当时绘画中常用的孝子故事数量有限，但它们传承的时间很长，大部分直至唐宋时期产生二十四孝后依然存在；然而也有一些故事及其图画在唐代以后就不再出现，成为佚文，伯奇的故事就是其中之一。

在唐宋以前的文献中记载的伯奇故事有几种不同的传本。早在汉代的《说苑》中就记载了伯奇的故事，但在今传本中却已佚失。我们只能看到向宗鲁《说苑校证》"佚文辑补"里根据《文选》《汉书》《后汉书》等古籍注文补入的伯奇故事，里面已经没有了关于后母藏毒蛇的这一段文字。其后《太平御览》摘引《列女传》《贪恶鸟论》等古籍中有关伯奇的记载也没有具体提及有关毒蛇的故事。有些传本甚至只简单地叙述伯奇冤死后化鸟的传说。相比之下，日本所传《孝子传》记载的故事最为完整。虽然北魏石棺等文物材料反映出：这种完整的伯奇故事直至北朝仍在民间普遍流传着，但是在文献记载中，却是《说苑》一类的简略本占了上风，使后人已经不易看到伯奇故事的全貌。唐代以来，有关伯奇的孝子图像也不再出现。如果没有日本传本中保存的伯奇继母在瓶中装蛇陷害伯奇这一段内容，我们恐怕很难理解有关绘画所要表现的具体故事。

下面回到太原唐代屏风式壁画墓中的"树下老人"图来。在太原附近发掘的一批唐代早期壁画墓中曾经发现过两幅有蛇的图画，一幅出自太原金胜村6号墓，据原简报介绍：墓室中在东、北、西三面墙壁上绘有6幅树下老人图，每幅周围均有长方形边框，构成一具六扇屏风，围绕在棺床的三面。自东向西第3幅图画的内容是"树下老人，高30厘米，红袍乌靴，双手托巾，俯身下视一兽头、蛇身、口内衔物，项束红巾的动物。人物背后绘树一株，左右也绘有黄山绿草。天空有一双飞雁"。另一幅出自太原金胜村337

号唐代壁画墓，同样是在墓室后部棺床上方的壁上绘制了屏风画，原简报称
"第1幅位于东壁北侧，画面正中有一老翁头戴冠，身穿长袍，足登高头履。
面前一蛇，口中衔珠，昂首腾起。献珠于老翁"①。

我们曾经论述，太原等地唐墓"树下老人"屏风画应该是一个定型
的社会流行绘画题材。它的原型应该是以表现孝子为主的"忠孝图"，而
不是墓主人像或者道教人物故事。并且其中已经有一些画面可以与历代著
名的孝子忠臣故事联系起来，予以确认。如曾子、孟宗、王哀等。那么，
作为南北朝时期流行题材的伯奇故事也可能被选入这类图画中，用毒蛇这
一特征来表现它，这是我们在梳理北朝孝子故事图画传统的基础上做出的
推论。

太原等地唐墓"树下老人"屏风画的表现手法比较简略，但多处墓葬
壁画的构图程式相同，而且将故事的主人公全部画成面貌、服装相似的老
人，给后人理解它的内涵造成了一定困难。为什么会形成这种格式呢？就
现有材料来看，它可能源于北魏时期在南朝艺术影响下逐渐变化成的绘画
样式。中国古代故事绘画的表现手法中存在着一种演变过程，即：将通过
绘有多人活动场面表现的故事情节构图简化成典型的单人形象构图。而这
种单人形象构图仍是在表现一个历史故事。早在汉代的沂南画像石上，我
们就可以见到这样的例证②。在南京附近出土的南朝墓葬壁画"竹林七贤与
荣启期"表现的也是这样一种绘画模式，以一个典型人物作为一个绘画单
元③。这种构图模式在当时可能具有比较大的影响。出土材料中有大量例
证，如1986年清理的山东临朐北齐天保二年（公元551）崔芬墓中壁画、
1986年清理的山东济南东八里洼北朝墓葬壁画、1983年发表的河南沁阳县
北魏墓中石床画等④。

① 山西省文物管理委员会：《太原市金胜村第六号唐代壁画墓》，《文物》1959年第8期；山
西省考古研究所：《太原金胜村337号唐代壁画墓》，《文物》1990年第12期。
② 《中国美术分类全集 中国画像石全集 一、山东汉画像石》，山东美术出版社、河南美术
出版社，2000。
③ 南京博物院等：《南京西善桥南朝墓及其砖刻壁画》，《文物》1960年第8、9期合刊等。
④ 《中国美术全集·绘画编12·墓室壁画》，文物出版社，1989；山东省文物考古研究所：
《济南市东八里洼北朝壁画墓》，《文物》1989年第4期；邓宏里、蔡全法：《沁阳县西向
发现北朝墓及画像石棺床》，《中原文物》1983年第1期。

在将这种形式与孝子故事联系起来的过程中，墓室壁画与北魏的石床线刻可能是一个重要的中介。石床的材料现在越来越多地被介绍出来。近来发表的林圣智《北朝时代葬具图象及其功能——以石棺床围屏上的墓主肖像与孝子图为例》一文中，列举了中国河南沁阳出土的北魏石棺床，以及现存日本天理参考馆、美国旧金山亚洲美术博物馆、堪萨斯纳尔逊博物馆与河南洛阳古代艺术馆等地的多座石棺床。并且分析了它们的围屏刻画[1]。郑岩也讨论了 2000 年在陕西西安出土的北周大象元年（公元 579）安伽墓中石棺床、1982 年在甘肃天水出土的石棺床、1922 年在河南安阳出土的北齐石棺床以及日本 Miho 博物馆藏北齐石棺床等具有粟特等西域民族艺术风格的北朝石棺床雕刻材料[2]。这说明在当时的上层社会中，石床曾是相当流行的葬具。分析这些石床上屏风的雕刻内容与分布情况，可以看出，除具有粟特等艺术风格的绘画外，它们大致可分为两种类型，一种是以墓主人画像为中心，两边分屏表现墓主人的生活情景，如河南沁阳出土的北魏石床屏风等；另一种是以墓主人为中心，分屏表现孝子故事，如河南洛阳古代艺术馆藏石床屏风等，甚至有些雕刻可能全部是孝子故事，如美国堪萨斯纳尔逊博物馆藏石床屏风等。虽然这些孝子故事画大多仍是由多人组成的故事情节，但是在表现墓主生活的河南沁阳出土的北魏石床屏风上就采取了每幅画上只有一人形象的构图，表现出上述转向单人构图模式的简化趋势。那么，这种石床屏风的形制与雕刻艺术程式化后，两种主要类型的内容与表现手法可能融合与互换，就可能促成将孝子图的构图作一改变，用每屏一个人物形象的多屏组合来表现。太原等地唐墓"树下老人"屏风画的表现手法或许就是这一变化的结果。

最后将表现伯奇的故事画上溯到汉代，讨论一下山东武氏左石室中的一幅图画是否是伯奇的画像。这幅画像位于武氏左石室后壁小龛的东侧第一行。画面正中地面上放有一个容器（高脚豆），器身盘有一条蛇，昂首向上。器左侧，有一人似欲伸手取器，右侧一人两手平举，伸向前者，他们

① 林圣智：《北朝时代における葬具の图象と机能——石棺床围屏の的墓主肖像と孝子图を例として》，〔日本〕《美术史》154 期（52 卷 2 号），2003 年 3 月。
② 郑岩：《魏晋南北朝壁画墓研究》，文物出版社，2002。

后面各有两人，执笏而立①。郑岩同志曾将它解释为"随侯珠"的故事②。现一般多从其说。

图二　山东嘉祥武氏石室画像中的伯奇图

现在看来，这幅画也应该是伯奇的故事。对比画面与有关故事，可以看到，画中的人物形象、动作所能表现的内容，包括这件容器的存在，都与"随侯珠"的故事不符，而与伯奇的故事却颇相合。画面上左侧一人，头上的饰物虽然已有残缺，但仍可以确认不是男子的冠帽，很可能是表现妇女的帼，说明她是女子，与伯奇后母的身份相合。右侧男子举手的动作，可以解释为伯奇接受后母的交付，也可以解释为伯奇故事的下一段情节："于时母蜜取蜂，置袖中。至园，乃母倒地云：'吾怀入蜂。'伯奇走寄，探怀入蜂。"③而且伯奇是在汉代已经流行的孝子，其影响要大于随侯珠的传

---

① 《中国美术分类全集　中国画像石全集　一、山东汉画像石》，山东美术出版社、河南美术出版社，2000。

② 郑岩：《武氏祠隋侯之珠画像》，《文物天地》1991年第2期。

③ 据日本船桥本《孝子传》，《说苑校证》《佚文辑补》引《文选》注为："后母欲令其子立为太子，说王曰：'伯奇好妾。'王不信。其母曰：'令伯奇于后园。王上台观之，即可知。'王如其言。伯奇入园。后母阴取蜂十数，置单衣中，往过伯奇边，曰：'蜂蛰我。'伯奇就衣中取蜂杀之。王见，让伯奇。"中华书局，1987。

说。随侯珠虽有报恩之义，但是古人的文字中多是把其作为有关宝物的神奇传说引用①。所以我们在画像石这样有明显表彰作用的古代图像中见不到随侯珠的故事。

对照内容排布，就这幅图画在这组画像石上的位置来看，它也应该反映着孝子故事。东侧龛外与之平行的图像就是舜的孝子故事。二者表示的意义相同。西侧龛外与之平行的第一行又是邢渠、丁兰的孝子故事与季扎挂剑的故事，只有龛内西侧第一行图像被解释为管仲射小白的故事，似与孝子无关，但其表现的是忠君思想，从广义上讲，仍可以纳入孝的思想范围。这幅图画下面的第二行则是赵盾送给饿人饮食的报恩故事，东侧龛外与赵盾图画平行的第二行是二桃杀三士的节义故事，它们都表示着与上一行不同的意义。东汉统治者把孝提升到极高的地位，这里把它安排在这组画像最高的一层，正是反映了这种意识的社会存在。那么，我们将它解释为伯奇的故事画，既符合汉代的社会思想现实，又与画面形象吻合，特别是存在着毒蛇这一要素，还可以与北朝乃至唐代的有关绘画相衔接，应该是比较合理的。

原载《考古与文物》2004 年第 3 期

---

① 如：《战国策·楚策》四："宝珍隋珠不知佩兮。"《史记·李斯传》："有随和之宝。"《淮南子·览冥训》："譬如隋侯之珠，和氏之璧，得之者富，失之者贫。"

沂南画像石考二种

　　山东沂南汉画像石的发现，是中国当代考古学研究与汉代画像石研究中具有重要意义的一件事情。它可以说是在新中国首次完整发掘的大型汉代画像石墓。对于此类墓葬的清理发掘与报告研究都起着开创性的作用。山东沂南汉画像石出土至今已经近 50 年了。50 年来，在各地考古文物工作者的努力下，大量的汉代画像石被发现出来，汉代画像石的研究也有了长足的进展。因此，在这样的学术背景下再来深入研究沂南画像石的丰富内涵，寻求未知的疑难答案，一定会有更加透彻的认识。本文拟结合新近学术界的有关研究，对沂南画像石中反映出的两个问题做一探索。敬请识者正之。

（一）　沂南画像石中的佛教因素

　　沂南画像石中包含有非常丰富的文化内涵，在它变化万端的图像内容中，我们可以看到在东汉画像石中常见的宴饮、出行、百戏、家居、古代忠臣孝子、历史故事等种种图画。其内容及表现特色与山东南部乃至江苏北部的画像石风格具有明显的相似性。但是，沂南画像石又具有一些非常独特，在其他汉代画像石材料中比较罕见的图像内容。这些内容可能引起过当时发掘者与研究者的困惑，从而对其年代产生不同的看法。例如沂南画像石中具有佛教因素特色的一些图像，就是这方面的代表。

　　沂南画像石中室内的八角柱上，刻有丰富的神灵、人物等图像，在其南、北两面的顶端，各有一个头后有圆形背光、身披璎珞的人物形象，当时的发掘者曾经怀疑它是与佛教有关的图像，但是对于在汉代时是否能有佛像的传入表示疑问。在南北朝时期与隋唐时期，佛教广泛流行于中国时，类似形象曾频繁地在佛教艺术品中出现。然而，在东汉晚期（这也是我们认为沂南画像石的制作时期）是否能出现这样的佛教图像呢？前人曾经认为佛教进入中原的时间尚没有这样早，所以不可能有佛教的图像因素出现，或者说，如果有佛教因素，那么沂南画像石的时间就不会早到东汉。

20 世纪后期以来，随着大量有关早期佛教的文物被发现出来，佛教进入中原时间的研究也有了新的进展。在四川、河北、江苏、安徽等地发现的各种早期佛教图像，已经把佛教在中原流传的起点确切地上推至东汉时期。

对于这一看法，俞伟超先生曾经在《东汉佛教图象考》一文中结合近代陆续发现的有关佛教的东汉文物图像予以考证，明确指出："由于和林格尔小板申 M1 中佛教图像的发现，就完全可以肯定（沂南画像石墓中室八角柱）南北两面端顶是佛像了。"为此，俞伟超先生还列举了可以判定为佛教图像的东汉文物，如内蒙古和林格尔汉墓壁画中的"仙人骑白象"、"猞猁（舍利）"、滕县汉代画像石中残存的六牙白象图像、四川麻浩汉墓中浮雕的坐佛像、四川彭山汉墓中出土摇钱树陶座上的一佛二菩萨像等①。近年来，在四川各地又发现了大量汉代与三国时期的佛像实物，如绵阳何家山 1 号墓出土的钱树干上的 5 尊佛像②、绵阳双碑白虎嘴汉墓钱树干上的 4 尊佛像③、安县文管所收藏的钱树座上的 6 尊佛像④、忠县一座三国墓中出土钱树上的 13 尊佛像等⑤。而后，在江苏省连云港附近又发现了大规模的摩崖佛教造像，被专家们认为是汉代晚期的作品。凡此种种，都向我们指出了东汉时期佛教传入中原，佛教图像在中原开始流行的事实。对于在墓葬中出现佛像的原因，宿白先生认为："传佛教东播初期佛像被安置于墓葬，显然与以后皈依佛教供奉佛像的情况大不相同，而与当时流行为安置神仙形象西王

---

① 俞伟超：《东汉佛教图象考》，《文物》1980 年第 5 期。
② 何志国：《四川绵阳何家山 1 号东汉崖墓清理简报》，《文物》1991 年第 3 期。
③ 唐光孝：《绵阳发现汉代摇钱树佛像》，《中国文物报》1999 年 4 月 18 日。
④ 何志国等：《四川安县文管所收藏的东汉佛像摇钱树》，《文物》2002 年第 6 期。
⑤ 赵殿增等：《四川忠县三国墓铜佛像及其研究》，《东南文化》1991 年第 5 期。

母相类似。"① 看来当时人们是把佛教艺术中的形象当作天上世界中的神仙来对待的。上述立佛形象正是与东王公、西王母相并列的。

出于佛教传入时间上推的观念，在大家讨论得很多的上述立佛图像外，沂南画像石中应该还有一些未曾被人们注意到的佛教因素。例如在沂南画像石墓 M1 中出现有一种双人首鸟身的神像，应该就是具有佛教图像含义的。该图像见于中室南门额的大幅图画场面中，原报告中把它作为鱼龙漫衍之戏的一个组成部分，没有解释其含义。值得注意的是我们在中国古代的神话传说中，没有找到类似的双头鸟，可能在中国古代的传说中，还没有一种与此形象类同的神灵。所以，它来源于域外文化的可能性是非常大的。而在佛教传说中，我们就可以看到这种双头鸟的存在，而且在佛教艺术中，它还是一种很常见的装饰图案。后代通用的《营造法式》中就在彩画作制度图样中收入了它的形象。在唐代文物中，也发现有它的身影。例如 1955 年在河南省西峡县曾经出土一批唐代鎏金铜造像，其中一件就是这种双头鸟②。在唐代金银器的纹饰中，也有这种神鸟的形象。究其原意，应该是佛教中传说的耆婆耆婆迦鸟，又称共命鸟、命命鸟、生生鸟等。见于《法华经》《涅槃经》《天王般若经》《阿弥陀经》《佛本生经》《法苑珠林》等佛典。按照《佛本生经》中的讲述：耆婆耆婆迦鸟生于大雪山中，一身两头，一个头叫作迦喽茶，另一个头叫作忧波迦喽茶。一次忧波迦喽茶睡着时，一朵花落在他们身前，迦喽茶将花朵吃了。忧波迦喽茶醒来后感到腹中充满，询问迦喽茶。迦喽茶告诉他吃花的事情。忧波迦喽茶认为迦喽茶不叫醒自己而独自享用，怀恨在心。又一次遇到毒花，迦喽茶正在睡觉。忧波迦喽茶便也独自享用，却造成中毒身亡。佛借用这一故事去警告世人。所以成为佛教艺术中常见的图案。这一图像在沂南画像石中出现，应该与上述诸多佛像、白象、舍利等图像一样，是当时佛教艺术形象进入中原的具体表现。

又如莲花图案。沂南画像石墓中室顶部有四出八瓣花纹，根据花瓣形

---

① 宿白：《四川钱树和长江中下游部分器物上的佛像——中国南方发现的早期佛像札记》，《文物》2004 年第 10 期。

② 见《文物参考资料》1956 年第 4 期封面。

状，实际上应该是莲花图案，其他东汉画像石上的莲花纹饰也是类似的画法。现在所见到的先秦艺术品中罕有莲花纹饰。而佛教发源地南亚地区盛产莲花。它被看作是圣洁的象征。《大日经疏》卷十五云："三藏说：西方莲花有多种。……花太可爱，径一尺余，尤可爱也。此法华所引中者是。是漫荼罗八叶者也。"佛教以莲花比喻妙法，把西方弥陀净土称作莲花净土。《妙法莲华经》就是明显的代表。所以，中国古代的艺术品中出现莲花图案时，往往反映了佛教文化已在此地有所传播。如东汉甘肃武威雷台汉墓藻井莲花纹，东汉嘉祥宋山永寿三年（公元157）画像石墓莲花纹，敦煌佛爷庙湾西晋墓藻井莲花纹等。南北朝时期，佛教盛行，在遍及中原的石窟寺中，莲花的图案比比皆是。如洛阳龙门石窟中建于北朝的莲花洞等处，在窟顶都雕刻了硕大的莲花图案。敦煌莫高窟中北朝与隋朝的洞窟中，也有很多在窟顶的藻井中绘制了莲花图案。而酒泉丁家闸发掘的十六国墓葬 M5 墓顶的莲花藻井中，也可以看出同样的用莲花表现天顶的做法。

汉代画像石中的莲花形状与后来南北朝、隋唐时期佛教艺术中的莲花形状有所不同，并不是多重花瓣围绕莲心的纹样，而是类似十字花科花朵的四瓣形状或八瓣形状。从上引《大日经疏》中可以得知：平面作八瓣的莲花具有象征佛教尊崇的曼荼罗形状之意义。而汉代画像石中上述诸种实物大多是这样的画法。这已经被汉代画像研究者所认同。可见画像石中的莲花图案也是佛教文化已经流传开来的反映。

（二）沂南画像石与四川、河南画像砖（石）艺术的关系

众所周知，中国汉代画像石的流行与分布具有明显的地域性。可以根据其艺术特点与雕刻技术大致划分成河南、山东江苏、山西陕西、四川等几大区域，并相互影响。其中四川画像砖（石）艺术具有自己独特的艺术风格与刻画内容，在中国汉代画像石的流派分布中自成一家，这是汉代画像石研究者们所普遍认同的。然而，我们在沂南画像石中却能发现一些以往只在四川画像砖（石）中见到过的内容与独特的构图。这不能不让我们思考沂南画像石艺术是否与四川地区的四川画像砖（石）艺术存在着一定的关系。

沂南画像石中有一幅画像，其内容为：在一座高房仓库前，有一人手捧装满粮食的量器，迎向一位手扶鸠杖的老人。在老人身旁还有堆放在地上的粮食。而在四川地区出土的画像砖（石）上，我们可以看到多幅与此构图相类似的作品。例如：成都市博物馆收藏的在成都市曾家包汉墓出土的一幅画像石，分为上、中、下三栏，中间一栏就是与沂南画像石这幅图像极其相似的场面。又如邛崃出土的一件画像砖，"以仓房为背景，粮仓建于台阶之上，以防潮湿。阶前有踏道上下。房顶有气窗二。两人戴冠跪坐于台阶之上。左侧之人雍容华贵，泰然自若。旁有一侍者。右侧之人双手捧笏，躬身施礼。其后一仆役躬身立于侧，手捧一量器，内盛谷物"。还有绵竹出土的另一种画像砖"以谷仓为背景，一人戴冠坐于台基之上，一手前伸，似在指挥。左侧一仆役手持量器，注粟于袋中。一老者躬身跪于地上，手扶口袋，作观望状"①。其他在广汉、德阳也发现有类似画像砖②。这些画像所表现的内容应该基本上属于同一个类型。这种图像曾被认为是"告贷图"或"收租图"。而后经考证，被认定为官府向七十以上的老人发放粮食供养的"养老图"③。

四川地区的画像砖多属于模具制坯后烧制的，说明在四川常见的画像砖图像大多是一批固定的图像模式，例如农耕、弋射、车马、养老、舞乐、宴饮等场面，均有多种类似的画像砖出现。而在四川以外的几个画像石流行地区，如河南、陕西、山东、江苏等地，我们还很少见到哪些画像具有与这些四川汉代画像相类似的特点。而偏偏在沂南画像石中发现这样相似的作品，恐怕就不是偶合而已了。

在四川新津发现的岩墓石函汉画中，有二人相对的一幅画，上面有榜书"神农、仓颉"，上面神农一手执杖，一手以物纳入口中，似在尝百草。仓颉手执一三歧之物。已经有学者指出，在沂南画像石中也有类同的二人对坐像，左一人上刻写"仓颉"，右一人上没有刻铭，可能也是神农④。这

---

① 刘振宇：《成都怡汉轩秘藏汉画像砖精选》，《中国汉画研究》第一卷，广西师范大学出版社，2004。
② 高文：《四川汉代画像砖》，上海人民美术出版社，1987。
③ 沈仲常：《告贷图画像砖质疑》，《考古》1979 年第 6 期。
④ 见《中国汉代画像石全集》第 7 册，四川汉画像石。

种构图方式与图像内容在沂南画像石中的出现，是四川与沂南画像石艺术相关连的又一例证。

四川地区，主要是古代的蜀地，是经济非常发达的天府之国。蜀地与北方政治中心——关中地区（即今陕西）之间的交通受到秦岭山脉的阻隔，只能凭栈道往来，所谓"蜀道难，难于上青天"就是这种现状的反映。因此，四川地区的文化与关中地区一直存在着一定的差异。但是，由于有长江水路的联系，相对之下，四川与长江中下游的交往要便利得多。早在《史记·货殖列传》中就有"江陵故郢都，西通巫、巴，东有云梦之饶。陈在楚夏之交，通鱼盐之货，其民多贾"的记载，表明了长江中游地区与川中以及长江下游频繁的交通往来。《水经注·江水》记载："江水历峡，东迳宜昌县之埵灶下。……江水又东流头滩……袁崧曰：自蜀至此，五千余里，下水五日，上水百日也。""江水又东迳巫峡……王命急宣，有时朝发白帝，暮到江陵，其间千二百里，虽乘奔御风，不以疾也。"正说明了通过长江水路交通的迅速与便利，沿长江各重要都市的商业往来颇为频繁，而四川经由长江与东方的文化联系也在这种交往中日益加深。因此，在沂南画像石中存在的这些与四川画像砖纹饰相同的因素，很可能是从蜀中沿长江传至长江下游后又北上齐地的。

追溯"养老图"（或称"收租图""告贷图"）的源起，我们还可以看到在河南密县打虎亭汉墓中发现的所谓"收租图"①。它可能早于或同时于四川的类似画像砖，而且绝对要早于沂南的画像石。由此看来，我们可以勾画出"养老图"从中州传入蜀地，又从蜀地传到齐地的传播路线。其传播的媒介自然是流动的石工匠人，反映出当时手工业者与其工艺长途迁徙的情况。这样一种图像的产生与流传中竟蕴含了如此丰富的文化传播现象。

沂南画像石中还有一个特点，就是神鬼头像的大量出现，从中室到各个侧室几乎都有由神鬼形象构成的画面，表现出极其强烈的宗教方术意识。有趣的是，这些神鬼头像的造型也与四川画像石中的神怪形象十分相像。例如 1974 年在四川郫县竹瓦铺出土的汉代石棺画像中的神怪（原介绍为戴

---

① 见《中国汉代画像石全集》第 3 册，河南汉画像石。

假面的人物在演出漫衍角抵)①，1986 年四川南溪出土的 1 号石棺上的神兽②等。

固然，类似内容的形象在画像石中出现得比较普遍，如山东滕州汉画像石中的执幡鬼怪像③、济宁县城南张画像石的执斧人面怪物形象④、南阳出土的一幅蚩尤戏画像石以及南阳汉画像石中大量的人兽相斗画面（如虎、兕与人相斗，熊、兕相斗，人、熊相斗等等)⑤。但是，这些形象在造型上与沂南画像石有所差异，不如四川画像石中的神鬼形象那么相似。

这些形象大多面相凶恶，研究者们多认为他们是戴着面具的力士。实际上从身体与腿脚上看，可能其中有一些就是神鬼，即使是人戴上面具，也无非是在表现鬼怪，或者是要借用鬼神的狰狞面目来威吓敌手，就像大傩中打鬼的方相氏一般。由此可见，汉代画像石中类似的面目狰狞凶恶者都应该是在表现鬼怪的嘴脸。把这样的鬼怪形象置于坟墓之中，应该是与汉代丧葬习俗中十分流行的解除仪式有关。

沂南画像石中还有多处出现肩臂披有羽毛的仙人（羽人）的形象，这种形象也是四川汉代画像中特有的，可参见四川新津所出的崖棺画像等。其相似程度，一望便知，就不在这里赘述了。

四川地区的画像石中，有关神仙鬼怪内容的图像尤为突出。联系起该地区是道教的发源地，具有浓厚的原始宗教鬼神崇拜思想，就不难解释为什么沂南画像石中会存在大量的鬼神图像，存在着这样强烈的解除方术意识。其原因正是由于沂南画像石与四川画像石之间有着一定的联系，受到四川画像石的影响。这种影响是通过何种途径传来的，我们还无法确定，但是很可能如上面推测的那样，是通过流动的石匠技师传播的。

原载《临沂文物》2005 年第 1 期

---

① 李复华等：《郫县出土东汉画像石棺图象略说》，《文物》1975 年第 8 期，又见《中国汉代画像石全集》第 7 册、四川汉画像石。
② 见《中国汉代画像石全集》第 7 册、四川汉画像石。
③ 见《中国汉代画像石全集》第 1 册、山东汉画像石。
④ 见《中国汉代画像石全集》第 3 册、河南汉画像石。
⑤ 见《中国汉代画像石全集》第 3 册、河南汉画像石。

谈西高穴大墓中出土的石牌

　　河南安阳西高穴大墓中出土的石牌，特别是 7 件刻有"魏武王"字样的石牌，是说明该墓葬与曹操有关的直接证据，所以引起了多方面的兴趣。另外，还有人提出墓中应该有墓志铭的有关问题。这些都是涉及考古学中的一个分支学科——古代铭刻学研究范围的问题。我们这里就简单地介绍一下有关这一学科的情况。

图一　西高穴墓中出土石牌

　　夏鼐先生与王仲殊先生在《中国大百科全书·考古卷》的绪论中提出："作为考古学的分支，古文字学和铭刻学的研究对象必须是铸、刻或书写在遗迹和遗物上的文辞，与一般的书籍文献不同。……古文字学和铭刻学的任务在于识别铭词的文字，判读铭辞的意义，区别不同时代、不同地区的字体。""此外，对铭文的研究还可以判明遗迹和遗物的年代，制作者、所有主、所在地、用途和目的等。由于铭辞存在于遗迹和遗物上，其可靠程度大大超过文献的记载，不仅可补文献记载的不足，有时还可纠正其错误。因此古文字学和铭刻学对原史考古学和历史考古学的研究有着很重要的意义。"

这段话已经非常精辟地把铭刻学的研究内容概括出来了。我们知道中国是具有悠久文字历史的文明古国。在考古发掘中发现的古代铭刻资料可以追寻到新石器时期。例如在仰韶文化遗址中出土陶器上的铭刻符号。随着历史的发展，我们可以看到商代的甲骨文、商周时期及春秋战国时期的青铜器铭文、陶文、玺印货币铭文、简牍帛书、石刻文字、兵器和度量衡器的铭文，在汉代，除去上述各种铭刻外，还出现了大量的碑碣、摩崖、画像石等石刻。在南北朝时期以来的遗物中，又增加了写本卷子等众多类型的古代文字资料。这里面的很多门类，如甲骨文、金文、石刻、简牍帛书、写本卷子等都是近代学术研究中的重点对象，并且各自逐渐形成了独立的学科体系。在对这些古代文字资料的深入研究中，中国古文字学与古代铭刻学的理论水平、研究程度也随之得以提高。这是 20 世纪中国考古学研究的重要成果之一，也是世界汉学界高度重视的学术领域。

由于古代铭刻的研究离不开文字，所以古文字学、古文献学、历史学的有关基础知识是必不可少的，又由于它研究的对象是考古发掘与考古调查所获得的资料，所以考古学研究中的类型学研究也是必不可少的。我们对研究的对象要做全面的综合考察与多方面的比较考证。首先运用类型学的研究去考察它的外部形制特点与变化规律，通过类型分析来协助判断时代、考证内容。对文字形体与书写特点的分析与比较也是在运用着类型学的方法。这和单纯的释读文字有很大区别。

在释读文字时，一般要运用到古文字学的三个组成部分：字形学、音韵学和训诂学的知识，也就是说从形、音、义三个方面来确定铭文的每个字。可见释读古代铭刻材料是需要从多方面综合考证的一项工作。释读出文字后，还要利用其他出土铭刻、出土器物与历史文献来予以互证，才能得到准确可靠的结论。用它来为考古学研究服务。

　　具体到西高穴大墓的石牌来讲，我们除去发掘中发现的叠压关系等证据外，从铭文的书体可以看出它是东汉末年流行的隶书，相类似的字形写法在很多汉碑中都可以见到；从刀刻的痕迹看，与东汉碑刻的刻法相似；从文字结构看，一些文字具有汉代的特点。如"魏"字在中间下部加"山"，就是秦汉的典型写法，最早见于云梦睡虎地秦简，又如东汉鲁峻碑等实证；而在南北朝时的墓志中，"山"就已写到了魏字的上部，并且逐渐消失了。从形制看，记录衣物的石牌则有大量汉代简牍中的楬、遣策等可为佐证。例如长沙马王堆一号汉墓中出土了49件在随葬物品上系着的木楬，其形制、书写内容与其所表现的随葬制度都可以和这些石牌相对应。可见它有长久的制度渊源，是符合当时丧葬习俗的。这些石牌应该也是"楬"，是系在各件随葬品上面的说明牌。

　　如果充分利用古代文献，出土铭文的内容也同样可以帮助判断其具体时代。西高穴大墓中出土的一件石牌上刻着"木墨行清"这样的文字。就

图二　木墨行清石牌

可以利用来对其时代做明确判断。《史记·万石君传》:"取亲中帬厕牏"一句,宋裴骃集解中引东汉中期大学者贾逵和魏中书令孟康的注都说:"厕,行清。"是在用当时的流行词语去注释西汉文献中的词语。正说明在东汉到曹魏时期都把厕叫作行清,"行清"是一个具有明确时代特色的词语,从而可以给这些石牌划定一个时代界限,也就协助确定了该器物的真伪。

类似这样的例证在这批铭刻中还可以找到很多。我们希望,在河南文物考古所深入整理与研究这批出土材料后,能得出更多更加有力的证据来支持他们的结论。

原载《中国文物报》2010 年 2 月 5 日

论曹操宗族墓砖铭的性质及有关问题

　　1974～1977 年间，安徽亳县清理了一批汉墓。其中两座（元宝坑一号、董园村一号）清理出一批有铭文的墓砖。这是迄今为止极为罕见的东汉末年砖刻。它以其极其丰富的内容引起了广泛注意。至今已发表的报告及论文有亳县博物馆《亳县曹操宗族墓葬》①《安徽亳县发现一批汉代字砖和石刻》②；田昌五《读曹操宗族墓砖刻辞》③《曹操宗族墓和〈水经注〉的有关问题》④；殷涤非《对曹操宗族墓砖铭的一点看法》⑤ 等。以上各家都发表了很多很好的意见，对这些墓葬的墓主应该是谁以及砖文所反映的东汉社会状况均有详尽论述。个人在阅读之后，感到有些问题尚有待商榷，因此提出一点粗浅看法，聊供参考。

一　关于这批砖文的性质问题

　　前人著录过的秦汉魏晋砖瓦文字数量很大，形式多种多样，内容也十分复杂⑥。但是如果从性质上加以概括，则不外乎具有明确目的和意义的

---

① 见《文物》1978 年第 8 期。
② 见《文物资料丛刊》第 2 期。
③ 见《文物》1978 年第 8 期。
④ 见《中国历史博物馆馆刊》1981 年第 3 期。
⑤ 见《文物》1980 年第 7 期。
⑥ 参见《匋斋藏砖记》《专门名家·广仓砖录》《恒农冢墓遗文》《恒农砖录》《千甓亭古砖图释》《温州古甓记》《汉魏六朝专文》《关中秦汉匋录》等。

专用刻铭与没有目的和意义的随笔刻划两大类。最初的砖瓦文字多为制砖瓦者的名字，即所谓"物勒工名"。例如《匋斋藏砖记》卷下收录的汉砖刻铭："尹仲""谢富""王颜"等，又如福建崇安城村汉城遗址出土的西汉筒瓦文字："襄""莫""横""气结"等①，它们都是工匠的名印。

还有制作砖瓦的官署名称。如《关中秦汉匋录》中收录的"元延元年都司空瓦"，"居室"等瓦文。此外，更为常见的是记录制砖时间及砖瓦尺寸、数量等内容的刻辞。例如《广仓砖录》卷上"永元十三年大（太）岁在亲（辛）丑八月廿日大吉"砖，河南襄城茨沟出土的东汉阳文印砖墓砖："百八十左右"，"三百五十"，"陵二百百八十"，以及朱书墓砖铭"永建七年正月十四日造□塼工张伯和□石工褚置"等②。又如河北定县北庄汉墓出土的扇形墓砖上阳文戳记"七尺"，"一丈"，"丈二"，"丈五尺"及朱书砖文"西去四百五十五"，"□以下三行百一十四"，"张严五十二南"，等等③。以上所述均应属于有明确目的和意义的专用刻铭。属于这一类型的，还有吉语花纹砖铭，画像砖中的刻辞，汉魏以降的砖志，等等。这类砖文，多用印模打制，或用工整字体刻写。此外，也有一些由于临时需要而草率刻写的文字（多为记名、数等内容）。

在已发现的砖瓦文字中，属于上述类型的砖文占了较大部分。但也有一些摘自文章书籍的片言只语，以及惯用套语、随口吟成的诗句等。还有不少语义不明的词句。我们认为，它们应该看作是无目的、无意义的随笔，不能和前一类型同等对待。汉唐之际常可见到这类无目的的随笔词语。例如：《居延汉简甲乙编》乙45.10B简上写了33个"以"字，乙224.26A，254.16A简文是"了子部者者者都予予予"等。《匋斋藏石记》卷二王氏残石"吴为姓王氏五子弟之长登至于宣日姓讫大宅二"，也是这样的无意义语句。又如《广仓砖录》第二册收录的汉急就章砖"急就奇觚众异罗列诸物名姓字分别部居不杂厕用日约少"，就是制砖者随手写出不甚完整的《急就章》起首几句。河南巩县石窟壁上曾发现一首刻诗："诗说七言甚无忌，多

---

① 福建省文物管理委员会：《福建崇安城村汉城遗址试掘》，《考古》1960年第10期。
② 河南省文化局文物工作队：《河南襄城茨沟汉画象石墓》，《考古学报》1964年第1期。
③ 河北省文化局文物工作队：《河北定县北庄汉墓发掘报告》，《考古学报》1964年第2期。

负官钱石上作，掾史高迁二千石，掾史为吏甚有竟，兰台令史于常侍，明月之珠玉玑珥，子孙万人尽作吏。"① 这一篇俚俗的作品不会是官府或雇主授意刻成，也不会出自文人的手笔，仅仅是个别工匠随意写出的感想。又如《敦煌杂录》下卷178页所收杂诗"写书不饮酒，恒日笔头干，且作随宜过，即与后人看。学使即身姓，长大要人求，堆亏急学得，成人作都头"（北京图书馆藏敦煌卷子位六十八号）等同样是抄书人随感而发，与抄写的经文毫无关系。由此可见，当时随意写出这些没有明确目的的文词是很普遍的现象。这种铭刻，墓砖（石）的主人根本不会去查看，书写者也不想留存，更没有什么特殊的含义和用途。这类铭刻大多用竹木签等工具划写，书体较草率。

那么，亳县墓砖铭文应该归入哪一类呢？殷涤非先生文中曾仿《流沙坠简》体例，将墓砖铭文之要者分为11类。我们亦仿此将墓砖铭试做一分类，并统计其数量如下：

图一　元宝坑一号墓出土墓砖　　　　图二　元宝坑一号墓出土墓砖

---

① 傅永魁：《河南巩县石窟的新发现》，《考古》1977 年第 4 期。

图三　元宝坑一号墓出土墓砖　　　图四　董园村一号墓出土墓砖

元宝坑一号墓共出字砖 146 件。其中：

记年号 1 件。

记名、月日，记砖堆放方向等 15 件。

记数量 37 件。

记曹氏宗族与其他官吏姓名及记哀悼之辞者 29 件。

随笔词语 50 件。

无法识读者 10 件。

绘花纹者 4 件。

董园村一号墓共出字砖 157 件，其中：

记年、月、日 7 件。

记数量 65 件。

记制砖情况 8 件。

记有官吏职名 7 件。

随笔词语 65 件。

无法识读者 5 件。

以上二墓砖铭中各有半数以上记录砖的数量、制砖时间、制砖记号等。它们基本上刻写在砖的横头或侧面上。显然是在码放砖坯的过程中刻写的，因为砖坯一般竖立码放便于风干，这时写在砖的横头或侧面是最方便的。它们是有明确实用目的的刻铭。而其他的随笔词语多刻写在砖的正、背两面。其中有文辞极不通顺、没有任何意义的词句。如元宝坑一号墓 68 号墓砖铭（简称元 68 号砖，以下同）① "日沮芜芜"，元 60 号砖铭"了忽焉"等。有类似童蒙课本、医方上的句子。如元 73 号砖铭"争炎汤□……"董园村一号墓 27 号墓砖铭（简称董 27 号砖，下同）"黄枂一枚各……"等。也有大量的抒发作砖人思绪的语句。如元 39 号砖铭"为将奈何吾真悉惶"，董 17 号砖铭"作苦心丸"等。这些词句的书体虽不尽相似，但书写部位相同。另据《亳县曹操宗族墓葬》一文报道："字砖在墓内放置没固定位置，大都集中在前室、中室、后室的墙与券上面"，"这些字砖放置都无规则"，有些字砖在砌墓砖中被打成数截。这些现象都表明这批刻铭是没有明确目的和意义的随笔。至于记有曹氏宗族及官吏职名的砖铭，在砌置中、书写上并没有任何区别及特殊之处，它们亦应属于随笔一类。这是需要在分析这批刻铭时加以注意的。

在诸家考释文章中，据以判断墓砖主人，说明汉末社会情况和造砖者身分的材料，正是这部分工匠随笔词语。由于未能对其性质予以正确判断，势必产生种种误解。如田昌五同志称："元宝坑墓砖砖刻辞中，不仅有曹操宗族中的显要人物，而且有本地和外地的官吏……他们和墓主都有故旧关系，刻名于墓砖是表示他们对墓主的敬意，也显示墓主的社会声望和地位。"显然将这些刻铭看作是曹操宗族及有关官吏命令工匠刻写的，这种解释实难成立。在史料及考古材料中从未发现过在墓砖上刻铭以表示敬意的例证。从上述字砖出土情况及书体等方面也足以表明这批墓砖铭无从表示

---

① 本文引用亳县曹氏宗族墓砖编号均采用《文物资料丛刊》第 2 期（文物出版社，1978）《安徽亳县发现一批汉代字砖和石刻》一文发表的拓本编号。

敬意。

又如：《亳县曹操宗族墓葬》一文称："字砖中未见曹操的父亲曹嵩……字砖所写的大都是死者的名字，那时曹嵩尚活着，大约因此未刻吧。"同样是出于该批刻铭受命而刻这一前提，而忽视了元140号砖"贊费亭侯曹忠字巨高"一铭。该铭首字似从共从贝，乃赞字，为赞颂之意。东汉光和六年白石神君碑中讚字作讚①。北魏正光四年元祐妃常季繁墓志中赞字作贊②。与此近同。费亭侯仅曹腾、曹嵩二人。曹腾字季兴，曹嵩字巨高。所以此铭中的曹忠，正是曹嵩的同音假借字。这正说明它出于工匠随意之笔。如为受命刻铭，当不致出现这样的误字。

附带需要提及的是，殷涤非先生认为：（故长水校尉沛国谯炽）"是他死后别人署他名字的制砖，故加一'故'字。"这与《亳县曹操宗族墓葬》文中认为"字砖所写的大都是死者的名字"这一看法近同。然而据汉代铭刻通例来看，"故"字是以前、旧日的意思，而非亡故之意。例见："永寿二年韩敕碑"："故涿郡太守鲁麃次公五千，故会稽太守鲁传世起千……"韩敕碑阴："故兖州从事任城吕育季华三千……"③ 熹平三年桂阳太守周憬功勋铭："故曲红长零陵重安区祉字景贤……"④ 无年月刘熊碑阴："故外黄守令尹松大德五百……故外黄守令李卓卓异三百……"⑤

通过以上分析，我们认为，在分析释读这批墓砖铭时，必须首先对其性质属类加以分析。否则，认为砖铭中"无一字无来历"，硬性释读，则会对很多问题造成误解。下一部分中还要谈到一些这类误释。

二 关于作甓人的身份等问题

诸家考释中多认为作甓者是征发来的民役、刑徒、奴隶等。如田昌五

① 见《隶释》卷三页22。
② 见《汉魏南北朝墓志集释》三册100页。
③ 见《隶释》卷一页18，卷四页13，卷五页18，卷一页20，卷一页11，卷二页15。
④ 见《隶释》卷一页18，卷四页13，卷五页18，卷一页20，卷一页11，卷二页15。
⑤ 见《隶释》卷一页18，卷四页13，卷五页18，卷一页20，卷一页11，卷二页15。

同志认为"从大部分刻辞看，作墓的是征发来的工匠、民夫，甚至有犯罪的官吏"。《安徽亳县发现一批汉代文字砖和石刻》一文中称："墓主人为了给自己造墓，从各方面征集劳力。连'琖人'（造玉器的工人）也派来造墓。"殷涤非先生也认为造甓者中有犯罪的官吏和刑徒，如元19号砖中的丁掾永豪就是"戴着刑具参加制砖造墓的罪吏"。

我们在考察了有关刻辞以后，却无法赞同以上结论。我们认为，通过砖铭只能证明造甓者是雇佣来的工匠。元51号砖"买女（汝）作壁可棠（赏）"，元37号砖"毛電作大好康当"，元121号砖"苦水乡……作也……琖（钱）……钱百厘"等铭文，正可以证明作甓人的雇佣身份。元29号砖"吾本自平原自始姓张"，董34号砖"今来至王成家西作壁大屯不可用作身仕笑我"，董68号砖"六月七日来"等铭文也是受雇而来的工匠口气。

这里有几件砖铭需要加以讨论：

元19号砖："丁掾永豪致独曹侯女孝。"诸家释者皆以"掾"为官吏职名，判定丁永豪是犯了罪在此服刑役的官吏。殷涤非同志根据元59号砖"作此大辟者丁永豪故校（其他文章中释作核）"，认为丁永豪犯大辟罪（按：大辟仍应以释作大甓为是）。然而，根据汉代称呼的通例来看，不见有在姓后添加职名又加上字的称呼体例。仅见有姓、名、字连称的例证，如永寿二年韩敕碑阴："故兖州从事任城吕育季华"，"故下邳令东平陆王褒文博"等[1]；建宁五年灵台碑阴："司徒掾仲选孟高"，"钜鹿太守仲诉伯海"等[2]；光和四年崤阮君神祠碑："贾福仲鲛"，"田亮伯男"，"苏熹仲夏"；等等[3]。可见该砖铭中的掾字只能是人名。汉代印章中不乏名掾的实例，如"覃掾私印"[4]等。证明丁掾永豪乃姓丁、名掾、字永豪，并非犯了罪的官吏。

董3号砖、董5号砖铭中出现的别驾从事王左、东部督王炽属于下层官吏，但没有词语说明他们是作甓者，抑或罪吏。如系罪人，当已除官，

---

① 见《隶释》卷一页18，卷四页13，卷五页18，卷一页20，卷一页11，卷二页15。
② 见《隶释》卷一页18，卷四页13，卷五页18，卷一页20，卷一页11，卷二页15。
③ 见《隶释》卷一页18，卷四页13，卷五页18，卷一页20，卷一页11，卷二页15。
④ 见《十六金符斋印存》。

不能再冠以职名。田昌五同志认为："这些明显地是当时的小官吏，很可能是曹嵩父子作为费亭侯的僚属……他们虽然因罪受罚……还在那里'勉力讽诵'，希图重新受用，只有王左先生，含冤而死"。这种解释，并无确切佐证。砖铭中的"叩头死罪"仅仅是汉代公文中的惯用套语。如《居延汉简甲乙编》甲 2295 简"光叩头死罪，对曰……"永兴元年孔龢碑"平叩头叩头死罪死罪谨案文书"①。光和二年樊毅复华下民租田口算碑"尚书臣毅顿首顿首死罪死罪"② 等。宋岳珂《三希堂法帖释文·阁帖释文》"魏晋人书札×死罪，××死罪，与汉人同。并非犯下五刑大辟死罪"。可见王炽、王左等人决非吏。董 60 号砖"王左死奴复死苟"田昌五同志读作"王左死、奴复死。苟"。这样释读是否通达，殊可商榷。仅据此一铭就说"王左先生，含冤而死"也是难以成立的。这些官吏名字写在墓砖上的原因有两种可能，或王炽、王左等人为监督造砖的官吏，在监工时随笔题名砖上。或为工匠随笔所书，与元宝坑墓砖中有曹氏宗族名氏者类同。

元 38 号砖"乃至逯没君小人当即蹟踦（跪倒）亲拜丧臣均"。田昌五同志认为："臣乃臣妾之臣，'均'是这个臣的名字，对墓主自称小人，臣均，还不是墓主的奴隶吗？"然而，汉代所通称的臣、妾已经不像西周那样是奴隶的称呼了。汉代奴隶直接称作奴、婢。如湖北江陵凤凰山 168 号墓出土的西汉木牍"大奴良等廿八人，大婢益等十八人"③。东汉延光四年铅券中有"男为奴，女为婢"④ 等，均可为证。汉印中多有"臣某"的双面印。如《十钟山房印举》十一册所收"张赦信印、臣赦"，"冯猜、臣猜"等等。有些"臣某"印还可以通过出土情况明确其年代，如西汉印章"梁奋、臣奋"⑤，"辛偃、臣偃"⑥，"赵望之、臣望之"⑦ 等。皆可以证明当时称臣

---

① 见《隶释》卷一页 15。
② 见《隶释》卷二页 6。
③ 舒之梅：《从江陵凤凰山 168 号墓看汉初法家路线》，《考古》1976 年第 1 期。
④ 朱江：《四件没有发表过的地券》，《文物》1964 年第 12 期。
⑤ 麦英豪：《广州华侨新村西汉墓》，《考古学报》1958 年第 2 期。
⑥ 麦英豪：《广州动物园古墓群发掘简报》，《文物》1961 年第 2 期。
⑦ 广州市文物管理处：《广州陶金坑的西汉墓》，《考古学报》1974 年第 1 期。

者决非奴隶身份。

元 32 号砖铭是引起特殊注意的一则铭文。田昌五同志认为"'王复汝使琖作此大壁，俓宼，琖人不知也，但抟汝属，仓天乃殁（死或葬）当寅？ 耂（?）'意思很明白，琖人含冤不白，要和欺压他们的人作斗争"。殷涤非先生释作："王复汝使我作此大壁径，冤我人不知也，但持汝属，仓天乃死，当车若。"我们对以上释法有不同意见。其中琖字，据拓本当作钱。元 121 号砖"钱……钱百厘"（据《安徽亳县发现一批汉代字砖和石刻》释文。田昌五同志则将钱释作琖，认为也是琖人）。审其钱字本作钱，亦应释作钱字。《居延汉简甲乙编》甲 757 简："出钱百七十，买脂十斤。"钱字作钱，甲 1934 简："出钱千三百卌七"钱字作钱，乙 61.18 简："馀钱百廿"钱字作钱，均与此砖铭相近。因此，元 32 号砖铭中钱字也同样应释作钱字。文献中并无"琖人"这一名词。《说文解字》一上玉部新附字："琖，玉爵也，或从皿。"即今通用之盏字，并无玉作之义。因此，这里并不是玉匠作砖的记录，而是雇佣工匠作砖的记录。应释作："王复，汝使钱作此大壁，俓（即径字，犹竟，为竟然、径自之义）冤钱，人不知也。但抟（搏）汝属。仓（苍）天，乃葬当寅左。"意思是王复用钱雇工做砖，却诳骗工钱。使得工匠们极其愤怒，呼叫苍天，想要反抗。这正是雇佣工匠受到残酷剥削的铁证。

关于此铭尚须提及一点，即以前由于断句错误，均将"仓天乃死"（按死字从土，当释作葬）连读，认为是黄巾起义的口号。如《亳县曹操墓葬》一文称："'仓天乃死'字砖的出现，绝非偶然，它是农民起义的前奏。"田昌五同志认为："（反映了）张角创立的太平道似乎已经开始传播开来。"而《后汉书·皇甫嵩列传》云："初，矩鹿张角自称'大贤良师'，奉事黄老道，畜养弟子，跪拜首过，符水咒说以疗病，病者颇愈，百姓信向之。角因遣弟子八人，使于四方，以善道教化天下，转相诳惑，十余年间，众徒数十万，连结郡国。……遂置三十六方……各立渠帅，论言'苍天已死，黄天当立，岁在甲子，天下大吉'……中平元年……约以三月五日内外俱起。"从以上文献记载中，可以明确看到，张角太平道初起时，仅奉事黄老，广收徒众。"苍天当死，黄天当立，岁在甲子，天下大吉"作为起义的宣传口号和命令，是在太平道置三十六方，健全组织后，临近起义的前夕才提出来的。因此，把黄巾起义前十余年间制作的墓砖铭中"苍天"二字与"乃葬"连读，看作黄巾起义的口号，不仅使原砖铭无法通读，与历史事实亦不相符。

董30号砖铭："吾家夫忌之，今有少西大潔，自知久勿还。"董31号砖铭："嫌道潔耶，张□□翁当著（案当释作若）然。"殷涤非先生释作："吾家夫忘之，今有少为大缧，自知久而不远"，"嫌道缧躯，张轮翁当若然"。认为潔是缧绁之缧的假借字，这些作甓者是"自远方用绳索捆绑来的刑隶"。然而从汉代文字通例中来看，久已公认潔为濕字省体。如东汉建宁五年郙阁颂："又醳散关之嶄潔"，"原醳重潔"，濕字均作潔①。前人对此多有考证。如宋董逌云："古字濕……又作潔。"② 清顾炎武云："杨用修以……潔为濕，是也。……愚考累字从曰从系，乃㬎之省。而后人写作田者误也。"③ 迮鹤寿、郑业敩等也有详细论述④。又王莽始建国天凤元年湿仓平斛底部篆文作"潔仓"。马衡先生对此有详尽考证⑤，本文不再一一赘述。汉魏南北朝时期从㬎之字多省从累。如东汉建安廿一年熊君碑："君功顯宿著"，"顯封受爵"⑥，北魏正始三年冗从仆射等题记："实须时顯"⑦，正光二年傅姆王遗女墓志："顯祖"⑧，东魏兴和四年大吴村百人造象记："邑子吴顯叔"⑨，等等，均可证明"潔"确应释作湿。该砖铭意思是工匠哀叹天潮湿，工役久久不完。可以想见，他们的生活是很悲惨的。

当然，根据东汉末年社会状况来看，曹氏宗族在修筑坟墓时很可能也使用了刑徒和奴隶。但在墓砖铭中尚找不到足以证实这一点的有力证据。

---

① 见《隶释》卷四页11。
② 见《广川书跋》卷五"郙阁颂"。
③ 见《金石文字记》卷一"李翕析里桥郙阁颂"。
④ 参见《蛾术编》卷四十七兖州末节水道"皆古湿水所经也"一句迮鹤寿按语及《独笑斋金石文考》二集卷五"析里桥郙阁颂"。
⑤ 马衡：《潔仓平斛跋》，《文物》1963年第11期。
⑥ 见《隶释》卷十一页14。
⑦ 见《八琼室金石补正》卷十三页2。
⑧ 见《汉魏南北朝墓志集释》册三页21。
⑨ 见《八琼室金石补正》卷十九页16。

最后，提出一个有待解决的问题。在这批墓砖铭中，有一些以官吏、雇主身份出现的王姓人氏。如董 5 号砖铭中的王左、王炽，董 34 号砖铭中的王成，元 32 号砖铭中的王复等。他们与曹氏宗族是什么关系？为什么要由他们出面雇工做砖？仅从墓砖本身还无法得出合理的解释。我们希望能够在亳县发现出更多的考古材料来彻底解决这一问题。

1981 年 11 月初稿

1982 年 1 月再稿

附记：

关于曹操宗族墓的论文，在本文脱稿后又发表有田昌五《读〈对曹操宗族墓砖铭的一点看法〉有感》①，李灿《略述曹氏元墓 74 号字砖》②，殷涤非《曹氏元墓 74 号砖铭补正》③ 等文章。因与本文讨论内容关系不大，就不一一涉及了。仅附记于此，以供参考。

又，顷读近日出版的《摹庐丛著七种》，见陈直先生早已判定有些砖文为陶工游戏之笔。故摘录如下："汉衣石自爱砖……原书二字：'牛十'，上层加书九字：'平衣石自爱，怒力怒力'。以意测之，为两陶工游戏之笔。……陶工写成后仍然入窑杂烧，出窑杂卖。买主无意取以封墓门，与墓中人并无关涉也。"

原载《考古与文物》1983 年第 4 期

---

① 见《文物》1981 年第 12 期。
② 见《文物》1981 年第 12 期。
③ 见《文物》1981 年第 12 期。

试谈北魏墓志的等级制度

北魏墓志是中国古代石刻中一个十分重要的组成部分。这不仅是由于它具有重要的历史资料；也不仅由于它的书体秀丽挺拔，在中国书法史上占有无法替代的重要位置；而是在作为中国考古学一个重要组成部分的魏晋南北朝考古研究中，它也具有协助断代与区分墓葬类型的重要意义。由于近50年来对北魏墓葬的科学发掘有所增加，人们就会涉及这样一个问题：在古代使用墓志时，社会上有没有对于其形制、尺寸的具体规定？或者说，有没有根据封建礼制确定的墓志等级制度？这个问题对于各个时期的墓葬形制研究都具有不可忽视的参考作用。北魏时期作为墓志初始的阶段，就更需要探讨这一时期的墓志等级制度。但迄今为止，对这一问题还没有进行过深入的讨论。鉴于它涉及墓志本身的研究与北魏墓葬的研究，在此仅就现存的北魏墓志情况加以归纳分析，试推导出一些规律，以作引玉之砖。

我们在这里讨论的北魏墓志，主要指北魏孝文帝迁都洛阳以后基本定型为正方形志身与盝顶盖的墓志。以前我们在对墓志起源的探讨中已经谈到：墓志在南北朝时期定型并在上层社会普遍使用。这个时期是一个社会变动激烈、文化融合与演变表现突出的时代，又是一个四分五裂、地方特征与民族特征都十分明显的时代。墓志恰逢这一时期正式定型，就使它的形制产生了多样性的特点，即存在着南北互相影响，具有统一特征的大趋势；同时也随地域各自区别，保持着一定的地方特色。从现有材料上看，在此之前，西晋上层贵族官员中使用的墓志（当时多称为墓表），基本上是做成缩小了的墓碑形状，下面有座，碑身上端做成圆首或圭首。竖立置放在墓室中。其高度一般在 1 米左右。这种形制应该是中原文化中已经基本定型了的、纳入丧葬礼制的墓志（墓表）形制。

在北方的十六国时期，还保存着使用小型墓碑形状墓志（墓表）的习俗，这种遗物虽然发现的并不太多，但是仍有几例重要的出土发现。如甘肃武威出土的前凉建元十二年（公元 376）十一月三十日梁舒及妻宋华墓表①，陕西咸阳出土的后秦弘始四年（公元 402）十二月二十七日吕他墓表②等。这些现象应该表现出这样一种社会状况：即，西晋灭亡以后，河西地区相对独立而且较为安定，从而保留了西晋的文化传统。东晋时期，河西一带曾经长期遥奉东晋的中央政权，使用晋朝正朔。中原的文人士族迁移到那里避难，造成河西地区的经济文化繁荣。而后，这种文化影响随着社会形势的稳定，逐渐向饱经战乱的中原回归。使用小型墓碑形状墓志（墓表）的礼仪制度应该就是这样在北方保留下来的。所以，这些墓志（墓表）的形制，与现存的晋代墓志（墓表）完全一致。南方东晋时也存在小碑形墓志，如江苏吴县出土的张镇墓志③、南京司家山 1 号墓出土的阙名墓志④等。说明它们是从西晋制度传衍下来的两个分支。十六国时期小型墓碑形状墓志的发现，不仅为接续墓志本身的发展演变过程提供了一个重要的环节，而且对认识河西地区在保存中原文化传统上的重要作用具有可贵的参考价值。

西北与关中地区保留的这种墓志形制，随着这里居民的迁徙传播到北方各地。在辽宁朝阳发现的北魏早期刘贤墓志是说明这种文化传播的最好例子。该志作小碑形，螭首，碑额刻写"刘贤墓志"四字，下有龟座。从铭文中的"魏太武皇帝开定中原，并有秦陇，移秦大姓，散入燕齐。君先至营土，因遂家焉"等内容来看，刘贤是在北魏初年被强迫迁移到营州的关中大姓子弟，他被辟为中正，后任临泉戍主，东面都督。可以说是地方

---

① 锺长发、宁笃学：《武威金沙公社出土前秦建元十二年墓表》，《文物》1981 年第 2 期。
② 李朝阳：《吕他墓表考述》，《文物》1997 年第 10 期。
③ 《东晋张镇碑志考释》，《文博通讯》1979 年第 10 期。
④ 南京市博物馆、雨花区文化局：《南京司家山东晋、南朝谢氏家族墓》，《文物》2000 年第 7 期。

豪强①。他的墓志使用碑形，正是保留关中的传统，沿袭晋代的丧葬制度。这是一个很有意义的人口迁徙与文化传播现象。

因此，在北魏早期墓志中，有一部分保留了仿照小型墓碑的外部形制。如：在山西大同出土的北魏太和八年（公元484）十一月十六日司马金龙墓志，就是制作成小碑形，碑额上刻写"司空琅琊康王墓表"，志石高0.71米，宽0.56米，底座长0.598米，宽0.165米②。这与上面提到的梁舒及妻宋华墓表、吕他墓表等的形制与名称完全一致。又如山西大同出土的正始元年（公元504）四月封和突墓志，也是制成小碑形，志石高0.42米，宽0.33米，底座长0.42米，宽0.255米，高0.15米③。山西大同出土的永平元年（公元508）十一月十五日元淑墓志，也是刻制成小碑形，志石高0.79米，宽0.43米。碑额处刻写"魏元公之墓志"④。

同时期在陕西、河南、河北、山东等地出土的北魏墓志，基本上都是正方形的石质铭刻了。例如传世品太和二十年（公元496）十一月二十六日元桢墓志，太和二十三年（公元499）三月甲午元简墓志，太和二十三年（公元499）九月二十九日元弼墓志等大量在洛阳出土的元氏皇族与北魏高级官员的墓志⑤。此外，陕西华阴出土的永平四年（公元511）十一月十七日杨阿难墓志等杨氏墓志⑥，河北景县出土的正光二年（公元521）十月三十日封魔奴墓志⑦，山东新泰出土的孝昌元年（公元525）八月羊祉妻崔氏墓志⑧，淄博出土的孝昌二年（公元526）九月十七日崔鸿墓志等崔氏墓志⑨，都是制作成正方形或接近正方形的长方形石质铭刻。其外形尺寸大小

---

① 曹汛：《北魏刘贤墓志》，《考古》1984年第7期。
② 山西大同市博物馆、山西省文物工作委员会：《山西大同石家寨北魏司马金龙墓》，《文物》1972年第3期。
③ 大同市博物馆、马玉基：《大同市小站村花圪塔台北魏墓清理简报》，《文物》1983年第8期。
④ 大同市博物馆：《大同东郊北魏元淑墓》，《文物》1989年第8期。
⑤ 赵万里：《汉魏南北朝墓志集释》，科学出版社，1958。
⑥ 杜葆仁、夏振英：《华阴潼关出土的北魏杨氏墓志考证》，《考古与文物》1984年第5期。
⑦ 张季：《河北景县封氏墓群调查记》，《考古通讯》1957年第3期。
⑧ 舟子：《羊祉与石门铭初考三题》，《文博》1989年第3期。
⑨ 山东省文物考古研究所：《临淄北朝崔氏墓》，《考古学报》1984年第2期；临淄市博物馆、临淄区文管所：《临淄北朝崔氏墓地第二次清理简报》，《考古》1985年第3期。

不等，最大的边长可以达到 0.84 米，最小的边长在 0.3 米左右，以 0.4 米或 0.5 米边长者比较普遍。

这些情况反映出在北魏孝文帝迁都洛阳以后，中原地区使用的墓志已经基本定型。当时绝大多数墓志已经采用了正方形的或者接近正方形的石质材料制作。志石制作规整。用以刻写铭文的正面以及四个侧面磨光。开始时期，一般只有志身，不设志盖。这显然是沿袭了砖志的形制特点。以后，逐渐产生了覆斗形的志盖（一般也称作盝顶形志盖）与正方形的志身，形成一盒。我们在此主要讨论这些正方形的墓志。

就现有出土情况来看，拥有墓志的墓葬一般为中型以上的砖室墓，墓主的身份大多为各级官员。墓志基本安放在墓室内的入口处或者甬道中，地位显明。由此可见，墓志成了北魏社会中官员贵族葬礼里重要的随葬品，起着不可替代的表明身份的作用。那么，它的形制也应该与其他封建社会中的礼制用品一样，表现出严格的等级区别。众所周知，在古代社会中，始终存在着等级森严的礼仪制度，周代墓葬中的列鼎制度、汉代墓葬的封土及陪葬品制度等都表现着这一存在。北魏接受了中原汉族的传统文化，同样也采用了传统的封建礼仪制度。其等级差别应该通过墓葬的各个侧面有所表现。

将现存的各地出土北魏墓志予以分析，它们的外形尺寸大小上与刻饰制作的精劣上差别较多，尤其是尺寸大小变化很大，似乎不易找到明显的规律。但是，我们如果考虑到当时尺度上存在的不规范现象，将同一等级的范围适当放宽，这种等级规律就比较容易发现了。根据《隋书·律历志》的记载，北魏时期的尺度有过三种不同的标准，即：后魏前尺、后魏中尺与后魏后尺。刘复曾经根据有关记载推算这三种尺度的长度，得出后魏前尺长折合公制 0.27868 米，中尺为 0.2796036 米，后尺为 0.2957656 米[1]。由此推算，北魏时期，如果这三种尺度都曾经使用流行的话，那么，在不同的尺度之间，每二尺长就可能有 0.03 至 0.04 米之间的出入。这样，墓志外形尺寸边长有一定出入的也可能仍然属于同一等级，从而可以综合出北

---

① 杨宽：《中国历代尺度考》，商务印书馆，1955，重版。

魏时期的墓志形制等级规律。虽然也有着一些不尽符合等级规律的例外现象，但是在绝大多数墓志中，这种等级区别的规律是确实存在的。就是在那些不尽符合等级制度的墓志中，也有一些可以对其不符合制度的原因做出合理的解释。

为了说明在北魏时形成的北朝时期墓志制度，下面，我们将主要的北魏方形墓志外形尺寸与其墓主官职等级的对应关系列表表示一下。

北魏一品、二品官员（包括实授官职在二品以下但赠官在一、二品的官员。品级据《魏书·官氏志》"二十三年，高祖复次职令，及帝崩，世宗初班行之，以为永制"的官品区分①）：

墓主姓名	官职	墓志长（米）	墓志宽（米）	葬年或卒年
元桢	使持节镇北大将军相州刺史南安王	0.71	0.71	太和二十年（公元496）
元简	太保齐郡王	0.73	残半	太和二十三年（公元499）
穆亮	太尉领司州牧骠骑大将军顿丘郡开国公	0.66	0.59	景明三年（公元502）
元鉴	武昌王通直散骑常侍散骑常侍冠军将军河南尹左卫将军持节督齐徐二州诸军事征虏将军齐徐二州刺史	0.43	0.46	正始四年（公元507）
元嵩	使持节都督扬州诸军事安南将军赠车骑大将军领军将军扬州刺史高平侯	0.57	0.53	正始四年（公元507）
高琨	使持节都督冀瀛相幽平五州诸军事镇东大将军冀州刺史渤海郡开国公	0.64	0.64	延昌三年（公元514）
元遥	右光禄大夫中护军饶阳男赠使持节车骑大将军仪同三司雍州刺史	0.60	0.63	熙平二年（公元517）
元晖	侍中卫大将军尚书左仆射赠使持节都督中外诸军事司空公领雍州刺史	0.67	0.678	神龟三年（公元520）
元焕	宁朔将军谏议大夫广川王赠龙骧将军荆州刺史	0.84	0.86	孝昌元年（公元525）

---

① 以下引用墓志见于《汉魏南北朝墓志集释》，科学出版社，1958；洛阳市第二文物工作队、李献奇、郭引强《洛阳新获墓志》，文物出版社，1996；以及《考古》《文物》《考古学报》等有关刊物上发表的发掘简报，引文亦同，不一一说明。

墓主姓名	官职	墓志长（米）	墓志宽（米）	葬年或卒年
元诱	持节左将军南秦州刺史赠使持节车骑大将军仪同三司都督秦雍二州诸军事雍州刺史都昌县侯	0.78	0.78	孝昌元年（公元525）
元宝月	持节都督秦州诸军事平西将军秦州刺史（葬以王礼）	0.70	0.66	孝昌元年（公元525）
元怿	特进左光禄大夫侍中司徒太子太师赠使持节假黄铖太师丞相大将军都督中外诸军事录尚书事侍中太尉公	0.95	0.99	孝昌元年（公元525）
侯刚	侍中使持节都督冀州诸军事车骑大将军仪同三司冀州刺史武阳县开国公	0.82	0.82	孝昌二年（公元526）
元邵	卫将军河南尹常山王赠侍中司徒骠骑大将军定州刺史	0.97	0.97	武泰元年（公元528）
元彝	骁骑将军通直散骑常侍任城王赠使持节都督青州诸军事车骑大将军仪同三司青州刺史	0.47	0.51	建义元年（公元528）
元谭	使持节安西将军秦州刺史城安县开国侯赠使持节卫大将军仪同三司	0.84	0.84	建义元年（公元528）
元瞻	金紫光禄大夫散骑常侍抚军赠车骑大将军司空雍州刺史	0.84	0.84	建义元年（公元528）
元继	丞相江阳王	0.62	0.68	永安二年（公元529）
尔朱绍	御史中丞栾城县开国伯赠使持节骠骑大将军司徒公都督冀州诸军事冀州刺史赵郡开国公	0.64	0.75	永安二年（公元529）
尔朱袭	中坚将军员外散骑常侍右军都督赠使持节车骑大将军仪同三司都督雍州诸军事雍州刺史转赠定州刺史万年县开国伯	0.635	0.70	永安二年（公元529）
元液	假平北将军别将赠使持节镇东将军冀州刺史长平县开国男	0.62	0.73	永安三年（公元530）
元弼	侍中使持节征北大将军尚书右仆射司州牧新兴王	0.47	0.46	普泰元年（公元531）
元天穆	上党王录尚书事太宰赠侍中丞相都督十州诸军事柱国大将军假黄铖雍州刺史	0.82	0.82	普泰元年（公元531）
元项	东海王侍中尚书左仆射赠使持节侍中太尉尚书令骠骑大将军都督雍华岐三州诸军事雍州刺史	0.61	0.715	太昌元年（公元532）
元袭	平东将军颍川太守赠使持节散骑常侍都督青州诸军事中军大将军青州刺史	0.50	0.52	太昌元年（公元532）

墓主姓名	官职	墓志长（米）	墓志宽（米）	葬年或卒年
元肃	侍中太师录尚书事都督青齐光胶南青五州诸军事东南道大行台青州刺史赠侍中骠骑大将军司徒都督并恒二州诸军事并州刺史	0.53	0.53	永熙二年（公元533）
乞伏宝	镇南将军襄州刺史赠使持节卫大将军河州刺史	0.62	0.62	永熙二年（公元533）
元爽	卫将军金紫光禄大夫领左右赠使持节都督泾岐秦三州诸军事秦州刺史尚书左仆射	0.82	0.82	永熙二年（公元533）

由以上这 28 件北魏时期的高级官员与王侯的墓志规格中，我们可以看到：他们的墓志外形尺寸基本上是按照他们在生时的官职品秩确定的。赠官也起到一定的作用。以上官员在生官职属于一品与二品的，大部分墓志外形尺寸在 0.66 米以上，折合后魏制度在 2 尺 4 寸左右。在生官职属于三品及三品以下，但赠官为一、二品的，墓志外形尺寸可能小于边长 0.6 米，在 0.55 米左右，折合后魏尺为 2 尺左右；也有些边长仍大于 0.6 米。特别重要的官员，如丞相、太师、太尉、侍中等，墓志的外形尺寸可能达到边长 0.8 米以上，折合后魏尺为 3 尺左右。

有的在生官职较低，但死于王事或罹难平反的，受到特殊礼遇，他们的墓志外形尺寸也较大，如上引尔朱袭墓志，尔朱袭的官职只属于从四品，但由于是"自率部曲数百骑，径越贼所，与之格战"。死于王事。所以赠官达到从一品，墓志尺寸为长 0.635 米，宽 0.7 米。低于一些在生时任职一品官员的墓志形制，但与三品官员的墓志形制等级相比，要超过许多。雕饰得也十分精致。

有一些官职较高的官员采用了规格较小的墓志，如元彝墓志、元鉴墓志、元弼墓志等，结合历史记载推测，这种情况应该是有着墓主个人的特殊原因。如元鉴，《魏书》卷四本传记载：元鉴死后，其兄和"与鉴子伯宗竞求承袭"。"世宗诏曰：'和初以让鉴，而鉴还让其子。交让之道，于是乎著。其子早终，可听和袭。'"说明元鉴死后，由于他的爵位是其兄以前让给他的，现在其兄又要承袭回去，经过皇帝判断，爵位由其兄元和继承。这样，元鉴的两个大儿子早已经去世，后嗣又失去了王位，在举办丧事时恐怕就不会那么严格遵守礼仪制度了。又如元彝，《魏书》卷十九本传记载："及元叉专权，而彝耻于托付，故不得显职。庄帝初，河阴遇害。赠车骑将军、仪同三司、青州刺史。"根据他墓志上记载的官职，大部分属于三品或三品以下，如骁骑将军、通直散骑常侍等只是四品，只有车骑大将军为从一品。所以我们怀疑墓志上的"大"字是撰写墓志的人私自加上去的。车骑将军为二品，又是赠官，自然应该以元彝生前并不显赫的四品官职为礼制上的主要依据。

三品官员（包括实授官职在三品以下但赠官在三品的官员）：

墓主姓名	官职	墓志长（米）	墓志宽（米）	葬年或卒年
元弼	太尉府咨议参军	0.84	0.84	太和二十三年（公元499）
张整	大长秋卿龙骧将军云阳男赠平北将军并州刺史	0.39	0.35	景明四年（公元503）
李蕤	大司农少卿赠假节龙骧将军豫州刺史	0.49	0.42	正始二年（公元506）
元淑	使持节平北将军肆朔燕三州刺史平城镇将赠使持节镇东将军都督相州诸军事相州刺史	0.79	0.43	永平元年（公元508）
元囧	汲郡太守阳平王辅国大将军赠使持节征虏将军豫州刺史	0.57	0.48	永平四年（公元511）
司马悦	使持节都督豫州诸军事征虏将军渔阳县开国子豫州刺史赠平东将军青州刺史	1.08	0.78	永平四年（公元511）
长孙瑱	左军领御仗左右西州子赠龙骧将军洛州刺史	0.68	0.81	延昌三年（公元514）
杨播	使持节都督定州诸军事定州刺史安北将军赠使持节镇西将军雍州刺史华阴伯	0.68	0.68	熙平元年（公元516）
元广	襄威将军牂牁侯赠宁远将军洛州刺史	0.56	0.49	熙平元年（公元516）
杨泰	使持节督朔州诸军事前将军朔州刺史华阴伯赠持节平西将军汾州刺史	0.65	0.65	熙平三年（公元518）
叔孙协	平北将军怀朔镇将	0.37	0.38	正光元年（公元520）
穆纂	东荆州长史前将军征虏将军赠颍川太守	0.55	0.54	正光二年（公元521）

墓主姓名	官职	墓志长（米）	墓志宽（米）	葬年或卒年
封魔奴	使持节冠军将军怀州刺史赠使持节平东将军冀州刺史渤海定公	0.592	0.592	正光二年（公元 521）
元引	直阁将军龙骧将军	0.42	0.44	正光四年（公元 523）
元秀	假节督洛州诸军事龙骧将军洛州刺史	0.67	0.66	正光四年（公元 523）
元灵曜	射声校尉镇远将军右军将军骠骑将军赠征虏将军平州刺史	0.77	0.77	正光四年（公元 523）
元子直	使持节督梁州诸军事冠军将军梁州刺史真定县开国公赠使持节散骑常侍安南将军都官尚书冀州刺史	0.79	0.79	正光五年（公元 524）
元璨	辅国将军太常少卿赠使持节左将军齐州刺史	0.73	0.72	正光五年（公元 524）
元崇业	宁朔将军员外散骑常侍赠使持节辅国将军平州刺史	0.52	0.53	正光五年（公元 524）
檀宾	龙骧将军游击将军平阳太守	0.54	0.55	正光五年（公元 524）
元珽	左军将军司徒属赠持节督豫州诸军事龙骧将军豫州刺史	0.48	0.48	孝昌二年（公元 526）
公孙猗	假节东夏州刺史征虏将军赠持节平北将军并州刺史	0.80	0.81	孝昌二年（公元 526）
于纂	辅国将军中散大夫恒州大中正赠银青光禄大夫	0.67	0.67	孝昌二年（公元 526）
元朗	使持节安西将军银青光禄大夫赠使持节安北将军并州刺史	0.52	0.52	孝昌二年（公元 526）
和邃	镇远将军左卫司马赠使持节后将军肆州刺史	0.55	0.55	孝昌三年（公元 527）
于纂	辅国将军中散大夫大鸿胪赠假节征虏将军岐州刺史	0.55	0.55	孝昌三年（公元 527）
元信	司空参军赠龙骧将军晋州刺史	0.52	0.52	建义元年（公元 528）
元梭	赠龙骧将军太常少卿	0.57	0.57	建义元年（公元 528）
元悰	司空府参军员外郎赠辅国将军假节广州刺史	0.60	0.58	建义元年（公元 528）

墓主姓名	官职	墓志长（米）	墓志宽（米）	葬年或卒年
唐耀	游击将军邹县男赠持节左将军襄州刺史	0.41	0.40	永安元年（公元 528）
元礼之	赠使持节安东将军光州刺史	0.44	0.44	永安元年（公元 528）
韩震	桑乾太守赠持节都督恒州诸军事前将军恒州刺史	0.53	0.54	普泰二年（公元 532）
元尫	司空府参军赠使持节都督徐州诸军事辅国将军徐州刺史	0.435	0.445	太昌元年（公元 532）
张宁	广武将军殿中内监赠持节督南岐州诸军事前将军南岐州刺史	0.46	0.46	永熙二年（公元 533）
王悦	中散大夫征虏将军侍御师赠持节平西将军洛州刺史	0.66	0.66	永熙二年（公元 533）

从以上 35 件三品官员的墓志中，我们可以看到，其中大多数的外形尺寸在边长 0.60 米以下，以 0.55 米居多，也有一部分在 0.45 米至 0.50 米之间。这样看来，边长 2 尺，即 0.55～0.60 米，大概是符合礼制规定的三品官员正常的墓志外形尺寸。分析三品官员墓志中逾越规定的情况，可能有以下原因。

首先，在生时担任重要实职的三品官员，如在中枢官署任显要职位的官员，像长孙瑱，属于皇帝近侍，"统御左右，明瞩天墀"。又像于篡，一直在中央官署供职，曾任秘书郎、符玺郎、通直散骑侍郎等，他们的墓志可能由于位居要津而可以采用较大的形制。其次，属于皇帝近支，受到重用的贵族可能由于有势力、有财力而采用较大的墓志。如：元秀，"高祖世祖太武皇帝，曾祖侍中、中军大将军、参都坐事、临淮宣王（按即元谭，见《魏书》卷十八），祖使持节、侍中、都督荆梁益雍四州诸军事、征西大将军、领护羌戎校尉、雍梁二州刺史、临淮懿王（按即元提，见《魏书》卷十八），父持节、督齐州诸军事、冠军将军、齐州刺史、临淮康王（按即元昌，见《魏书》卷十八）。"家世显赫，其兄弟元或当时又正官居要职，其墓志外形较大可能是出于这种原因。元灵曜，为"景穆皇帝之曾孙，使持节、侍中、征南大将军、启府、仪同三司、青雍二州刺史、京兆康王

（按即元子推，见《魏书》卷十九上）之孙，荆州刺史之第二子"。元子直同样是皇族嫡亲，"亡祖献文皇帝，亡父假黄钺、侍中、太师、领司徒、都督中外诸军事、彭城武宣王（按即元勰，见《魏书》卷二十一下）"。其父地位崇高，权倾中外。还有在地方上拥有一定势力，属于名门大族，甚至被封为侯伯的汉族官员，如杨泰、杨播、司马悦等，他们都是在当时具有较大影响的地方士族人物，受到北魏皇室的特殊眷顾，又远离首都洛阳，受中央礼制的约束可能松一些，使用大于本身官秩等级的墓志也是可以理解的。

而王悦，据墓志中记载：在他入葬后，"龟筮谬卜，兆入定陵，严敬理殊，事当迁改。至永熙二年夫人薨逝，言归同穴，更营坟垄，上天降悯，有顾存亡，追寻往册，声实未隆。复赠本州秦州刺史，余官如故，谥曰简公"。由此可见，他是在为了避开皇陵而迁葬时受到皇帝的再次褒赠，等级也由此增高。

四品及四品以下官员墓志：

墓主姓名	官职	墓志长（米）	墓志宽（米）	葬年或卒年
穆循	步兵校尉左将军东莱太守	0.53	0.50	永平二年（公元509）
元保洛	恒州别驾督护代郡尹	0.42	0.39	永平四年（公元511）
杨颖	华州别驾	0.515	0.484	永平四年（公元511）
封昕	奉朝请	0.27	0.27	永平五年（公元512）
崔猷	明威将军定州安北府司马赠员外散骑常侍	1.14	0.69	延昌元年（公元512）
邢伟	员外散骑侍郎长流参军尚书南主客郎中轻车将军赠博陵太守	0.675	0.63	延昌四年（公元515）
山晖	鹰扬将军太子屯骑校尉	0.33	0.34	延昌四年（公元515）
王祯	员外散骑侍郎恒州中正晋阳男	0.51	0.53	延昌四年（公元515）

续表

墓主姓名	官职	墓志长（米）	墓志宽（米）	葬年或卒年
皮演	假节建威将军敦煌镇将赠镇远将军凉州刺史	0.68	0.66	熙平元年（公元516）
吐谷浑玑	直寝奉车都尉汶山侯	0.49	0.51	熙平元年（公元516）
元孟辉	给事中晋阳男	0.52	0.54	神龟三年（公元521）
元仙	员外常侍镇远将军前军将军赠冠军将军正平太守	0.55	0.55	正光四年（公元523）
元斌	襄威将军大宗正丞	0.66	0.66	正光四年（公元523）
元平	宣威将军白水太守守小剑戍主	0.48	0.49	正光五年（公元524）
郭显	中给事中谒者关西十州台使	0.49	0.50	正光五年（公元524）
尹祥	假威远将军统军赠襄威将军东代郡太守	0.52	0.52	孝昌二年（公元526）
染华	镇远将军射声校尉赠乐陵太守	0.585	0.585	孝昌二年（公元526）
秦洪	东莞太守	0.44	0.44	孝昌二年（公元526）
杨乾	鹰扬将军恒农男赠清水太守	0.59	0.60	孝昌二年（公元526）
宁懋	横野将军甄官主簿	0.42	0.41	孝昌三年（公元527）
董伟	宣威将军骑都尉	0.37	0.48	孝昌三年（公元527）
苏屯	密阳令	0.37	0.37	孝昌三年（公元527）
元举	员外散骑侍郎赠宁朔将军梁国镇将	0.47	0.50	武泰元年（公元528）
穆彦	兖州长史	0.43	0.45	永安二年（公元530）

以上 24 件四品以及四品以下官员的墓志。外形尺寸多在边长 0.50 米以下，应该是小于 2 尺，属于 1 尺 8 寸的等级。而且越是官品低下的尺寸越

小。如山晖，官职仅为五品，墓志边长只是 0.33 米，属于 1 尺 2 寸的规格；又如封昕，只是刚刚入仕的一名奉朝请，其墓志边长仅 0.27 米，属于边长 1 尺。与上面分析的规律一样，掌握重要实权的官员、皇族与名门大姓的成员、封有爵位的官员以及重臣的子孙等人，他们的墓志规格可能大于这个礼制规定。如：元仙，为"明元皇帝之曾孙……乐安宣王之孙（按即元范，见《魏书》卷十七）……乐安简王之第四子（按即元良，见《魏书》卷十七）"，其父元良位居中枢，为内都大官；元斌，为"景穆皇帝之曾孙，京兆康王（按即元子推，见《魏书》卷十九上）之孙，河间王（按即元太安，见《魏书》卷二十）之子"。又如皮演，为"淮阳襄王豹子之孙，安南将军、豫州刺史、广川恭公欢欣之子也"。其祖父皮豹子是著名的功臣；邢伟，其父邢峦，也是北魏重臣，立有赫赫军功，《魏书》卷六十五本传记载：邢峦"才兼文武，朝野瞻望，上下悼惜之"。邢峦卒于北魏延昌三年（公元 514），邢伟卒于延昌四年（公元 515），其父影响未衰，他的墓志逾制，可能正是由于父荫的特殊情况。染华，其高祖冉闵曾被立为皇帝，"号曰魏天王"。他的父亲染雅，也在北魏中央任光禄、太府二卿。而崔猷，属于著名的崔姓大族，"故太傅、领尚书令、文宣公（按即崔光，见《魏书》卷六十七），即君从父兄也"。杨乾则见上文杨播一家。

不仅男性官员的墓志存在着这样明确的等级差别，从皇宫中后妃的墓志情况也可以同样反映出这一点。请见下表：

墓主姓名	官职品级	墓志长（米）	墓志宽（米）	葬年或卒年
王普贤	贵华恭夫人	0.55	0.68	延昌二年（公元 513）
赵氏	充华　九嫔	0.33	0.46	延昌三年（公元 514）
成氏	嫔	0.34	0.29	延昌四年（公元 515）
刘阿素	宫内大监　赐一品	0.45	0.36	正光元年（公元 520）
王遗女	傅姆　赐二品	0.38	0.35	正光二年（公元 521）

墓主姓名	官职品级		墓志长（米）	墓志宽（米）	葬年或卒年
卢令媛	充华	嫔	0.57	0.57	正光三年（公元523）
杨氏	宫内司	赐高唐县君	0.37	0.52	正光二年（公元521）
杜法真	傅母	宫大监	0.55	0.55	正光五年（公元524）
于仙姬	夫人	旨以仪同三司之轨	0.46	0.38	孝昌二年（公元526）

　　根据《魏书·皇后列传》的记载，北魏后妃中"左右昭仪位视大司马"，即相当于一品，"三夫人视三公"，相当于一品。三嫔视三卿，即太常、光禄、卫尉，相当于三品。"六嫔视六卿"，即太仆、廷尉、大鸿胪、宗正、大司农、太府，相当于三品。"内司视尚书令、仆"，即相当于二品或从二品。"作司、大监、女侍中三官视二品。"① 以上列举的宫中后妃女官墓志外形尺寸基本上是按照上述品级高低而具有大小不同的区别。即最大为边长北魏尺 2 尺至 2 尺 4 寸，其次为边长北魏尺 1 尺 2 寸至 1 尺 6 寸，比起同样品级的男性官员来均要低一个等级，而且大多为长方形，制作较粗略。这可能是体现男尊女卑的礼制规定。

　　由此我们可以大致排列出一个北魏官员墓志的等级标准：

　　三公：墓志边长为三尺。

　　一品二品官员：墓志边长为二尺四寸以上。

　　三品官员：墓志边长为二尺以上，二尺四寸以下。

　　四品以下官员：墓志边长在一尺至一尺八寸之间，随等级高下分为一尺、一尺二寸、一尺四寸、一尺六寸、一尺八寸等几个层次。

　　嫔妃女官的墓志根据其品秩确定，一般比同等品秩的男性官员墓志大

---

① 《魏书》，中华书局标点本，1974。

小低一级。

最后，看一下士族未出仕者的墓志情况。见下表：

墓主姓名	祖、父官职	墓志长（米）	墓志宽（米）	葬年或卒年
奚智	祖内行羽真散骑常侍镇西将军云中镇大将，父兖州治中卫将军府长史	0.57	0.40	正始四年（公元507）
王基	曾祖库部给事冠军将军并州刺史博平男，祖广武将军东宫侍郎合肥子，父宁远将军徐州长史淮阳太守司州中正晋阳男	0.54	0.54	正光四年（公元523）
奚真	奚智之子	0.47	0.47	正光四年（公元523）
寇霄	祖徐州刺史太尉河南公，父弋阳、汝南太守	0.50	0.50	永安三年（公元530）

以上人物均在墓志上题名"处士""徵士""先生"等，可见其未曾出仕。但是他们也使用了较大的石质墓志。这与当时墓志主要由官员使用的现象有所抵触。但是这些人物的祖先、父辈都是三品左右的高级官员，家族势力可能相当可观，所以他们也与有官职的父兄一样使用了等级相近的墓志。特别是王基，我们在上面收入了他兄长王祯的墓志，其官职属于五品，墓志大小与王基相近。看来制作王基的墓志时是套用了亲属墓志的规格。

通过以上分析，我们认为：在北魏时期，随着正方形墓志成为主要的墓志形制，结合礼制，已经形成了一套对墓志外形尺寸以及雕饰的正式等级规定。虽然在现有古代文献中还不能找到有关记载，但是从实物中可以总结出这样一套等级比较明确的墓志使用制度。古代对于丧葬制度中的其他石刻，曾经有过具体规定，如：《隋书·礼仪志三》载："开皇初……其丧纪，上自王公，下逮庶人，著令皆为定制，无相差越。三品以上立碑，螭首龟趺，趺上高不得过九尺。七品以上立碣，高四尺，圭首方趺。"《大唐六典》卷四："碑碣之制，五品以上立碑，螭首，龟趺，趺上高不过九尺。七品以上立碑（按当作碣），圭首方趺，趺上不过四尺。若隐沦道素孝义者闻，虽不仕亦立碣。"由此可以想见，对于墓志的尺寸也是有过规定的。而且这种规定应该就是北魏时期的产物。后代的墓志制度，基本上沿袭这一规定，或在此基础上加以调整改动。

由于这里引用的墓志中绝大多数是传世物品，缺乏有关墓葬形制及陪葬品的原始记载，本文未能将墓志等级情况与有关墓葬形制等进行对比。但是墓志等级的区分应该是为研究墓葬情况服务的。所以，我们希望今后能有较多具有墓志的北魏墓葬经科学发掘公之于世，使有关北魏墓志与墓葬形制的等级区分研究更加深入。

原载《中原文物》2002 年第 1 期

从北魏永安二年张昙祐等造像上的
线刻画看石刻线画的发展

　　20 世纪 90 年代，在山东省青州市发现了一批重要的北朝佛教造像。这些造像的丰富内容与其精美华丽的造型及装饰震惊了国内外文物考古界，它们向世人揭示了北朝时期青州地区佛教的兴盛景象。由于这批造像在中国佛教考古与佛教史研究上的重要意义，考古文物学界对这些造像倾注了极大的研究热情，有关青州佛教造像的专题研究十余年来始终没有间断。

　　佛教自汉代传入中原以后，在南北朝时期得到了极其广泛的普及与发展，作为佛教重要宣传手段与尊崇对象的佛教造像等佛教艺术品也随之大量出现。除分布南北各地的大小石窟外，原来安放在寺院等地的各种佛教造像、佛塔等佛教石刻更是众彩纷呈。北朝时期，以临淄为中心的青州地区成为北方一个重要的佛教文化中心，这一点已经被近年来有关青州造像的众多研究所证实。因此，这里的寺院中安放的石刻造像，尤其是北朝造像，自然是一个数量巨大的文化宝藏。但是在 20 世纪 90 年代出土的青州窖藏造像中以东魏、北齐时期的制品为主，时代偏晚。而青州成为佛教中心的时间要远远早于东魏时期，所以，这里应该也存在着北魏甚至更早时期的佛教造像。但是，以往可以确定为青州地区出土的早期造像并不太多，罕有介绍。现在，我们有幸见到一件北魏青州造像的珍品，这就是香港收藏家常万义先生从海外重金购回收藏的北魏永安二年（公元 529）张昙祐法仪（义）兄弟等造像（图一）。它是一件体积较大、雕刻精美的三尊一铺石造像。由于后代破坏，造像的腰部以上部分已经残缺，但造像座、阴及其上面刻画的题记、题名、石刻线画等仍保存得十分完整清晰。为确定这座造像的制作时间、地点和深入了解其有关内容提供了可靠的资料。特别是生动的石刻线画图像，对于了解古代石刻线画的演变与中国古代绘画技法的发展颇具参考价值。承常先生美意，允许笔者首次公布该造像内容并在此造像基础上对北朝石刻线画的情况做些探讨。为此，先将该造像的有关情况具体介绍如下。

图一　北魏永安二年张昙祐等造像

该铺造像为青石雕刻，现存高度 0.91 米，宽度 0.97 米。下部为横长方形底座，底座上圆雕三尊造像，中央一尊最大，应为佛像，身着袈裟，束裙，赤足立于覆莲座上。右手已残缺。左手部分残缺，似手掌下垂。衣纹刻画较深，褶皱整齐，质感较厚重。两侧两尊较小，束裙，着衫，披帔帛，应为菩萨。佛像右侧一尊菩萨右手已残，左手执水囊；佛像左侧一尊菩萨左手已残，右手执净瓶。二菩萨均赤足立于覆莲座上，当为大势至与观世音二位胁侍菩萨。造像后面应为大型背光，参照同时期的类似造像来看，应该是刻有火焰纹、飞天等纹饰的舟形背光，可惜上部已遗失不存，无法确定。

造像座正面、侧面与造像阴面均刻写有造像题记和题名，并线刻供养人图像。释文如下：

造像座正面发愿文：

　　大魏永安/二年岁次/丁酉，十二/月戊寅朔。/廿七日甲/辰，临淄县/人像主张/昙祐法仪（义）/兄弟等敬/造弥勒尊/像一区。上/为皇帝陛/下、师僧父/母、因缘眷/属，亡者生/天，现存得/福，边地众/生，咸同斯/庆。所愿如/是。

　　发愿文左侧题刻：孟伯宣供养/佛。

　　发愿文右侧题刻：严玄照供养/佛。

　　造像座右侧面：赵玉侍佛。

　　造像座阴面：

　　上部残存二排男供养人，第一排供养人残存二人，题名不清。第二排供养人九人，题名自左侧向右为：□□□、孟道怀、孟双怀、孟奉仙、孟何头、郝道世、孟僧广、张伏怜、□□□。

　　下部中央刻写两排供养人姓名，共三十三人：

　　第一排自右向左为：张昙祐、严解愁、张世明、严靖明、孟阿万、张阿戎、孟僧广、孟子路、孟阿丰、郝道世、孟双怀、孟道怀、孟何头、张昙宗、樊智怀、李汉武、严昙贵、严清陵。

　　第二排自右向左为：张天息、孟阿赐、基洪略、法义主张阿口、法义主李惠坚、孟奉仙、张世安、张伏怜、张智明、张道胜、孟世隆、营柳、樊相瑰、张伯生、巢道稚、恩、赐。

　　两侧各有一供养人画像，右侧题名为：张昙祐息兴伯侍佛。左侧题名为：清信士佛弟子/严子讷侍佛时。

　　其中发愿文内"临淄县人"一词，深圳文物研究所的暨远志同志曾经释作"熙普县人"。由于这一词语对于判断该造像的所在地十分重要，特再次加以解释。"临"字左上部为"臣"，右上角有所漫漶，下部为四点。所以容易被误认为"熙"。但是下一字很清晰，从草字头，底下是"中"

"一""日"三个组合部分，实际上是"甾"的异体写法。全字即"蓄"，为"淄"的假借字。类似字例可见隋大业五年（公元 609）宁贇碑中"淄"写作"澬"。由此，可以推定上一字即"临"。下从四点为北朝时常见的异体写法。北朝时期，有时把文字下部的横画改写作四点，或在某些字下面添加四点，例如北齐天保八年（公元 557）刘碑造像记中将"极（極）"写作"槤"，北齐河清三年（公元 564）比丘道政四十人等造像记中将"拯"写作"抌"，东魏兴和四年（公元 542）李氏合邑造像碑中将"休"写作"烋"等①。这里的四点也是类似添加的笔画。而从词义上看，北朝历代所设郡县中均无"熙普"一地。即使是与之声音相近的地名也没有。临淄一地则历史悠久。就北朝而言，《魏书·地形志中》载："青州，领郡七……齐郡，领县九……临淄。二汉、晋属。"释之为"临淄"于字形、于字义都十分贴切。作为齐郡首县的临淄，其县人建造佛像的所在地当然应该以临淄境内的佛寺为主了。这就明确地确定了该造像原建立于青州地区，甚至可以具体到临淄县境内。该造像菩萨衣饰体现出的造像风格也与青州地区的一些造像风格具有一致性。例如右侧菩萨肩部所披衣帛的造型与雕刻技法，看上去与青州出土的贴金彩绘石雕右胁侍菩萨像十分相似。

从造像形制上来看，这件一佛二菩萨的立像造型是北朝晚期河北、山东一带比较常见的造像形式，表现了当时北方雕刻工匠比较典型的制作范本。现在可以见到的类似造像有青州出土北魏永安二年（公元 529）韩小华造弥勒像，美国大都会博物馆藏北魏永熙三年（公元 534）三尊佛造像，东魏武定元年（公元 543）骆子宽等七十人造像（图二），英国维多利亚、阿尔伯特美术馆藏东魏武定二年（公元 544）李洪演造释迦立像等②。

详细观察这件造像后，给人留下深刻印象的是在造像座和造像背阴刻画的线刻人物像。整齐排列的供养人均身着宽大的交领长袍服，衣袖宽肥，腰间束带，是典型的"褒衣博带"式传统汉装。这些供养人图像表现出十分娴熟的线描画技巧，往往用寥寥几笔就勾画出十分生动精确的人物形象，与精细的佛像雕刻相映，令人倍感神妙。例如造像座上发愿文两旁的两个

---

① 参见颜娟英《北朝佛教石刻拓片百品》，台北，"中央研究院"历史语言研究所，2008。
② 参见金申《海外及港台藏历代佛像珍品纪年图鉴》，山西人民出版社，2006。

图二　骆子宽等七十人造像

供养人，均跽坐在坐毯上，一个双手相握，微微俯首，面前摆放着香炉，好像在诵经。另一个上身挺直，双手合握一枝莲花，似在礼拜（图三）。这些人物脸部采用三分之二侧面的构图，是中国古代绘画中在东汉以后出现的比较具有特色的传统构图角度。他们的面容刻画得庄严肃穆，五官比例适当，用简略线条表现出的眉目颇为传神。身形修长，造型准确，线条运笔流畅，具有相当高的艺术水平。这些线画是北朝石刻线画中罕见的精彩作品，也是了解北朝晚期绘画技艺渊源与传承情况的宝贵资料，并由此可以对中国汉唐之间石刻线画与中国式笔墨绘画技艺的发展做一点探索。

　　仅从雕刻技法而言，与西方注重写实表现的立体圆雕、高浮雕等造型方式不同，中国古代雕刻艺术中大量运用借鉴于中国传统绘画形式的平面线刻方式。石刻线画虽然是通过雕刻制作的艺术品，但是严格说来不能算作现代艺术分类中的雕塑类作品，而是将平面的绘画用线条在打磨平整的石材上表现出来，是颇具中国文化特色的一种绘画形式。因此，它与同时期的绘画应该具有相同的表现手法与造型特点。其艺术风格和技法的发展演变也与当时

图三　张昙祐造像上的线刻画

的其他绘画作品同步，可以互相对照。在中国早期的艺术作品中，石刻线画占有相当大的比重，而绘制在绢帛纸张上的绘画作品由于保存条件所限，传世较少，使得石刻线画成为研究中国古代绘画技艺的重要证据。

从现存的中国早期绘画作品中可以看出，中国古代绘画是以毛笔绘制的线条作为主要的形体表现方式，着重勾勒所要描绘对象的外部轮廓，逐渐发展成以强调笔墨韵味为主的独特绘画艺术。也就是说，中国古代绘画技法的重点就在于线条的运用。现存较早的绘画，如长沙出土的战国帛画御龙图、妇女凤鸟图等[1]，形体与动态描写全部是通过毛笔线条的走势来表现的。又如秦咸阳宫壁画车马图[2]、西汉卜千秋墓葬壁画[3]等作品，都是古代运用线条变化将艺术形象生动地表现出来的突出代表。

古代画论中记载的著名画家在用笔技法上都有突出的特点，如《历代名画记》中描述南朝名画家顾恺之用笔"紧劲连绵，循环超乎，调格逸易，风趋雷疾"。人物画用笔"如春蚕吐丝"，"流水行地"。陆探微则"作一笔画，连绵不断"，"笔迹劲利，如锥刀焉。秀骨清像，似觉生动"。张僧繇"点研曳拂，依卫夫人笔阵图，一点一画，别是一巧，钩戟利剑森森然"。都是在突出毛笔线条在绘画中的视觉作用，采用不同手法来充分发挥笔墨

---

[1]　参见中国美术全集编辑委员会《中国美术全集·绘画编一》，人民美术出版社，1986。
[2]　陕西省考古研究院：《壁上丹青　陕西出土壁画集》，科学出版社，2009。
[3]　洛阳博物馆：《洛阳西汉卜千秋壁画墓发掘简报》，《文物》1977年第6期。

线条的造型表现能力。而石刻线画则完全吸收了毛笔线条绘画的艺术特色，通过石材，保留下了中国绘画发展的漫长历程。

战国秦汉时期的绘画作品中，毛笔线条的运用已经十分熟练了。起笔、收笔时笔锋的挥洒，线条的粗细、深浅、虚实与运笔的气韵都极大地丰富了绘画的表现力。这可能与中国古代常期采用毛笔书写文字，形成特有的书法艺术这一历史现实有关，即今人所言"书画同源"。例如近50年间发现的河南洛阳西汉卜千秋墓壁画、河北望都汉墓壁画①、内蒙古和林格尔汉墓壁画②、河南偃师杏园汉墓壁画③等，在它们壁画的绘制方法中都充分反映出古代绘画习用的毛笔线条表现技法。将这种技法充分发挥的作品还有在甘肃酒泉、嘉峪关一带发现的十六国墓葬壁画等④，其绘画造型准确简练，线条表现力丰富，往往寥寥几笔就勾画出一个人物或动物形象，如嘉峪关新城5号墓壁画中勾画的送饭妇女（图四）⑤，体现出浓郁的笔墨韵味。这种画法特别在抓住所描绘对象的关键特征上下功夫，追求神似，不注重具体细节的完全复制，可以说是中国绘画艺术中特有的造型方法。南北朝时期谢赫的《画论》中就着重强调了这种美术观点。

这种绘画技法在石刻中的表现首见于东汉时期的一些画像石，如陕西北部榆林、绥德等地汉代画像石墓中发现的画像石，以及山东嘉祥、沂南等地，江苏铜山等地发现的汉代画像石等⑥，都体现着笔墨绘画的传统技法影响。著名的山东嘉祥武氏石室画像石即为其中的一个代表。这些画像石制作时显然是用毛笔绘制的图样作为底本，利用减地的凹刻技法将所描绘事物的外轮廓勾勒出来，然后在平面轮廓上再用阴刻细线表现五官、衣纹等细部。这些作品可以说是石刻线画的前身。有些画像石在出土时还残存着当时绘制的色彩，如陕北神木大保当发现的汉代画像石⑦，说明人们当时

---

① 北京历史博物馆等：《河北望都汉墓壁画》，中国古典艺术出版社，1955。
② 内蒙古自治区博物馆文物工作队：《和林格尔汉墓壁画》，文物出版社，1978。
③ 中国社会科学院考古研究所：《杏园东汉墓壁画》，辽宁美术出版社，1995。
④ 甘肃省文物工作队等：《嘉峪关壁画墓发掘报告》，文物出版社，1985。
⑤ 甘肃省文物工作队等：《嘉峪关壁画墓发掘报告》，文物出版社，1985。
⑥ 参见中国画像石全集编辑委员会《中国画像石全集》山东卷、陕西卷等，山东美术出版社、河南美术出版社，2000。
⑦ 韩伟主编《陕西神木大保当汉彩绘画像石》，重庆出版社，2000。

图四　嘉峪关十六国墓葬壁画

是把这种画像当作绘画一样地进行艺术处理，反映出这些画像石与绘画同出一脉的密切关系。

　　石刻线画的技法在南北朝时期继续完善与发展，更加趋同于笔墨绘画。这种发展自然与绘画艺术的进步密切相连。我们可以概括地看一下南北朝时期绘画艺术的发展脉络以及南朝艺术对北方社会的影响。魏晋南北朝时期，中国的绘画艺术在汉代传统绘画基础上，吸收了一定的外来艺术表现手法，在造型、布局与表现技法上都有了很大的提高。例如对树木花草等背景的处理、对宏大场面的设计安排等，都比汉代绘画大有进步。其中很多进步应该是得益于佛教文化输入所带来的西域佛教雕塑与绘画等艺术技法。而中国传统的绘画与石刻线画技法，也自然地被继承与运用到中原的佛教石刻中。通过对比现存的汉代墓葬壁画、魏晋南北朝墓葬壁画、敦煌石窟北朝壁画等绘画作品，可以清楚地看到，在南北朝时期，尤其是在南方，绘画的造型更逼真、细节描绘更具体、神态更生动。很多作品真正做到了形神兼备。这在古代画论（如唐代《历代名画记》等）对当时画家的介绍中也可以看出来。

在南北朝时期，北方陷入战乱与分裂之中，经济文化受到极大的破坏。中原文化传统转由迁至江南的东晋政权传承下来，比起北方的少数民族统治者，南朝的文化明显要先进许多。因此，在北方基本统一，南北文化交流恢复后，南方保有的传统汉文化艺术马上回流并影响着北方社会。同时，通过东南亚以及西域等地传入的佛教文化艺术也往往先被南朝文化吸收，然后再影响到北朝。这一趋势在这一时期的出土文物中有着充分的体现。一个明显的证据就是大同北魏司马金龙墓出土的漆木屏风。它上面所画的列女图人物无论是形象、服饰还是风格均与传为顾恺之《女史箴图》和《列女仁智图》的摹本十分相近。这些足以说明东晋南朝绘画艺术对北朝的影响①。

按照《历代名画记》等古代画论的记载，东晋与南朝时期，南方的著名画家为数众多，他们的绘画艺术引领着时尚，并且成为当时民间画工与石刻工匠依托的范本，广泛流传。例如《历代名画记》中记录的当时著名画家卫协、顾恺之、张墨、史道硕、戴逵、陆探微、谢赫、曹仲达、毛惠远、张僧繇等，都是中国绘画史上重要的古代绘画风格开创者。目前发现的南朝墓中壁画主要是模印砖壁画，像南京西善桥宫山墓等南朝大墓中"竹林七贤与荣启期"模印砖画（图五），虽然是模印，却应该是以毛笔绘画为底本，表现出南朝绘画艺术的特点。这些绘画上的人物身穿宽松的长衫，神情飘逸，形态逼真，或头束发髻，或披发袒胸，衬以勾画精细的树木背景，画线粗细均匀，表现出周密流畅的衣纹，恰与文献中记述的顾恺之和陆探微所代表的紧劲联绵的密体画风一致。后人曾经用"秀骨清像"来形容这类画法所表现出的南北朝道释画作风格。这种绘画风格的形成，应该是受到西方传入的佛教艺术的重大影响。佛教艺术中注重写真，强调造型，加以繁缛精美的细部装饰等艺术倾向在这时的南方绘画雕塑中得到充分体现。

与此相应，在北朝时期的大量佛教造像与墓葬石刻中已经出现了制作技艺比较精湛、造型精美的石刻线画作品，例如原在河南武涉林村的北魏

---

① 山西省大同市博物馆等：《山西大同石家寨北魏司马金龙墓》，《文物》1972 年第 3 期。

图五　南朝陵墓砖画竹林七贤与荣启期

广业寺造像碑，在磨砺平整的石面上，用细密整齐的阴刻线条刻画出佛像、弟子像、天王像以及各种纹饰等，堪称北朝佛教线画的精品（图六）①。类似石刻线画还有河南博物院藏北魏正光五年（公元 524）刘根造像、现藏美国纽约大都会博物馆的北魏永熙三年（公元 534）法义兄弟等二百人造像记、原在河北元氏县的东魏元象二年（公元 539）凝禅寺三级浮图碑等②，其绘画技法多采用匀称划一的阴刻细线条，圆浑完整地绘制整体图像，并精密地描绘出各个细节，在画面上基本看不出起笔、收笔以及抑扬顿挫等运笔变化。这可能就是后世画家称之为"密体"的画风。它与上述战国秦汉绘画乃至十六国的嘉峪关墓葬壁画显示出明显不同的绘画风格。在墓葬石刻方面，洛阳出土的北魏宁懋石室线刻画与这些佛教造像线画的刻画风格则一脉相通。说明这种绘画风格在北朝政治文化中心地区是非常流行的。"密体"的绘画技法似乎更适合用石刻线画錾刻形式的工艺技法来表现，在北朝石刻中被普遍应用。类似的石刻线画文物还有美国纳尔逊艺术博物馆

---

① 参见颜娟英《北朝佛教石刻拓片百品》，台北，"中央研究院"历史语言研究所，2008。
② 参见颜娟英《北朝佛教石刻拓片百品》，台北，"中央研究院"历史语言研究所，2008。

所藏北魏孝子石棺、美国明尼波利斯美术馆所藏北魏元谧石棺、日本奈良天理馆所藏北魏石棺床以及近代以来在河南等地出土的多件北朝石棺、石棺床等①。

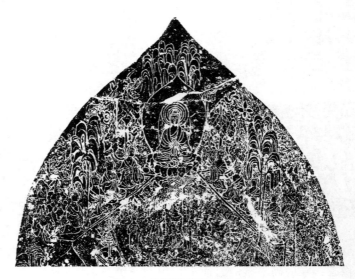

图六　北魏佛教造像线刻

　　东晋以来形成的"密体"画风在南北朝时期流行近三百年，而在北朝后期开始有所改变。现代研究者们多认为，在梁代，南朝画风已发展到以张僧繇为代表的新阶段。这以后的新画法被称为"疏体"。在考古发现中的实例也来自南朝墓葬中的模印砖壁画。较晚的这类模印砖壁画画风变得简约疏朗，如杨泓先生指出：（南朝大墓出土的七贤砖画中）"西善桥墓砖画的线条劲密，衣纹繁细；金家村墓的虽大体相近似，但线条已趋减化；吴家村墓的则变化较明显，线条简练，衣纹疏朗"②。有学者认为：对比北方各地北朝晚期壁画墓中的绘画风格，也可以看到这种变化，如山东北齐崔芬墓中的屏风画类似南朝"竹林七贤与荣启期"砖画与顾恺之和陆探微所代表的紧劲联绵的密体画风。而山西太原北齐娄睿墓壁画中的人物头部多为长椭圆形，长鼻小嘴，蚕眉小眼。线条粗细均匀，注重轮廓线

①　以上并参见黄明兰《洛阳北魏世俗石刻线画集》，人民美术出版社，1987。
②　杨泓：《美术考古半世纪——中国美术考古发现史》，文物出版社，1997。

的勾勒，衣褶较少，线条清淡简洁而细秀。与徐显秀墓壁画均属于疏体画。

实际上，仅从壁画上对比，这种变化可能还不是非常明显。尤其是如果只把"疏体"看作线条简练、衣纹较少的画法，辨别它就更费力了。而从石刻线画上去分辨，却可以找出"疏体"与"密体"的关键区别。与"密体"相对比，所谓"疏体"可能是一种回归中国传统绘画中注重神似的绘画倾向。就像我们在上面提到的十六国嘉峪关墓葬壁画一样，绘画中讲求笔画简略而传神，注意运用毛笔特有的线条变化，强调笔势气韵，而不过分加入复杂的场景，不孜孜于具体细节的描绘……。这种变化不仅是具体绘画技艺的变化，而是一种文化本质上的改变，可能就像在北魏后期以褒衣博带的汉族服装取代了北方胡服一样，与汉族传统文化的再次兴起有所关联。

与上述北魏广业寺造像碑等石刻线画相比，北魏永安二年（公元529）张昙祐法仪（义）兄弟等造像上的石刻线画就更加贴近笔墨绘画的效果，在刻画中注意表现了毛笔绘画运行中的起笔、收笔、转折、顿挫等笔势。也就是不再使用全部粗细一致的线条，而是刻画出随着毛笔笔势有所变化、粗细不同的线条，强调了中国传统绘画的用笔特色。画面的简洁、用笔准确而简约等特点，可能就是南北朝画风中"疏体"的直接体现。这种变化应该是标志着石工雕刻技艺的进步，也反映出绘画流行风格的转变。这种变化应该同时反映了当时南北画风的互动，特别是南朝画风对北方的影响。这也有实物证据可以比对，如湖北襄阳贾家冲画像砖墓中的孝子、武士、羽人、仕女等身材修长、衣纹线条飘逸华丽，具有典型的南朝文化风格，其造型与此造像上的线刻画人物十分相似。

杨泓先生曾总结了六朝画风中一个明显的阶段性变化，即"由代表东晋画风的顾恺之的紧密连绵、笔迹周密，向南朝齐以后张僧繇的点斫曳拂，笔不周而意周的演变，正是六朝画风从密体向疏体的演变"①。这一显著的变化，对于判断南北朝时期的绘画雕刻文物具有重要的作用。北魏永安二

---

① 杨泓：《美术考古半世纪——中国美术考古发现史》，文物出版社，1997。

年（公元529）张昙祐法仪（义）兄弟等造像上的石刻线画正是引人注目地表现出这一画风的变化，它不仅证实了南朝画风的演变确实存在，而且清楚地证实了南朝画风对北朝造像的深刻影响，表现出当时南北文化、经济的密切往来交流。这正是这件造像的可贵之处。

原载《考古与文物》2010 年第 6 期

由深圳博物馆《"永远的北朝"石刻艺术展》谈北朝石床与石屏风

    中国古代社会中，始终存在着具有浓厚文化特色的丧葬礼仪。就现有的考古发现来看，远在旧石器时期的原始人墓葬中就出现了带有宗教色彩的丧葬习俗迹象，新石器时期的墓葬中已经表现出了等级分明的随葬习俗，而在商周时期便有了系统的表现出社会等级制度的墓葬形制与陪葬品制度，说明作为社会意识形态重要组成部分的丧葬礼仪正式形成，并且由此产生了不同时代中不同形式的众多丧葬建筑和丧葬用品。由于古代墓葬是主要的考古发掘对象，出土材料十分丰富，对丧葬建筑与用品的研究必然成为考古学研究与文物研究中极其重要的组成部分，研究成果颇为可观，但是可深入研究的问题也俯拾皆是。这里要讨论的是一种以往介绍较少的特殊葬具。

    在形制多样的中国古代丧葬用品中，有一种制作精美、意义丰富但使用时期却相对短暂的特殊葬具——石床，前人一般称之为石棺床或石榻。

图一　深圳藏品石床线图

近百年来，得到妥善收藏与公布的石床材料并不太多，总数不过十余件。而我们现在却惊喜地看到在深圳博物馆中一次展出了6件北朝石床，可以说是国内存有北朝石床数量最多的集中展示。更可贵的是，这些石床均为藏家从海外收购回来的文物珍品，体现出富强发展起来的中华儿女对于祖先优秀文化传统的保护与珍视。这些珍品的展出对提升深圳的城市文化品位必定会起到有益的作用，对于保存中华传统文化，了解古代艺术也颇具助力。现借此东风，就以这些石床为主，对中国古代石床以及石屏风的概况做一点归纳与分析。

一　关于石床的定名与形制

在讨论石床这种重要的考古遗存之前，我们想先讨论一下这类器物的定名问题。现有的考古发现材料表明：这类器物最早见于北魏时期的北方墓葬中，以山西大同出土的北魏太和八年（公元484）司马金龙墓中石床为代表[1]；下限至于北周时期，以在西安附近出土的北周天和六年（公元571）康业墓[2]与北周安伽墓中石床[3]为代表。其形制相对较固定，均用石材制作成模仿实用木床的组合型葬具。其长度在2.2~2.5米以上，宽度为1米以上，高度在0.5米左右。一般在正面（即面向墓室门）的床架与床足上雕刻各种纹饰图案，也有在四周床架和床足上均雕刻纹饰的，并已发现有多件石床在纹饰上描彩贴金，制作工艺十分华丽考究。在北朝墓葬中与这些石床相配形成组合的还有由石板材构成的凹字形石屏风、小型的石阙及围墙模型构件，以及石狮座等。石屏风一般由4件横向长的石板材构成，正面2件，两侧各1件，竖立围在石床的三边。每件屏风构件朝向

---

① 山西省大同市博物馆、山西省文物工作委员会：《山西大同石家寨北魏司马金龙墓》，《文物》1972年第3期。
② 西安市文物考古保护研究所：《西安北周康业墓发掘简报》，《文物》2008年第6期。
③ 陕西省考古研究所：《西安发现的北周安伽墓》，《文物》2001年第1期。

床内的一面上刻画有图像。小型石阙与围墙模型构件为两件，分为左右阙，摆放在石床上除安放石屏风诸边之外的第四边，即朝向墓门的一边，或可将这边称作石床的正面。石狮座一般为两件，摆放在墓室中石床的前面。与石床相配的这几种器物，并不是全部同时出现的固定组合。已经发现在墓室葬具内使用石床但没有石狮或没有石阙的状况，说明这种组合具有一定的随意性。

与此同时，在北朝墓葬中也经常使用砖石与生土砌制棺床。这种棺床一般为长方形台子，有些制作成类似佛教造像中的须弥座形式，在上面安放棺木。这是一种延续时间长久，具有汉族丧葬特色的安葬方式。如果不深入考察，可能会把棺床与上述石床混为一类器物。但是详细比较下，我们认为在北朝时使用石床安葬显然是与使用砖石棺床安放棺木的普遍做法有所不同的特殊葬俗。其最突出的区别就是使用石床的墓葬中可能都不使用棺木装殓死者。这种葬具出现的数量较少，而且从目前所见资料来分析，使用石床的墓葬主人可能主要是官职不太高的部分富有人士与粟特人后裔等西域来华人士。但是从它已经具有固定的式样、组合，常用的特有纹饰与图像等方面来看，石床已经成为一种独特的丧葬用具而被社会认同，并且在其制作上明显地商业化了。

隋唐时期墓葬中仍存在有承放棺木的石棺床，它仍是石块砌成的台子，有些制成须弥座形式，有些在正面石块上雕刻出壸门装饰。它应该是延续了北朝墓葬中在墓室内砌制砖石棺床的习俗，但不是像上述北朝石床那样仿照木床的形式单独制作，显然与北朝墓中使用的整体石床有所区别。特别是隋唐墓葬中没有出现过与石棺床相配的石屏风、石阙、石狮等丧葬器物，应该是在使用石葬具的习俗与礼仪制度上已经有了重大的改变。因此，我们将石床及与之配套的石葬具组合确定为北朝时期特有的葬具。根据现有材料，北朝晚期，即北魏晚期与东魏、北齐、西魏、北周时期使用这种葬具的情况较多。

以往的考古报告、简报与有关研究文章中，往往把北朝时期墓葬中所见的这组由4种器物组成的全套葬具统称为石棺床。也有人称之为石榻或围屏石榻，如韩伟在《北周安伽墓围屏石榻之相关问题浅见》一文中提出石棺床应该更名为围屏石榻①。郑岩则提出过应该是"连榻"②。

实际上，这些称呼并不科学。首先，我们看到考古发掘中出土的相当一部分石床上并没有安放棺木（或者没有遗留棺木的痕迹）。如在山西大同发掘的北魏太和元年（公元477）宋绍祖墓中石床，河南固岸的南水北调工程考古抢救发掘中出土的东魏武定六年（公元548）谢氏冯僧晖墓石床，以及西安北周天和六年（公元571）康业墓石床③、安伽墓石床等。这些墓葬中的死者应该是没有使用棺木，直接安放在石床上的。此外还有很多类似情况，大同市考古研究所在《大同雁北师院北魏墓葬》这一考古报告中指出："在大同地区北魏墓中有许多砖筑、石雕棺床，但凡遗迹清楚的大多使用为将尸体直接放在棺床上，而不用木棺。"④ 这种葬法对于中原汉族人士来讲，似乎是当时称为"裸葬"的习俗。对于原籍西域的民族人士来讲，或许是在中亚宗教的影响下西域民族的特有葬俗。可以说明北朝流行的这类石床与用土、砖或者石块构建的，专门用于安放棺木的墓中棺床有所区别，不宜混同为一类器物。

其次，石床、屏风、石阙及围墙模型构件、石狮座从各自独立的形制来说，应该是分别的4种器物，共同组合为1套葬具。在现已经科学发掘的具有石床的墓葬中，并不是都出土有这4种器物，如在山西大同地区出土的多件石床都没有石屏风和石阙等配件，东魏武定六年（公元548）谢氏冯僧晖墓中也没有石狮座的存在，也说明它们只是多种器物的选择性组合，而不是一种固定的统称为"石棺床"的器物。就现有考古资料来看，最早的墓中石床并没有与之配合的石屏风、石阙等，而很可能是像北魏司马金龙墓那样使用漆木屏风、丝绸帷帐等与石床配合。在现有考古材料中，石屏风的出现要在北魏迁都洛阳以后。因此，我们认为，应该把这组葬具各部分具体分别定名为石床、石屏风、石阙模型与石狮座等。

至于将这些葬具称作"石榻"的说法。早在1979年，陈增弼在《汉魏

---

① 韩伟：《北周安伽墓围屏石榻之相关问题浅见》，《文物》2001年第1期。
② 郑岩：《魏晋南北朝壁画墓研究》，文物出版社，2002，第244页。
③ 西安市文物考古保护研究所的《西安北周康业墓发掘简报》中称：墓室中放石榻，上有尸骨，著锦袍，无其他陪葬品，无棺。见《文物》2008年第6期
④ 大同市考古研究所：《大同雁北师院北魏墓葬》，文物出版社，2008。

晋独坐式小榻初论》一文中就对汉晋时期榻与床的区别做了专门的研究①。指出榻与床不同，是专门用于日常坐着待客的家具，其长度要小于床，不能用于睡眠。在现有的北朝线刻画中，多次出现这种专门用于坐着的短榻，如在河南固岸出土的东魏武定六年（公元548）谢氏冯僧晖墓石屏风上一幅孝子图画内就有放在屋外专门供老妇坐的榻，北周天和六年（公元571）康业墓石屏风上的墓主人生活图中也有坐榻。所以，在墓葬中明显用于平放墓主尸体的这类葬具不宜叫作榻，而应该叫作床，是在模仿日常生活中睡眠用的木床。这里还要指出，在一些石床的外侧四角发现有铁制的环，如山西大同南郊区田村北魏墓中石床、久保惣纪念美术馆藏石床与东魏武定六年（公元548）谢氏冯僧晖墓石床等。这些环应该是用来固定帐架的，说明与这套石葬具石床结合的还有竹木制的帐架和丝绸帐幕，山西大同南郊区田村北魏墓中还出土有3段上面绘有彩色忍冬纹样的木杆，发掘者推测它们就是支撑帷帐的帐竿②。由此可见，墓葬中的石床完全是当时实际生活中使用的木质卧床的翻版。称之为专门用于坐谈的"榻"是不正确的。滕磊在《一件海外回流石棺床之我见》一文中也认为"显然将其称为床更合适"③。石床与石屏风，郑岩曾认为应该就是古文献中所称的"连榻"。我觉得还是应该将其看作石床与石屏风两种器物的组合比较适当。周一良早就指出："连榻当是可坐数人之榻，与独榻相对应而言。"④

附带提一下对石床各部位的命名。对石床各部位的称呼，现在没有进行过统一，多为个人习惯叫法。为便于说明，我们将石床的构件分为上面平铺的床面与支撑床面石板的床架两部分。床架一般为三至四面，为雕有图案的竖立石板，每面的下部刻成二至三个床足。也有的只在对着墓门的正面床架上雕刻图案。石屏风一般为四块以上的石板，呈凹字形竖立安插在石床三边。石阙安放在石床的第四边，即对着墓门的正面外侧一边。本文中对石床等构件的称呼均以此为准。

---

① 陈增弼：《汉魏晋独坐式小榻初论》，《文物》1979年第9期。
② 大同市考古研究所：《山西大同南郊区田村北魏墓发掘简报》，《文物》2010年第5期。
③ 滕磊：《一件海外回流石棺床之我见》，《故宫博物院院刊》2009年第4期。
④ 周一良：《魏晋南北朝史札记》，《南史札记》"香橙、连榻"，中华书局，1985。

二　有关石床的发现与流传情况

石床的发现与收藏迄今已近百年。最早人们对它的时代与由来并不明晰，甚至把它叫作曹操床。以往，这类器物仅有零星被盗掘的传世品，经考古发掘出土的材料很少，因此也就更加被人们所珍视。现在可见的一些雕刻精美的珍品大多流散到海外各大博物馆，成为中华民族近代历史上的伤心往事。国内有关研究也比较少见。但是，近年以来，随着国内北朝考古工作的进展，北朝墓葬中的石床陆续有所发现。特别是在山西大同南郊、迎宾大道等多座北魏墓葬与北魏司马金龙墓中出土石床葬具，以及河南安阳县固岸村的南水北调工程考古抢救发掘中出土一座保存较好的使用石床作为葬具的北朝墓葬，给我们提供了北朝时期在墓葬中使用石床的具体例证。此外，西安发掘的北周天和六年（公元571）康业墓和安伽墓，根据墓志的记载，墓主应该都是来自西域的民族人士，但都是使用石床作为葬具。这些发现使我们能够更深入全面地认识有关石床的丰富历史文化内涵。

这里主要讨论的是在深圳博物馆展出的6具保存完好的北朝石床雕刻。它们是新近由藏家自海外抢救回购的文物瑰宝。这批石床是目前国内石床收藏数量最多的一处。它们形制多样，更充实了石床这类古代艺术雕刻文物的收藏宝库，为有关研究增添了重要的原始资料，是十分值得珍视的。

为了考察深圳博物馆展出的这些石床材料，我们先将以往的一些典型石床发现予以简要介绍。

较早受到世人关注的石床材料是据说1922年在安阳出土的一具北齐石床。因被不法奸商盗卖出国，其构件现散布在欧美各国，分别被美国华盛顿弗里尔艺术馆、美国波士顿美术馆、德国科隆东方艺术博物馆、法国集美博物馆等地收藏。姜伯勤曾撰文研究，将这些散布各国的构件组合起来，复原成一组"北齐时期的石棺床"。他认为：其中美国华盛顿弗里尔艺术馆存"台座上的二檐板"（按即石床架的正面上部横架），最上方为椭圆形联珠纹，下面是莲瓣并列组成的饰带。再下面由透雕的壸门分出 3 个床足。左右两足浮雕手执三叉戟的祆教天神，足踏小型鬼怪及神兽。中央一足浮雕怪兽背负火坛，火坛的左右各有 1 名立在莲台上的合掌天女。壸门中凸雕莲花幢，幢左右各有 1 名头戴日月饰物的祆教神人，手托火珠。又如德国科隆东方艺术博物馆藏石床上左右门阙两件，美国波士顿美术馆藏石床上正面石屏风 2 石，法国集美博物馆藏石床上侧面的石屏风 10 石。每石上雕刻一幅图画，采用减地浅浮雕手法刻绘出具有胡人风格的饮食、出行、狩猎与家居场面。姜伯勤认为"所描绘场景当是祆教节日，即汉文史料所谓的"赛祆"①。

　　另外，波士顿美术馆还收藏有一件石床。其纹饰与深圳博物馆展出的一件石床十分相似。该件为石床正面（长边），上部为一整条横栏，下部为 3 个直脚床足。由上至下分层雕刻纹饰。最上面为浮雕重叠莲瓣并列组成的横长条饰带。第二层为 15 个正六角形与 1 个半边六角形组成的龟甲形纹样装饰带。六边形由直线与端点的圆形连续构成，在六边形内用平面减地浅浮雕刻画出图像纹饰，六边形外装饰忍冬卷草纹样。六边形内的图像包括莲座火焰珠、青龙、白虎、凤鸟、畏兽等。神怪均面向中央，左右对称。第三层为绹纹装饰带。第四层为下垂的波浪纹饰带。左右两个床足浮雕侧立的狮子像，均正面向，一前足抬起；中央一足浮雕兽首。与之相配的有一组石门阙，上面浅浮雕人物形象。

　　日本奈良的天理大学附属的天理参考馆收藏有 2 件石床上的减地浅浮雕屏风石板，主要内容是表现墓主人日常生活出行的图像②。1974 年，美国弗朗西斯科美术馆公布了馆藏的两件石床上的屏风石板图像，并且推测这两件石板与日本奈良的天理大学附属的天理参考馆收藏品属于同一组石床。这一点可以根据两处石床构件上的图像刻画风格与共同的伤残部位痕迹得到证明③。

---

① 姜伯勤：《安阳北齐石棺床画像石的图像考察与入华粟特人的的祆教美术——兼论北齐画风的巨变及其与粟特画派的关联》，《艺术史研究》第一辑，中山大学出版社，1999。
② 〔日本〕水野清一监修《天理参考馆图录中国篇》，朝日新闻社，1967。
③ 参见林圣智《北朝时代における葬具の图像と机能》，〔日〕《美术史》154 期，52 卷 2 号，2003 年。

1971年，山东青州曾经发现一批画像石刻，经郑岩研究，认为是属于石床和石屏风组成的葬具中的构件，其内容表现家居、出行等生活场面，也带有一定的胡人艺术风格①。

1972年，沁阳县西向公社出土1套石床与石屏风。原简报称作棺床与石板围堵。石床正面最上方雕刻多方连续忍冬图案，下面为双阴线分割成的16个方格。方格内减地阴线刻各种神异禽兽，包括凤鸟、畏兽、人面鸟、飞仙、鸟身怪兽等，左右两侧大多对应，均面向中央。石床有3足，左右两足均浮雕两名武士，穿长袍，戴小冠，右手托剑。中间1足浮雕1个半裸体侏儒，头顶熏炉。炉顶有莲花、莲蓬。两侧装饰忍冬与莲花。石屏风共4块石板，每块石板上雕刻4幅图画，共16幅。图画内容主要是墓主夫妇的生活场面，以及侍女、侍从、牛车、骏马等图像，还有刻画男子跪拜等场面的②。

1977年，洛阳出土一套石床与石屏风。现在被洛阳古代艺术馆收藏。石屏风上面刻绘有14幅图画，包括墓主人生活画像和孝子故事画，没有题榜。周到等人曾经在《中国画像石全集》第八卷《石刻线画》一集的说明中加以考证，参照北魏元谧石棺画像，认为其中包含有郭巨、丁兰、原谷、老莱子、眉间尺等人物的孝子故事③。此外，参照美国明尼阿波利斯美术馆所藏北魏孝子石棺上的孝子图题榜，可以判断洛阳古代艺术馆所藏的石屏风上还有伯奇的孝子故事。

1981年，山西省大同市博物馆发掘出北魏太和八年（公元484）司马金龙墓。在墓室中出土1具石床，但没有石屏风。在墓室中清理出1组保存较好的漆木屏风，上面绘制有列女图等古代人物画，应该就是原来安放在石床上的配套器物。表现出这类葬具的早期形态。该石床由6块石板组成，正面的3个床脚上浮雕裸体力士，他们头顶卷发，项间挂珠链，肩上披帛带，腰间束帛。两侧床脚上各1名托举石床的力士，中间床脚上2人，并且

① 郑岩：《魏晋南北朝壁画墓研究》，文物出版社，2002。
② 邓宏星、蔡全法：《沁阳县西向发现北朝墓及画像石棺墓》，《中原文物》1983年第1期。
③ 周到主编《中国美术分类全集　中国画像石全集　八、石刻线画》，河南美术出版社，2000。说明中所说丁兰、老莱子等图像与元谧石棺图像相同，实际上存在差别，仅可作为参考。

在这两名力士之间浅浮雕兽面。床檐板的边缘为二方连续卷草浮雕图案，中间的主纹以二方连续忍冬纹为骨干，在忍冬纹的空间"浮雕着龙、虎、凤、金翅鸟、人头鸟、伎乐等"。横列的伎乐人物一共 13 人，中央为 1 舞者，舞者的两侧各有 6 名乐人，演奏着琵琶、排箫、横笛、箫、羯鼓、细腰鼓等乐器。最下层为多重波浪纹①。整体纹饰中带有浓厚的佛教艺术因素，或者说浓厚的西域文化色彩。

1982 年，在甘肃天水石马坪文山顶发现了 1 套石床与石屏风。石床正面床座由 2 方画像石拼成。床座石面上凹雕上下两层各 6 个壸门。上层的壸门中雕刻乐伎，每个壸门中有 1 位乐伎，分别演奏着笙、钹、曲项琵琶、箫、腰鼓、竖箜篌等乐器。下层壸门中各有 1 个有翼畏兽。这些浮雕上饰以红黄彩色，蓝底色，并有贴金。床架外沿上减地浮雕两列联珠纹，两列联珠纹中间浮雕忍冬纹，并加饰金彩。石床前还有 1 对石狮和 5 件石刻伎乐人物俑。屏风共 11 块画像石，上面刻画了门阙、游廊、殿堂、水榭、花园等建筑与正在进行饮宴、歌舞、狩猎与骑马出行等活动的人物②。原简报根据画像的内容、绘画风格、人物造型、乐器组合等方面的特点认为这批石刻是隋代至初唐时期的遗物，现在看来，也应该是北朝时期的石刻。

20 世纪 90 年代，日本 Miho 博物馆购进了一批石屏风构件与一对门阙。屏风构件 11 件，上面用浅浮雕加彩绘贴金的形式刻画了大量反映西域民族生活和具有祆教文化特色的图像③。姜伯勤解读这些图像的意见是，其中包括墓主人宴乐、狩猎、出行、野营、盟誓、商队等生活场面，也有向娜娜女神献舞祭祀、祭司举行丧葬礼仪等祆教徒的宗教活动图像④。

日本和泉县的久保惣纪念美术馆也收购了 1 套石床、石阙与石屏风。石床正面最上方为双层莲花瓣并列组成的横条装饰带，下面是 13 个方格组成

① 山西省大同市博物馆、山西省文物工作委员会：《山西大同石家寨北魏司马金龙墓》，《文物》1972 年第 3 期。
② 天水市博物馆：《天水市发现隋唐屏风石棺床墓》，《考古》1992 年第 1 期。
③ Annette L. Juliano and Judith A. Lerner："Cultural Crossroad：Central Asian and Chinese Entertainers on the Miho Funerary Couch". *Orientations*, October 1997. Eleven panels and Two cate towers with relief carvins from a funerary couch, South Wing. Miho Museum 1997.
④ 姜伯勤：《中国祆教艺术史研究》，三联书店，2004。

的横装饰带。在方格内减地线刻各种神兽等图案，从右起依次为：尖喙鸟头畏兽、兽头鸟身神兽、狮面畏兽、鱼尾龙、口吐长舌的畏兽、鱼尾神鸟、莲座香炉与莲叶、独角兽头鸟身神兽、狮头畏兽、有翼神豹、兽面畏兽、象头鸟身神兽、狮头神兽。方格中的空隙处装饰忍冬叶瓣。最下面是波纹装饰。石床有三足，左右两足上浮雕畏兽图像，面向中央。中央一足上浮雕正向兽面。屏风由 4 块石板组成，共 12 幅图画，包括墓主人夫妇坐像、侍女、侍从像，以及孝子故事图画，右侧 3 幅是郭巨埋儿的连续故事，左侧有原谷、丁兰等孝子故事。石阙素面无图饰。同出的墓志铭文为："惟大魏正光五年（公元 524）岁次甲辰十一月丁未朔，徐州兰陵郡赤县都乡里人匡僧安，名宁。在京士至殿中将军、主食左右。十月廿五日辞世。十一月十五日葬在洛阳西界北山中。墓记。"①

1995 年，美国芝加哥美术馆入藏 1 套石床与石屏风。屏风上主要用线刻表现墓主生活和出行图②。

2000 年，在西安大明宫乡炕底寨发现了一座北周时期的粟特人安伽墓葬。墓中出土 1 套石屏风与石床（原简报称作石榻）。石床正前方以及两侧的床架上用联珠纹勾画出椭圆形与方形边框，正前方刻有 17 个边框，正中央为"正面狮头"，两侧各刻有 8 个边框。框内平面减地刻绘出动物头像，包括有鹰、鸡、象、狮、牛、马、龙、猪、犀牛等。床足上线刻畏兽（原简报称作力士承托图案）。石屏风上浅浮雕生活景象图画 11 幅，并有彩绘贴金。这些图画中描绘的人物形象多为身着胡服，高鼻长髯的西域人士。原简报将这些画面归纳为狩猎、车马出行、野宴、乐舞、居家宴饮、商旅、民族友好交往、出行送别等具有西方民族特色的生活场面。值得注意的是，该墓葬形制比较大，具有 5 个天井和 5 个过洞，砖砌甬道与墓室。在天井、过洞和甬道进口上方还有壁画，但是大部分已经被毁坏。墓中还有石墓门、石狮门墩和墓志等。墓门门额也是石质，雕刻有祆教祭

---

① 根据久保惣纪念美术馆出版图录。
② 芝加哥博物馆藏品，未公开发表。转引自郑岩《魏晋南北朝壁画墓研究》，文物出版社，2002。描述根据可见照片所作。

祀的图像①。

1998～2002 年间，在山西大同市南郊、迎宾大道、雁北师院等地发掘了大量的北魏墓葬，其建造年代大致在北魏定都平城时期，下限在北魏迁都洛阳之前。其中有一些墓葬中出土了石床。例如大同雁北师院附近的北魏太和元年（公元477）宋绍祖墓，墓室中有一座雕刻精美的殿堂式石椁，石椁内筑有"石棺床"。这座石床在石椁中占据大部分空间，仅椁门内一小部分没有石床，使得石床平面显示为凹字形。床架上浅浮雕一横条 S 形连续忍冬纹样，下面为连续波浪纹。床足为直脚，中央的床足上浅浮雕正面兽头铺首，东南角的床足上浅浮雕忍冬花结，西南角的床足上浅浮雕一只侧视蹲狮，其身上踏有另一只动物，可能是雌狮或幼狮。床上西部有两个石灰枕②。

又如大同南郊 112 号北魏墓葬，为一座长斜坡墓道土洞墓，出土石床一具，无屏风等配件。石床三足。床架上雕刻纹饰与宋绍祖墓石床相同。左右两侧的床足上各雕刻一个净瓶，内插忍冬花饰，中央床足上雕刻正面兽头铺首衔环，上面有两朵正面莲花③。

大同七里村 14 号北魏墓葬，是一座带有耳室的长斜坡墓道砖室墓。墓室中安放了呈直角相交的两座石床，耳室中还安放了一座石床。石床正面的床架上浅浮雕有一条 S 形连续忍冬纹样横向装饰带，下面为连续波浪纹。床足为直脚，上雕刻正面兽头铺首衔环、莲瓣和人物形象。床上有石灰枕。墓中安放一男四女④。

山西大同南郊区田村北魏墓，是一座长斜坡墓道砖室墓。墓室北侧安放了一具石床。石床正面的床架由两块石板组成，上面浅浮雕有一条 S 形连续忍冬纹样横向装饰带，下面为连续波浪纹。床足为直脚，中央的床足雕刻正面兽头铺首衔环，两侧的床足各雕刻一枝忍冬。床上有两个石灰枕⑤。

---

① 陕西省考古研究所：《西安发现的北周安伽墓》，《文物》2001 年第 1 期。
② 大同市考古研究所：《大同雁北师院北魏墓葬》，文物出版社，2008。大同市考古研究所：《大同市北魏宋绍祖墓发掘简报》，《文物》2001 年第 7 期。
③ 大同市考古研究所：《大同南郊北魏墓群》，科学出版社，2007。
④ 大同市考古研究所：《山西大同七里村北魏墓群发掘简报》，《文物》2006 年第 10 期。
⑤ 大同市考古研究所：《山西大同南郊区田村北魏墓发掘简报》，《文物》2010 年第 5 期。

以上这几座大同地区北魏墓葬的形制与随葬品形制比较近似，石床的纹饰造型也基本一致，应该是时间相距不远的同一时期墓葬。大同市考古研究所对大同七里村北魏墓群的研究意见是："该墓群上限在建都平城的中后期，下限至迁洛前后。形制与出土器物较一致，说明这批墓年代相近。"①大同南郊 112 号墓与田村北魏墓、宋绍祖墓的年代也是这样。尤其是宋绍祖墓有明确的年代记录。说明这些具有石床的墓葬年代大约都在太和元年（公元 477）前后，即北魏献文帝至孝文帝迁都洛阳之前的二三十年内。

2004 年，中国文物信息咨询中心征集到一件海外回流的石床，入藏首都博物馆。这件石床床架大部缺失，仅存正面一块，但保留有 6 块石屏风构件与 2 件石阙。床架上从上到下依次浮雕有莲瓣装饰带、变体龙纹装饰带与由 11 只畏兽组成的横条装饰带。3 个床足上各雕刻一只畏兽。石屏风上减地线刻有侍从人物、胡人牵马、牛车出行、墓主夫妇坐像与两幅孝子郭巨故事画，一幅为郭巨埋儿，一幅为郭巨夫妇供养老母，都是北魏晚期孝子故事画的常见构图，并刻有题榜："孝子郭钜埋儿天赐金一父（釜）"，"孝子郭钜埋子府"②。

2007 年在河南省安阳县永丰乡固岸村 57 号墓出土了一套墓中石床、石阙与石屏风。根据墓中出土的墓志砖可以判定为东魏武定六年（公元 548）四月廿五日谢氏冯僧晖墓。该墓是一座带天井铲形墓，深 13 米多。床上有两具尸骨，没有棺木及棺木痕迹。其中北面一具尸骨面部向下，可能是后来迁入。石床正面最上方为莲瓣并列组成的横条装饰带，下面是 12 个方格组成的横带。在方格内减地线刻各种神兽等图案，石床有 3 足，左右两足为浮雕畏兽，中间一足浮雕正向兽面。石屏风由四块石板组成，共 12 幅图画，包括墓主人夫妇坐像，侍女、侍从、肩舆、牛车和男子牵马像，以及孝子故事图画，其中两幅是郭巨埋儿的连续故事，有一幅的构图与久保惣纪念美术馆的郭巨故事画十分相似，题榜为："郭巨夫妻埋儿，天赐黄金与之"与"孝子郭巨母祠（饲）孙儿时"。左侧有丁兰等孝子故事，有一幅题榜

① 大同市考古研究所：《山西大同七里村北魏墓群发掘简报》，《文物》2006 年第 10 期。
② 滕磊：《一件海外回流石棺床之我见》，《故宫博物院院刊》2009 年第 4 期。经查询，首都博物馆称无此藏品，待考。

是："孝子丁兰□人□□。"石阙素面无图饰。值得注意的是，这件石床和石屏风的纹饰与构图与久保惣纪念美术馆的收藏品相类似，可能是源于同一个范本①。

2008年，在西安出土有北周天和六年（公元571）康业墓石床和石屏风，原简报称围屏石榻。石屏风内侧磨光，线刻图画10幅，局部贴金，两侧以及上部装饰了贴金的柿蒂纹。图画内容主要是男女主人日常生活场景，包括会见宾客、出行、仆婢随侍等。人物多为汉族衣饰。石床正面及两侧线刻图案，上下两侧为联珠纹，中间刻波浪形缠枝莲花纹，并在其中装饰了各种动物与神兽纹样，如山羊、骆驼、老虎、凤鸟、怪兽等。石床的正面3足圆雕为蹲踞的狮子形象，背面2足呈靴形。值得注意的是，在该墓的石墓门框上，上面刻有朱雀，下面刻有守门武士，均头戴小冠、身着宽袖长袍，穿尖头履，双手挂剑。墓室门口放置墓志一盒，葬于北周天和六年十一月廿九日，称墓主名业，为"康居国王之苗裔也"，曾任"大天主"，死后被追赠"甘州刺史"②。

据了解，在法国巴黎赛努奇博物馆，美国费城博物馆、纽约大都会博物馆、旧金山博物馆，加拿大安大略博物馆等多所海外博物馆中也都收藏有北朝石床。其中纽约大都会博物馆曾借展的一套私人藏品雕刻极其精致，图像为祆教天神、祭司、火坛及具有中亚特色的装饰纹样。

图二 巴黎赛努奇博物馆藏石床

另外，陕西西安碑林博物馆还收藏有一组石床，可能是在关中地区出土的。承碑林博物馆允许观察，该石床四周及床足上均有阴线雕饰，但是

---

① 参见河南省文物考古研究所网站，2008年10月21日潘伟斌文《河南最大北朝墓地》。
② 西安市文物考古保护研究所：《西安北周康业墓发掘简报》，《文物》2008年第6期。

其装饰图案比较特殊，与现在见到的其他石床不同。两侧的床架上为一条横向装饰带，刻画了杂乱的卷曲纹样，可能是云纹，在云纹中夹杂有一些有翼天神和神兽。羽翼的形象与其他北朝图像中的神怪羽翼明显不同，是模仿展开的鸟翼，使得有翼天神的形象近似古希腊绘画中的天神，还有一些床架上的纹饰为类似葵花的连续纹样，由相对的波浪形纹组合成的宝相花结纹样等。单独的床足上线刻有畏兽的图样，与其他畏兽图像比较，应该是比较晚的造型。又据滕磊《一件海外回流石棺床之我见》文中介绍，2000 年，美国曾拍卖一件北魏孝昌三年（公元 527）的石床，为台湾私人所藏，石床前档上有刻铭"田阿敖""青州平原人"①。但具体图像不详。

2015 年成立的洛阳九朝石刻文字博物馆中收藏了两件石床正面床架，可能出土于洛阳市附近地区。一件的横条装饰带由连续的方格组成，在每个方格内减地浅浮雕各种神异动物，如畏兽、凤凰、龙虎与铺首等，各个方格均以带状忍冬纹分割而成，其他装饰纹样也主要是忍冬纹。而另一件的横条装饰带中刻绘了忍冬叶与藤蔓组成的连续花结，在花结中减地浅浮雕各种神异动物，如畏兽、人面兽、大象、龙虎等，其中大象与人面兽都是比较罕见的装饰。装饰纹样中，除连珠纹、莲瓣纹、忍冬纹外，连续菱形纹、绚纹也是不多见的装饰纹样。有些方格内还用联珠纹构成圆环，在环内减地浅浮雕神异动物等图形。这些纹饰都雕刻得十分精致优美。构图匀称充满。特别是第二件石床，上面虽然也有当时比较流行的畏兽图像，但是更多地表现出佛教文化的色彩，如披有坐毯的大象形象。

三 石床与石屏风的图像纹饰特点和深圳藏品

从以上图像装饰的具体内容来分析，屏风与石床上面的图像存在着一定的区别与一些习见的绘画格套，从而反映出不同的文化内涵与民族特色。

---

① 滕磊：《一件海外回流石棺床之我见》，《故宫博物院院刊》2009 年第 4 期。

可以分别予以讨论。

现在已有的石屏风和石床材料,其图案装饰多采用平面减地浅浮雕加线刻手法雕刻。也有一些为浅浮雕,并在图像上涂彩色和贴金。这种刻画方式源于汉代画像石加工技艺,具有明显的中国传统美术特色。至于贴金的装饰方法则可能受到佛教艺术中造像工艺的影响。我们看到北朝晚期佛教盛行时,大量造像采用贴金彩绘的装饰手段,如山东青州窖藏北齐造像中就有多件贴金佛像出土。彩绘贴金应该是当时流行的石雕艺术品装饰方式。

石屏风(以及部分石床雕刻装饰)的绘画内容以及图案纹饰的文化风格可以主要分为三种文化类型。

第一种是以汉族传统文化内容为主的孝子图和墓主人日常生活出行图像。这一类的材料包括沁阳县西向出土石屏风,洛阳古代艺术馆藏洛阳出土石屏风,日本久保惣纪念美术馆收藏的石屏风,日本奈良天理大学附属的天理参考馆收藏的两件石屏风石板,美国芝加哥美术馆收藏的一套石床与石屏风与美国弗朗西斯科美术馆藏的两件石屏风石板,西安出土的北周天和六年(公元571)康业墓石屏风,新近在河南安阳固岸村出土的东魏武定六年(公元548)谢氏冯僧晖墓中一组石屏风也是以孝子图为主的。

图三　河南安阳固岸北朝墓葬出土石床与石屏风

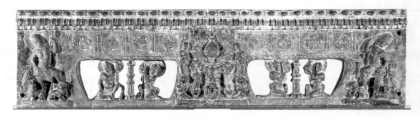

图四　美国弗里尔博物馆藏石床

图五　美国费城博物馆藏石床

　　第二种是具有佛教文化艺术影响的图像与装饰纹样。以洛阳九朝石刻文字博物馆所藏石床、大同出土司马金龙墓中石床以及现藏华盛顿弗里尔艺术博物馆的北朝石床等为代表。

　　除出现披有坐毯的大象形象外，洛阳九朝石刻文字博物馆所藏石床的左右两个床足上，分别雕刻一位身体赤裸、缠绕披帛的人物。他手舞足蹈，似乎腾跃在空中，头发耸立上举，手腕与足踝戴有圆环，项挂珠链。身下有奔走的狮子。这样的形象，应该是来源于佛教艺术，应用于天王、神王、天人等造型。由此可以看到在使用石床的丧葬习俗中已经加入了佛教的影响。类似的裸体天神形象，不见于中国本土的古代传统绘画造型中，而在南北朝时期的佛教造像与石窟壁画中随处可见，是佛教造像的基本形象之一。如北魏永安三年（公元 530）广业寺造像碑上的天王像、北魏永安三年（公元 530）僧智薛凤规等道俗造像记上的金刚力士、敦煌 251 窟中北魏壁画中绘制的药叉与天人、东魏武定元年（公元 543）石佛碑像上佛足两侧浮雕的天人、东魏武定元年（公元 543）骆子宽造像座各侧雕刻的神王等，均刻绘成裸体披帛形象。尤其是敦煌 251 窟中北魏壁画中的药叉，头发上扬呈火焰形，与这件石床上的人物形象十分相似。

　　那么，这种独特的头发上扬形式，又是在表现什么呢？是在表现凌空飞舞时风力的吹拂，还是在表现愤怒、悲伤等情感？联系到佛经中的一些记录，我们考虑，这里的天人形象是否有可能在表现佛祖涅槃时天人惊怖的场景。

后秦僧人佛陀耶舍与竺佛念共同翻译的《佛说长阿含经》卷三、游行经第二云："是后三月当般涅槃……当此之时，地大震动，天人惊怖，衣毛为竖。""阿难比丘复作颂曰：天人怀恐怖，衣毛为之竖。一切皆成就，正觉取灭度。"洛阳九朝石刻文字博物馆收藏石床足上刻绘的人物形象，恰与上引这些佛经中的记述相合。

而床这一卧具在释迦牟尼涅槃的过程中，也体现了重要的作用。西晋白法祖翻译的《佛般泥洹经》中记载："举佛金床，还入王城。诸天以名宝盖，覆佛床上，幢幡导从，华香杂宝，其下如雪。十二种乐，皆从后作。天人龙鬼，莫不举哀。""阿难曰：欲棺敛者，上违佛教，为孝送者可。……诸天咸喜，皆下在佛金床右面，王及民众在床左面。……帝释前以手持床右面前足，梵王持床右面后足，阿难持床左面前足，国王持床左面后足，逝心理家以缯缚床前两足。天人哀恸，共挽金床。"

将这些叙述结合在一起，我们推测，这件石床的雕刻装饰表明，北朝时期，在使用石床埋葬的葬俗中融入了佛教文化影响的因素，即佛教中对于死亡（涅槃）的观点与有关礼仪影响了当时世人的丧葬礼俗。尤其是佛经里面描述佛祖涅槃过程中金床与天人的情节，直接影响到世俗人们埋葬时使用的石床制作方式。如果我们从丧葬活动本身出发，忽略佛祖与世人的高下区别来看，金床与石床二者的实际作用都是一致的，即作为丧葬用具来使用。利用天人哀悼佛祖的图案来装饰石床，甚至可能含有将石床与佛祖涅槃时使用的金床进行比附的意义。这种做法对于信仰佛教的人来说，既寄托了自己的信仰，表达了死后皈依西天佛国的希望，又可以通过天人、药叉，乃至金刚力士、天王一类的神异护佑，保护亡灵与死者的家人。这既反映了外来佛教思想的影响，又与中国古代传统的埋葬理念与鬼神思想一脉相承，是汉族丧葬礼仪不断发展丰富其宗教内涵的生动体现。

类似反映出佛教思想影响的石床实物，还可以举出山西省大同市博物馆发掘的北魏太和元年（公元477）宋绍祖墓中出土石床与北魏太和八年

（公元484）司马金龙墓中出土石床等考古资料。在这几件石床的装饰图像中也表现出浓厚的佛教艺术因素。如司马金龙墓中石床的床足上也浮雕裸体力士，他们头顶卷发，项间挂珠链，肩上披帛带，腰间束帛，与洛阳九朝石刻文字博物馆藏石床上的纹饰有相似之处，显示出类似雕刻图像已经成为一种石工通用的范本，自北魏平城沿用到北魏洛阳。床架上浮雕着龙、虎、凤、金翅鸟、人头鸟、伎乐等。其造型大多可以在同时期的佛教造像中找到原型。

特别是上述那件流到海外，现藏华盛顿弗里尔艺术博物馆的北朝石床，其佛教因素表现得更为突出。这件石床的正面下部，透雕出两个壶门，形成左、中、右三个床足。左右两个床足上各雕刻一位手执三叉戟的戎装天王。中央床足上雕刻一组我们在佛教造像碑与石窟造像上经常可以见到的佛供图像，中央是一座具有莲瓣座的香炉，莲瓣座下有一尊正面蹲狮。香炉两侧各有一尊拱手站立在莲座上的菩萨像。石床三足之间雕刻成中空的壶门，每个壶门中透雕两位披帛的裸体天人，手托摩尼宝珠，头戴嵌有日月纹饰的发冠。石床上部的横栏装饰带中用连珠圆环组成连续图案，每个圆环中线刻一位天人，共8人。左侧4人演奏乐器，右侧4人翩翩起舞。西晋白法祖翻译的《佛般泥洹经》中曾记载："第二帝释，将十万众天人来下，持十二部天名乐来，华香众宝，悬在空中。"这里雕刻的乐舞天人，可能就是在表现这样的场面。而手执三叉戟的戎装天王，很可能就是中原佛教曾大力推崇的毗沙门天王。《法华义疏》云："此天恒护如来道场而闻法。故名多闻天。"他是佛教中的护法天神。《北方毗沙门天王随军护法真言》记乞胜利神加被之修法，称其画像为："七宝庄严衣甲，左手执戟稍，右手托腰上。"则正与上述的弗里尔艺术博物馆藏北朝石床床足上刻画的天王像相符。该石床图像曾被姜伯勤解读为祆教神祇，我们认为是不合适的。

这些图像及其组合形式，与北朝常见的佛教造像碑图像组合极其相似，除了没有中央供奉的佛像以外，可以说是套用了佛教造像的常见范本。这些纹饰，以佛教思想艺术的实证向我们展示了当时佛教思想深入到中原人日常生活乃至丧葬礼仪的明显事实，也体现出了佛教造像艺术对中原传统石雕艺术的深刻影响。

图六　美国大都会博物馆借展石床

图七　日本 Miho 博物馆藏石床与石屏风

　　第三种是以表现火祆教宗教崇拜内容与粟特等西域民族生活场景为主的图像。其墓主大多可以确认为粟特族人等西方来华人士。这一类的材料包括 1922 年在安阳出土的一件北齐石床，日本 Miho 博物馆收藏的一批石屏风构件与一对门阙，在西安大明宫乡炕底寨发现的北周时期粟特人安伽墓中出土的一套石床与石屏风，以及美国纽约大都会博物馆曾借展的一座石床等。此外，在山东青州傅家的一座北齐武平四年（公元573）墓葬中曾经出土一批石葬具，其中大批石构件被用于水库大坝建筑，当地博物馆仅收集到一批雕刻有图像的石板，其形制与构图来看，应该是石屏风的残存。这些图像也属于具有粟特等西域民族文化特色的生活场景①。在甘肃天水石马坪文山顶发现的石屏风图像中，楼台亭阁等图像似乎更像是反映中原人士的家居生活，饮宴、歌舞、狩猎与骑马出行图像中也仅有部分人物衣着类似胡服。但是姜伯勤解读其中部分图像，根据有叵罗、来通等西方酒器和日月形象等认为它里面表现了祆教徒进行饮酒的豪摩祭、日月神祭等祭祀场面，还把一座桥上的人物看作是密特拉神在离别之桥接引义人前往天国的场面②。这些看法，还需要有其他类似的图像资料予以更确定的证明。

现在见到的材料中，北朝石床装饰纹样及图案的布局比较固定。在大同地区出土的早期石床均为连续 S 形忍冬纹样装饰带。其他地区出土的石床一般多在石床架正面上部凸雕横条装饰带，该装饰带由并排的莲瓣组成。装饰带下面的图案多表现为三种格式。

一种是由方格连续图案组成的横条装饰带。横条由一组连续的用直线或联珠纹分割的方格组成。在每个方格内减地浅浮雕各种神异动物，如畏兽、人面鸟、龙、兽首鸟身的神怪等，或者在每个方格内减地浅浮雕伎乐人物。有些方格内还用联珠纹构成圆环，在环内减地浅浮雕神异动物等图形。

第二种是用六边形组成的龟甲纹装饰带。每个六边形的外边框刻成联珠纹或直线、在六边形中雕刻各种神异动物或伎乐人物，如深圳博物馆展出的深圳金石资产投资管理公司藏品与波士顿美术馆藏品。

第三种是横向一直贯穿的直线，与这一直线结合的是盘绕龙纹或其他神兽的缠绕形态图案，如加拿大藏品与深圳博物馆展出的深圳金石资产投资管理公司藏品。

---

① 山东省益都县博物馆夏名采：《益都北齐石室墓线刻画像》，《文物》1985 年第 10 期；夏名采：《青州傅家北齐画像石补遗》，《文物》2001 年第 5 期。
② 姜伯勤：《中国祆教艺术史研究》，三联书店，2004。

图八　加拿大皇家安大略博物馆藏石床

石床的长边每侧一般有三只床足，在正面雕刻图像。这些床足上的图像大致有五种类型：

第一种，两侧为侧立的狮子形象，中间为怒目圆睁、张口咆哮的正面兽面铺首。

第二种，两侧为站立的畏兽形象，中间为兽面铺首。

第三种，两侧为裸体力士或佛教天王，中间为兽面铺首、畏兽或莲座香炉。

第四种，两侧为执仗剑的武士，均头戴小冠、身穿宽袖长袍或袴褶服，中间为兽面铺首或畏兽。该组合或变换为两侧兽面铺首或畏兽，中间为仗剑武士。

第五种，具有祆教特色的神王和祭司、火坛等形象，如中央为祆教火坛以及祭司、天女等图像。

这些纹饰图案，表现出丰富的文化特色，从源于汉代艺术的汉民族传统文化、来自西域与印度的佛教造型艺术直到西来的祆教美术因素。不仅能借以区分前后不同的历史阶段，也可以帮助我们深入了解各种外来文化因素进入中原文化的时间与具体影响程度，特别是在了解祆教艺术方面独具价值。

姜伯勤《安阳北齐石棺床画像石的图像考察与入华粟特人的的祆教美

术——兼论北齐画风的巨变及其与粟特画派的关联》一文中归纳出北齐石床所见入华粟特人的祆教美术与粟特画派的关联表现，包括四个方面：

1. 联珠——莨苕（即考古报告中常说的卷草纹）纹样的伊朗—粟特风格，见于响堂山样式及石棺床装饰。

2. 人物造型"其体稠叠，衣服紧窄"，"衣服贴体，如出水中"。

3. 世俗性乐舞宴饮场景与宗教性赛祆祭场景的和谐统一。

4. 波斯—中亚粟特祆教图像及祆教美术的中国化。这些中国化的表现有以下 6 点：a. 粟特祆教美术以圆拱龛表现天神所在的天宫。在敦煌北凉及西魏壁画中，我们已看到以穹形圆拱及汉式天阙交错使用，到安阳画像石中，已演变为汉式天阙。b. 在伊朗—粟特祆教美术中，多有有翼神兽，如有翼羊、有翼骆驼、有翼马，以及有翼神兽。在中国神话美术中，自汉代已有"畏兽"。在北齐画像石天阙形象中多次出现托天的"畏兽"，这种有翼兽头人身的"畏兽"在响堂山石窟中已形成北齐的范式，这种从中国神话母题中借用的有翼畏兽图像，成为北齐入华粟特人祆教美术中的天神图像。c. 在粟特壁画中，神鸟常有相当于中国传统装饰艺术中的"戴胜"……如安阳石棺画像石中的神鸟图像，多有"戴胜"。又，粟特美术中所见玉璜流苏一类的宴饮大厅装饰，在安阳画像石中演变为中国礼制画像中的玉璜羽葆。d. 安阳石床画像石在图画的构图上，采取了中土流行的屏风式手法，这种手法与粟特壁画中以联珠花纹分割画面的手法结合起来而演变为有中国气派的屏风或画屏。e. 安阳石床在建筑图像上，又将中国风的亭台楼阁天阙建筑图像，与印度式的石柱图像、塔式图像和火珠装饰图像结合起来。f. 安阳石床画像石是一组浮雕，但其所依据之粉本应为线描，透过浮雕，可以看出其粉本以线描表现人物、坐骑和树木花卉等图像在技法上的进步。①

---

① 姜伯勤：《安阳北齐石棺床画像石的图像考察与入华粟特人的的祆教美术——兼论北齐画风的巨变及其与粟特画派的关联》，《艺术史研究》第一辑，中山大学出版社，1999。

　　以上所总结的北朝石床艺术雕刻特点，在深圳博物馆展品上都得到了充分的体现。不仅如此，我们还可以在深圳博物馆展品中看到一些在以往北朝石床上没有出现过的图案纹饰与构图形式，极大地补充了北朝石床雕刻纹饰的内容，有利于对石床发展状况与分期的研究。下面就简要地介绍一下深圳博物馆展出的 6 件石床与 1 组石屏风。

　　第一件，该件为分体雕刻的石床正面（长边）。上部为横栏，下部为 3 个直脚床足，在横栏两端各有 1 只铁环。由上至下分层雕刻纹饰。最上面为 1 条由浮雕莲瓣并列组成的横长条饰带。第二层为用直线划分开的 13 个方格组成的装饰带。方格中用平面减地浅浮雕与线刻结合的手法刻画出图像纹饰，从左向右依次为：畏兽、女人头鸟身马蹄足神怪、白虎、凤鸟、畏兽、牛角羊头鸟身马蹄足的神怪、左右有莲叶护持安放在莲座上的火焰珠、驼头鸟身马蹄足的神怪、畏兽、凤鸟、青龙、男人头鸟身鸟爪神怪、畏兽。神怪均面向中央，左右对称。第三层为下垂的波浪纹饰带。三个床足上，左右两侧足高浮雕侧面的狮子像，均面向中央，一足抬起；中央一足高浮雕正向的兽面。与此石床结合的还有一套石屏风，绘制墓主生活图与孝子故事画，详见下文。

　　第二件，该件为分体雕刻的石床正面（长边）。上部为一整条横栏，下部为 3 个单独的直脚床足，残存有彩绘与描金。由上至下分层雕刻纹饰。最上面为 1 条横条装饰带，平面减地浅浮雕横 S 形连续卷草纹。第二层为由浮雕重叠莲瓣并列组成的横长条饰带。第三层为 17 个正六角形与 2 个半边六角形组成的龟甲形纹样装饰带。六边形由直线与端点的圆形连续构成，在六边形内用平面减地浅浮雕与彩绘结合的手法刻画出图像纹饰，六边形外装饰忍冬卷草纹样。六边形内的图像包括莲座火焰珠、青龙、白虎、凤鸟、畏兽等。神怪均面向中央，左右对称。第四层为缠枝忍冬纹横条装饰带。第五层为下垂的波浪纹饰带。左右两个床足浮雕侧面的狮子像，均面向中央，一足抬起；中央一足浮雕正向蹲踞的裸体畏兽。

　　第三件，该件为整体雕刻的石床正面（长边）。上部为横栏，下部为 3 个直脚床足。由上至下分层雕刻纹饰。最上面为 1 条由浮雕莲瓣并列组成的横长条饰带。第二层除中央床足以上部位外，左右各为用直线划分开的 4 个方格组成的装饰带。方格中用平面减地浅浮雕与线刻结合的手法刻画出图像纹饰，从左向右依次为白虎、凤鸟、驼头鸟身马蹄足的神怪、女人头鸟身马蹄足神怪、男人头鸟身兽爪神怪、兽头鸟身的神怪、青龙。神怪均面向中央，左右对称。第三层为下垂的波浪纹饰带。三个床足上，左右两侧足浅浮雕正面畏兽像；中央一足与其上部横栏中连贯，中央浮雕一根圆柱，柱顶安放火焰珠；柱两侧各浮雕一名仗剑武士，身着袴褶服，头戴小冠。火焰珠两侧刻有："兴和四年（公元542）七月廿日亡人朱洛石浃冥记"的字样。

第四件，该件为整体雕刻的石床正面（长边）。上部为横栏，下部为3个撇脚床足，左右两床足外侧各有一个铁环。由上至下分层雕刻纹饰。最上面为1条由浮雕莲瓣并列组成的横长条饰带。第二层为用直线划分开的10个方格组成的装饰带。方格中用平面减地浅浮雕与线刻结合的手法刻画出图像纹饰，从左向右依次为：白虎、马尾马蹄足独角兽、鸟喙畏兽、牛角驼首驼蹄鸟身的神怪、雌狮子、雄狮子、独角兽头马蹄鸟身的神怪、手执锤钻的畏兽（可能是雷公形象）、马蹄足有翅独角兽、狮身有翅独角兽。所有神怪均面向中央，左右对称。三个床足上，左右两侧足平面减地浅浮雕畏兽像；中央一足平面减地浅浮雕两个裸体人物托举的莲座火焰珠。在图像的空隙中补充刻有草叶纹饰。

第五件，该件为整体雕刻的石床正面（长边）。上部为横栏，下部为3个直脚床足。由上至下分层雕刻纹饰。最上面为1条由缠枝忍冬纹组成的横条装饰带。第二层为一幅通栏的长幅画面，用平面减地浅浮雕加线刻的手法刻画出大量山峦树木，在山峦树木中间穿插安排了众多人物图画，可以归纳为5组。第一组有一间房屋，屋内坐有一位老妇人，屋前跪着一位冠服男子。男子身后还站着两人，一个头戴笼冠，另一个用幅巾包头。第二组也是一座房屋内坐着一位老妇人，身边坐着一个小儿。屋前站立两人，一位用幅巾包头，另一位梳高髻，应该是一对夫妇。第三组在石床中央部位，有一男一女并列站立，他们右侧还有两人站立，最右边的一位似乎手中持有一只悬有流苏的长杖。第四组为一个妇人抱着一个小儿，右侧有一男子手中持一铁锹，似在挖地。第五组是一间房屋，屋内坐一位老妇人和一个小儿，屋外有两个男子侍立，右侧又一女侍持伞盖，一女子捧盒。右边还有一个男子牵着一匹鞍鞯齐全的骏马。这些图像中应该包含一些常见的孝子故事画与墓主人生活场面。参照其他孝子故事图画资料，推测可能有表现郭巨、丁兰等人的故事画。第三层为绚纹。第四层为下垂的波浪纹。左右床足上刻画畏兽，中央床足刻画正向的兽面。

第六件，该件为整体雕刻的石床正面（长边），已断裂为三段。拼合后可见上部为横栏，下部为 3 个撇脚床足，左右两床足外侧各有两个铁环的残迹。由上至下分层雕刻纹饰。最上面为 1 条由浮雕莲瓣并列组成的横长条饰带。下面为减地浅浮雕加线刻图案，整体是一条横向贯穿的直杠。杠上盘绕着五条龙身怪兽，它们的双前爪攀抓着直杠。从左侧起依次为龙首、怪鸟首、龙首、怪鸟首、龙首。龙口与鸟喙均衔住直杠。最下面为下垂的波浪纹。左侧的床足上减地浅浮雕加线刻刻画两位执剑武士，均头戴小冠，身穿宽袖长衣，身后与二人中间均有肥大花瓣的花朵，可能是莲花。中间床足减地浅浮雕加线刻刻画一个正面裸体畏兽。右侧的床足上也是减地浅浮雕加线刻刻画两位武士，均头戴小冠，身穿宽袖长衣。左边一位右手执团扇，左手持剑；右边一位右手持剑。

此外，与第一件石床结合的还有一组具有墓主人生活场面与孝子图画的石屏风。全部屏风由 4 块石板组成，正面两块，左右各一块。每块上有三幅画面。正面 6 幅，两侧各 3 幅，共有 12 幅屏风画，排成凹字形，形成一个从左、右及后面三面包围石床的立体屏风。图画采用平面线刻为主的雕刻手法，形象生动，线条流利精细。各幅图画的内容从左向右依次为①树下有三位侍女侍立。②二男仆牵一牛车。③三位侍女侍立。④一位老妇坐在屋内榻上，榻前摆放猪头、牛头、羊头等。屋前一个武士怒目奋髯，右手拔剑。题榜："王寄日煞三生犹为不孝。"⑤一对老夫妇坐在屋内榻上。屋前一个长须男子头戴三角形装饰的帽子跪在地上。题榜："老［莱］子欢孩。"⑥女主人正面坐像，两侧各一侍女侍立。⑦男主人正面坐像，两侧各一侍女侍立。⑧一个老妇在屋内坐榻上与一个幼儿玩耍。屋外一对夫妇侍立。题榜："孝子郭柜（巨）。"⑨一个男子在挖坑，一个女子抱着幼儿立在旁边。题榜："孝子郭柜（巨）煞儿养母。"⑩四位侍女捧器皿侍立。⑪一人牵马，马后有二侍女侍立。⑫二男仆抬舆，后有一男子跟随。

这套图画的表现方式与孝子故事内容与上述的洛阳古代艺术馆藏品、日本久保惣纪念美术馆藏品、安阳固岸东魏武定六年（公元548）谢氏冯僧晖墓中石屏风等十分相似。其内容包含了以儒家孝义思想为代表的汉民族传统文化意识与丧葬礼仪，同时在人物造型服装等方面表现出明显的北朝文化艺术色彩。

四 有关石床的分期断代情况及几点总结

纵观以上所见的北朝石床情况，我们可以得出一些大体上的概念。

首先，北朝石床的装饰纹样与图像内容应该是与北朝墓葬中的整体装饰理念及其所反映的宗教思想相一致的。

在北朝墓葬中，虽然具有壁画装饰或者在葬具上加以图案纹饰装饰的个例不算太多，但是它们仍然能够反映出当时存在着对墓葬及葬具进行雕刻绘画装饰的习俗，这应该是从汉代和魏晋时期的墓葬习俗中延续下来的汉族丧葬礼仪宗教思想的表现。这种对墓葬及葬具的装饰，以前学者们有过深入的讨论，在其反映出汉族人士的宗教方术思想与宇宙观这一点上具有共识。墓葬中与葬具上的一切图像纹饰，都应该是在为死者营造一个安宁稳固的地下小宇宙空间，以驱逐邪魔鬼怪，保护死者魂灵安宁，在另一个世界中享受富贵生活，同时保护其子孙生者平安昌盛。所以，这些图像中包括各种宗教中的天神、祥兽以及象征吉祥的纹饰图案，如中国传统宗教中的东王公、西王母、青龙、白虎，佛教中的天王、力士、莲花、迦陵频伽，祆教的穆护、森莫夫、翼兽及联珠纹等等。制作者利用这些图像表现出神灵聚集的天堂景象，那是亡灵乐于前往的未来世界。墓主人的生活图像表现出对于富裕奢华生活的追求。孝子图画则反映了汉族文化中强调的孝义思想，并具有一定的宗教护佑意义。与此相同，表现祆教祭祀崇拜和西域民族生活的图像也反映了对于神灵和天国的尊崇，以及外来人士的丧葬礼仪观念。

在北朝墓葬中能够表现出时人丧葬礼仪与宗教思想的材料主要有墓室壁画与葬具、随葬品等。北魏早期重要的遗物例如在宁夏固原雷祖庙出土的北魏描金彩绘漆棺、大同智家堡出土的北魏石椁、大同雁北师院北魏宋绍祖墓出土的石椁、大同湖东北魏一号墓中出土的漆画木棺、沙岭 7 号北魏太延元年（公元 435）壁画墓、和平二年（公元 461）梁拔胡壁画墓等。北魏晚期的壁画墓有洛阳北向阳村的元乂墓、洛阳孟津北陈村的王温墓、洛阳洛孟公路东侧的元怿墓等。这一时期的重要石葬具有美国波士顿美术馆藏北魏孝昌三年（公元 527）宁懋石室、美国明尼阿波利斯美术馆藏北魏正光五年（公元 524）元谧石棺、美国纳尔逊—阿特肯斯美术馆藏北魏孝子图像石棺、开封市博物馆藏升仙画像石棺、山西榆社河洼村出土的北魏神龟年间墓主人像石棺、洛阳古代艺术馆藏北朝神兽石棺等，可资参考。这些墓葬壁画与葬具雕刻的图像内容中，保存有比较多的汉代以来的墓葬装饰内容因素，例如：东王公、西王母、青龙、白虎、孝子故事图画、墓主人生活图、升仙图像、星空与云气等。这些图像内容，在上述的一部分石床与石屏风雕刻中有所反映。

其次，石床的装饰图像内容表现出比较明显的阶段性变化，可以在现有资料基础上做一些分期判断的工作。

上述北朝石床资料中，有几件具有比较可靠的年代记录，如大同出土北魏太和元年（公元 477）宋绍祖墓中石床和北魏太和八年（公元 484）司马金龙墓中石床，日本和泉县的久保惣纪念美术馆藏北魏正光五年（公元 524）石床，河南省安阳县永丰乡固岸村 57 号墓出土的东魏武定六年（公元 548）四月廿五日谢氏冯僧晖墓墓中石床、石阙与石屏风，西安出土北周天和六年（公元 571）康业墓石床与深圳博物馆展出的东魏兴和四年（公元 542）七月廿日亡人朱洛石床等。在山西大同发掘的北魏墓中，出土石床的几座墓葬时间根据当地北魏墓葬发掘的情况判断，也应该是孝文帝迁都洛阳以前的墓葬。

在这里面，山西省大同市博物馆发掘的北魏太和元年（公元 477）宋绍祖墓中出土石床与北魏太和八年（公元 484）司马金龙墓中石床时代最早。值得注意的是，它们的图像中表现出浓厚的佛教艺术因素。如司马金龙墓中石床床脚上浮雕裸体力士，他们头顶卷发，项间挂珠链，肩上披帛带，腰间束帛。床架上浮雕着龙、虎、凤、金翅鸟、人头鸟、伎乐等。其造型大多可以在同时期的佛教造像中找到原型。与之相配的漆屏风以列女图为主，是汉族传统文化孝义礼仪思想的反映。目前在这一阶段的墓葬中还没有发现与石床相配的石屏风，可能还是采用漆木屏风与石床共用。这也是这一时期石床葬制的特点。

而在北魏晚期与东魏的石床上，雕刻的神兽中出现了畏兽、翼兽、鸟身人面像等，表现出一些新兴起的祆教等外来宗教文化色彩。与之相配的石屏风中，则比较多地采用了墓主人生活图像与孝子故事画。如日本和泉县的久保惣纪念美术馆藏北魏正光五年（公元 524）石床，河南省安阳县永丰乡固岸村 57 号墓出土的东魏武定六年（公元 548）四月廿五日谢氏冯僧晖墓墓中石床、石阙与石屏风。

郑岩曾经指出："北魏葬具的图像装饰前后有一定的继承关系和阶段性特点。固原雷祖庙的画像可以为洛阳北魏晚期葬具图像上的许多图像找到先例，如前者的孝子故事、两侧的小窗和龟背纹的装饰等在洛阳石葬具上均可以见到。而前者的鲜卑服饰到晚期则为褒衣博带的服装所代替，前者出现的明显受佛教美术影响的题材在晚期也不再流行。"这与我们对北朝石床的分期观察是相似的。

固原雷祖庙的北魏漆棺图像十分丰富，孙机先生曾认为该漆棺的制作年代在太和八年（公元 484）至十年（公元 486）之间①。即与司马金龙墓中石床的时间近似，属于北魏孝文帝迁洛之前。这一时期的北魏文化中还存在有较多的鲜卑文化色彩，同时继承了一定的汉族传统文化因素。从绘画技法上讲，是以线条勾勒为主，人物造型与面部形状具有典型的汉民族特征。显然画工主要为汉族工匠，沿袭着汉代以来的中原传统绘画方式。但是画中人物的衣着服饰则是鲜卑特色，显示了当时鲜卑统治者的文化倾向。这应该是北魏早中期艺术的特点。

而在孝文帝迁洛之后，大力推行汉化政策，改服装，定礼仪，接受了

---

① 孙机：《固原北魏漆棺画》，见《中国圣火——中国古文物与东西文化交流中的若干问题》，辽宁教育出版社，1996。

大量从南朝传来的汉文化影响。墓葬壁画与葬具装饰中的汉化因素也随之增多，在绘画与雕刻的人物形象上服装的时代变化尤为明显，成为褒衣博带、飘逸清雅的南朝式样汉装。这一时期的减地线刻图像，人物造型修长俊逸，树木山石的画法具有明显的南朝绘画艺术特点，画面充实，纹饰繁缛，刻画细致入微，线条纯熟流畅，具有突出的时代特色，与南京地区发现的镶嵌砖画等艺术作品画风相似。流失海外的元谧石棺线画、宁懋石室线画以及上面介绍的洛阳古代艺术馆藏石床和石屏风、首都博物馆藏石床和石屏风、深圳博物馆展出的第一件石床与石屏风藏品等，都是这一时期艺术风格的代表作。

北魏晚期，随着疆域的扩大，与西域各国及北方草原民族的交通往来日益频繁，信奉祆教的粟特人以及其他西域民族人士在中原经商往来与定居的现象越来越多。东魏时杨衒之记录北魏晚期各国各民族来中原交往的盛况，曾经是："自葱岭已西，至于大秦。百国千城，莫不款附。商旅贩客，日奔塞下。所谓尽天地之区已。乐中国土风，因而宅者，不可胜数。是以附化之民，万有余家。"① 这种情况使得西方流行的一些宗教思想在中原流行开来，其信仰的神祇形象也随之被中原人士所熟悉。从而直接造成祆教的宗教图像及带有中亚、西域文化色彩的纹饰图像也进入了中原的建筑与墓葬中。

北齐、北周时期的石床纹饰中，具有祆教等外来宗教文化色彩的纹饰图像更加突出，出现了祆教的天神与祭司、火坛等形象，现存的这一时期石屏风也有表现西域人士生活与宗教活动的图像。鉴于目前可以明确年代的北周石床均为粟特人士的墓葬中出土，与之相近似的北齐石床应该也大多是粟特人士的葬具。但是我们还不能完全确定这一时期的石床图案是以表现祆教及西域民族生活的图像为主，因为在这一时期的石床装饰中也还有采用墓主生活图像的例子，如北周天和六年（公元571）康业墓石床等。但是至少可以看到，这些表现西域人士生活与宗教活动的图像不会早到东、西魏时期。这样，就可以把北朝石床的发展变化基本划分为三个阶段。即：

① 杨衒之：《洛阳伽蓝记》，见杨勇《洛阳伽蓝记校笺》，中华书局，2006。

北魏孝文帝迁洛之前（公元493年前），北魏迁洛至东魏末年间（公元493～550），北齐与北周期间（公元551～588）。

依照上述阶段划分，参照有关的标准器物，我们觉得，深圳博物馆展出的石床基本上都是属于第二阶段，即北魏晚期到东魏晚期之间的。有些可能早一点，属于北魏制品，如第一件、第二件。从早期石床中佛教艺术因素影响较大的情况看，它们床足上面用狮子装饰的做法似乎要早于用畏兽图案的做法，第二件石床上面的龟甲纹装饰纹样也保存着固原雷祖庙北魏漆棺的传统。有些可能略晚一点，如第五件，它的图案采取整体连贯的大型构图形式，而不是分割性的单元连续图案。这种做法在北魏晚期的石棺雕刻中经常采用，如北魏正光五年（公元524）元谧石棺等。元谧石棺的两帮前部和底部刻画孝子故事，后部刻两位仙人骑马云游。各个孝子故事画面之间用山林、树木、流云等填补空白并加以区分，就是和这里相似的画法。显然，这件石床的时代要与元谧石棺相近或略晚一些。第四件石床中大量采用了成熟的畏兽与带有西域神兽特色的怪禽异兽纹样，可能是北魏晚期到东魏时期的作品。它们充实了这一阶段的文物资料，为我们更深入地了解丰富多样的北朝文化与灿烂的中国古代艺术提供了可贵的实物证据。

最后，附带谈一下中国古代"裸葬"的思想渊源与北朝石床的关系。

早在汉代文献中，就明确地表现出社会上存在着提倡"裸葬"的思想意识，这是与大肆耗费人力财力的厚葬形式针锋相对的，既表现了有识之士敢于以身作则，反对浪费社会资源标志贫富分化的厚葬风俗，又反映了通达明哲的思想境界。它可能是西汉初年黄老思想流行影响下的产物，也影响着在东汉时期形成的道教思想宗旨。值得注意的是《汉书》中专门设立了《杨王孙传》，记录了一个普通平民杨王孙的身世。杨王孙与这部官修史书收录的其他人物身份地位极其悬殊，能够列入正史中，完全是凭借他大力主张的"裸葬"思想。可以说，《汉书》的作者班固也是这种思想的拥护者，《晋书·皇甫谧传》引皇甫谧《笃终》一文云："杨王孙亲土，《汉书》以为贤于秦始皇。"可见这种思想在汉晋时期的士人中颇具影响，才会在正史中完整地宣扬了杨王孙的主张。

《汉书·杨王孙传》载："杨王孙者，孝武时人也。学黄老之术……及病且终，先令其子，曰：'吾欲裸葬，以返吾真。必亡易吾意。死则以布囊盛尸，入地七尺，既下，从足引脱其囊，以身亲土。'"杨王孙在给其友人祈侯的回信中清晰地说明了他的思想："吾是以裸葬，将以矫世也。夫厚葬诚亡益于死者，而俗人竞以相高，靡财单币，腐之地下。或乃今日入而明日发，此真与暴骸于中野何异！且夫死者，终生之化，而物之所归者也。归者得至，化者得变，是物各反其真也。反真冥冥，亡形亡声，乃合道情。"

历代都有统治者提倡过薄葬，尤其是在经济凋敝的社会动乱时期。所以"裸葬"的思想一直有所传袭。史书中不乏实例。《后汉书·樊宏传》载樊宏"卒，遗敕薄葬，一无所用。以为棺椁一藏，不宜复见。如有腐败，伤孝子之心。使与夫人同坟异藏"。这种做法甚至得到汉光武帝的赞许，称"吾万岁之后，欲以为式"。《三国志·魏书·裴潜传》：裴潜"正始五年薨，追赠太常。……遗令俭葬。墓中惟置一坐，瓦器数枚。其余一无所设"。《晋书·皇甫谧传》：皇甫谧著论为葬送之制，名曰《笃终》，曰："……故吾欲朝死夕葬，夕死朝葬，不设棺椁，不加缠敛。……气绝之后，便即时服，幅巾故衣，以蘧蒢裹尸，麻约二头，置尸床上。择不毛之地，穿坑深十尺，长一丈五尺，广六尺。坑讫。举床就坑，去床下尸。平生之物，皆无自随。惟孝经一卷，示不忘孝道。"这些历代文献中的记载，反映了"裸葬"思想与其实际作法从西汉到晋代始终存在于汉族社会生活之中。

北朝使用石床葬具的情况则表现出，在社会动荡，异族统治交替变化，各种思想文化并存的北朝数百年间，中原汉族传统文化思想中具有较大影响的"裸葬"习俗仍有传承。上文已经介绍，考古发掘中出土的相当一部分北朝石床上并没有安放棺木（或者没有遗留棺木的痕迹），正说明这些墓葬中的死者是没有装殓入棺木，而直接安放在石床上的。这种葬法对于中原汉族人士来讲，应该是延续了秉承黄老思想和道教精神的反真做法，可以体现自己的民族文化传统。由于北朝时期佛教的强劲传播，我们在上文中提到，石床上佛教天人形象的出现就可能反映出佛祖涅槃礼仪对使用石床形制的文化影响。对于北方游牧民族来说，石床裸葬可能是比起汉族儒家繁缛的丧葬礼仪更容易接受的一种丧礼形式，兼以佛教因素，从而使之在异族统治下的北朝时期存留并沿袭下来。而后，对于原籍西域及中亚地区的民族人士来讲，这种"裸葬"与袄教的天葬形式或许有些相似之处，使得他们也接受了使用石床埋葬的习俗。众多的民族文化集中到一种流行的葬具上，才使得北朝石床上闪烁出如此丰富多彩的文化、艺术、思想之光。

原载《永远的北朝——深圳博物馆北朝石刻艺术展》，文物出版社，2016

（收入本集时有所修订补充）

介绍胡客翟育墓门志铭及石屏风

几年前，一位民间收藏家给我看了他从海外购回的两件北朝石刻墓门，并在墓门上看到十分罕见的一组墓志刻铭。以后，这位收藏家经多年探寻关注，终于又从海外购入一批北朝墓中石刻，包括石床、石屏风、石阙等构件，共 20 余件。难得的是在其中的一块石屏风上也有刻铭，表明它们与那两件墓门属于同一个墓主人。这些石刻经拼对组合，竟是一套完整的墓中建筑石件与丧葬用具。最可珍异的是这些石件上面不仅具有精美丰富的纹饰图像，还刻写了大量铭文，包括一件简明的墓志与一些图像题榜，可以清楚地说明墓葬的墓主身份与大致年代。通过深入考察，应该可以了解到一些有关北朝时期墓葬石刻与北朝时期外来人士的情况，于学术研究有所裨益。所以虽然是考古学界不大涉及的流散文物，也还值得注意。承收藏者帮助，我获得过一些有关的图片、拓本，并对这些石刻的内容与真伪做了一些探讨。承宁夏考古研究所罗丰同志吩咐，要我介绍一下有关的情况。考虑到这些材料对于有关北朝时期西域人士来华的交往情况有所补充，而且自己也对这件墓志内容中的有些问题还不得确解，所以在这里做一个简单的报告，同时也是向大家请教。

首先介绍一下有关材料。这批石刻包括一套石墓门，有石门楣、门框与左右两扇石门；还有一批石床、石屏风、石阙等组件。石墓门两件门扇正面的内侧分别刻写一半墓志铭文，石门关闭后就可以拼合成一篇完整的墓志。墓志楷书文字保存基本完好，仅有几个字残泐不清，内容可以通读。现将墓志铭文释读如下（□内是已残泐或无法确识的文字）：

"翟国使主翟育之墓志　君讳育，字门生，翟国东天竺人也。胄藉华方，

图一　翟育墓石门

图二　翟育墓石门

蟠根万叶。树德家邑，为本国萨甫。冠盖崇动，美传弈世，□二国通好，酬贡往来，因聘使主，遂入皇魏。嘱主上优容，大垂衮赟，纳给都辇，受赏历帝。然昊天不吊，枉歼良哲。以元象元年正月十一日奄致薨背。有心怀痛，凡百含酸。遂使他山之玉，隐质于此乡；亢□之□，灰骨于异土。呜呼哀，以大魏武定元年十一月廿三日，琼棺方备，玉埏既周，卜兹吉辰，奄葬此土。其词曰：昔在西夏，立德崇虚。冠盖万里，众矣之谟。流美千城，响溢两都。如何昊天，降罚斯儒。玉顷摧峰，碧兰枉枯。悲音竟路，酸声满途。有心含痛，为之鸣呼。龙辅动斾，长旌煌煌。挽歌楚曲，銮哀锵锵。孤寓金棺，独寐泉堂。杳然寂室，埏户无光。永居松□，终归白杨。魂如独往，痛矣可伤。"

门扇的正面刻画了精致的纹饰，以直线与圆环组成的六边形连续构成龟甲形的底纹，在各个六边形内又减地阳刻出各种神怪图像与花朵，以细线刻描画出细部的形象。可以辨识的有龙、朱雀、人头鸟身的神物[1]，神兽、执盾武士以及一般被称作畏兽的裸体神像。我们知道在固原出土的北魏漆棺上就采用了龟甲形的装饰底样[2]。这种纹饰装饰手法还可以在西安出土的隋李和墓石棺[3]等处见到。看来是在北朝晚期普遍流行的工艺装饰纹样。

墓志的内容实际上非常简单，应该是当时官方的文人撰写的，可供研究的史料很少。我们只能看到墓主翟育是一个来自翟国的"使主"，原来在本国为"萨甫"，来到北魏出使后，受到皇帝的优待，供养他住在都城。东西两魏分裂后，来到东魏都城居住，可能是随帝室百官东迁的。而后卒于东魏元象元年（公元538），武定元年（公元543）十一月廿三日下葬。

"萨甫"即"萨宝""萨保"。这个名词近年来已经得到了充分的讨论，这里就不再赘述。有学者提出，萨甫原来有商队领袖的意思，不仅限于宗

---

① 人首鸟身的神物形象在古代来源不一。这里可能是来自佛教艺术的迦陵频伽或共命鸟，抑或南朝墓葬中称为"千秋万岁"的镇墓神物，参见河南邓县南朝墓出土砖雕"千秋万岁"，河南省文化局文物工作队：《邓县彩色画像砖墓》，文物出版社，1958。
② 宁夏固原博物馆：《固原北魏墓漆棺画》，宁夏人民出版社，1988。
③ 陕西省文物管理委员会：《陕西省三原县双盛村隋李和墓清理简报》，《文物》1966年第1期。

教首领。而"使主"在南北朝历史文献中，明确是代表一国来访的使团首领。但是当时很多来中国的西域等国人士，是以商队首领身份来华，从事贸易活动，由于交通不便，有些同时也就受其国家委托，兼具了国家使者的身份，有些或者是冒用了国家使者的身份。这些所谓"使主"的真伪，不是很容易判断的。不过从翟育墓志中称其受到北魏及东魏国君的优待与赏赐情况来看，他的使主身份是受到魏国的承认的。其墓葬应该由东魏政府负责建筑，采用大量石件装饰，雕刻精致，显然是属于北朝时期墓葬中比较高的等级。也说明其在魏国的地位是比较高的。

这里值得研究讨论的，主要还是翟育的籍贯，即这个"翟国东天竺人也"。难以解释的就是：按照以往有关"翟"姓的研究考证，中国古代文献中，尤其是两晋南北朝时期的文献中记载的翟，或者翟国，应该是活动在北方蒙古草原至中亚一带的古代丁零。而"萨甫"的名称，又往往是被人们用来确定具有这一称谓的人物属于粟特民族的重要根据。再加上"东天竺"的区域划定，给解释翟育的民族籍贯造成了诸多困惑。

以往研究丁零民族历史比较重要的著作主要有王日蔚的《丁零民族史》，范文澜的《中国通史简编》第三编第五章，冯家昇、程溯洛、穆广文等编写的《维吾尔族史料简编》（上册）与岑仲勉的《突厥集史》等。而后段连勤的《丁零、高车与铁勒》一书则在前人基础上做了相当详尽深入的考证说明。他指出："我国商周至隋唐历史上的鬼方、丁零、高车和铁勒，为同一民族在不同历史时期的称谓。""丁零对漠北匈奴国家的兴亡和十六国时期的历史进程，也是起了重要作用的。……高车和铁勒不仅人口众多，而且占据着漠北漠西广大地区，其足迹所至，更遍及今日我国新疆天山南北和内蒙、陕西、甘肃、宁夏等省区。……导致北魏王朝衰亡的六镇起义，高车就起了举足轻重的作用。"①

根据史书记载，可以知道丁零的主要活动路线是从南西伯利亚一带向蒙古草原迁徙，其中部分人内迁进关，为内迁山居丁零，他们大多居于北方山区，多为翟氏。史书中可见的翟氏丁零分布地区主要有中山、常山、

---

① 段连勤：《丁零、高车与铁勒》，广西师范大学出版社，2006。下引氏说均出自该书。

并州一带。如《晋书·石勒载记》："时大蝗，中山、常山尤甚。中山丁零翟鼠叛勒，攻中山、常山。勒率骑讨之，获其母妻而还。鼠保于胥关，遂奔代郡。"《资治通鉴》卷九四晋成帝咸和五年（公元330）："初，丁零翟斌，世居康居，后徙中国。"

《魏书·莫题传》天兴五年（公元402）"丁零翟都等聚众于壶关。"《魏书·公孙表附轨传》"及刘义隆将到彦之遣其部将姚纵夫济河，攻冶坂。世祖虑更北入，遣轨屯壶关。会上党丁零叛，轨讨平之"。《魏书·太祖纪》载汾州有丁零酋帅翟同。《魏书·周几传》载司州白涧山和相州林虑山右丁零酋帅翟猛雀（公元416年事）。中山、常山一带的翟氏丁零又称西山丁零、北山丁零，见《魏书·太宗纪》《晋书·慕容宝载记》《魏书·韩茂传》《十六国疆域志·后燕》等。

翟氏丁零在西晋末年与十六国时期活动较多，分布广大，氏族之间有密切联系。晋太元十三年（公元388）翟斌后人翟辽甚至在北方建立大魏国。史称有众三万多户，十余万人。所以段连勤认为："高车六部中的狄氏，应即翟氏，大部分在魏晋之际内迁中原，仍然留在漠北的狄氏为数很少，分布地不详。"而活动在蒙古草原至西伯利亚等地的高车丁零"同东魏一直保持着友好朝贡关系，直到它被柔然汗国灭亡为止"。

除去在中原定居的翟氏之外，在西北边疆的吐鲁番、敦煌等地，也曾经居住有大量翟氏人口。这可以从现存的吐鲁番出土文书与敦煌文书中得到实际证明。近来，陈菊霞在其关于翟氏的几篇论文中，详细讨论了当时活动在西域与敦煌一带的翟氏情况，并且将其中表现出与粟特人关系密切的一些翟氏人口定性为粟特民族。其主要根据就是吐鲁番文书与敦煌文书中的一些有关记录。如吐鲁番文书中的《高昌内藏奏得价钱帐》《唐垂拱元年康义罗陀等请过所案卷》《武周载初元年西州高昌县宁和才等户手实》等与敦煌卷子S.367《沙州伊州地志》等[1]。具体论述请见陈菊霞的《西域、敦煌粟特翟氏及相关问题研究》一文[2]。此外，向达先生与张广达先生等也

---

[1] 见《吐鲁番出土文书》第3册、第7册等，文物出版社，1981、1986；以及黄永武《敦煌宝藏》，（台湾）新文丰出版公司，1985。

[2] 陈菊霞：《西域敦煌粟特翟氏及相关问题研究》，《中国边疆史地研究》2008年第3期。

曾经就原藏于右任鸳鸯七志斋的隋大业十一年翟突娑墓志讨论有关粟特移民的问题，认为翟突娑是居住在中原的粟特移民①。

由于文书、墓志等材料中确实表现出有些翟氏人物信仰袄教，与属于昭武九姓的姓氏通婚，做过萨宝等情况，使研究者们得出这一结论。但是历史文献中有关翟氏的记载更多地在强调翟氏属于丁零民族。而丁零与粟特应该不是一个民族。这样，当时中原汉族所称的翟氏就可能有几种情况：一是除了丁零族之外，也有粟特族人在入中原后定姓为翟氏。这一点尚缺少实际材料的证明。二是一些翟氏丁零人由于与粟特人接触较多而接受了粟特民族的宗教与习俗。三是翟氏在中原人的概念中被广泛用来称呼西北各少数民族，所以在这个姓氏下包含了多种民族的入华人士。

我们还不太清楚北朝时期中原汉族是否能明确地区分每一个外来民族，但鉴于翟氏丁零已经长期在中原地区活动，而且与北魏、东魏政权保持着一定的联系，在中原北朝各国的史料上也记录有一些翟姓的历史人物。可以想见，当时中原人的认识中，会有一个对于丁零人与西域其他民族的基本分别。否则就不会在翟育的墓志中将其称为"翟国"，而不称之"高车""丁零"。所以，我们怀疑翟育并不是丁零人，也不一定是粟特人，而是其他民族的来华使者。

而且翟育墓志上说："翟国东天竺人"。我们在中国古代文献中可以看到：当时中原所称东天竺应该是指印度半岛的东部区域。早在汉代，中原就有了天竺的概念。《后汉书·西域传》称："天竺国一名身毒，在月氏之东南数千里。俗与月氏同，而卑湿暑热。……从月氏、高附国以西，南至西海，东至磐起国，皆身毒之地。"而在南北朝史书中已经出现了"中天竺""南天竺""西天竺"等地域性的国别划分。《旧唐书·西戎传》中则明确把天竺分为五部，"天竺国即汉之身毒国，或云婆罗门地也。在葱岭西北，周三万余里。其中分为五天竺；其一曰中天竺，二曰东天竺，三曰南天竺，四曰西天竺，五曰北天竺。地各数千里，城邑数百。……东天竺东际大海，与扶南、林邑邻接"。可见在唐代人的观念中，东天竺的位置是确

---

① 向达：《唐代长安与西域文明》，见于氏著《唐代长安与西域文明》，河北教育出版社，2007。

切的，正与今日的印度东部及孟加拉位置相符。这个概念在南北朝时期也应该是比较明确的。那么就与活动在北方的丁零国距离很远了。因此，这件墓志上记录的翟国，不大可能是上述的丁零民族国家。这样，我们只能猜测，这个翟国并不属于丁零民族，而是像当时中国人称呼其他很多国家的简称一样，是将其国名或族名中的第一个音节作为中国人称呼的国名，也就是说这个国名开头发"翟"或近似"翟"的声音。例如《隋书·西域传》中记载的昭武九姓中，米国，张星烺《中西交通史料汇编》中注云："据《新唐书·西域传》，米或曰弥末，曰弭秣贺。英国比尔（S. Beal）注《西域记》谓即今马江（Maghian）。"季羡林等《大唐西域记校注》卷一注云："此为 Maymurgh 之对音。……故弭秣贺镇之确切位置尚难以考定。"①都认为米国原名的第一个音节是"Ma"。就是典型的用西域国家名称的第一个音节作为简称的例子。

在我们能够了解到的古代西域以及中亚、南亚次大陆地区的古国、古城名称中，虽然不多，也可以见到一些首个音节与"翟"相近似的。如《新唐书·西域传》中记载的怛逻斯城、呾蜜种、《大唐西域记》中记载的呾蜜国（即上述呾蜜种）、呾剌健国等。

如果上述推测不误，可以凭借语音去探寻"翟国"的所在，我们觉得，可能《大唐西域记》中记载的呾蜜国是一个选项。季羡林等《大唐西域记校注》卷一呾蜜国条中做了较详细的解释与考证。

"顺缚刍河北，下流至呾蜜国。呾蜜国东西六百余里，南北四百余里。国大都城周二十余里，东西长，南北狭。伽蓝十余所，僧徒千余人。"注云："呾蜜国，即 Tirmidh。《新唐书·西域传》大食条作怛满、怛没。位于 Surkhan 河注入阿姆河河口不远处。古呾蜜位于阿姆河河岸，因河中小岛及浅滩便于涉渡，成为南北来往重要渡口。……1964～1966 年考古发掘证实，公元前二世纪 Tirmidh 即已存在希腊人的砦堡，公元后一至二世纪有佛寺、塔（窣堵波）等贵霜王朝时期的遗物。古城西北角之 Kara-Kotal 有在岩石间开凿的佛教洞窟寺院，惟其壁画保存不佳。此外有泥塑、浮雕、陶器等物

① 季羡林等：《大唐西域记校注》，中华书局，1985。以下引文同。

出土。陶器上有无数与巴里黑、Surkh-kotal 出土文物相同的婆罗谜字体和佉卢字体铭文。"这个地点应该是东西方交往路途中的一个重要站点,它与中原应该存在着一定的交往。呾蜜国所在的阿姆河地区,尤其是它的东北方向,接近一系列粟特民族居住的中亚小国。所以,虽然在《大唐西域记》中强调的是这里的佛教因素,但由于地理原因,这里也会具有商旅传统并存在着萨甫名称的可能。这里把它作为"翟国"的一个可能选项提出来,不知可否成立,仅供大家参考。

但是严格说起来,这个国家与东天竺也还不能算是同一个地区。除非我们认定古人对于地理方位的概念不是十分确切,而把东天竺与北天竺混为一谈。虽然在当时的条件与科学水平下,也确实不能有如今这样规范而且准确的地图及地理知识,但这也只属于我们的推测,不能作为定论。而如果严格按照东天竺的区域去寻找"翟国",一是还没有找到发音相近的地名,二是在东天竺地区不应该存在"萨甫"的称谓,也没有十分合理的解释,所以只能希望今后能有更多的材料来帮助加深有关认识。

值得注意的是:《大唐西域记校注》卷第一"顺缚刍河北,下流至呾蜜国"一句校勘云:"《敦甲本》国下有小注:唐言竺国。"即英国藏敦煌卷子《大唐西域记》抄本(S.2659)上原有称呾蜜国为竺国的记载。应比较可靠。或翟育墓志中的"东天竺"是"竺国"之误。如推测可行,则为确定翟育国籍多一旁证。

附带提到翟育墓中石屏风上的墓主图像。如果我们可以相信当时的图像会记录了一定的墓主实际形象,那么图像上刻画的翟育,虽然身着一套当时流行的中原服装,即宽袍大袖的汉族衣裳,但是仍在他衣裳的外面披有一件表现为毛皮质地的披风,是否也在表现着翟育的西北民族身份呢?

墓志的记载与胡客的称呼,已经充分说明这位墓主人是一个外国人士,而且可能是来自西域的丁零、粟特等民族的商旅首领。但是在他葬具的石屏风雕饰上面,却显示出浓厚的中原汉文化色彩。这也是一个很有意思的现象。

这组石屏风共四件刻石,每件刻石的正反两面均有图像。这在已知的北朝石屏风中也是非常罕见的。按照一般石床上石屏风的排列方式,这四件刻石应该有两件并列,组成石床上长的一面上树立的屏风,而另两件则分别树立在石床上短的两面，与长的一面共同形成一个凹字形。我们试着组合了一下，则一面的图像组合是墓主、墓主妻子两人的坐像与乘马、牛车、侍女、侍从等；在中间插有孝子郭巨、董永等故事画。这是在北朝石床中常可见到的图像组合。但是另一面的图像就十分罕见，是一套完整的竹林七贤人物画，并且有注明是"阮籍""（向秀）"的榜题。图像中除侍立的仆婢外，一共有 8 个主要人物，表现他们的饮酒、弹琴、拨弄阮咸、坐吟等场景。可能就是来源于南朝流行的"竹林七贤与荣启期"这一组装饰图样。类似图像的砖雕壁画在南京、丹阳等地的南朝帝陵中有过完整出土。这在北朝的出土文物中是比较罕见的。我们所知只有山东济南东八里洼北朝壁画墓①、山东临朐治源镇北齐崔芬壁画墓②有可能是竹林七贤的人物画。在石刻图像中则属仅见。在刻绘墓主坐像的一块屏风石上，图像之下刻写有"胡客翟门生造石床屏风吉利铭记"的铭文。使我们能确认这套屏风与上述的墓门属于同一墓葬。

图三　翟育石屏风

　　石屏风与石床，根据考古发现所见，是在北朝中晚期兴起的一种葬具。现有材料主要出土于河南、河北南部，以及山东、陕甘等地。上面的图像存在着一定的区别与习见的绘画格套，从而反映出不同的文化内涵与民族特色。这些石床的装饰图像内容表现出比较明显的阶段性变化，我们在考

① 山东省文物考古研究所：《济南市东八里洼北朝壁画墓》，《文物》1989 年第 4 期。
② 山东省文物考古研究所：《山东临朐北齐崔芬壁画墓》，《文物》2002 年第 4 期。

图四　翟育石屏风

察深圳博物馆展出的一批石床藏品时，曾经在现有资料基础上做了一些分期判断的工作，把北朝石床的发展变化基本划分为三个阶段。即：北魏孝文帝迁洛之前（公元493前），北魏迁洛至东魏末年间（公元493～550），北齐与北周期间（公元551～588）。翟育的墓中石屏风纹饰图像正符合我们划分的第二阶段中石屏风的雕刻特点。说明这时即使是西域人士的墓葬用具也主要沿袭着中原汉族的丧葬文化习惯，还没有过多的袄教艺术因素。石工制作也多沿袭中原惯用的图像粉本，没有对外来人士专门使用具有西方艺术风格的图案。而在北齐、北周时期，则出现了大量明显来自西域乃至中亚文化的图像，显然是外来人士携带进来的。看来我们对于北齐、北周时期外来文化，或称之为"胡风"的大举进入，还需要予以更多的关注，对这一时期西域及中亚入华人士墓葬及有关葬具的综合研究应该是讨论这一问题中的重要部分。

原载《粟特人在中国——考古发现与出土文献的新印证》，科学出版社，2016

略谈佛教造像中弥勒形象的演变

在佛教诸佛中占有十分重要地位的弥勒，是在印度佛教进入中国以后较早被介绍过来的。有关信仰在中国早期佛教中已经具有比较广泛的影响。根据南朝梁代僧佑编写的中国早期佛教重要著作《出三藏记》中的记载，在晋代僧人竺法护翻译的诸经中，已经具有《弥勒成佛经》一卷，《弥勒本愿经》一卷（又称《弥勒菩萨所问本愿经》），为晋太安二年（公元 303）五月十七日译出。《高僧传》卷一中有《晋长安竺昙摩罗刹（竺法护）传》，云："竺昙摩罗刹……世居敦煌郡，年八岁出家。……博览六经，游心七籍……护乃慨然发愤，志弘大道，遂随师至西域，游历诸国。外国异言三十六种，书亦如之。护皆遍学，贯综诂训，音义字体，无不备识。遂大赍梵经，还归中夏。自敦煌至长安，沿路传译，写为晋文。……经法所以广流中华者，护之力也。"《出三藏记》中记载：竺法护"自太始中至怀帝永嘉二年（公元308）已前所译出。凡一百五十四部，合三百九卷"。可见印度佛典传入中华，使佛教教义得以普及，竺昙摩罗刹（法护）是具有不可磨灭的开创之功的。而在他译出的经典中，就包括了弥勒信仰主要的经典两种。

以后，在佛教经典翻译史上同样具有重要地位的鸠摩罗什，也翻译了弥勒经典。《出三藏记》中称："晋安帝时，天竺沙门鸠摩罗什以伪秦姚兴弘始三年至长安，于大寺及逍遥园译出（佛经）。三十五部，凡二百九十四卷。"其中包括："《弥勒下生经》一卷，《弥勒成佛经》一卷。"他译的《弥勒成佛经》与竺法护所译的不是同一个本子，等于是介绍了另一种佛典。

南朝刘宋孝武帝时期，伪河西王从弟沮渠安阳侯于京都翻译出四部经书，共五卷。其中就有重要的弥勒经典《观弥勒菩萨上生兜率天经》（或云《观弥勒菩萨经》，又云《观弥勒经》）。

而随着弥勒经典的翻译，在中原僧人中对于弥勒的尊崇越来越显著。《高僧传》卷五《晋长安五级寺释道安传》记载："安每与弟子法遇等于弥勒前立誓，愿生兜率。"道安是当时著名的高僧，精于经义。他对弥勒的信仰，表现了当时的僧人对弥勒的重视。这与他从出家时就接触有关弥勒的经义有关。汤用彤先生在《汉魏两晋南北朝佛教史》中指出：道安第一次所读之经为《辩意经》，而现存之北魏法场译之《辩意长者经》之末，有弥勒佛授诀云云。可能表现了道安所受到的弥勒崇拜影响。与道安同时的一些僧人也崇尚弥勒。《高僧传》卷五《晋荆州上明竺僧辅传》云："后憩荆州上明寺，单蔬自节，礼忏翘勤，誓生兜率，仰瞻慈氏。"《晋长沙寺释昙戒传》云："后笃疾，常诵弥勒佛名不辍口。弟子智生侍疾，问何不愿生安养。戒曰：吾与和上等八人，同愿生兜率。和上及道愿等皆已往生。吾未得去，是故有愿耳。"这里说的和上，是指道安。

凡此种种，表明在晋代的僧人中已经十分重视弥勒经典的作用。僧人重视弥勒，可能有到弥勒处领受学习佛教教义的思想。如《高僧传》卷十一《宋京师中兴寺释慧览传》记载："达摩曾入定往兜率天，从弥勒受菩萨戒。"虽然这是佛家的传说，但是仍可以反映当时僧人认为在弥勒兜率天可以领受佛教经义的看法。

而在民间，广大佛教信徒则着重于弥勒作为未来佛的救世功能上。在战乱频繁的南北朝时期，这种救世的功能与民众对未来幸福的殷切期盼相结合，使弥勒净土的信仰得以广泛流传。在佛教崇拜的造像上，集中体现了当时的这种信仰状况。

中国出现弥勒造像，在文献中最早的记载是在十六国苻秦时期。《晋长安五级寺释道安传》中记载："苻坚遣使送外国金箔倚像，高七尺。又金坐像、结珠弥勒像、金缕绣像、织成像，各一张。每讲会法聚，辄罗列尊像，布置幢幡，珠佩迭辉，烟华乱发。使夫升阶履闼者莫不肃焉尽敬矣。"

正像上面引文所说的，中国佛教徒供奉的最早的造像可能多为西方引进的外国制品，故而保存着印度以及中亚一带的艺术特征。根据佛教艺术研究者比较一致的看法，现存日本京都藤井有邻馆的一尊金铜菩萨立像，可能是中国目前可见的最早的一尊佛教造像[①]。虽然由于上面没有铭文，无法确定具体的造像时间，但是它的造像风格与常见的造像有明显不同，表现出浓郁的犍陀罗艺术风格。它的头部显得威严而且规整，面部肌肉丰硕，眼睑大而开张，眉宇间有白毫相，大口配以浓浓的胡须。特别是宽厚的下颌，表现出中亚人的风味。虽然其发式比较特殊，似乎有中原文化的影响。但它对衣装的处理，是极其写实的犍陀罗式艺术手法。以深刀雕刻出波浪般起伏的平行衣纹、厚重的花形颈饰、大璎珞胸饰和有扇形纹样的腕饰等，这些都带有典型的犍陀罗艺术特征。正说明它直接来源于中亚佛教艺术，证明了它的原始性。

这尊佛像的定名，曾经有过争议。但瑞典学者喜龙仁、日本学者滨田耕作等人都把它定为弥勒造像，似已成定论。其根据为德国学者格林威德在对照古代印度以及西藏的佛像表现手法后所指出的：手持水瓶为这些地方造像中弥勒菩萨的最重要信物。

上引文献，说明在十六国时期弥勒信仰已经在各地流行。因此，在西北地区的石窟中，也开始出现了弥勒造像。现存最早的中国石窟寺——甘肃炳灵寺石窟169窟中，就发现了壁画弥勒立像，它的题记上注明为"弥勒菩萨"，绘于后秦弘始元年（公元399）。在北魏时期的各地石窟中，弥勒造像更是占有相当重要的地位。这可能是与此时译出的《弥勒上生兜率天经》中所说"立其像，可在命终时来迎其人，须臾得往生"有关。它正符合了信徒们渴望转世到弥勒净土的要求。

早期的弥勒造像，多以弥勒菩萨的身份出现，大多为菩萨装，头戴宝冠，有些身披璎珞等饰物，身材修长。造像的姿势基本采取交脚坐式。有些作说法印，有些以手支颐，作思维状。所以有人也在没有明确题记的情况下将它称作交脚菩萨或思维菩萨。实际上，思维状的造像一般可以用来表现两种内容。一种是弥勒菩萨，一种是太子思维像。太子思维像是表现

[①]　季崇建：《千年佛雕史》，台湾艺术图书公司，1997。

悉达摩太子游历人世间，见到各种苦难后，沉思默想，体会人生意义时的造像。在中国佛教造像中，它与弥勒菩萨的思维像十分近似，往往只能凭借附刻的造像题记或者附刻的佛传故事画才能加以区别。例如 1976 年出土的北魏赵安香造像背面，有坐在树下的思维像，即太子像①。旁边有太子欲出家时所骑的白马等佛传故事画，可以互为证明。又如日本大阪市立美术馆藏北魏太和十六年（公元 492）郭元庆造石思维太子像，太子像着佛装，半跏坐，头上为发髻，斜披僧衣。右手残缺，可能是支颐或作说法印，周围刻了白马与仆人、弟子等。题记中也注明是造"思维太子"像。如果没有其他人物与题记，我们很难想到它是表现太子。这说明，当时民间的佛教造像中，对于主尊形象的表现基本上没有太多的变化，而主要是通过一些典型的特征，如冠、坐姿、衣装、位置等来区分佛与菩萨，并进一步区分具体的佛、菩萨名称。特别是通过辅助的人物、故事画、题记等来区分。因此，在没有明确题记或其他故事画的限定时，可能大多数交脚菩萨造像以及思维菩萨造像都应该被看作是弥勒造像。

图一　太和十六年郭元庆造太子思维像

---

① 金申：《中国历代纪年佛像图典》，文物出版社，1994。以下未另注明者均见此书。

交脚弥勒的造像形式在十六国时期就在西北地区的石窟中出现。例如在敦煌275窟中有北凉时期的交脚弥勒菩萨造像，在254窟中有北魏时期的交脚弥勒菩萨造像[1]。在山西大同云冈石窟中的13：18窟东壁、11：18窟东壁、137与138窟中都有交脚弥勒菩萨造像；在6窟后室西壁下层南侧佛龛、7窟后室南壁上层西侧佛龛、7窟后室南壁上层东侧佛龛、10窟前室西壁上层佛龛、21窟东壁佛龛内等处，都有头戴宝冠的交脚菩萨造像，也应该是弥勒造像。这些造像大多身着菩萨装，肩披帔帛，项戴项圈或璎珞，下身着大裙，头上是高高的宝冠。除去这些佛龛内的交脚弥勒菩萨造像外，13窟中的主尊也雕成交脚坐姿，作说法印，头戴宝冠，仍应为弥勒造像[2]。由此可以看出，在云冈时期的弥勒菩萨造像中，交脚坐姿与头戴宝冠为其最主要的造像特征。

图二　思维菩萨像

---

①　《中国美术全集·雕塑编·敦煌石窟》，文物出版社，1986。
②　《中国美术全集·雕塑编·云冈石窟》，文物出版社，1986。

　　稍后，在小型单座造像中，出现了一些身着佛装的弥勒造像。这可能是更加强调了弥勒的未来佛身份。例如 1949 年在陕西兴平出土的北魏皇兴五年（公元 471）交脚弥勒石像，具有厚实的莲瓣形背光，长方形佛座。佛像取交脚坐姿，面相丰硕圆实，头上有发髻，身穿僧祇支，双手作转法轮印。其背面刻有佛传故事与神王等图画。另一尊上海博物馆收藏的北魏延兴二年（公元 472）交脚弥勒石像，其造型与雕刻风格和上述那一件基本相同。看来这是北魏早期流行的风格。特别是其僧衣的衣纹细密整齐，紧贴身体，具有秣菟罗艺术风格。

图三　太和廿三年比丘僧欣造弥勒立像

图四　天平二年高阳郡张白奴等造弥勒佛立像

　　在北朝时期流行民间的小型单座造像中，交脚菩萨装弥勒也比较多见。它们中有的在造像艺术风格上保留了比较多的印度及西域特色。例如日本藤井有邻馆藏东魏元象元年（公元538）薛安颢造交脚弥勒菩萨像，雕刻精细，衣裳轻薄贴体，衣纹规整，面相丰满，强调出体态与肉感，显示出它受到印度秣菟罗艺术的影响。

　　在北魏迁洛以后，汉化程度日益加深。这时，作为当时佛教石窟艺术最高代表的洛阳龙门石窟中，表现出更加强烈的弥勒崇拜。弥勒造像在龙门石窟中具有比在云冈石窟中更重要的地位。根据最近龙门石窟研究所对龙门所有造像题记的调查统计，在具有造像题记的龙门石窟北朝造像内，

释迦造像为 50 尊，弥勒造像为 35 尊，观世音造像为 15 尊，无量佛造像为 9
尊，多宝佛造像为 3 尊。弥勒造像仅次于释迦造像，比观世音、无量佛等造
像的总和还多①。这时所造的弥勒造像一般为弥勒上身像，身着菩萨装，交
脚坐七宝狮子座，有些作思维状，像古阳洞中的多龛北魏交脚弥勒菩萨造
像等②。

在北魏中期有一类小型的背光式金铜佛像，制作得比较精美，表现的
内容也比一般单座石造像丰富。在它们中，可以看到交脚弥勒菩萨造像以
外的另一种弥勒表现形式，即与释迦等佛造像相近似的佛相弥勒。

例如，现藏日本的北魏延兴五年（公元 475）韩令姜造弥勒立像，它是
一座采取佛相的制品，造像面容丰满，梳发髻，身披僧衣，有火焰背光。
它的造型与同年制作的张并戴造释迦立像十分相似。只是弥勒像的左手平
放，似握有物品，而释迦像的左手下垂这一点区别。又如日本出光美术馆
藏北魏太和八年（公元 484）李日光造弥勒立像、北魏太和十六年王虎造弥
勒立像③，日本泉屋博古馆藏太和二十二年（公元 498）普贤造弥勒佛鎏金
铜像等，都与上述立像造型相似，似乎是用同样的范本制作的模型。这些
造像都在底座上刻写了铭文，注明是造弥勒像。这使我们感到，当时民间
对于佛的造像可能没有具体细微的区别，一种佛像可以用于各个佛，只是
根据造像者的要求刻上名称而已。这种做法还反映在一些坐佛造像中，如
北魏太和二年（公元 478）张贾造弥勒坐像，就是一尊制作简单粗劣的佛相
铜像，没有任何特定的佛造像标志，只是刻文表明为造弥勒像。实际上，
这种民间的简单制作可以随造像者的要求确定为任何一种佛。

现存美国纽约大都会博物馆的两尊弥勒佛造像是北魏晚期的精制作品。
它们均采取立佛的造型，头上为发髻，身着僧祇支，双手施无畏印。其中
北魏正光五年（公元 524）牛猷造弥勒佛鎏金铜像制作得更为华丽繁复，除
背光外，还有飞天、菩萨、狮子、天王、弟子等人物形象。但是它的佛像

---

① 龙门石窟研究所刘景龙、李玉昆：《龙门石窟碑刻题记汇录》，中国大百科全书出版社，
1998。
② 《中国美术全集·雕塑编·龙门石窟》，文物出版社，1986。
③ 松原三郎：《中国佛教雕刻史研究》，吉川弦文馆，1966。

造型与另一件孝昌元年（公元 525）鎏金铜像完全相同，可见是当时流行的范本。类似造型甚至出现在石刻佛像中，例如日本藤井有邻馆藏东魏天平二年（公元 535）张白奴造弥勒佛石像。需要指出的是，以上这些造像都在题铭中明确提到是造弥勒像。所以，造像时造像者对其名义与佛像造型的认识应该是确定无疑的。

这样，我们就可以归纳出从北魏时期开始定型的弥勒造像定式，主要为两种，其一为菩萨装、头戴宝冠、坐姿为交脚式，呈说法相或思维相；其二为佛装、头梳发髻、多为站姿或交脚坐姿、施转法轮印或无畏印。这两种弥勒造像，在相当长一段时间内是弥勒造像的主要形式。

传世品中还有一些特殊造型的弥勒造像，如北魏神龟元年（公元 518）夏□造交脚弥勒坐像，现存日本藤田美术馆。其造型精美，十分罕见，表现为弥勒坐在大鹏金翅鸟背上，可能是在表现弥勒乘坐大鹏降临兜率天的场面。但是弥勒的形象仍然是菩萨装、宝冠的交脚式样，与同类菩萨装的造型没有大的区别。

到了东魏、西魏、北齐、北周时期，尤其是在东魏、北齐地区，佛教更加盛行。在北方的东西分裂时，东魏占有原北魏政治、文化的中心地区，并将接近西魏的洛阳地区的文人、工匠迁往邺城一带，从而基本继承了北魏的文化传统。同时，它又与南朝有比较密切的文化交往，使北方佛教文化得以继续发展，并且与南方佛教文化有所交流。这时，对于弥勒的崇拜也比北魏时期更加兴盛。除现存于山西天龙山石窟、河北响堂山石窟、山东千佛山石窟等地的造像外，近年来在河北曲阳，山东博兴、青州等地出土的大型佛教造像窖藏，也都充分展现了东魏、北齐的佛教造像艺术成就。很明显，这时的造像更加精致美观，表现了造像艺术的进步。而大量交脚菩萨与思维菩萨的造像精品，反映了对弥勒的重视。其中曲阳造像对于思维菩萨等的新处理手法，独具特色，是这时新创造的造像形式，并影响到山东等地。例如曲阳出土的东魏元象二年（公元 539）惠照造思维菩萨像与兴和二年（公元 540）邹广寿造思维菩萨像[1]等，就表现了这

---

[1]　季崇建：《千年佛雕史》，台湾艺术图书公司，1997。

种新的形式。这些菩萨的面相显得略长，肌肤丰硕，低头下视，上身前倾，右手持莲蕾，紧贴腮部，带有含蓄的微笑，坐姿自然，特别是头上的高冠，两条飘带向上翻起，直冲上天，披肩呈锯齿形，衣裙外展，褶纹疏朗有序，衬以纤细的身段，显得生动优美、清秀脱俗。但是它们在题铭中自称造思维菩萨，所以不一定是指弥勒。而造型相类似的东魏武定二年（公元544）戎爱洛造像，则在题记中只说造白玉像一躯，就有可能包含弥勒的意义了。

实际上，东魏与北齐流行的思维菩萨造像，应该大多表现弥勒的形象，其中北齐弥勒菩萨像的一个重要特点，就是它们的背光已经不用以往常见的火焰纹舟形或莲瓣形背光，而是改用两株菩提树对称组成的盘枝作为背景衬托，中央有一座佛塔，两边是飞天形象。弥勒菩萨坐在两树中央，多采用一脚下垂、一脚平盘的半跏座。身着菩萨装，头戴宝冠，做支颐思维状。如美国旧金山亚洲艺术馆藏北齐天保二年（公元551）思维菩萨像、日本东京国立博物馆藏思维菩萨像①等。

这时，还出现了思维菩萨双身像，也是以菩提树作为背景。这种造像可能是曲阳首先创造的，在此佛教造像窖藏中有比较多的发现。它是在树下并排雕刻两尊形状相同，仅坐姿左右对称的思维菩萨。构图新颖，具有强烈的艺术感染力。

可能是由半跏座发展而来，北齐时出现了两足下垂坐姿的善跏座弥勒造像。这种形式多用于以佛装出现的弥勒造像中，例如现存日本仓敷市大原美术馆的北齐天保三年（公元552）赵氏造弥勒佛像。该像为一铺完整的佛像，主尊为端坐中央，着僧衣，施无畏印的弥勒。他双足下垂，踏在莲花上。两旁是二菩萨、二弟子等。菩提树、佛塔与飞天等组成背衬。题铭中说明为造弥勒佛像。这种形式的弥勒佛像，一直传衍下去，在隋唐时期是弥勒佛的主要表现形式。在北周的金铜造像中，也有用这种坐姿塑造的菩萨装弥勒造像，例如日本新田氏藏弥勒菩萨造像，头戴宝冠，身披帔帛，颈套项圈，是完全的菩萨装，但是作善跏座，施无畏印。这种按照佛经描

---

① 季崇建：《千年佛雕史》，台湾艺术图书公司，1997。

图五　北周半跏座思维菩萨

述制造的弥勒形象在北方流行开后，到了隋唐时期，交脚弥勒的造像就基本上消失了。

相对起来，南朝的造像保存较少，但有一些题材值得注意。在南齐、萧梁时期，南方也出现有交脚弥勒造像，如四川博物馆藏萧梁交脚弥勒菩萨像①。比较起来，这可能是受北方，特别是西北佛教造像的影响。而有人认为佛装的弥勒则可能是南方先流行开，再传入北方的。在四川成都出土的南朝造像中，有一件南齐永明八年（公元490）弥勒造像，正面为弥勒佛，背面为交脚弥勒菩萨，坐在屋形龛内，表现的是弥勒菩萨在兜率天敷演众释的形象。这是将弥勒上生经与下生经的内容放在同一座造像上来表现，说明弥勒形象的两种形式的融合。

初唐时期，弥勒造像风行，尤其以武周时期最多，如龙门石窟中大量出现弥勒龛像。有人认为，这与社会上把武则天称作是弥勒佛降生有关。这一时期的弥勒造像，多为善跏座。如龙门石窟惠简洞中唐咸亨四年（公元673）的佛装弥勒像，极南洞中的唐景龙二年至先天二年（公元708～713）造弥勒像等，与以前的善跏座弥勒相比，它们有一点不同，即双手抚膝，而不是施无畏印。可能是为区别弥勒与其他佛像做出改变吧。唐代也有作说法印的弥勒佛造像，如山西博物馆藏咸亨三年（公元672）弥勒佛像、日本新田氏藏弥勒佛鎏金铜像②等，均为僧衣、螺髻，其造型除作善跏印外，已经与其他佛像完全没有什么差别了。

唐代中、后期以降，弥勒造像有所减少，尤其是菩萨装的弥勒像比较少见。而佛装的弥勒在面相、衣着、手印等方面已经逐渐向释迦、阿弥陀、如来等佛像的造型趋同。除坐姿外，很少有明显的区别。这样，以布袋和尚的形象取代以往的弥勒造像，不能不说是一个佛教造像中国化的巨大改变。

五代后梁时布袋和尚契此被时人认为乃弥勒化身的故事是众所周知的。宋人《鸡肋编》称"今世遂塑其像为弥勒菩萨"。可见宋代就已经开始以布袋的像取代弥勒。最早的布袋像也没有现在这么胖，现存传世宋人绘布袋和尚像、金代石刻弥勒大士应化像等③都是身材适中的和尚像，只是依照当时"形裁猥琐、憨頵皤腹"的说法，绘成前额突出、肚子圆胀的形象。以

---

① 李静杰：《佛教造像碑尊像雕刻》，《敦煌学辑刊》1996年第2期。
② 季崇建：《千年佛雕史》，台湾艺术图书公司，1997。
③ 《中国美术全集·绘画编·石刻线画》，文物出版社，1986。

后才由民间工匠逐渐加工成现在寺院中的形象。它不仅在寺院中单独供养，而且被做成小型造像随身膜拜。近年在上海松江等地塔基中出土了元代玉石雕刻的小型布袋和尚弥勒像①，就生动地体现了这时弥勒信仰的广泛流行与弥勒形象的彻底改变。

图六 元代布袋和尚像

① 上海市文物管理委员会：《上海嘉定法华塔元明地宫清理简报》，《上海松江李塔明代地宫清理简报》，《文物》1999 年第 2 期。

布袋和尚的形象，经过了中国文化审美意识的加工，以一个丰颐硕腹、笑口常开、轻松随便的胖和尚形象作为弥勒佛的化身，取代了唐代流行的与释迦造像近似的弥勒佛造像，从而给佛教殿堂中规整、严肃的造像群内带来了一种充满平民气息的新因素。可以想见，正因为这种来自生活的平民气息与和蔼可亲的艺术感染力，布袋和尚像很快就受到广大平民信徒的欢迎，取代了原来的佛装与菩萨装弥勒像，成为佛教寺院中新的弥勒形象代表。

但是，也可能由于布袋和尚的形象与其他佛教造像的不协调，导致将弥勒单独建殿供养的做法。这对中国佛教寺院建筑布局的改变也起到了一定的作用。有些在佛寺中成组供养的弥勒，也还会继续采用菩萨装与佛装弥勒的造像形式。如山西双林寺中的明代弥勒塑像，即为头戴宝冠，身穿僧衣，跏趺座相①。类似的造像在北京广济寺、河北正定隆兴寺、苏州灵岩寺等地也有所保存。对这时这两类造像形式的流传情况与分布情况加以分析，应该是一个很有意义的课题。但限于篇幅，就不在这里讨论了。

原载《中国历史文物》2003 年第 2 期

---

① 山西省文物局等：《双林寺彩塑》，天津人民美术出版社，1998。

试论隋代的壁画墓与画像砖墓

在中国古代诸多王朝变迁的历史中，隋代是一个十分短暂的统一王朝，但是它在中国封建制度发展至于鼎盛的中世纪时期具有承上启下的重要意义。自两汉以来长期分裂的南北朝对峙局面在隋代得以结束，使得南北两地的文化、经济能够更快地交流与融合，促进了社会发展，为后来继承隋代统一事业的唐朝奠定了发展基础。作为一个空前的大帝国，在国家管理上自然必须要有一套统一的比较完备的政治、法律、经济、军事以及文化制度。隋朝建国后，在南北朝各国政治制度上，尤其是北齐国家制度的基础上加以修正，发展形成了新的政治、法律、礼仪制度。这些制度基本被以后的唐朝延续下来并加以完善，从而形成对中国中世纪以降历史影响深远的一整套统治制度，包括以三省六部制为代表的唐代中央集权行政制度、以唐代律令为代表的法律体系与以大唐开元礼为代表的唐代礼仪制度等。这些维系社会统治体系的政治制度与为之服务的文化、习俗、思想不仅在中国封建社会中世代相传，而且影响到东亚、东南亚各国，在古代汉字文化圈中具有重要的历史意义。

因此，通过文献记载的隋代各种意识形态与能够反映出隋代思想意识的考古资料都体现出这样一些独特的时代特点：隋代这一短暂的历史时期既能反映出南北朝时期的传统影响，带有南北朝晚期的痕迹，又表现出一些统一帝国试图改革的新因素，处于明显的过渡阶段。通过考古发现了解到的隋代墓葬建筑（特别是属于社会高层人士的壁画墓建筑情况）就突出地表现了这一点。它主要延续了南北朝时期的地方墓葬形制，同时又在试图规范化，至少在北方中原地区趋于规范化，表现出一定的等级制度；并且形成一些隋代墓葬中新见的特点。如北方的隋代墓葬中出现高级官员墓葬中普遍使用石棺椁、石门等建筑成分的新现象。它可能就已经是一种在社会上层流行的礼仪体系，甚至可能是已经被官方采纳奉行的礼仪制度。

的确，就现有考古发现来看，与其他朝代的墓葬发现相比，隋代壁画墓的考古发掘成果不太多，而且大多隋代壁画墓保存得很不好，有限的材料给我们深入分析研究隋代壁画墓的建筑形制、壁画内容与等级制度造成了一定困难。但尽管如此，从现有材料中，我们已经可以看到隋代壁画墓特有的一些基本状况与等级特色，使我们对隋代的壁画墓形成一个大概的整体印象。因此，本文拟在归纳现已公布的与隋代壁画墓有关的墓葬考古资料基础上，对于隋代壁画墓的情况做一些分析说明，以期有助于古代壁画墓的系统研究。

在墓葬主体建筑中对建筑本身施加图画纹饰的装饰，应该是古代丧葬制度中较高等级墓葬的一种特殊标志。这些图画纹饰既是指导丧葬的古代宗教礼仪思想的展示，也是对死者身份、财富与社会地位的炫耀。从现有考古资料来看，汉代已经形成了完备的壁画墓建筑形式与壁画表现的礼仪思想体系，而后这种建筑形式一直延续下去，于唐代达到极盛。宋元明清仍时有可见。由于中国地域广大，南北文化差异始终存在。考古发现中明显表现出各地古代墓葬在墓葬形制、建筑材质、区域文化等方面的具体区别。墓葬中的图画装饰也有多种不同形式的表现，如直接在建筑上绘制的壁画、嵌入建筑的雕刻画像石以及嵌入预先烧制的画像砖，等等。虽然多有变化，但是它们都在表现中华传统的宗教信仰与丧葬礼仪思想。总起来看，从数以百计的历代壁画墓材料中仍可以梳理出近两千年的发展演变系列。对此，已经有多位学者对汉代和魏晋南北朝的壁画墓及画像砖石墓葬做了深入系统的研究，唐代壁画墓也有专书及专门的论文加以研究①。相比之下，隋代的壁画墓则尚无综合性的研究。而隋代壁画墓属于南北朝壁画

① 参见信立祥《汉代画像石综合研究》，文物出版社，2000；黄佩贤《汉代墓室壁画研究》，文物出版社，2008；郑岩《魏晋南北朝壁画墓研究》，文物出版社，2002；苏哲《魏晋南北朝壁画墓の世界》，〔日〕白帝社，2007；李星明《唐代墓室壁画研究》，陕西人民美术出版社，2005等专著及有关论文。

墓与唐代壁画墓之间的过渡阶段，解析这一阶段，有助于深入了解南北朝壁画墓的发展与唐代壁画墓体系的形成，也有助于全面系统地认识中国古代壁画墓的历史演变过程。

现有的隋代墓葬发掘情况表明，在北方的隋代壁画墓都是在墓中绘制彩色壁画，而南方则不采取这种装饰形式，主要是用在墓室墙壁上镶嵌画像砖的方式表现墓室的装饰内容。北方隋代壁画墓主要延续了北朝晚期壁画墓，尤其是北齐壁画墓的装饰形式与等级制度。南方的隋代画像砖墓则较多地延承了汉代以来的画像砖墓葬建筑传统。虽然形式不同，但是它们所要表达的墓葬装饰意念、礼仪象征与宗教方术思想等内在意识是一脉相通的。因此，我们这里把北方的壁画墓与南方的画像砖墓放在一起讨论，借以了解并比较隋代南北不同墓葬形式的异同点。

为了说明这一问题，我们先把目前可知的隋代墓葬发现中具有壁画的墓葬（包括壁画已被破坏，但仍保留部分痕迹的墓葬）以及南方具有画像砖装饰的墓葬资料加以汇集，共收集到墓葬 28 座，其中北方地区壁画墓 14 座，包括今陕西 9 座、宁夏 1 座、甘肃 1 座、山西 1 座、河南北部 1 座、山东 1 座。南方地区画像砖墓 14 座，散布于河南南部、安徽、湖北、湖南、江西、浙江、福建、广东等地。形成表一（见下页）。

通过表一的材料汇集，我们可以看到隋代壁画墓（包括具有画像砖装饰的墓葬）的以下几点特征：

其一，在隋代，南方和北方的墓葬建筑仍然存在着不同的地域特征，分别延续了南朝与北朝（尤其是北齐）两种不同的墓葬建筑方式。从南北朝考古发现中可知，南朝的高层墓葬多采用土坑砖室墓的形式，或依山开凿墓穴后建筑砖室。墓葬主要以长墓道、甬道、墓门、排水系统与近正方形单墓室组成。在砖室中采用模制画像砖作为装饰。这在南京、丹阳等地发现的南朝王侯墓葬中多有发现，如 1968 年发掘的江苏丹阳建山金家村大墓[①]，学者认为它可能是南齐东昏侯萧宝卷或和帝萧宝融的陵墓，在其墓室和甬道中就嵌有画像砖组成的拼镶砖画。类似大墓还有南京万寿村东晋墓、

---

① 南京博物院：《江苏丹阳县胡桥、建山两座南朝墓葬》，《文物》1980 年第 2 期。

表一　隋代壁画墓及画像砖墓情况

	年代	墓葬名称	所在地	方向	深度	材质	墓道及甬道	天井	过洞	壁龛（耳室）	墓室	棺床及葬具	壁画（或画像砖、石刻画）	附注
1	隋开皇二年（582）	李和墓	陕西三原	南向，偏东5度	约9米	土洞墓	斜坡墓道长37.55米，甬道长3米，宽1.5米，高2米。	5天井，清理3过洞，长1.4米，宽1.43米，高2.5~2.8米。	清理2过洞，长3.15~3.35米，宽1.3米。		单室，长3.75~4米，宽3.6米，高约4米。	线刻石棺	墓室、墓道均有壁画，已剥落。墓道内似有男女侍从像，墓室内有仿木建筑图像及枯树假山等。	《文物》1966.1
2	隋开皇四年（584）	徐敏行墓	山东嘉祥	南向		砖室墓	斜坡墓道长4.8米，宽1.4米。				圆形单砖室。东西径3.2米，南北径4.8米，高5.2米。		穹顶绘天象图，门洞内外各有门侍，墓室北壁安乐图，东壁夫人出游、西壁牵马出行等。	《文物》1981.4
3	隋开皇九年（589）	M6，王昌墓	陕西西安灞桥区洪庆街道	南向170度		土洞墓	斜坡墓道21度，长19.8米。甬道长1.7米，宽0.9米，高1.2~1.3米。	天井1，长1.1米，宽2.1米，高2.1米。	过洞1，长1.35米，宽1米，高2.4米。		墓室四壁分别为：东2.95米，西2.85米，南2.9米，北2.8米。有生土棺床，1.2~1.25米宽，0.4米高。		墓室中壁画已剥落。四壁有红色长方形大框。	《文物》2005.1

续表

	年代	墓葬名称	所在地	方向	深度	材质	墓道及甬道	天井	过洞	壁龛(耳室)	墓室	棺床及葬具	壁画(或画像砖、石刻画)	附注
4	隋开皇十二年(592)	吕武墓	陕西西安	南向		土洞墓	斜坡墓道长19米，宽1.4米。甬道长1.7米，宽1.4米，高1.6米。				单室，东西宽2.86~2.95米，南北长2.46米，高2.5米。		墓室四壁与甬道有壁画，已剥落。	《西安郊区隋唐墓》
5	隋开皇十七年(597)	例M1	福建惠安县曾厝村2座墓			砖室墓	砖室墓甬道长0.96米，宽0.7米，高1.15米。				单室，长3.96米，宽1.1米，高1.97米。		墓砖为花纹砖，部分砖有"开皇十七年十一月十二日"反文铭。	《考古》1998.11
6	隋开皇十七年(597)	斛律彻墓	山西太原	北向		砖室墓	斜坡墓道总长不详。甬道长0.84米，宽0.98米，高1.68米处起券顶。	1天井，长1.31米，宽1.37米。			单室，东西宽3.5米，南北长3.58米。	土棺床。	墓室四壁有壁画，已剥落。有石门，浮雕门钉及兽首衔环。门槛两端有兽首门墩。	《文物》1992.10
7	隋仁寿三年(603)	萧绍墓	陕西咸阳	南向175度	7.35米	土洞墓	斜坡墓道长10.4米，宽1.2米。甬道长1.5米，宽1.1米，高1.4米。	2天井，长2.9~3.3米，宽0.8~0.85米。	2过洞，长2.8~3米，宽1.12~1.15米，高2~1.6米。		单室，东西宽2.6米，南北长2.8~3.25米，高2.25米。弯顶。		墓室四壁与过洞有壁画，已剥落。	《文物》2006.9

续表

	年代	墓葬名称	所在地	方向	深度	材质	墓道及甬道	天井	过洞	壁龛（耳室）	墓室	棺床及葬具	壁画（或画像砖、石刻画）	附注
8	隋大业元年（605）	李裕墓	陕西西安	南向	深2.9米	土坑石椁墓	长斜坡墓道，长7.28米，宽1米。甬道长1.48米，宽0.98米，残高1.3米。	2天井。长2.2~2.24米，宽0.8米。	2过洞。长1.56~1.74米，宽1.02~1.04米，高1.5米。		单室，长2.7米，宽2.44米。		墓室中壁画已剥落。	《文物》2009.7
9	隋大业四年（608）	李椿墓	陕西西安	南向353度		土洞墓	墓道未清理。				单室，底部长5.5米，宽4.7米。		有壁画，已剥落。	《考古与文物》1986.3
10	隋大业四年（608）	李静训墓	陕西西安	南向	深2.9米	土坑石椁墓	斜坡墓道长6.85米，宽1.6米。				单室，长3.55米，宽3.55~3.68米。	椁内有仿庑殿建筑石棺。	石棺内部有壁画，已脱落，可见痕迹有侍女人物、房屋、花卉、禽鸟等。	《唐长安城郊隋唐墓》
11	隋大业六年（610）	史射勿墓	宁夏固原	南向		土洞墓	斜坡墓道约长22米，甬道长1.2米，宽1.1米，高1.8米。	2天井。1天井长3.3米，宽1.55米。2天井长3.3米，宽1.5米。	2过洞。1过洞长1.35米，宽1.4米。2过洞长1.4米，宽1.5米，高1.75米。	第2天井左右各1壁龛，宽1米，高0.8米，深1.55米。	单室，东西宽3.25米，南北长3.35米。	土棺床，涂白色，绘红波纹。	墓室四壁与过洞、天井残存有武士、侍女等，包括第1过洞口上方有斗拱建筑图。	《文物》1992.10

续表

	年代	墓葬名称	所在地	方向	深度	材质	墓道及甬道	天井	过洞	壁龛（耳室）	墓室	棺床及葬具	壁画（或画像砖、石刻画）	附注
12	隋大业七年（611）		江西清江			砖室墓					长方形砖室，长5.6米，宽1.4米。分为前后室，前室1.8米，后室3.8米。		墓砖侧面有网纹，有大业七年铭《考古》1977. 2。	《考古》1974. 3 有类似隋墓。
13	隋大业十一年（615）	刘世恭墓	陕西西安	南向		土洞墓	斜坡墓道长7.51米，宽1.1米。甬道长1.9米，高2米。	甬道北部有一天井，长2米，宽0.8米。		北壁一小龛，口宽0.8米，进深1.75米。	单室，长2.58~2.76米，宽2.4~2.66米，高2.7米。		墓室四壁壁画，已剥落。墓道甬道中有三层三角形重幔，涂彩色。	《考古学报》1956. 3 同地M20 形制相近，也有壁画，已剥落。
14	隋		陕西潼关税村	南向189度	16.6米	砖室墓	长斜坡墓道，长37.55米，甬道长3米，宽1.5米，高2米。	6天井。长1.9~2.25米，宽2.2~2.6米，高约2.5~2.8米。	7过洞，长2.5~3.65米，宽1.78~1.87米。	在6、7过洞两侧。口宽1.14~1.39米，高1.34~1.55米，深2.88~3.2米。	单室，砖券穹隆顶，长5.72米，宽5.94米，高5.6米。	陷匣式石棺。上面有浅减地线刻。	墓室、墓道、天井、过洞均有壁画，剥落。墓室壁画有侍女影作木构，女影等为侍卫仪仗像，墓道内象图等为侍卫仪仗像，穹顶有星象图。	《文物》2008. 5

续表

	年代	墓葬名称	所在地	方向	深度	材质	墓道及甬道	天井	过洞	壁龛（耳室）	墓室	棺床及葬具	壁画（或画像砖、石刻画）	附注
15	隋	8号墓	河南安阳置度村	南向189度	6.36米	砖室墓	斜坡墓道，长6.92米，宽1.2米。			甬道内2壁龛。口宽0.36米，高0.6米，深0.23米。	单室，长2.6米，宽2.84米，高3.2米。		墓门上方与甬道内有彩绘，已脱落。墓室彩绘壁画已剥落，可能有人物、车马等。	《考古》2010.4
16	隋		河南淅川			砖室墓	甬道内长1.05米，宽0.84米，高1.33米。				墓室长3.05米，宽1.65米，高1.9米。		砖室内嵌10块画像砖。有莲花与接迎画像。	《中原文物》1996.3
17	隋		甘肃天水	北向	墓顶距地表6.6米，墓室高3.44米	砖室墓	竖井墓道长4米，宽1.9米，甬道拱券顶。				单室，正方形，长4.2米，宽4.2米，高3.44米。四壁微外弧，穹窿顶，高1.44米。	墓室正中石棺床，屏风石棺床前床，2兽，6坐伎石像。	石棺床上17方屏风画像，内11幅彩绘贴金。为家居楼阁、饮酒、狩猎等。	《考古》1992.1 原报告称唐墓，应为隋墓。
18	隋		广东韶关			砖室墓				墓室内有三对对称的壁龛。	长方形券顶砖室。		墓砖侧面模印花纹。	《考古》1965.5
19	隋		广东英德	南北向		砖室墓				有的在西壁上部砌2~3小浅龛。	长方形单券砖室。		墓砖侧面模印花纹。	《考古》1961.3

续表

年代	墓葬名称	所在地	方向	深度	材质	墓道及甬道	天井	过洞	壁龛(耳室)	墓室	棺床及葬具	壁画(或画像砖、石刻画)	附注
20 隋	M4	长沙南郊南第3座隋墓	210度		砖室墓					单室，凸字形，券顶。		有模印团花花纹砖。	《考古》1965.5
21 隋		安徽六安	南向		砖室墓					单室，长方形，券顶已坍塌。长3.4米，宽1.05米，高约2米。		墓砖侧面有模印乳钉纹。嵌画像砖六块。	《考古》1977.5
22 隋		江西清江		砖室墓						长条形单室，券顶。		墓砖有花纹。	《考古》1960.1
23 隋	8座隋墓	湖北武昌	南向164度	顶部已毁	砖室墓				后室东西各二耳室，前室东西各一耳室。东西耳室各长0.9米，宽0.4米。	前后室，券顶。前室长2.4米，宽1.2米。后室长4.4米，宽2.24米。	砖棺床，嵌有一石祭台。	模印花纹砖。前室过道东壁朱雀，西壁过道东壁羽人飞天。后室过道东壁青龙，西壁白虎，北壁中央玄武。	《考古》1994.11
24 隋		湖北武汉东湖岳家嘴	南北向22度		砖室墓	南道1.12米宽，进深1.3米。		两室间过道为长1.12米，宽1.32米。	主室东西壁各一耳室，长0.74米，宽0.64米。	横长方形前室长3.64米，宽1.32米，主室长2.44米，宽4米。	3.28米长，宽同主室宽。	嵌画像砖。前室东西壁各一男女侍，过道东西壁各嵌两对男女侍者。主室东壁嵌青龙，西壁白虎。	《考古》1983.9

续表

序号	年代	墓葬名称	所在地	方向	深度	材质	墓道及甬道	天井	过洞	壁龛（耳室）	墓室	棺床及葬具	壁画（或画像砖、石刻画）	附注
25	隋		湖北武汉							主室周围有12个小方龛。			前后甬道及耳室并嵌有画像砖。	《考古》1957.6
26	隋	M4，梁贞威将军散骑侍徐释山	浙江衢州	南向168度	深2.66米	砖室墓					券顶砖室。长方形，长6.8米，宽1.6米。		模印花纹砖，有仁寿元年及人名。	《考古》1985.5
27	隋	M21	浙江衢州	南向165度	深2.66米	砖室墓	甬道长0.9米，宽1.1米。				整体凸字形平面，长方形墓室分为三室，甬道、窄于墓室。长6米，宽2米。		花纹砖，有凸雕骑士像。	《考古》1985.5
28	隋		浙江衢州安仁公社湖西大队	南向60度		均为砖室墓				南北壁各有灯龛二。	券顶砖室。平面凸字形，长4米，宽1.35米，残高1米。		其中M4模印花纹砖，有仁寿元年及人名。	《考古》1985.5

南京西善桥南朝墓①、江苏丹阳胡桥南朝墓②等。除拼镶砖画之外，南方的墓葬中还常镶嵌单幅的画像砖，如在河南邓县学庄清理的南朝早期画像砖墓，出土多块精细的模印画像砖，如妇女、鼓吹、武士、孝子故事画等③。至于用有模印花纹的墓砖建筑墓室更是从汉代以来就在南方流行的传统做法。而隋代南方的砖室墓中仍然沿用着这种用画像砖进行装饰的习俗。从唐代墓葬考古发掘的情况来看，这种习俗直至唐代早期才逐渐消失。但是从画像砖的内容来看，墓室中的装饰内容重新突出了中原传统的宇宙空间象征图像，"竹林七贤"与出行仪仗之类的画像已不再出现（也可能是"竹林七贤"之类的画像在南朝仅限于帝王陵墓中的装饰，随着南北统一而被官方禁止使用）。比较典型的例证如湖北武昌发现的隋代砖室墓。该墓中用模印花纹砖表现四神与天国仙界，其画像砖为前室过道东壁朱雀，西壁羽人飞天，后室过道东壁青龙，西壁白虎，北壁中央玄武。类似装饰可以溯源到汉代壁画墓中，是具有悠久传统的中国古代方术思想的体现。

从墓葬形制上看，隋代南方具有画像砖装饰的砖室墓大多为长方形墓室，部分包括有甬道、墓道。有些不具有墓道和甬道，仅是在土坑内建筑封闭砖椁类型的砖室墓。有些墓葬的墓室被分割为前后两个墓室。墓室长一般在2~3米，较大的墓室长度可达6米以上。如浙江衢州梁贞威将军散骑侍郎徐释山墓、武昌东湖岳家嘴隋墓等。这些墓葬建筑上的差异可能显示出一定的等级区别。

而在北方，具有壁画的墓葬则基本上延续着北朝流行的斜坡墓道多天井土洞墓（及斜坡墓道多天井土洞砖室墓）的建筑形式，墓葬由一线贯穿的斜坡墓道、天井与过洞、甬道、墓门和正方形墓室组成，基本上为单墓室。在墓壁上绘制大幅的彩色壁画。相比同时期的各种墓葬规模可以看出，壁画墓的规模均比较宏大，应该属于较高等级的社会阶层使用的墓葬形式。从众多的北朝壁画墓发掘情况可知，北齐的壁画墓建筑最为规范，即有些学者提出的"邺城规制"。"从邺城开始，壁画成为表现墓葬等级地位的比

① 南京博物院等：《南京西善桥南朝墓及其砖刻壁画》，《文物》1960年第8、9期合刊。
② 南京博物院：《江苏丹阳胡桥南朝大墓及砖刻壁画》，《文物》1974年第2期。
③ 河南文化局文物工作队：《邓县彩色画像砖墓》，文物出版社，1958。

较稳定的指标，并影响到北方其它地区的墓葬和后代壁画墓的发展。"①

其二，通过历史文献中的有关记载我们可以看到，在北魏时期应该已经有了国家社会通行的丧葬礼仪制度，对于各种身份等级的人使用不同的礼仪方式。如《魏书·昭成子孙传·元遵传》记载"赐死，葬以庶人礼"，《魏书·太武五王传·元余传》记载"高宗葬以王礼"，《魏书·后妃传·孝文幽皇后冯氏传》记载"可赐自尽别宫，葬以后礼"，《魏书·后妃传·宣武皇后高氏传》"殡葬皆以尼礼"等。北齐天保元年（公元550），文宣帝高洋颁布《条式》，确定了吉凶车服制度的等级规定。《隋书·礼仪志三》记载："后齐定令，亲王、公主、太妃、妃及从三品以上丧者，借白鼓一面，丧毕进输。王郡公主、太妃、仪同三司已上及令仆，皆听立凶门柏历。三品已上及五等开国通用方相。四品已下达于庶人，以魌头。旌则一品九旒，二品、三品七旒，四品、五品五旒，六品、七品三旒，八品已下达于庶人唯旒而已。其建旐，三品以上及开国子、男其长至轸，四品、五品至轮，六品至于九品至较，勋品达于庶人不过七尺。"由此可以看出，北齐的丧葬礼仪已经有了比较明确的等级划分以及与各等级相应的礼仪形式。虽然在各种丧葬用品的使用规定上有一些不同的划分标准，但是基本上可以确定：皇室勋戚为一个等级。三品以上又是一个等级，而且是比较重要的一个等级。三品以下的人士又可以进一步划分为四品五品一级，六品至九品一级以及庶人一级。墓葬的建筑应该也参照这一等级制度形成了形制上的差别。这在北齐都城及主要城市附近（如邺城、太原）发现的北齐官僚墓葬中可以清楚地表现出来。苏哲在他《魏晋南北朝壁画墓の世界》一书中曾经分析18座东魏北齐壁画墓的发掘材料，根据墓葬建筑情况与陪葬品情况等结合墓志记载的墓主身份，把东魏北齐的壁画墓划分为五种类型：皇帝陵，皇室家族及有权势的外戚墓葬，正一品官僚墓葬，三品以上的官僚命妇墓葬与中下级官僚墓葬。已经形成了一个比较系统的壁画墓等级制度②。从考古发现的情况中来看，隋代墓葬中，特别是北方的壁画墓建筑中应该是吸收了较多的北齐墓葬建筑因素。

① 郑岩：《魏晋南北朝壁画墓研究》，文物出版社，2002，第199页。
② 苏哲：《魏晋南北朝壁画墓の世界》，〔日〕白帝社，2007，第144～146、159～162页。

《隋书·礼仪志三》记载:"开皇初,高祖思定典礼。太常卿牛弘奏曰:'圣教陵替,国章残缺。汉晋为法,随俗因时,未足经国庇人,弘风施化。且制礼作乐,事归元首。江南王俭,偏隅一臣,私撰仪注,多违古法。……两萧累代,举国遵行。后魏及齐,风牛本隔,殊不寻究,遥相师祖,故山东之人,浸以成俗。西魏已降,师旅弗遑,宾嘉之礼,尽未详定。今休明启运,宪章伊始。请据前经,革兹俗弊。'诏曰:'可。'弘因奏征学者,撰《仪礼》百卷。悉用东齐《仪注》以为准,亦微采王俭礼。修毕。上之。诏遂班天下,咸使遵用焉。"这些记载已经明确地表述了隋代礼仪制度的来源,即以北齐礼仪为基础,也吸收了一些南朝的礼仪方式。而且上述引文记载北齐的礼仪制度源于北魏,北魏的礼仪制度则仍然是"遥相师祖"南朝而来。隋代确定的"典礼"可以追溯到南朝直至汉晋时期,但主要是继承和完善了北齐建立的一套建立在官僚等级基础上的典章礼仪制度。

其三,隋代壁画墓材料中反映出隋代壁画墓存在着明显的等级差别。从隋代壁画墓的墓葬形制来看,北方的壁画墓建筑方式大多为带有天井的斜坡墓道土洞墓,这一点延续了北朝的高等级墓葬形式,不同的是隋代墓葬中已经比较普遍地使用了石质葬具与石墓门。现有发掘资料中保存比较完整,内容也比较丰富的是在山东嘉祥出土的开皇四年徐敏行墓,该墓为斜坡墓道土洞砖室墓,具有石墓门。墓室四壁有宴乐图、备骑出行图、出游图等。穹顶上有天象图。门洞内左右各二人,门洞外左右各有一个守门人。郑岩在对中原北朝壁画墓的研究中曾经按照墓道长短、墓室大小与石葬具等因素把砖室墓分为 5 型,从而表现出墓主身份的高下等级①。徐敏行墓的形制规模大致相当于郑岩分析中的 C 型,但墓道长度较短。已发现的同型北朝墓葬如在山西发掘的北齐库狄迴洛墓②、在河北发掘的北齐尧峻墓③等。但这些墓葬的墓主为从一品的高级官员,而徐敏行的官阶要低得多,仅为正五品驾部侍郎,可能该墓葬的建造中有些超越其官职等级标准的成分,隋代中下级官员的墓葬形制标准或要低于徐敏行墓葬的形制。

---

① 郑岩:《魏晋南北朝壁画墓研究》,文物出版社,2002,第107~121页。
② 王克林:《北齐库狄迴洛墓》,《考古学报》1979年第3期。
③ 磁县文化馆:《河北磁县东陈村北齐尧峻墓》,《文物》1984年第4期。

《隋书·礼仪志三》中记载："其丧纪，上自王公，下逮庶人，著令皆为定制，无相差越。"说明隋代丧仪中存在着明确的等级制度规定。通过比较，从现有的隋代壁画墓建筑情况中也可以找出一定的等级区别。如汉王司法参军萧绍（从四品）的墓葬与正议大夫右领军骠骑将军史射勿（正四品）的墓葬形制基本相似：天井为两个，墓室边长小于 3.25 米（除史射勿墓室宽为 3.6 米外）。使持节车骑将军仪同三司王昌（正五品）的墓葬墓道长度、墓室尺寸与萧绍等墓葬近似，墓室小于 3 米，只有 1 个天井。左亲卫车骑将军吕武（正五品）的墓葬墓道长度、墓室尺寸与王昌墓近似，只是没有天井。而骠骑将军开府仪同三司河东郡开国公（骠骑将军、开府仪同三司正四品，开国公从一品）李椿、延州总管使持节上柱国德广郡开国公李和（上柱国、开国公从一品）、右车骑将军崇国公（开国公从一品）斛律彻的墓葬墓室边长均在 3.6 米左右，天井数目也较多，如李和墓有 5 个天井（斛律彻墓未清理全部墓道，仅清理 1 个天井，李椿墓未清理墓道与甬道，无法比较），则在天井数目与墓室规模上均大于徐敏行、萧绍等人的墓葬，应该是表现较高的等级。如果这种等级区别存在的话，则以上壁画墓墓葬情况可能表现为三品以上官员为一个等级，四品及四品以下官员为较低的另一个等级。

《隋书·礼仪志三》中对于当时丧葬礼仪制度规定的记载比较简略，而且对不同的丧礼用品采用不同的等级标准。如"正一品薨，则鸿胪卿监护丧事，司仪令示礼制。二品已上，则鸿胪丞监护，司仪丞示礼制。五品已上薨、卒，及三品已上有蒡亲已上丧，并掌仪一人以示礼制"。"诸重，一品悬鬲六，五品已上四，六品已下二。辒车三品已上油幰，朱丝络网，施襈，两箱画龙，幰竿诸末垂六旒苏。七品已上油幰，施襈，两箱画云气，垂四旒苏。八品已下，达于庶人，鳖甲车，无幰襈旒苏画饰。""三品已上立碑，螭首龟趺，趺上高不得过九尺。七品已上立碣，高四尺，圭首方趺。"在这些记载中，三品常是一个重要的分界线。以三品作为墓葬等级的一个划分界限与文献的有关记载有所对应，是可以成立的。

此外，参照《隋书·礼仪志三》中对丧葬礼仪的记载，可以发现在几种丧礼用品的使用等级中也存在着以四品作为分界的一类等级标准。如：

"执绋：一品五十人，三品已上四十人，四品三十人，并布帻深衣……四品已上用方相，七品已上用魌头。"由此启发我们，在隋代墓葬的建筑等级上是否也有以四品为界的一类区分？如果把天井数量及有无天井作为一个标准来考虑，目前材料可能显示四品与五品以下官员之间也存在着一个等级差别，但由于材料太少，无法确定这是一个普遍现象。而左备身府骁果刘世恭的身份仅为普通武士，也建造了规模制式与正五品官员近似的壁画墓，这一现象是否表明隋代末年对官方礼仪的管理有所失控，限于材料，我们还无法做出明确的结论。

近年在陕西潼关税村发掘的一座大型隋代壁画墓则表现出更高的一个等级。它具有 6 个天井，7 个过洞，全长达 63.8 米，深 16.6 米。墓室长、宽也达到接近 6 米，是目前所见到的规模最大的隋墓。墓室中使用函匣式石棺，刻有图像。在墓道、天井、过洞以至墓室中均绘有彩色画像。墓道两壁相对绘制出行仪仗队伍，共 92 人，列戟架 2 座。过洞与甬道的壁画中残存有拄刀仪卫士兵的形象和朱红色的影作木构建筑图案。墓室中壁画已经脱落，但是根据残存的墙皮可以判断有朱红色的影作木构建筑图案，柱间可能有捧着烛台的仕女。墓室顶部绘有表现宇宙天穹的星象图。参照北朝与唐代壁画墓的建筑形制来看，这种规模的墓葬建筑都是属于相当高等级的，其规模与壁画装饰几乎可以与邺城发现的有学者推测为北齐帝王的湾漳大墓①以及唐代章怀太子墓、永泰公主墓②等相比。所以税村隋墓的发掘者推测这座墓葬可能是隋废太子杨勇的墓葬。这样，它就可能代表了隋代皇室与官员墓葬建筑中除帝后墓葬之外最高的一个等级，即一品官员及王公的墓葬等级。以上这些隋代壁画墓表现了官员墓葬中存在的三个主要等级。而吕武墓、刘世恭墓与置度村隋墓等形制更小的壁画墓则反映出礼仪规定中更低等级的存在。

其四，通过徐敏行墓等隋代墓中壁画来看，隋代壁画墓中的壁画内容

---

① 中国社会科学院考古研究所、河北省文物研究所邺城考古工作队：《河北磁县湾漳北朝墓》，《考古》1990 年第 7 期。

② 陕西省博物馆、乾县文教局唐墓发掘组：《唐章怀太子墓发掘简报》，《文物》1972 年第 7 期。陕西省文物管理委员会：《唐永泰公主墓发掘简报》，《文物》1964 年第 1 期。

可能仍然延续着北朝壁画墓中的主要表现内容与布局。先是以墓主人为中心的生前生活景象，如宴乐图、备骑出行图、出游图等。类似图像组成在北齐崔芬墓①、北齐娄睿墓②、高润墓③等多座北朝壁画墓中都可以见到。税村隋代大墓中的出行仪仗队列图像也与邺县湾漳北朝大墓中的墓道仪仗壁画相近似。隋代壁画墓葬中还通过整个墓葬建筑与装饰来表现人们意识中的宇宙空间及天国景象，表现灵魂升仙的祈愿与宗教方术意识，如税村隋代大墓与徐敏行墓的墓室穹顶上有天象图以及四象、云气、神兽等。追溯北朝墓葬，在北齐库狄迴洛墓、尧峻墓、太原第一热电厂墓④等众多壁画墓中都在墓中相近同的位置出现了这些图像。此外，一些墓中残存的红色方框可能表现着仿木结构图象或者屏风画的存在，在北齐崔芬墓与众多北朝石棺床屏风画的先例中可以看到它们的源头。另外，北周墓葬中比较多见的侍卫武士、侍女、男仆等单人画像也在隋代壁画墓中有所出现，如史射勿墓、李和墓等均残存有这些人物图像。

其五，在北朝时期的皇族与高级官员墓葬中，开始使用石质葬具，如石棺床、石屏风等。这种做法在隋代墓葬中有了比较普遍的应用，并且出现了石棺椁这样的精致葬具。隋代的一些高等级墓葬中除壁画装饰以外，还具有石棺椁、石棺床、石屏风以及石墓门等，它们上面也经常具有精致的线刻图画以及彩绘图画，也有一些涂有彩色的浮雕图像。这些图像应该在礼仪和宗教方术等方面起着与墓中壁画相同的作用，同样反映出当时社会流行的丧葬思想意识。比较典型的代表如：隋延州总管使持节上柱国德广郡开国公李和墓中的石棺。该棺的外侧雕刻有精致的线刻图案。棺盖上有两个相向站立的人首鸟身神像，一男一女，均手持一圆形物，报告者怀疑为中国古代神话中的伏羲、女娲。神像下方为两个对称的人像。周围装饰有几十个中心为禽兽等花纹的圆形图案以及莲花、蔓草、花瓶等。这些

① 山东省文物考古研究所、临朐县博物馆：《山东临朐北齐崔芬壁画墓》，《文物》2002 年第 4 期。
② 山西省考古研究所、太原市文物考古研究所：《北齐东安王娄睿墓》，文物出版社，2006。
③ 磁县文化馆：《河北磁县北齐高润墓》，《考古》1979 年第 3 期。
④ 山西省考古研究所、太原市文物管理委员会：《太原南郊北齐壁画墓》，《文物》1990 年第 12 期。

纹饰表现出浓郁的中亚、西亚古代文化风格。神像的鸟身造型与隋虞弘墓中石棺床上的火袄教神像造型①颇为相似,可能受到西域文化的一定影响。而石棺的左右两帮依次刻绘四个站立的握剑武士、骑着青龙(左帮为白虎)的仙人、飞天、怪兽、天鹿以及卷草文等。前挡上刻绘双扇大门、二只朱雀和门侧的武士左右各一人。后挡上刻绘朱雀、玄武与天鹿。在左右帮的挡头上也刻有卫士,在棺底还刻有山峦与野兽②。总体看来,整个石棺的图画可能是在构成一幅完整的墓主升仙图,表现出当时人们心目中天国的形象与象征的宇宙空间,突出表现了墓主的亡灵在武士的保护下,由神仙引领飞向天国。这种宗教思想通过图像、建筑等实体予以反映的表现方式在汉代墓葬中已经形成完整的系统。李和墓中石棺这里的表现中加入了北朝时期外来文化的影响因素,但仍从属于汉族传统文化的意识范畴。石棺图像中的这些表现等同于在墓葬墓道中以及墓室中出现的类似图像。在以后的唐代壁画墓葬中,类似的升仙过程简化为墓道中的青龙、白虎及云气等背景图案,但其中蕴含的思想意识应该仍然是自古以来沿袭着的升仙观念。由此可见,石棺等葬具上的图像与墓葬壁画应该同属于一个装饰系统,具有同样的作用,反映共同的丧葬礼仪与丧葬意识。

探讨隋代以石棺为主的特殊丧葬形式,需要提及在陕西西安西部发掘的隋代李静训墓。这座墓的建筑形制并不大,为带有墓道的土坑墓,墓室边长为 5.5 米,宽 4.7 米。但是墓主身份尊贵,为隋文帝长女的外孙女。随葬品中有珍贵的金银器、玉器等。墓葬形制简略。可能由于其去世时年龄较小,仅 9 岁;同时由于葬在万善尼寺中,坟上建立重阁,模拟佛塔,所以在一定形式上模拟了佛塔地宫的形制。墓室中安放石椁与石棺。石棺雕刻为精致的九脊殿堂形式,西壁正面为三开间,中间为大门,门两侧各有一名线刻侍女像。两边每间各有一直棂窗,上有斗拱建筑。南壁刻有两扇大门,门两侧各有男侍一人,上有斗拱建筑。东壁、北壁分别与西壁、南壁

---

① 山西省考古研究所、太原市文物考古研究所、太原市晋源区文物旅游局:《太原隋虞弘墓》,文物出版社,2005。

② 陕西省文物管理委员会:《陕西省三原县双盛村隋李和墓清理简报》,《文物》1966 年第 1 期。

相似。但无大门。值得注意的是在石棺内壁绘制有壁画，现在虽然由于积水，壁画脱落，但还能看出在西壁中央画有花卉图案，两边各画有仕女人物二幅，南北两壁各画四名女侍，东壁画有房屋、人物、禽鸟、树木等。这些内容与当时墓室壁画中常见的图像内容相似，应该是墓室壁画的简化形式①。此外还有近年在山西太原发现的隋虞弘墓石椁。形制为仿木构建筑，为歇山顶、三开间、带有前廊的殿堂式样。石椁前壁外面、左右侧壁和后壁里面、椁座正面和左右两侧面的图案均为浮雕加彩绘；左右两侧壁外面及后壁背面的画面为墨绘；椁座后壁背面的画面为彩绘。图像包括宴饮图、乐舞图、狩猎图、酿酒图、家居图、出行图等，人物形象及内容具有浓郁的西域风格，研究者多认为与火祆教有关。虞弘墓葬建筑为斜坡墓道单室砖墓，与上述斛律彻墓以及河南等地发现的一些隋代墓葬形制大致相同，应该是按照隋代中层官员的标准建造的，属于中原流行的典型的墓葬形式。虞弘墓中的出土墓志与石椁图像表明，该墓主身份明显是西域后裔。但是他仍采用石椁装饰壁画的形式入葬，反映了当时用壁画图像装饰墓葬与石葬具的社会风尚，也反映出这类斜坡墓道砖室墓已经是隋代社会普遍采用的墓葬形式，而在墓葬中加以图像装饰则是上层社会的身份表现与礼仪象征了。

原载《考古》2014 年第 1 期

---

① 中国社会科学院考古研究所：《唐长安郊区隋唐墓》，文物出版社，1980。

一件重要的唐代"牒"文实证

　　《文物》1984年第5期《唐天山县南平乡令狐氏墓志考释》一文中，介绍了一件在吐鲁番县五星公社建设大队八小队出土的唐代灰砖墓志。这件永徽五年十月二十九日的令狐氏墓志与现已见到的其他唐代墓志有所不同。它转录了一篇唐代版授妇女乡君的官司牒文，从而成为唐代"牒"这种文书形式的一个重要实证。兹略加考证以表出之。

　　唐代官司文书的类型很多，如诏、令、奏、议、判、教、启、牒……其中"牒"是一种广泛采用的简短文书形式。但也正由于这一点，至今可以见到的"牒"十分稀少。《文苑英华》等类书中收集的少量"牒"也已不是官司文书原貌。现知比较完整地保留了"牒"原貌的材料，仅石刻少林寺碑碑阴——赐少林寺地牒。

　　为了与唐代"牒"的本来面貌对照，我们以北京大学图书馆藏拓本赐少林寺地牒，与令狐氏墓志所转录的牒文比较说明于下。

　　此石记碑阴前半部为唐太宗任陕东道行台尚书令时就赐少林寺柏谷坞庄而起草的"教"，"教"以下则为房玄龄及主簿玄道白等承办此"教"的咨文。咨文以下则是陕东道大行台尚书省给少林寺的牒文。文曰：

　　　陕东道大行台尚书省　牒少林寺

　　　牒。自得京省秦王府牒，称奉　教，连写如右。已准　教下洛州，并牒秦府留后国司准　教。牒至准　教。故牒。

　　　武德八年二月二十一日

　　　　　令史胥威乾　牒

主事　　膳部郎中判屯田君胤

这种牒文，是由上级官府颁发给承受牒文者的。它的格式是：首先书写发牒官衙及受牒对象，其次记录要通知的内容，然后签署日期，最后，书牒官员和主事官员由低至高依次签名。

令狐氏的墓志全文则为：

大唐永徽五年十月廿九日。

董□隆母令狐氏年八十有余，安西都护府天山县南平乡，右授魏州顿丘县达安乡君。

牒。奉诏版授官如右。

右牒。　贞观廿三年九月七日。

典王仵　牒

朝散郎行户曹参军判使事姬孝敏

刺使使持节西伊庭三州诸军事兼

安西都护西州刺使上柱国谯国公柴哲威

图一　令狐氏墓志

我们在此恢复了原牒文的书写格式。由此可见，它们二者是十分相同的，但是，由于令狐氏版授乡君牒被借作墓志，故而在首行记录了葬日（或卒日），以下的文字则全部抄自牒文。

为什么这样说呢？从"董□隆母令狐氏年八十有余"一句中可以看出，这应该是贞观廿三年令狐氏封赠乡君时的年龄。按照唐代尊老的惯例，高龄妇女可版授封君以示尊崇。《旧唐书·高宗纪下》云："（乾封元年）正月壬申，诸老人百岁已上，版授下州刺史，妇人郡君。九十、八十节级。"《容斋随笔》卷九"老人推恩"一条云："（开元）二十七年，赦。百岁以上，下州刺史，妇人郡君。九十以上，上州司马，妇人县君。八十以上，县令，妇人乡君。"说明唐代妇女在八十以上才能版授乡君。在唐代墓志铭中，有不少例证可以证实这一点。

例如：贞观十九年十二月十二日唐杨（华）君墓志铭云："夫人焦氏……耆年八十，版授乡君。"① 永徽元年七月九日唐故隋酒城府鹰扬曹（谅）君琅玡郡君安氏墓志云："诏授洛滨及伊洛乡君（卒年八十六）。"② 永徽四年十一月十四日唐故谷水乡君张（伯）夫人墓志铭云："诏授谷水乡君（卒年九十）。"③ 等等。

永徽五年去贞观二十三年已有六年之久。如其卒时年仅"八十有余"，那么，就不可能在贞观二十三年便版授乡君。因此，这件墓志除首行年月日外，应是全部抄自牒文的。它和少林寺牒给我们提供了唐代官司"牒"文的第一种类型。

此外，在近年出土的吐鲁番文书中，也保存了一些当地"牒"的残件。例如阿斯塔那 302 墓出土的 9 号文书：

〔上缺〕牒件状如前，谨牒。　永徽元年二月十　日

坊正张延杢〔下缺〕④

---

① 北京图书馆藏拓。
② 北京图书馆藏拓。
③ 千唐志斋藏石。
④ 国家文物局古文献研究室、新疆维吾尔自治区博物馆、武汉大学历史系：《吐鲁番出土文书》第五册，文物出版社，1983。

又如阿斯塔那 210 号墓出土的 10 号文书:

〔上缺〕〔关〕吏〔部〕〔下缺〕

〔上缺〕〔关〕至准敕此已〔牒〕伊〔下缺〕

〔上缺〕物牒至准敕分付讫〔下缺〕

〔上缺〕请受。故牒　　〔下缺〕年十二月廿〔下缺〕

同墓出土 13 号文书:

〔上缺〕此已各〔牒〕〔下缺〕

〔上缺〕〔优〕听处分者谨录牒上。谨牒。〔下缺〕

〔上缺〕日　典付守珪牒〔下缺〕

　　　　　上柱国杨处敏

又如阿斯塔那 61 号墓 1 号文书:

□义□,畦海员。

右被帖追上件人送者依追身到。今随〔下缺〕

牒件状如前,谨牒。　麟德二年五月十六日

　　坊正〔付〕　问表式。十〔下缺〕①

以上几件残牒中,302 墓 9 号文书与 61 墓 1 号文书是地方小吏——坊正给上级的呈文。210 墓 13 号文书从"谨录牒上"等文字中可以看出它也是回复上级官府的文书。10 号文书则押有"安西都护府之印",文中有"吏部"及"敕"等字样,可见其为安西都护府呈复中央政府的文牒。因此,它们与上述令狐氏墓志中引录的牒文不同,属于另一种类型,即由下呈上的"牒"。

---

① 国家文物局古文献研究室、新疆维吾尔自治区博物馆、武汉大学历史系:《吐鲁番出土文书》第六册,文物出版社,1985。

此外，尚可见到一些民用书札亦称为"牒"，如阿斯塔那 201 墓 2 号文书：

右阿婆生存及亡没所修功德件录条目

如左：

一、文轨法师边讲法华一部。敬道禅师边受戒。

一、写涅槃经一部，随愿往生经一卷，观世音经一卷。

一、延僧设供诵大波若一十遍。

一、自省以来，口诵余经，未曾邂废。

一、延法师昙真往南平讲金光明经一遍，法华两遍，金光波若
　　一遍。

一、在生好喜布施，乍计不周。

　　右告阿婆从亡已后，延僧诵随愿往生。

　　至今经声不绝。并颂大波若一遍。

　　葬日布施众僧银钱叁伯文。

　　牒件录在生及亡没所修功德条目如前。谨牒。　　咸亨五年三
　　月廿二日儿牒。①

　　牒的这种用法并不多见，我们怀疑它可能是给死去的母亲做法事时使用的文书，所以套用了自下呈上的文牒形式。

　　以上是我们今天见到的唐代"牒"的格式与类型。日本学者池田温在《中国古代籍账研究》一书中已经谈到："（中国）古代和中世纪的文书与记录能够流传至今日者，也是极少的。"仁井田陞在《唐宋法律文书之研究》一书中，关于唐代的牒，也仅仅找到上述赐少林寺地牒一件实例而已。由此可见，令狐氏墓志中不仅为唐代版授乡君提供了证明，而且还保存了弥足珍贵的唐代"牒"文实证，它是值得我们予以重视的。

原载《文物》1986 年第 9 期

---

① 国家文物局古文献研究室、新疆维吾尔自治区博物馆、武汉大学历史系：《吐鲁番出土文书》第六册，文物出版社，1985。

唐代洛阳城坊补考

　　隋统一中国以后，大兴宫室，建筑了规模宏大的大兴城（长安）和东都洛阳。这两座城市规划严整，气魄雄壮，成为当时世界上最大的城市。这两座城市的建筑在吸取了汉代以来都城建筑经验的基础上，采取了将城区划分为坊的方法。用纵横交错的干道将全城分割为若干坊，每坊均立有坊墙，形成一个封闭的居住区域。这种城坊制度，主要出自治安的需要，是隋唐时期管理城市的重要措施。长安与洛阳的这种建筑格式，不仅对国内地方城市的布局产生了广泛影响，而且影响到邻近国家（如中亚诸国及日本等）的都城建设①。

　　唐代沿承隋制，这两座都城，尤其是洛阳城，基本上保持了隋代的原状。新中国成立以来，考古所洛阳工作队、北大等单位，多次对隋唐洛阳城址进行了调查、发掘等工作，为唐洛阳城址复原工作做出了重要贡献。国内外学者对洛阳城的宫殿、城坊布局也做了多次复原探索。在考古所洛阳工作队的发掘报告未刊之前，这方面的工作多以《元河南志》《两京新记》《唐两京城坊考》等文献记载为主要根据。考古所洛阳工作队的发掘工作则为复原工作提供了可靠的证据，反映出洛阳唐代城坊情况与文献记载大致吻合。因此，现在对唐洛阳城址的复原情况，基本上是在考古发掘的基础上，依照《元河南志》《唐两京城坊考》等文献记载来进行的。

　　在对洛阳出土的大批唐代墓志研究中，我们发现，大多数唐代洛阳城坊的名称都可以在墓志中得到印证。通过这批可贵的实物资料，不仅可以

---

　　①　宿白：《隋唐长安城和洛阳城》，《考古》1978 年第 6 期。

对文献记载予以补证，纠正文献中的一些失误，而且可以找到一批史料中未曾确载的城坊名称，由此涉及一些有关城坊制度和唐代洛阳情况的问题，对唐代洛阳城址的复原工作有所裨益。故摭拾成文，以就正于识者。

一 关于洛阳城坊数目及新增补之坊

考古所洛阳工作队《"隋唐东都城址的勘察和发掘"续记》（以下简称《续记》）一文中指出："街道里坊的复原工作，较为困难、牵涉到两个问题，一是里坊数目的问题，一是洛河变迁的问题。"[1] 这正指出了问题的要害。

唐代洛阳城坊，诸家记载的数目不一致。《大业杂记》云："东都……洛南有九十六坊，洛北有三十坊，大街小陌纵横相对，自重津南行尽方坊。"《唐两京城坊考》卷五则云："城内纵横各十街，凡坊一百十三，市三。隋曰里一百三，市三。唐改曰坊。"《旧唐书·地理志一》河南道东都条载："都内纵横各十街，街分一百三坊，二市。"而《唐两京城坊考》正文中仅列举了 112 坊名，其中时泰一坊又是《元河南志》称为元代比唐增多的续添坊名（《唐两京城坊考》附东都外郭城图中未绘入，是对的），故仅存111 坊。《续记》所复原图即在此基础上又减去南里、北里，定作 109 坊 3市。这里顺便提及，《续记》复原图中将洛河以北的审教里误作富教里，南市以东的永泰里误作永太里。

但是，从唐代墓志中可以看到：洛阳城坊不止 109 之数。如《元河南志》中提及的乐城坊，《唐两京城坊考》及诸家复原图中均略去不收，误以为元代新增之坊。实际上《元河南志》卷一云："乐成坊，即唐南市与通利坊之地"，"次北安远坊，续增之坊，即唐乐成坊之地，有李道谦宅，魏王符彦卿水磨"。"次北慈惠坊，唐有姚崇宅，按韦述记，此坊半已北即洛水之横堤。"由此可见，唐代应有乐成坊，位于通利坊与慈惠坊之间。乐成坊，唐墓志中多次出现，多作乐城。如开元二十年十一月二十一日杜孚墓

---

① 中国社会科学院考古研究所洛阳工作队：《"隋唐东都城址的勘察和发掘"续记》，《考古》1978 年第 6 期。

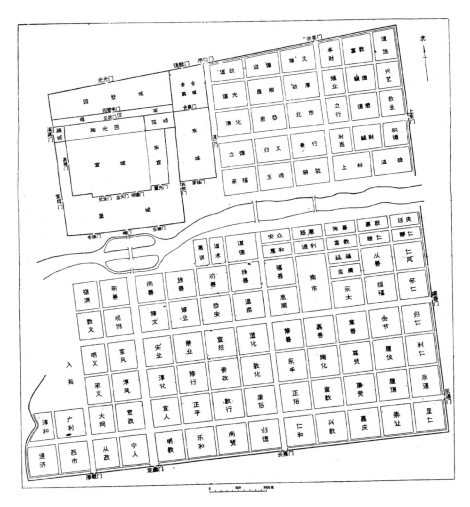

图一　洛阳城坊复原图

志云："启手足于河南乐城里之私第。"天宝元年八月二十四日李宾墓志云："终于河南府河南县乐城里之第。"大中四年十月五日张汶墓志则云："告谢于东都乐城里之私第。"足以证明乐城确为唐洛阳域内一坊。现知载有乐城坊名的唐墓志，最早为初唐麟德二年十一月二日刘夫人墓志，最晚为晚唐大中四年十月五日张汶墓志①，可见唐代洛阳城内自始至终存在着乐城

---

① 本文引用墓志，除另行注明外，均引自《千唐志斋藏志》，文物出版社，1984。

一坊。

类似乐城坊这样，在唐代墓志中发现的洛阳坊里还有相当数量，但在文献记载中均付阙如。今就所见墓志归纳如下：

（1）建春：贞元三年二月十七日司马齐卿墓志云："旋班入洛……终于建春坊私第。"开成六年正月十日毛氏墓志云："终于东京建春里。"大中九年六月十三日李氏室女墓志铭云："殀于洛京建春里之别墅。"

（2）徽安：天宝七年十月十一日王元泰墓志云："因使于洛，返辔未迴，忽染□疾，便成哀作，薨于徽安里之私第。"天宝八年十一月十一日吴福将墓志云："终于东京徽安里之私第也。"天宝十一年五日十五日齐子墓志云："薨于河南徽安里之私第。"

以上二坊，或云属东京（洛京），或称为坊。《旧唐书·地理志二》称东都，即指都城之内。又《旧唐书·职官志二》云："两京及州县之郭内，分为坊。郊外为村。"可知其应为洛阳城内坊名。

（3）里顺：天授二年二月十八日杨陶墓志云："乃面洛背伊，俯临城阙，丘园养性……卒于里顺坊之里第。"所言背伊意为杨陶宅第以南为伊水。此伊水似应指引伊水入洛城的通津渠。《唐两京城坊考》卷五云："通津渠。……又于正南十八里龙门堰引伊水……伊水分两支，西支正北入城，经归德之西，折而东流……东支东南入城，经兴教坊西，又折而东流。……以入于运渠。"对照以上记载，此杨陶宅第应在城内长夏门以西第一街至城东外郭墙之间，洛河以南的地区内。

（4）万岁：贞元十九年十一月五日陶英夫人张氏墓志云："终于东都河南县万岁里之私第。"

（5）遵教：万岁通天二年王夫人薛氏墓志云："终于洛阳遵教里之私第。"神龙二年十一月二十日李通墓志云："终于洛阳遵教里第。"志文又称："甲第陪于京室。"似李宅亦在城内。遵教里当亦为城内之里名。

（6）行修：龙朔三年大节之女墓志云："卒于行修坊之里第。"大中二年十一月十六日韦顼夫人张氏墓志云："终于东都行修里之私第。"值得注意的是：麟德二年二月二十五日房仁颖墓志云："终于洛州河南县永泰乡行修里。"里上有乡，似属郊外之里。但其他志则称坊，称东都，显然是城内之坊。这一现象或可说明城内亦设乡，但正确与否尚待他证。

（7）隆化：垂拱三年闰正月十九日公孙平夫人墓志云："终于神都隆化里第。"开元三年十月十三日卢调墓志云："终于东都隆化坊之私第。"

（8）弘敬：大足元年三月十二日竹须摩提墓志云："终于神都弘敬里之私第。"《旧唐书·五行志》云："永淳元年……洛水大涨，漂损河南立德、弘敬、洛阳景行等坊二百余家。"此弘敬当为灌渠以北临渠之坊名，说见下文。

此外，还有大量存在于墓志中的唐代洛阳里名，由于缺乏佐证，尚不能确定其位置，但其中也可能有城内之里名，仅录此备考。

（1）感德：开元二十八年七月二十日郜崇烈墓志①与天宝六年正月三十日娄氏墓志②均云："洛阳县感德里。"

（2）邻德：龙朔元年七月十六日王孙墓志云："卒于邻德里之私第，合葬于北邙之阳。"其卒于是年六月十八日，葬于七月十六日，不会是外地归葬北邙。此邻德里当属洛阳或洛阳城郊。

（3）牵善：显圣二年七月十四日孙府君墓志云："终于洛阳牵善里之私第。"

（4）上善：咸通二年十一月二日张夫人巩内范墓志与咸通十一年十一月十二日张晔墓志均云："上善里私第。"巩内范丈夫为东都留守都防御都押衙兼都虞候。张晔为河南府试取的乡贡进士，可见此上善里亦为洛阳或洛阳城郊之里。

（5）殖荣：天宝八年六月九日刘夫人高氏墓志云："终于殖荣里之私第，殡于邙山凤凰台之南原。"据乾隆十年《洛阳县志》地理部附图，清代洛阳城外东北方仍有凤凰台一地。

（6）淳俗：贞观十六年六月二十五日刘粲墓志云："卒洛阳县淳俗里私第。"③

（7）敦俗：贞观二十年四月十四日杨德墓志云："卒于敦俗里私第，殡

---

① 均为周绍良先生藏拓本。

② 均为周绍良先生藏拓本。

③ 北京图书馆藏拓本。

于邙山。"①

（8）积闰：天授二年七月十六日樊太君墓志云："卒于洛阳城东积闰里。"

（9）三市：贞元十八年十二月七日李夫人刘氏墓志云："终于河南三市之里。"宝历二年正月二十九日解夫人墓志亦云："终于三市之第。"

（10）孝水：天宝七年十一月二十四日王夫人李氏墓志云："终于河南县孝水里私第。"

（11）洛邑：永徽四年正月二十一日张洛墓志云："终洛邑里。"按永徽二年正月二十七日潘卿墓志云："卒洛邑乡临瀍里。"此洛邑里疑亦属洛邑乡，为洛阳城郊之里。

（12）附郭：开元十五年五月十二日□德誉墓志云："迁神于洛阳附郭里之别业。"

根据文献记载，唐代两京城坊的一些坊名曾经有过改动。那么，这些在墓志中新发现的坊名会不会也是改动前的旧坊名呢？《唐两京城坊考》中记载，东都洛阳曾经改动过的坊名有 14 个，其中除道化坊又作遵化坊系书写致讹外，其他 13 坊改名的情况又可分为两种原因：①由于避讳改名，②由于地理状况改变而改名。第一种原因，例如履信坊，本为恭俭坊，避武太后曾祖名改。第二种原因，例如永通坊，本名依仁坊，其后门塞而改坊名。现洛阳实地勘察中已发现永通门确实被堵塞过。在墓志中发现载有依仁坊名的时间，最晚为天宝七年十一月三十日王同福夫人裴氏墓志，"洛阳县依仁坊"。由此可知该门堵塞及该坊改名，至早不超过天宝末年。

以上两种原因中，又以避讳为主要原因。依此标准去检验以上诸坊名，可以看出：弘敬、隆化可能是因避讳而改动的旧坊名。弘敬，弘字为唐孝敬皇帝（高宗太子）名讳，《元河南志》卷一云："宣教坊，本名弘教，唐神龙初避孝敬皇帝讳改。"弘敬当亦为同时改名。疑弘敬后改名归义。上引《旧唐书·五行志》云洛水涨，淹立德、弘敬、景行诸坊。此即漕渠水涨淹没了渠北之坊。今渠北立德以东，景行以西为归义坊。与文献记载弘敬位置大致相符。隆化，隆字为玄宗名讳，《史讳举例》卷八载"隆州改阆州，

大基县改河清"。《唐两京城坊考》卷五载"敦化坊，本名基化坊，景云初避明皇名改"。疑此文有误，现存唐志中最早载有敦化坊名的是天宝十三载闰十一月十一日卢自省墓志。基化坊名在墓志中从未出现过。而隆化坊名最晚见于开元三年十月，与敦化坊名出现的时间差可衔接。可能敦化是由此隆化改名，改名的时间在开元、天宝之间。

此外，行修坊，可能即《唐两京城坊考》中所记之修行坊。在唐代墓志中从未见到东都修行坊名。而行修坊名却在初唐至晚唐的多件墓志中出现。《唐两京城坊考》卷五引刘轲陈玄装塔铭亦云："自上京抵洛……访余柴门于行修里。"徐松却认为这是修行里之讹。就现有唐志材料而言，可能恰恰相反。

而建春、徽安二坊，若依照永通坊例来看，似乎也可以认作建春门、徽安门附近的城坊改名而致。但是，在出现徽安坊名的天宝时期以及此后的墓志中亦存在着徽安门附近的道政、进德、道光诸坊名；在出现建春坊名的贞元年间及以后的墓志中也出现有建春门附近的归仁、怀仁、仁风等坊名。所以，还不能遽断它们是改动了的坊名。

这样，洛阳城坊的数目就不仅限于109坊，甚至可能超过113坊。与史载均不同。由此可见，唐代墓志中所记载的洛阳城坊名称，给我们提出了洛阳城坊复原中的新问题。

二 试析唐代洛阳坊、里的关系

由上文所引志文中已可以看出，唐代洛阳城内同一坊区，或称为坊，或称为里。史料文献记载中也与此类同，有时称坊，有时称里，没有定式。从唐代墓志中还可以看出，称坊称里也不因时代而异，早、中、晚唐均有称坊之志。甚至同一年号内的不同墓志对同一坊名却一称坊，一称里。如开元十九年二月五日吕夫人李氏墓志云："洛城修义坊"。开元二十年二月十一日王令墓志则云："洛阳修义里。"这就使得人们往往把洛阳城内的坊与里混为一谈，甚至统称为里坊。

然而，唐代坊、里二者本义并不相同，这从它们的设置原则和长吏职责上即可看出。

《旧唐书·职官志二》户部尚书条："百户为里，五里为乡。两京及州县之郭内，分为坊，郊外为村。里及坊、村皆有正，以司督察。"《大唐六典》卷三亦同之，并云："里正兼课植农桑、催驱赋役。"《通典》卷三云："大唐令，诸户以百户为里，五里为乡，四家为邻，三家为保。每里置正一人（若山谷阻险、地远人稀之处，听随便量置），掌按比户口，课植农桑，检察非违，催驱赋役，在邑居者为坊，别置正一人，掌坊门管钥，督察奸非。……在田野者为村，别置村正一人，其村满百家增置一人，掌同坊正。"上引诸文，以《通典》言之最详。可以看出，里、乡，完全由人户决定，不受地域局限。《元和郡县图志》在各郡府下均注有开元与元和两个不同时代户数与乡数的变化。如河南府："开元户一十二万七千四百四十，乡二百。元和户一万八千七百九十九，乡八十。"正说明了乡、里数目随人户多少而改变的现实。而坊，则是面积大小固定的，服从于城市建筑的建筑区划。坊与户数之间没有一定的对应关系。

据文献记载与考古发掘，各坊四周均建有底部约三米宽的夯土高墙，四周（或两侧）各设一门，定时开闭，以加强治安管理。坊正的职责主要是掌管坊门钥匙，负责坊内治安。而里正则侧重于管理户籍、田地、赋税、徭役等行政事务。日本学者曾多次探讨过里坊问题。如宫崎市定曾指出："坊正……专门担负警察的任务。"① 也注意到了里、坊的不同之处。《唐律疏议》卷十二云："诸里正不觉脱漏增减者，一口笞四十……〔疏〕议曰：里正之任，掌案比户口，收手实，造籍书。"又卷十三："诸里正，依令'授人田，课农桑'。若应受而不授，应还而不收……失一事，笞四十。〔疏〕议曰：……应收授之田，每年起十月一日，里正预校勘造簿。……"又卷十六："若部内有冒名相代者，里正笞五十，一人加一等。"而卷十八贼盗律中则云："诸造畜蛊毒及教令者，绞。……若里正（坊正、村正亦同）知而不纠者，皆流三千里。""诸部内有一人为盗及容止盗者，里正笞

---

① 〔日〕宫崎市定：《汉代的里制与唐代的坊制》，《东洋史研究》21 卷 3 号。

五十（坊正、村正亦同）。"又卷二十四："诸监临主司知所部有犯法不举劾者，减罪人罪三等。……〔疏〕：议曰：'主司'，谓掌领之事及里正、坊正、村正以上。"唐律中的这些条款，明显地表现出里正与坊正的不同之处。再如吐鲁番阿斯塔那204号墓出土唐贞观二十二年洛州河南县桓德琮典舍契，亦是"明府付坊正追向县。坊正、坊民令遣两人和同，另立私契"①。而同从吐鲁番出土的阿斯塔那5号墓总章元年里正牒，则为申报□相户内欠田及丁男数事②。坊正管理治安诉讼，民事纠纷。里正管理户口、田地。分工很明显。由此可见，坊与里应该是有所区别的。

在唐墓志中可见，洛阳城郊确实存在着县、乡、里、村各级行政单位。如龙朔三年十二月二十七日傅交益墓志云："移殡于河南县平乐乡郝村西北。"乾封元年二月五日王延墓志云："合葬于邙山平乐乡瀍左里河东村北八十步。"开元十二年八月二十七日李怀让墓志云："于河南府洛阳县平阴乡河阴里吕村西北一里故府城南权殡。"这与《旧唐书》《通典》等文献记载是一致的。

而城内的坊、里问题就较复杂，表面看来，大多数坊又可以称为里。但坊、里设置本已不同，则将坊、里混为一体势必会造成误解。怎样解释这一现象呢？有两则唐代墓志可以帮助我们给出一种解释。

长寿三年四月五日康智墓志云："终于神都日用里思顺坊之私第。"

大和八年正月二十日王翼墓志云："终于东都安业坊安业里之私第。"

这两则墓志记载的"思顺坊"与"安业坊"都是自初唐至晚唐始终存在，有大量墓志材料与文献材料证明的洛阳城坊。然而它们又附加了里名。康智志中的日用里更是文献中未曾记载过的。这一现象不能不使人感到，在唐代洛阳城内，存在着里与坊两种低级行政治安单位。里侧重于户口管理、赋税徭役，坊则侧重于治安督察。恰如宫崎市定所言："城内承受着由墙垣围绕起来的坊和由人户聚集起来的里这二重区分。"③

由于里为人口户数所决定，坊则是面积固定的居住区划，所以里与坊

---

① 国家文物局古文献研究室、新疆维吾尔自治区博物馆、武汉大学历史系：《吐鲁番出土文书》第四册，第269页，文物出版社，1983。

② 《吐鲁番出土文书》第六册，第366页。

③ 〔日〕宫崎市定：《汉代的里制与唐代的坊制》，《东洋史研究》21卷3号。

不可能一一对应存在。城市坊区内，往往建有大型的寺庙、官署、园林，以及高官大族的宅第。有些可能并有一坊的四分之一，半坊，甚至全坊。如《唐两京城坊考》卷五："宜人坊，半坊太常寺药园，西南隅荷泽寺。""宣范坊：半坊为河南府廨。""履道坊：西门内刑部尚书白居易宅。"《旧唐书·白居易传》载其池上篇云："东都……履道里……西闬北垣第一第，即白氏叟乐天退老之第。地方十七亩，屋室三之一，水五之一，竹九之一。"这种情况，致使有些坊内人户未必够百户，有些坊内人户又大大超过百户①，这就会造成像康智墓志记载的那种坊、里名称不一致的现象。也就是说：可能一度存在着一坊数里或数坊一里的现象。

但是，像康智这样的情况是很少见的。大多数坊、里的名称是相同的。这可能是迁就了坊的现状。所以很多墓志中坊、里并称。如：证圣元年五月十四日王恩惠妻孟氏墓志云"终于来庭县永泰坊里第"，大和六年十一月十一日田氏第二女墓志云"卒于河南府洛阳县履信坊里之私第"等。

唐代人口户籍由里管理。书及履历时多以乡里为主。如《权载之文集》卷二十卢公行状云"河南府洛阳县遵化乡恭安里卢迈字子元年六十"；《韩昌黎集》卷三七董公行状云"公讳晋，字混成，河中虞乡万岁里人"，等等。这也是文献和墓志中里比较多见，甚至以里代替坊的原因。

由此我们推测：上文中所列举的，文献阙载的洛阳坊里名称，是否有一些也是由于一坊数里或数坊一里的现象造成的。当然，这种推测可否成立，尚待更多的考古发现予以证明。

三 关于洛阳城内洛阳、河南两县区划和 洛阳城坊复原的一点看法

洛阳郭内分两县治理，武后年间曾分置永昌、来庭二县，后废置。《元和郡县图志》卷五："洛阳县，贞观六年，自金墉城移入郭内毓德坊，今理

---

① 如《旧唐书·五行志》：开元五年"京师兴道坊一夜陷为池，一坊五百余家俱失"。

是也。……洛水，在县西南三里。河南县，隋仁寿四年迁都，移县于东都城内宽政坊，即今县是也。……洛水，在县北四里。"《旧唐书·地理志一》云："垂拱四年，分河南洛阳置永昌县，治于都内之道德坊。神龙元年……废永昌县。""天授三年又分置来廷县，治于都内之从善坊。"

文献所载洛阳诸县的变化，在唐代墓志中均有反映。不仅如此，我们还可以凭借墓志记载，将洛阳城内河南、洛阳两县的分划清楚地显现出来。

洛河以北，当以瀍水为河南、洛阳两县分界。

开元二十五年八月十日杨偘墓志载："河南县道政坊。"天宝十一年十一月三日侯智元妻鲁氏墓志载："河南县道政里。"①

天宝三年八月十二日陆思本夫人元氏墓志载："河南县界道光里。"贞元九年十二月二十七日吕思礼墓志载："河南县道光坊。"

开元二十四年八月二十六日杨丽墓志载："河南县清化里。"咸通九年七月十八日魏夫人张氏墓志载："河南县清化里。"

立德与承福二坊虽无明确注为河南县属的墓志材料，但上引《旧唐书·五行志》文中已言河南立德。承福坊由其位置可见亦应属河南县。依《唐两京城坊考》正文，此五坊属于徽安门西街，洛河以北，归河南县界。附带提及，《唐两京城坊考》正文言徽安门西街有道政坊等一列四坊，又言徽安门东街有进德坊等一列四坊。则徽安门当位于道政坊与进德坊之间。而其绘东都外郭城图却将徽安门画在道政坊与东城（含嘉仓城）之间。诸复原图亦仿此绘法，均与其记载不合。

徽安门东街以南，东城以东南北第二街的五坊则属洛阳县界。例见：天宝二年十二月七日左光胤墓志"洛阳进德里"，天宝九年韦小孩墓志"洛阳县履顺里"，开元十年夏壬寅王夫人崔金刚墓志"洛阳归义里"等。

洛河以北，东城以东南北第三街、第四街、第五街、第六街的各坊均属洛阳县，证明的墓志很多，不一一列举。

洛河以南诸坊，则以长夏门东第三街作为河南、洛阳两县的分界。

此街以西诸坊属河南县，如长夏门东第二街一列：陶化，长安三年十

---

① 北京图书馆藏拓本。

月十二日王誓墓志云："洛阳合宫县陶化坊"（合宫即河南县改称）。嘉善、贞元十八年四月十一日张氏墓志云："河南县嘉善坊。"① 乾符三年二月十八日崔璘墓志云："河南府河南县嘉善里。"

乐城坊居于通利坊北，并属河南县，上文已述。其他几坊，尚未材料说明其归属，但夹在中间的陶化等坊确属河南县，那么，这一列七坊，以及南市，均属于河南县，该是没有疑义的。

长夏门以东第三街诸坊则均属洛阳县。如：集贤，大中元年九月十日崔弘礼小女墓志云："洛阳县集贤坊。"尊贤，开元二十二年四月六日崔嘉祉墓志云："洛阳尊贤里。"天宝七年十一月三十日王同福夫人裴氏墓志云："洛阳县尊贤里。"② 永泰、贞元十年九月二十四日张敬诜墓志云："洛阳县永泰里。"临阛，咸通七年二月二十日姜夫人墓志云："洛阳县临阛里。"富教，元和二年十二月十三日崔倚墓志云："洛都洛阳县富教里。"③

长夏门以东第四街、第五街诸坊均属于洛阳县，有大量墓志材料为证，此不赘述。

最后，我们从现有材料出发，对洛阳城址的复原工作提出一点看法。限于材料，可能有所失误，仅资参考。

根据考古探查，建春门大街以南（即南市以南）四横排坊的规模比较明显，均为边长 500 米左右的方坊。而建春门以北第一横街距建春门大街约500 米，可推测这一横街分割的坊亦为标准的方坊④。而从乐城（成）坊确实存在的情况来看，长夏门东第二街一列应有七坊一市，南市占两坊之地，即使通利、乐城、慈惠三坊以南北长度半坊（250 米）计算，也要从建春门大街向北三坊半（1750 米，不计街宽），才能至慈惠北坊墙，即洛水南堤内。长夏门以东第三街共九坊，《续记》将临阛、延福、富教、询善四坊均作半坊处理。似应与第二街一列取齐，则至少临阛坊占一坊之地。

如此处理，洛河的宽度显然不足。我们认为，应考虑到漕渠的存在，

---

① 北京图书馆藏拓本。
② 开封市博物馆藏石。
③ 北京图书馆藏拓本。
④ 《续记》及其唐洛阳城实测图。

对洛河的宽度及流向做一定修改，同时对漕渠与洛水之间的承福、玉鸡、铜驼、上林、温洛以及漕渠以北的立德、归义、景行、时邕、毓财、积德诸坊面积做适当的缩小。

漕渠是运送租米、钱布入东都的重要通道，也是洛河的一条重要人工水道。《唐两京城坊考》载："自斗门下枝分洛水。令水北流入此渠，有余水然始东下。……有漕渠桥。自此桥之东，皆天下之舟船所集，常万余艘，填满河路。"可见漕渠水流量大于洛河在城内部分。上引《旧唐书》言洛水淹立德等坊，实际是漕渠水涨，淹没的是漕渠以北的城坊人家。又《旧唐书·五行志》云："（开元十四年）瀍水暴涨，流入洛漕，漂没诸州租船数百艘……漂失……租米一十七万二千八百九十六石，并钱绢杂物等。因开斗门决堤，引水南入洛，漕水燥竭，以搜漉官物，十收四五焉。""（开元二十九年）暴水……坏东都天津桥及东西漕。"这些记载反映了洛水自斗门分支后主要流经漕渠，发水时主要是漕渠泛滥的现实。而且表明，漕渠河床高于洛水，是运租船的主要通道。这一切，都说明在复原洛阳城址时，千万不可忽略漕渠的存在。

由于漕渠的水患，沿漕渠两岸的坊也应该是面积较小的坊。可能多为南北窄的长方形。现存墓志中，找不到记载承福、玉鸡、上林三坊的材料，记载铜驼和温洛坊的也仅各有一志。当然，现存墓志很不完全，不能全面反映唐代的居住情况，但仅从这一侧面，也足以反映这几个位于漕渠与洛水间的城坊居民不会很多，并常受洪水威胁。《唐两京城坊考》中对这几个坊也没有什么材料予以说明，同样反映出这一点。

附带提及：《唐两京城坊考》定鼎门东第三街"惠训坊，长宁公主宅。""半已西道术坊。"又云："道德与惠训相接，故两坊皆有长宁公主宅，而魏王池在旌善、尚善之间，东与两坊相属。""泰为池弥广数顷，号魏王池。泰死，后立为道术坊，分给居人"。可见道术坊应在惠训坊之西，东接道德坊。而《唐两京城坊考》附图误作道术坊在惠训坊之东。以后复原图均沿之误。类似这样的误差，在《唐两京城坊考》中不只一处，希望在今后使用中予以注意。

原载《考古》1987 年第 9 期

唐代墓志中所见到的幽州城

　　在中国建筑史上，唐代的都市建设曾经达到相当高的水平。盛大辉煌的首都长安、繁华的洛阳与扬州等都市就是它们的代表。新中国成立以来，通过考古发掘和有关研究，我们已经可以较清楚地认识它们的面貌了。而对于同时雄踞于北方边境的幽州城，我们却了解甚少，顶多只能从文献中所记载的辽代在唐幽州城址上修建的南京城情况里反映出一些来。

　　在这种情况下，历代出土的石刻材料就成了极重要的旁证。早在明清之时，学者就曾根据辽代石刻推测唐代幽州及一些寺观城坊的位置。近代以来，在确定唐代幽州的位置时，出土的唐代墓志起了极其重要的作用。但鉴于这些材料散见于各处，未能归纳系统，以往诸家所言，亦有未尽之意。因此，就所见唐代墓志等石刻材料，尽力采掇，汇集于下，庶几对了解唐代幽州的面貌有所补益。

一　唐代幽州城的范围及大体位置

　　唐代幽州的规模，历代文献记载不大一致。《元和郡县图志》阙卷逸文卷一载："幽州、蓟城：南北九里，东西七里，开十门。"《太平寰宇记》同之。《辽史·地理志四》记录沿习唐代幽州旧城的南京析津府为"城方三十六里……八门"。而宋路振《乘轺录》却记载"幽州城周二十五"。《日下旧闻考》引《奉使全国行程录》云："周围二十七里，城开八门。"前人考证时多认为唐幽州最小，辽南京略大之，金中都更大。北京大学编著《北京史》甚至认为《辽史》记载失误，将 36 里改为 26 里，这种做法是缺乏根据的。我们认为唐幽州城的范围应与《元和郡县图志》等史料记载相近。从现存唐志的情况可以证明这一点，详见下文。

关于唐幽州城的位置，明末孙承泽撰《春明梦余录》《天府广记》，清朱彝尊等撰《日下旧闻考》以及清光绪年间《顺天府志》等著作中都根据文献、文物、遗址、传闻等材料做了大致考证。如《顺天府志》卷一辽故城考云："辽之故城即因唐藩镇城之旧。其地在今城西偏及郊外地。今琉璃厂在正阳门外，而乾隆间得李内贞墓志称其地为燕京东门外之海王村。又今黑窑厂在永定门内慈悲庵，而今存辽寿昌慈智大师石幢亦称为京东。《北盟汇编》：郭药师袭辽，由固安渡卢水，夺迎春门，阵于悯忠寺前，是辽东门在悯忠寺之东，慈悲庵之西。"

这一划定，尤其是对唐幽州东城墙（辽东门）的考定，奠定了以后的研究基础。奉宽《燕京旧城考》文中采纳了这些说法，并给辽南京（即唐幽州镇城之旧）划定了进一步的范围："法源寺之东，燕城之东壁也。老墙根，实则旧城北面城垣也。右安门郊外里许花园东西庄左近，燕城之东南隅也。由西庄西经右外关厢……经鹅房营之土城角，燕城之南面也。"① 王璧文《凤凰嘴土城》一文中虽然对奉宽将凤凰嘴、鹅房营一线土城当作燕京南垣的说法予以纠正，但对东城墙的划定仍采用了以上的考证②。

实际上，这种划定，除了东城墙有悯忠寺石刻和海王村墓志的证明外，其他各面城没有可信的证据。地面上残存的一些土城遗址，随着考古调查的深入进行，已被确认为金代、元代的城址。唐代城市的痕迹，早在辽代、金代的重建中就消失得差不多了。

因此，对唐代幽州的推测，不能不依靠近代以来在北京地区出土的墓志材料，遗憾的是：新中国成立前传世的一些墓志缺乏明确的出土记录，只能帮助我们做一大致推断。但仍有相当数量出土地点明确的唐代墓志，能够给予我们重要的帮助和启发，这是十分可贵的。

在探讨唐代幽州城市范围之前，需要提及：唐幽州城存在着子城与罗

---

① 奉宽：《燕京旧城考》，《燕京学报》第 5 期，1929 年 6 月。
② 王璧文：《凤凰嘴土城》，《文物参考资料》1958 年第 8 期。

城二重城郭。这一点前人并未予以足够注意。

《新唐书》卷二一二朱滔传云："滔改幽州为范阳府……滔等居室皆曰殿……置左右内史，视丞相。"当时朱滔僭称为王，当会在幽州城内改建其王城。后人又称为牙城。同书李匡威传云："匡威士衷甲劫熔入牙城。"即指此。或称子城，《日下旧闻考》卷六十载采师伦书重藏舍利记，为唐会昌六年九月所作。文曰："舍利本大隋仁寿四年甲子岁幽州刺史陈国公窦抗于智泉寺创木浮图五级，安舍利于其下，即子城东门东百余步大衢之北面也。……（智泉寺）至大唐则天时改为大云寺，开元中又改为龙兴寺。"可证明幽州城内子城自隋代即存规模。景福元年重藏舍利记叙述将智泉寺舍利移至悯忠寺时云："（由智泉寺）诣子东门上献旌幢……复还本寺（悯忠寺）。"① 也说明悯忠寺同在子城东门外。上引《三朝北盟汇编》载郭药师攻入幽州，阵于悯忠寺前，乃是郭药师攻入罗城，在子城前结阵。《旧唐书·地理志》亦云："幽都……建中二年取罗城内废燕州廨署置幽都县。在府北一里。"

辽代文献中记录了燕京子城（南京大内）的位置。《辽史·地理志四》载："南京析津府城……大内在西南隅。"又同书引宋王曾上契丹事云："幽州，号燕京，子城就罗郭西南为之。"现在普遍认为辽代南京沿袭唐幽州之旧制。那么，唐代的子城也可能位于幽州城西南部。这与采师伦书重藏舍利记的记载相近。

现将唐代墓志中记录的幽州城址位置汇集于下，其中可能是指子城的部分墓志分别予以说明：

东墙：前人曾经根据在琉璃厂出土的辽李内贞墓志与法源寺的位置判断幽州东墙的位置。1952 年 11 月，在姚家井第一监狱门前发现了一座唐墓，出土有薛府君墓志盖，说明姚家井一带位于幽州城外，这就将东墙位置明确限定在烂缦胡同至西砖胡同之间一线。1951 年在东单御河桥工地出土了唐元和三年十月十九日任紫宸墓志和元和八年十一月十七日桑氏夫人墓志，这两件墓志又以具体距离证实了上述推测。任紫宸墓志云："宅兆于

---

① 原石现藏法源寺。

幽州城东北原七余里。"桑氏夫人墓志云："卜葬于幽州城东北五里燕夏乡海王村。"① 按照此距离推算，正与上述划定相符。《日下旧闻考》卷六十引寄园寄所寄录云："京城二月淘沟，秽气融人，南城烂面胡同（即今烂缦胡同）尤甚。深广各二丈……疑为幽州节度使城之故濠也。"此言使城故濠，应具体为罗城外濠。又景福元年重藏舍利记明言："大燕城内，地东南隅，有悯忠寺，门临康衢。"这样从内外两方面的多点测划，可以较肯定地将幽州城东墙的位置确定下来。

北墙：前人多认定在西便门外合城门一线。这种看法与墓志记载有所出入。能够帮助考证北垣的墓志有多件，但在关于城墙位置的记载中，同样可能存在着以子城起计或以罗城起计的情况。

咸通十四年仲秋二十八日阎好问墓志记载："（阎氏）厝神于幽州之乾十里高梁岸南保大原。"② 此志出土地点不明③，但是高梁河即西直门外长河则确然无疑。《水经注》卷十三湿水条云："湿水又东南迳良乡县之北界，历梁山南，高梁水出焉。""湿水又东南，高梁之水注焉，水出蓟城北，又东南流。"清代李慎儒《辽史地理志考》云："高梁河，为玉河上流，即玉泉山水所经流入积水潭者，积水潭在西华门内，即西苑之太液池。"④ 由高梁河一线南下十里，至今宣武门以内上斜街一线，延至天宁寺北墙外。这个划分与在西安门出土的贞元十五年七月十三日、卞氏墓志的记载正相吻合。卞氏墓志云："权窆于幽州幽都东北五里礼贤乡之平原。"⑤ 由西安门向西南五里，亦至宣武门一线。又大历十四年闰五月三日常俊墓志云："葬于蓟城北高梁河南礼贤乡之原。"⑥ 1956 年，德胜门外冰窖附近出土的唐中和三年十月十六日张建章墓志亦称："改葬于幽都县礼贤乡高梁河之北原。"⑦

---

① 以上见《文物》1959 年 9 期《关于古代北京的几个问题》及《略谈北京出土的辽代以前的文物》。
② 北京图书馆藏拓本。
③ 曾毅公先生言阎好问墓志与常俊墓志出土于西直门外。见《文物》1959 年第 9 期《北京石刻中所保存的重要史料》。
④ 《二十五史补编》第六册。
⑤ 《古志石华》第十五卷。
⑥ 《京畿冢墓遗文》。
⑦ 苏天钧：《略谈北京出土的辽代以前的文物》，《文物》1959 年第 9 期。

可以证明卞氏墓志出土的礼贤乡确在高梁河至唐幽州城之间。这种划定，比前人所推测的幽州北垣要向南近一里，恰好将白云观隔于城墙外。史料上并无白云观建于幽州城内的证明。而《日下旧闻考》卷九十四载元虞集游长春宫诗序云："燕城废……而岁时游观尤以故城为盛。独所谓长春宫者，压城西北隅。"又明梁潜同游长春宫遗址诗序云："长春宫在北京城西南十里，金故城中白云观之西也。……其南则旷然原陆，而蓟门高邱之间，荒台遗沼之可见者，皆昔者辽与金所尝经营其间者也。"细玩其文意，是白云观应在辽、金故城之外也。那么，它在唐幽州城外，自不待言。此亦可为上述推论做一证明。

此外，在今大木仓胡同出土过咸亨元年十一月三日仵钦墓志云："本蓟县人也。终于家。……迁柩于城东北五里之平原。"关于此志的出土情况，北京大学图书馆藏初拓本上附有著名金石学家陆和九先生题跋，记云："此志于中华民国十九年中国大学新辟西操场，倏见有砖甃棺形，内有一尸……此外即此志。"出土地在今教育部院内。陆先生当时在中国大学任教，其记载当可确信无疑。此志云在城东北五里。则城墙应划至今广安门大街一线。与上述诸志所载不合。我们推测，仵钦墓志所言乃指子城。如属实，则可以为子城的北垣划定大致范围。

西墙：则有在马连道出土的唐志为证。《文物》1980 年 6 期北京市文物工作队《北京市发现的几座唐墓》一文中介绍："1970 年，广安门外马连道商场门前发现唐元和三年周氏墓。"志文中记载她"窆于幽都县太平乡之西原"。文中认为："该墓的发掘首先为我们推求蓟城西垣提供了一个重要旁证，据《太平寰宇记·郡国志》记载，蓟城城址南北九里，东西七里，略作长方形。若以位于蓟城内东南隅之唐悯忠寺的位置推求，并参照 1974 年在距此墓不远的马连道商场南出土的唐大中九年涿州范阳县主簿兰陵萧公侯氏墓志所称殡于幽州幽都县西界三里的记载，周氏墓的位置可能在蓟城的西南部近郭处，则蓟城西垣应离墓东北去不远。"这一推断与幽州城东西七里的记载相符合，这些墓志也从实物角度证实了唐代地理书记载的可靠。

关于幽州南墙，可资确切证明的墓志不多。圣武二年十一月二十一日段夫人常氏墓志云："殡于燕京城南"，其墓位于"蓟门之南次，桑乾之西偏"。该志为北京地区出土，惜乎出土地点不详，石被祥符常氏购去，现存开封市博物馆。据该志可知，幽州之南距桑乾水（永定河）不远。新中国成立后在永定门外安乐林地区出土的建中二年正月廿二日姚子昂墓志云："葬于幽州城东南六里燕台乡之原。"[1] 此外，1965 年在丰台区右安门外草桥东南四顷三村出土贞元五年王邠夫妇合墓葬志云："葬于蓟县姚村南一里之原。"[2] 可见幽州南垣最南也不会越过今中顶村至果园一线。但仅凭这三件墓志还不足以确定南墙位置。所以，南墙垣的最后确定，尚需要进一步的考古发现予以佐证。

二 唐代幽州城的两县及城坊

唐代的重要城市，均依照长安、洛阳二京将都内及城郊划归两县管理。这种做法，估计是为了加强城市治安防卫，也符合封建帝王分而治之，使属臣互相制约的一贯政策。反过来讲，凡划分为两县管理的城市，也必然是在政治、经济、军事上十分重要的大都市。例如《旧唐书·地理志》记载："河东道河中府……河东、隋县、州理所。开元八年，分置河西县。其年、罢中都，乃省。""北京太原府……太原，晋阳并为京县。""山南东道，荆州江陵府：……江陵……长宁，上元元年，分江陵县置，治郭下。""淮南道、扬州大都督府……江都……江阳，贞观十八年，分江都县置，在郭下，与江都分理。""剑南道成都府……成都……华阳，贞观十七年，分成都县置蜀县，在州郭下，与成都分理。乾元元年二月，改为华阳"等。均是将都市划为两县治理。

幽州是唐代北方的军事重镇，也是北方重要的经济贸易中心。在房山云居寺石经题记中，记录了幽州市内近 30 种商业、手工业行业名称，可以想见当时幽州市场的繁盛景象。至于交通、文化、宗教和对外交往等方面，幽州都占有重要的位置。因此，它也和上述的重要城市一样，在郭内设两

[1] 见于北京图书馆藏拓本。
[2] 北京市文物工作队：《北京市发现的几座唐墓》，《考古》1980 年第 6 期。

县分理。即《旧唐书·地理志》所载："蓟，州所治。……自晋至隋，幽州刺史皆以蓟为治所。""幽都，管郭下西界，与蓟分理。"

唐代幽州城两县治下的郊区乡，赵其昌同志《唐幽州乡村初探》中已做了详细考证，此不赘述。从已知的 14 个乡位置及属县情况可看出，幽州城的北郊及西部属幽都县，南郊及东郊属蓟县①。

从新中国成产后对唐代长安、洛阳两京遗址的发掘勘察和《大业杂记》《长安志》《元河南志》《唐两京城坊考》等文献记载中可以看出：唐代两京均以纵横交错的大街将城区划分为若干个边长一里左右的正方形坊区，供居民居住。坊有坊墙，以加强治安管理，并有二至四个坊门以供出入。这种城市建设格局和行政区划安排广泛影响了地方城市的格局，甚至影响到邻国都市建设②。这种格式即《旧唐·职官志二》户部尚书条中所云："百户为里，五里为乡，两京及州县之郭内，分为坊，郊外为村。"

从唐代幽州的情况来看，它也仿照两京，将城区分割为坊。宋代路振《乘轺录》中记载"幽州城周二十五里，城中凡二十八坊。坊有门楼。有阗宾、肃慎、卢龙等坊，并唐时旧名"。由此亦可证明唐代幽州城内确实划分为坊。

根据长安、洛阳的坊来看，唐代城坊每边坊墙不应超过一里，依此推算，幽州城内应有坊 60 以上。但如果子城内为幽州节度使及驻军所在，不划分坊。再考虑到城北部设有规模宏大的幽州市，那么，幽州城内的坊数，也可能与路振所记载相近。与两京不同的是，子城位于全城西南部，坊区与市安排在城区北部与东部，这与幽州作为北方边塞，有抵御东北方向异族入侵任务的建城要求有关。

从唐代墓志中，我们发现了以下部分幽州城坊名称：

蓟县治下：

蓟北坊：见上引卞氏墓志云："终于幽州蓟县蓟北坊。"

---

① 见《中国考古学会第一次年会论文集》，文物出版社，1980。该文考证出的幽州两县属下乡名有燕夏、燕台、礼贤、归仁、归义、保大、房仙、太平、会川、相公、效德。

② 中国社会科学院考古研究所洛阳工作队《隋唐东都城址的勘察和发掘续记》与宿白《隋唐长安城和洛阳城》，《考古》1978 年第 6 期。

招圣坊：见元和十四年十一月十六日崔载墓志云："终于幽州蓟县招圣里之私第。"①

军都坊：见咸通十一年八月四日王晟夫人张氏墓志云："属纩于蓟县军都坊之私第。"②

幽都县治下：

劝利坊：见咸通四年七月十三日王夫人张氏墓志云："始于幽州幽都县界劝利坊私第。"③

未能确定属县者：

肃慎坊：见大中十二年五月六日王氏墓志云："终于肃慎坊。"④ 又大中十一年四月三十日陈立行墓志亦云："没于府城之肃慎里。"⑤

卢龙坊：见上引姚子昂墓志云："终于卢龙坊。"

花严坊：见上引周氏墓志云："终于花严坊私府。"

铜马坊：大中二年正月二十四日郎氏夫人墓志云："终于铜马坊之私第。"⑥

由上文对幽州城郊乡的分析可以得知：幽州城北、西二郊属幽都县，东、南二郊属蓟县。那么，城区的划分当与郊区相应，城内东部及东南部属蓟县，北部（包括西北部）属幽都县，按照两京的情况，二县各设一市，但幽州仅一市，此市当置于两县分界之间，由两县共管。根据文献有关记述及墓志出土地点，我们推测：肃慎坊、卢龙坊、铜马坊可能属于蓟县，花严坊则属于幽都县。

《日下旧闻考》卷三七根据《元一统志》记录了金代中都城内西南、西北两隅的 42 则坊名与东南、东北二隅的 20 则旧坊名。其中将唐代的卢龙坊改成南卢龙坊、北卢龙坊，其余坊名又多与我们所知的唐代坊名不同。使

---

① 见罗振玉《京畿冢墓遗文》。
② 见罗振玉《京畿冢墓遗文》。
③ 见罗振玉《京畿冢墓遗文》。
④ 见罗振玉《京畿冢墓遗文》。
⑤ 见罗振玉《京畿冢墓遗文》。
⑥ 见罗振玉《京畿冢墓遗文》。

人怀疑这些坊名并非唐坊，而是金代重新定名。但是，《日下旧闻考》据《析津志》《元一统志》《五城坊巷胡同集》所载寺院基址考证出：金代时和坊在彰义门（广安门）大街以北，奉先坊在土地庙斜街，延庆坊在广宁门（广安门）外，仙露坊在菜市口西，棠阴坊在西便门大街以西，显忠坊、北开远坊均在宣武、广安门之间。《顺天府志》卷十四旧坊考云："案铜马坊以铜马门得名。……考旧城在外城西南隅，铜马门又在旧城东南隅，则今广宁、右安二门之间是其遗址也。"这些考证，虽然是对金代城坊的推测，但推定的位置恰好在唐幽州城区内。而其中的棠阴坊又确实是辽代燕京坊名。《日下旧闻考》卷五九引《元一统志》所载乾文阁待制孟初所撰燕京大昊天寺传菩萨戒故妙行大师遗行塔铭云"道宗清宁五年，奉越大长公主捨棠阴坊第为寺"，可为证明。上文已述，辽代坊乡名称多沿袭唐代旧称。由此推测，上述时和坊、奉先坊、延庆坊、仙露坊、棠阴坊、显忠坊等既可能是辽代燕京坊名，也就有可能是沿袭唐代的坊名。

此外，在新中国成立后发现的辽庆历八年四月十九日种氏墓志记载有"燕京隗台坊"[1]。辽重熙十四年十月十二日王泽夫人李氏墓志记载有"燕京永平坊"[2]。辽天庆四年四月二十五日王师儒墓志记录有"燕京齐礼坊"[3]。这些辽代的燕京坊名，也可能是唐代幽州的旧坊名。

原载《考古与文物》1990 年第 2 期

---

① 北京市文物工作队：《北京南郊辽赵德钧墓》，《考古》1962 年第 5 期。
② 北京市文物管理处：《近年来北京发现的几座辽墓》，《考古》1977 年第 4 期。
③ 陈述：《全辽文》卷十，中华书局，1982。此志石 1957 年在北京复兴门外公主坟附近出土。

法门寺出土金银器反映的晚唐金银制作业状况及晚唐金银器风格

　　陕西扶风法门寺地宫出土的大量唐代文物中，金银器占了相当大的比重。据地宫中出土的《监送真身使随真身供养道具及恩赐金银衣物账》记载：地宫中"金器计七十一两一钱，银器计一千五百二十七两一钱"。这些精美的金银器极大地丰富了现有唐代金银器的内容，必将有力地推动有关唐代金银器和唐代文明的研究工作，确实令人无比振奋。几年前，我们曾经就唐代金银器的研究情况，特别是唐代金银器的分期问题做了一些初步研究，在以往各家的研究基础上，结合器物形制、纹饰、制作技艺及中西交通情况等将唐代金银器的发展变化划分为六个阶段。即：

　　第一期：（约 618~670 年前后）初唐至唐高宗晚期。

　　第二期：（约 670~712 年前后）武后（包括高宗末年）至唐睿宗末年。

　　第三期：（约 713~741 年）唐玄宗前期，开元年间。

　　第四期：（约 742~755 年）唐玄宗后期，天宝年间。

　　第五期：（约 756~840 年）唐肃宗至唐文宗年间。

　　第六期：（约 841~907 年）唐武宗至唐哀帝年间。[①]

---

　　①　拙作《唐代金银器研究小议》，陕西省考古研究所成立三十周年纪念学术讨论会论文。

法门寺地宫藏宝的入藏时间，当在咸通十五年正月四日①，为唐懿宗及刚刚继位的唐僖宗供奉。结合器型与纹饰特征分析，法门寺地宫出土的金银器基本上属于第六期制作的器物。这是唐代金银器发展史上最后也是最丰富的一个阶段。

属于第六期的唐代金银器，以往多有发现，重要的出土品有以下几批：

1. 1957 年 5 月，陕西西安发现七件银茶托，刻有"大中十四年八月造成"题记。

2. 1958 年，陕西耀县柳林出土了刻有"盐铁使臣敬晦进"铭记的金花银盘，以及与之风格相同的刻花银盘、杯、茶托、羽觞等十余件金银器。根据题记判断，该金花银盘进奉于唐宣宗大中年间。

3. 1979 年 10 月陕西西安发现银酒注 1 件，刻有长铭文，为"咸通十三年六月二十日"造。

4. 1980 年 12 月，陕西蓝田县杨家沟出土了刻有"桂管臣李杆进"字样的鸳鸯绶带纹银盘。同时出土的另一凤衔绶带银盒上刻有"内园供奉合咸通七年十一月十五日造使臣田嗣莒"题记。

5. 1980 年，浙江临安水邱氏墓（吴越王钱镠之母）出土银器 38 件。

6. 1982 年 1 月，江苏丹徒丁卯桥发现一个大型银器窖藏。出土有盒、盆、熏炉、锅、酒器、茶具、镯、钗等共 950 件。

此外，还有几处零星出土的具有晚唐特征的金银器，如西安交通大学出土的银盒、西安建国路出土的银碗等。

以上出土材料及属于这一阶段的一些国内外博物馆藏传世品，使这一时期的金银器在现存唐代金银器中占有较大的比重，因而对于这一时期的金银器面貌也就可以比其他各期了解得更加全面。法门寺地宫中出土的金银器现又充实和扩大了这一期的内涵，使我们可以对唐代晚期的金银器得

---

① 见地宫出土《大唐咸通启送岐阳真身志文》，陕西省法门寺考古队：《扶风法门寺唐代地宫发掘简报》，《文物》1988 年第 10 期。

到一些更深入的认识。

首先值得注意的，就是法门寺金银器在铭文中表现出来的制造地点与晚唐金银器诸产地的问题。

唐代晚期，金银器的生产地点分布得相当广泛。对此，以往的研究者们均有所重视。根据现已发现的唐代金银器上錾刻的进奉题记和唐代文献上记载的各地进奉金银器情况，可以看到唐代进奉中央的金银器主要来自以下几个地区：

1. 怀州：《旧唐书》卷八一《李敬玄传》："敬玄弟元素，亦有异才。初为武德令。时怀州刺史李文暕将军调率金银，造常满樽以献，百姓甚弊之。"（此为武后年间事）

2. 安南：《旧唐书》卷八《玄宗纪上》："开元二年十二月……时右威卫中郎将周庆立为安南市舶使，与波斯僧广造奇巧，将以进内。"

3. 成都府：《册府元龟》卷一六九帝王部纳贡献门：大历二年六月，山南剑南副元帅黄门侍郎杜鸿渐自成都府至，鸿渐献金银四五十床。

4. 洪州：《册府元龟》卷一六九帝王部纳贡献门："兴元初……李兼江西有月进……及李兼为江西观察使，又献（银瓶）高六尺者。"出土器物有朝议大夫使持节都督洪州诸军事守洪州刺史兼御史中丞充江南西道观察处置都团练守捉及莫徭等使赐紫金鱼袋臣李勉进奉双鲤宝相莲瓣纹银盘一件。①

5. 宣州：《考古》1977年第5期《辽宁昭乌达盟喀喇沁旗发现唐代鎏金银器》介绍的银盘，铭记为："朝议大夫使持节宣州诸军事守宣州刺史兼御史中丞充宣、歙、池等州都团练观察处置采石军等使彭城县开国男赐紫金鱼袋臣刘赞进。"据《旧唐书》卷一三六《刘赞传》，刘赞为宣州刺史十余年，卒官，卒于贞元十二年。则此盘进奉时间在贞元年间。

---

① 保金：《西安市文管会收藏的几件唐代金银器》，《考古与文物》1982年第1期。

6. 越州：《文物》1963 年第 10 期《西安北郊发现唐代金花银盘》介绍的银盘铭记为："浙江道都团练观察处置等使太中大夫守越州刺史兼御史大夫上柱国赐紫金鱼袋臣裴肃进。"据《旧唐书》卷一七七《裴休传》，裴肃贞元中自常州刺史兼御史中丞、越州刺史、浙东团练观察等使。则此盘进奉于贞元年间。

7. 襄州：《新唐书》卷五二《李绛传》："襄阳裴筠违诏书，献银壶瓮数百具。绛请归之度支，示天下以信。"又《册府元龟》卷一六九帝王部纳贡献门："（元和四年四月）命中使刘承谦宣副度支，近有敕文。尽（禁）进奉。其山南东道节度使裴筠所进银器六十事，共一千五百六两，宜准数收管，送纳左藏库。"

8. 汴州：《旧唐书》卷一五六《韩弘传》："（元和）十四年，（汴州刺史韩弘）进绢三十五万匹、绝三万匹，银器二百七十件。"

9. 扬州：《册府元龟》卷一六九帝王部纳贡献门："（长庆四年八月）淮南节度使王播宣索银妆奁二。"又卷五一〇邦计部希旨门："（宝历元年，淮南节度使）又进银榼二百枚，银盖碗一百枚，散碗二千枚。……并称盐铁羡余。"《旧唐书》卷一六四《王播传》亦称："大和元年五月，自淮南入觐，进大小银碗三千四百枚，绫绢二十万匹。"

10. 润州：《旧唐书》卷一七四《李德裕传》："（长庆四年）诏浙西造银榼子妆具二十事进内。德裕奏曰：'……金银不出当州，皆须外处回市。去二月中奉宣令进盝子，计用银九千四百余两。其时贮备，都无二三百两，乃诸头收市，方获制造上供。昨又进宣旨，令进妆具二十件，计用银一万三千两，金一百三十两，寻令并合四节进奉金银，造成两具进纳讫。今差人于淮南收买，旋到旋造，星夜不辍，虽力营求，深忧不迫。'"

11. 桂州：《考古与文物》1982 年第 1 期《西安市文管会收藏的几件唐代金银器》介绍一件银盘，题铭为"桂管臣李杆进"。

12. 杭州；《册府元龟》第一六九帝王部纳贡献门："元祐二年九月，两浙钱镠遣使钱询贡方物、银器……进万寿节金器。"

13. 苏州；《册府元龟》卷一六九帝王部纳贡献门："元祐三年十

月……苏州节度使钱元璙……贡金银器锦彩数千件。"

    以上记载和出土器物，主要反映的是晚唐时期的金银进奉之风。当然，它也反映了当时南方金银器的主要产地。这些进奉金银器大多来自南方的江、浙、两湖、岭南等地区。因此给人们造成了一种印象：认为以内府作坊为主的长安地区金银器生产在盛唐以前占主导地位，其间也有少量地方和中亚产品。而中晚唐时期，经济重心南移，南方金银器生产相应发展，并且逐渐形成以江淮为中心的生产区，其产品成为宫廷用品的主要来源。中原内府的产品相对减少。南方成为新器型、新纹饰的诞生地。有的同志还认为南、北存在着不同的金银器制作风格。这些看法在现代唐代金银器研究中带有一定的普遍性。然而，法门寺地宫中出土的金银器却给予我们一些新的启迪，使我们对晚唐金银器产地和风格等问题得出一些新的看法。

    法门寺地宫出土金银器中，有一批由铭文显示出是"文思院"制作的产品。它们具有重要的意义。据王仓西同志《从法门寺出土金银器谈"文思院"》一文介绍，由文思院制作的器物有下表中所列几件[①]。

器名	制作时间	工匠、工官
蕾纽摩羯纹三足架银盐台	咸通九年	判官吴弘谷、使能顺
鎏金鸿雁流云纹银茶碾子	咸通十年	匠邵元审，作官李师存，判官高品、吴弘悫、使能顺
鎏金飞天仙鹤纹壸门座银茶罗子	咸通十年	臣邵元审，作官李师存，判官高品、吴弘悫、使能顺
鎏金卧龟莲花纹五足朵带银熏炉	咸通十年	臣陈景夫，判官高品、吴弘悫、使能顺
素面银如意	咸通十三年	打造作官赵智宗、判官高品、刘虔诣、副使高品高思厚，使弘悫
金钵盂	咸通十四年三月二十三日	打造小都知刘维钊，判官赐紫金鱼袋王全护，副使小供奉官虔诣，使左临门卫将军弘悫
银金花双轮十二环锡杖	咸通十四年三月二十三日	打造匠安淑负，判官赐紫金鱼袋王全护，副使小供（奉）官虔诣，使左监门卫将军弘悫

    文思院，以往多被认为是宋代设立的专门制作精巧器物的内府作坊。

---

① 王仓西：《从法门寺出土金银器谈"文思院"》，《文博》1989 年第 6 期。

《宋史·职官志》工部："文思院（隶工部）……掌金银、犀玉工巧及采绘、装钿之饰。凡仪物、器杖、权量、舆服所以供上方、给百司者，于是出焉。"后又由少府监领管。《文献通考·职官十四》也认为太平兴国三年设置文思院。而法门寺地宫中这些文思院产品的发现，将文思院的设立并制造金银器提前到唐代晚期。此外，《新唐书·百官志》中记载，少府监中尚署属下有"金银作坊院"，它是自初唐即存在的专门制作金银器的作坊，至晚唐一直存在。文思院的设立，表明唐代晚期中央内府制作金银器的规模较之唐代早期更加扩大，有了新的发展。认为中央内府制作金银器的生产减少，生产技艺下降，恐怕是不符合当时实际的。

除此之外，法门寺地宫金银器中的大量佛教用品还有相当一部分可能来自民间生产，如装佛骨的多重宝函、捧真身菩萨等。一些没有錾刻铭文的金银器也有可能产于民间。对比晚唐各地民间金银作坊兴盛的状况，可以想见晚唐时期长安地区民间也会存在着相当数量的金银作坊，并且具有较高的金银制作技术。文思院的制作品与宝函等长安民间制品，工艺精致，技术先进。如文思院制鎏金卧龟莲花纹五足朵带银熏炉，钣金成型，炉底有同心圆旋痕，腹部朵带用销钉套结，这些制作技艺都是比较先进的。它们的造形与纹饰也颇为精美，胜过丹徒丁卯桥等地出土的南方制品。它充分说明了晚唐时期内府与长安地区金银器制作业的兴盛发达状况。长安地区在唐代始终是金银器制作业的技术中心，领导和左右着金银器的发展趋势。

从法门寺地宫中出土的文思院制品形制及纹饰等方面，也可以反映出这一点。

例如文思院咸通十年制作的鎏金卧龟莲花纹五足朵带银熏炉。这件器物盖部的底缘装饰一周莲花瓣纹，上有五朵莲花，盖钮作莲蕾形，以两层莲瓣相托。类似的装饰手法在南方出土的金银器中常常可以见到。丹徒出土的风炉上，盖与盖钮的形制即与此相似①。又如蕾钮摩羯纹三足银盐台，盘外缘作成莲瓣形，盖作莲叶形，盖钮为莲蕾形。它的莲叶形盖，造形及

---

① 镇江市博物馆、陕西省博物馆：《唐代金银器》，文物出版社，1985。

图一 鎏金卧龟莲花纹五足朵带银熏炉

细部制作手法与江苏丹徒丁卯桥出土的莲叶形悬鱼银器完全一致①。有的同志曾经特别强调莲蕾形饰及莲瓣纹的意义,认为它们在唐代晚期是南方器物特有的装饰形式②。但是现在从文思院制品中发现了这些与南方器物极为相似的纹饰造形,正说明晚唐时期,南北两地在金银器制作的技法及造形纹饰上没有显著的区别,南北两地的金银制作技艺相互交流,融会贯通,按照共同的发展规律演变发展。在这个过程中,长安地区的金银制作业,显然发挥着重大的作用。并不是金银器生产的中心在晚唐移向南方,只是南方地方制作金银器的规模在中央影响下有所发展扩大而已。

---

① 镇江市博物馆、陕西省博物馆:《唐代金银器》,文物出版社,1985。
② 见陈英英《隋唐金银器研究》,北京大学历史学考古专业 1983 年研究生毕业论文。

　　我们曾经指出，唐代金银器的变化发展，与中西交通状况、中西文化交流影响的变动有着密切的关系。唐宣宗以后，曾经一度收复河西，中原与西域的往来有所恢复。一些中亚金银器的形制纹饰影响便在这一阶段的唐金银器中重新出现。如鱼子纹地的重新兴起，与中亚索格底地区流行的金银瓶相近的三足银壶①等。依照交通路线的传播情况，这些影响也应该先由长安地区生产的金银器反映出来，然后再传向南方各地。这也说明了长安地区金银器制作的主导地位。

　　当然，由于制作地点增多和南方经济的发展，也不排斥各地创作一些一地特有的器物形制及纹饰的可能。但是从整个晚唐金银器的风格来看，基本是同大于异，这说明当时南北各地相互影响相互交融是十分迅速的。过分夸大南北金银器的不同，强调南方金银制作业的兴旺发达是不恰当的。

　　在法门寺地宫中出土的金银器，除长安地区制作品外，还有一些江南官员进奉的生活用品。这些金银器有可能是江南地区制作的。如鎏金鸳鸯团花纹双耳圈足银盆，盆外壁刻有"浙西"二字，显然是由润州（即镇江）地区制作进奉的②。又一鎏金双狮菱弧形圈足银盒，外壁刻铭："进奉延庆节金花陆寸方合壹具重贰拾两，江南西道都团练观察处置等使臣李进。"据吴廷燮《唐方镇年表》卷五：咸通九年至十一年，李骘任"江南西道都团练观察处置等使"，时间与法门寺地宫藏品下藏时间正可衔接，可见此盒为李骘所进。此外，刻铭"桂管臣李杆进"的鎏金镂空飞鸿毯路纹银笼子，也是南方所进。李杆其人，史籍中失载。他进奉的器物尚有一件银盘，《考古与文物》1982年第1期《西安市文管会收藏的几件唐代金银器》一文曾予介绍。又一件鎏金双凤衔绶纹圈足银方盒，外壁刻"诸道盐铁转运等使臣李福进"，据《旧唐书》卷一七二《李石传》附《李福传》，李福大和七年登进士第，出为商、郑、汝、颍四州刺史，大中时，检校工部尚书、滑州刺史，兼御史大夫，充义成军节度，郑、滑、颍观察使等。唯不载曾督盐铁。因时代相符，疑即此人。

---

①　见《唐代金银器研究小议》及 *Persian* Ⅱ 182~184 图。
②　《唐方镇年表》卷五："浙西亦曰镇海军节度、浙西观察处置等使，兼润州刺史。"

图二　鎏金双狮菱弧形圈足银盒

　　这些江南地区制作的金银器，与以前在南方出土品或北方出土的南方进奉品具有大量相同的特征，充实了第六期金银器的内涵，有助于证实第六期金银器的发展规律，有利于第六期器物的分期断代工作。如几种银盒，与丹徒丁卯桥出土的同类器物相比，外形、纹饰都颇相似，但是盒盖的厚度、弧度，以及圈足的外撇度都不如丁卯桥出土品大。根据晚唐金银器中盒类盖与圈足逐渐增高、喇叭形外撇逐渐增大的演化规律，法门寺地宫中的银盒制作时间要早于江苏丹徒丁卯桥出土的银盒。它们给我们提供了唐代会银器第六期中早期形态的典型器物标本。

　　通过法门寺地官出土的晚唐金银器，我们还可以对晚唐金银器风格的变化有更明确的认识。

　　晚唐金银器的华化，即从外形到内容都体现出浓郁的中国传统文化影响这一特点，历来给研究者们留下了深刻的印象。法门寺的出土器物则更加深了这种印象。

　　从整个唐代金银器的演进过程来看，唐代金银器的发展是一个以中国固有文化逐步改造外来文化因子的过程。最早的金银器包括西方输入品与中国仿制品两种，属于中、西亚的产品，往往具有西方的艺术风格，如流畅而动态十足的造形（类似高脚杯、长颈瓶等），高浮雕的生动人物、动物纹饰，充满运动感的不匀称构图、满布式构图等。而在中国的仿制品中，则往往只保留了器形与部分纹饰，主要纹饰明显地加以改动，后来造形也有了变化，突出了匀称、稳定、和谐的气氛。它表明自开始仿制西方金银器起，中国文化就毫不让步地把固有的精神内容加入到外来形式中，随着时代递进，使外来形式的外壳也随之改变，最终变成内外一致，从形式到内容完全华化的中国文化产品。晚唐时期就是这种演变表现得最充分的一个阶段。

法门寺地宫中的金银器，在器物外形、纹饰、用途等方面都显示出浓郁的中国文化特色。

从造形上来看，杯、碗、盆类，已经完全改变了早期仿中、西亚银器的作风，由外壁分为多重多瓣装饰，器身较高，或作棱形造形等西方器型特点转变为器身低阔、口大腹浅，不采用多重多瓣装饰及棱形造形，造形简洁稳重。如鎏金鸳鸯团花纹双耳圈足银盆，侈口、圆唇、斜腹下收、矮圈足外撇，与西方器皿造形明显不同。法门寺地宫出土的带盖圈足银羹碗，碗身外作成多重莲瓣纹，下部为荷叶状圈足，上盖制成镂空云纹，蕾状钮，是一件具有鲜明中国艺术特色的金银器。盒类也由器身外形扁平，盖、底弧度小，没有圈足转变为器身增高增厚，盖、底弧度增大，并且具有喇叭形外撇的高圈足。西安何家村出土的独角兽宝相花纹银盒、翼鹿凤鸟纹银盒等，属于盛唐时期，具有西方风格的纹饰，表明其受到西方银器的影响。它们都是器身扁平，没有圈足。与其相比，法门寺地宫中的鎏金双狮菱弧形圈足银盒、鎏金双凤衔绶纹圈足银方盒等就以其截然不同的造形显示出华化的成果。

至于为中华饮茶之风服务的独创器物，更是唐代劳动人民的发明创造，为中、西亚银器中所无。法门寺地宫中出土的金银器中，具备大体完整的全套制茶、饮茶用品。如盛茶、烘茶用的鎏金镂空飞鸿毬路纹银笼子、金银丝结条笼子、制茶的鎏金鸿雁流云纹银茶碾子、碾轴、鎏金飞天仙鹤纹壶门座茶罗子、贮茶、盐的银盒、蕾钮摩羯纹三足银盐台、调茶的银则等。这些都是彻头彻尾的中华文化产品。

纹饰方面，成熟的团花纹、仿生型的外形装饰以及中国神仙历史人物

图三　鎏金鸿雁流云纹银茶碾子

图四　鎏金双鸳团花大银盆

纹饰是晚唐时的典型特征，龙、凤、龟、鸿雁、飞鸽、鸳鸯、鲤鱼等动物纹饰，海棠、荷花、折枝团花等植物纹饰，都是中国古代艺术中常见的题材，也是这一时期习见的金银器纹饰。法门寺地宫的金银器中，大量运用了这些装饰手法，如银荷叶、银龟盒、鸳鸯团花纹双耳圈足银盆、鎏金卧龟莲花纹五足朵带银熏炉、鸿雁流云纹银茶碾子等都采用了这些常用纹饰及造形。法门寺出土的鎏金人物画银坛子，坛身分为四个开光区，錾刻"随侯得珠""吹笙引凤"等中国人物故事画，它与陕西耀县柳林背阴村出土的春秋人物三足银壶纹饰类同，表现了传统中华文化的典型意识。

　　法门寺出土金银器的重要价值远不仅此，限于篇幅，我们只简要地探讨了个别问题。对于了解晚唐金银器状况，法门寺出土金银器是一批极为珍贵的材料。随着研究工作的不断深入，必定会有更多新的发现展现在我们面前。

原载《'98 法门寺唐文化国际学术讨论会论文集》，
陕西人民出版社，2000

略谈唐代金银器研究中的分期问题

　　唐代金银器研究，是隋唐考古中的一个重要课题。随着考古发掘出土遗物日益增加，人们对它的研究热情也日益高涨。近十年来有大量研究论文发表，对唐代金银器的内容、用途、制作工艺、艺术风格乃至分期断代都做了深入的探讨。人们对唐代金银器的分期及演变过程，就现在各家意见，存在着相当大的分歧，由此对一些具体器物的年代看法也截然不同，在对唐代金银器的主要产地、风格等问题的看法上也不尽一致。在此，仅就唐代金银器研究中的分期问题陈述一些个人看法，以供参考。

　　与其他出土器物相比，金银器的数量比较小。除去新中国成立前流失到国外的唐代金银器之外，新中国成立以来出土的唐代金银器主要有 35 批，一千余件，综合国内外藏品，共可达 1500 件以上。这样一批金银器中包括了食具、日用器皿、饰物、药具、钱币、佛教用具及银铤等，内容和形制非常繁杂多样。制作时期包括初唐至晚唐的近三百年。出土地点从陕西、辽宁、内蒙古至江苏、浙江。仅据以上这些情况，要分析唐代金银器，就某一种器物或某一个时期而言，都显得材料不够充足。因此，在对唐代金银器进行类型学和年代学的深入分析时，自然会因此产生某些缺环，也就难免对分期标准产生不同看法，就目前所见文献，主要有五种意见，现分述如下。

　　（1）段鹏琦在《西安南郊何家村唐代金银器小议》[①] 一文中将何

---

　　①　段鹏琦：《西安南郊何家村唐代金银器小议》，《考古》1980 年第 6 期。

家村金银器分为四期：第一期约当高宗至武则天时期；第二期约当中宗至玄宗时期；第三期约当玄宗末至代宗时期；第四期约当德宗时期。以后，他在《新中国的考古发现与研究》"隋唐五代·唐代金银器的发现"一节中，将上述看法加以修改，将唐代金银器分为前后两大期，前期分为两小期，第一期由唐初到武则天时期；第二期由中宗到玄宗时期。后期可分为三小期，第三期由玄宗以后至德宗之前；第四期由德宗至文宗；第五期相当于宣宗时期。

（2）熊存瑞在《唐代金银容器》① 一文中，将唐代金银器划分为五期：第一期隋文帝至唐太宗；第二期唐高宗至睿宗；第三期玄宗；第四期肃宗至宪宗；第五期穆宗至哀帝。

（3）陈英英在《隋唐金银器研究》② 一文中，将隋唐金银器分为六期：第一期隋文帝至唐太宗；第二期高宗及武则天在位时期；第三期中宗、睿宗和玄宗开元年间；第四期玄宗天宝年间；第五期肃宗至宪宗在位时期；第六期穆宗至哀帝。

（4）陆九皋、刘建国在《丹徒丁卯桥出土唐代银器试析》③ 一文中，认为唐代银器的造形与纹饰分为三期：初唐、太宗至武后末年，中唐、中宗至肃宗末年，晚唐、德宗至哀帝。

（5）韩伟、陆九皋在《唐代金银器概述》④ 一文中，将唐代金银器划分为四期：第一期初唐至高宗时期；第二期武则天到玄宗时期；第三期肃宗到宪宗时期；第四期穆宗到哀帝时期。

限于篇幅，我们不一一介绍各家分期的具体意见和依据。从上述论文中可以看出，他们进行分期时有一共同点，即在对器物形制与纹饰具体进行类型学的归纳排比工作后，以有纪年的金银器为标准参照物，结合金银器同出关系，同时期有明确纪年的石刻、铜镜、纺织品及壁画上的纹饰，

---

① 熊存瑞：《唐代金银容器》，中国社会科学院研究生院考古系1982年研究生毕业论文。
② 陈英英：《隋唐金银器研究》，北京大学历史系考古专业1983年研究生毕业论文。
③ 陆九皋、刘建国：《丹徒丁卯桥出土唐代银器试析》，《文物》1982年第11期。
④ 韩伟、陆九皋：《唐代金银器概述》，镇江市博物馆、陕西省博物馆《唐代金银器》，文物出版社，1985。

有相对年代依据的金银器仿制品，对比文献记载等资料然后确定分期。

然而，同样的方法却造成了如此分歧的看法，即使对于某些具体器物的时代也有不同意见。原因除了反映唐代金银器资料不足而造成一定困难外，也说明对唐代金银器的演变规律及其原因在认识上还有不足之处，特别是有些分期反映出与金银器自身的变化并不尽相符，也说明了这一点。

在此，我们拟就各家看法比较一致的一点——唐代金银器在"安史之乱"前后出现了重大变化来探讨造成这种变化的原因，从而对唐代金银器的分期提出一些意见。

研究者们一致指出：唐代金银器在"安史之乱"的前后存在着明显的差异。在"安史之乱"以前，制作的金银器从整体来讲存在着较显著的外来文化成分，很多器型与纹饰仿效西方，如在碗、铛底部焊接模冲的装饰圆片等是典型的外来技术。而在"安史之乱"以后，金银器的形制与纹饰都在向更加汉化、更加具有地方特色的方向变化。制作的技艺也显得程式化，并且越来越简单粗糙。器物的使用范围更加适应汉族生活习俗，出现了一些新的器型，如茶具、酒筹等。这种差异，只要将西安何家村出土的金银器（大多数研究者确认它为"安史之乱"以前的器物）与陕西耀县柳林、兰田杨家沟、扶风法门寺塔基等处发现的晚唐金银器加以对比，就可以很清楚地反映出来。

以往人们都把这一现象视为"安史之乱"对社会生产造成的巨大破坏。但是这种说法并不完全。"安史之乱"确实严重地毁坏了中原地区的经济，但受到残害的大多是平民百姓，使用金银器的上层社会，尤其是皇室，他们的生活在"安史之乱"后一般没有受到太大影响。"安史之乱"以后确实出现了经济重心南移与藩镇分权的问题。但从现有的考古发现与历史文献记载中也可以看出，中晚唐时期的金银器制作、进贡之风更盛于唐代早期，即使在战乱中，皇帝贵族们的奢侈习惯也不减平时。据《新五代史·梁太祖纪》，唐昭宗在兵乱中被掠至凤翔，朱全忠还进奉金银器去供他使用。因此，唐代金银器在"安史之乱"前后的不同风格，应该是当时社会文化的各种因素变化的综合结果。这些变化的因素中，由"安史之乱"而产生的排外思想，汉族传统文化的兴起，南方市民经济的发展，以及中西交通状况的改变等，是比较重要的几个方面。对于金银器这种源于舶来品的器物，中西交通的变化对它的影响尤为突出。

"安史之乱"对于唐代中西交通的直接影响是十分巨大的，使在唐高宗和唐玄宗年间由唐朝控制的丝绸之路中亚以东一段被彻底截断。

上溯到公元 751 年，唐军在与黑衣大食的呾逻斯战役中失败，此后唐朝势力便逐渐退出中亚地区。公元 8 世纪后期，虽然阿拉伯的统治正走向解体，利于唐朝向中亚的开拓，但在此时产生了"安史之乱"。唐政府为了平息叛乱，不但将安西等地的驻军调入中原，而且还征调了中亚地区的回纥、拔汗那、大食等地的军队入内地，使河西地区空虚，无军事力量。吐蕃趁机向北扩张，占领了河西广大地区，截断了丝绸之路的主要走廊。《旧唐书·吐蕃传》云："乾元之后，吐蕃乘我间隙，日蹙边城，或为虏掠伤杀，或转死沟壑。数年之后，凤翔之西，邠州之北，尽蕃戎之境，湮没者数十州。"

其结果正如《旧唐书·西戎传》所言："史臣曰：……开元之前，贡献不绝。天宝之乱，边徼多虞，邠郊之西，即为戎狄。藁街之邸，来朝亦稀。"明显地反映出中西交通受阻隔，往来锐减。据《中亚史》一书统计："安史之乱"以前西域各国来唐朝进贡的，每年都有几个国家的使团，最多时一年有十几个使团。陕西乾陵神道两边的各国首领石像就反映出这一盛况。而在"安史之乱"以后，就很少有西域国家来朝贡了。因此，这一时期唐朝很少能得到来自西域的新信息，从而迫使国内自行设计金银器式样。同时，国内民族文化的兴起，对异族的排斥心理，经济重心南移，促进了南方金银加工业的发展；中央控制减弱，民间加工业兴起等等在"安史之乱"后产生的新条件也在使金银器的形制和纹饰发生变化。有些研究者把这叫作"华化"。这正是"安史之乱"使唐代金银器分为前后两个面貌不同的大阶段的原因。

由此我们得到一点启示：在讨论唐代金银器分期问题，分析金银器本身的纹饰和形制时，除了结合国内形势，也应该注意有唐一代中西交通状况的变化，注意到这种变化对唐代金银器形制造成的影响。而这种影响在以往的分期研究中很少考虑到。

有唐一代，与西域的陆上交往大致可分为以下几个阶段：

（1）唐太宗至高宗前期。唐军战胜突厥，占领高昌等地，开通西域，并将中亚纳入唐王朝的势力范围。

（2）高宗末年至武后中期。这时吐蕃北侵，占领安西四镇，东突厥又兴起，向南侵犯，使中西交通受到严重影响。

（3）武后末期至玄宗末期。西域重开，中西往来空前兴盛，但是由于阿拉伯人在中亚的扩张，使唐朝势力逐渐退出中亚。公元751年，唐军在与黑衣大食的呾逻斯战役中失利后，中西的交往逐渐减少。

（4）肃宗至武宗时期。中西交往进一步减少，南方海路的商业贸易成为中西往来的主要途径，中亚金银器对中国器物的影响明显消失。

（5）武宗灭佛时，对西方宗教加以严厉禁止。

（6）宣宗至唐末，由于河西起义军收复了沙、凉等西部州郡，中原和西域的往来又有一定的恢复。

结合以往各家对现有唐代金银器形制和纹饰的分析，可以看出唐代金银器的演变过程正显示出与中西交往状况变化大体一致的规律。

最早的唐代金银器以输入的西方器物与国内仿制品为主，数量较少。仿制品的器形完全是模仿西方制造的器物外形，纹饰中包含了大量的外来成分。例如西安沙坡出土的高足杯，特征为深腹、圆底，杯壁与杯足上部制出圆箍状棱纹；西安韩森寨出土平錾环柄多棱杯，特征为侈口圆足；辽宁敖汉旗出土的执壶，特征为细颈、喇叭型圈足，小口，有口沿；西安沙坡出土的多瓣圈足碗，特征为腹斜向内收，矮圈足，腹壁分为十二个U形瓣，口沿下凹一周。类似器型大多可以从中亚索格底地区及萨珊波斯的金银制品中找到渊源。主要纹饰为狩猎纹、野兽纹、缠枝蔓草纹、三瓣忍冬纹、三瓣云纹等。

这一阶段的器物应属于唐初至高宗晚期，详细的类型纹饰分析可参见陈英英《隋唐金银器研究》，此不赘述。这一阶段可定为第一期。

以后的金银器仍保留了一些中亚器物的特征，但基本上是上一期风格的延续，并没有多少新的西方形制出现。这时的金银器中显露出唐朝汉文化的艺术因素。数量有所增加，制作上较考究。典型器物有西安沙坡出土的 6 字形环柄杯，西安韩森寨出土的莲瓣高足杯，沙坡出土的多瓣浅腹高足杯、飞鸟折枝花圆盒、缠枝葡萄纹银熏球、侈口带足碗及腹部有折棱的九瓣带足碗等，以及甘肃泾川出土的金棺银椁（瘗埋舍利用）。这一阶段的器物纹饰与前一期相比出现了较大的变化，主要有多重忍冬、多重云纹、缠枝葡萄、小折枝花、十字宝相花等，狩猎纹、野兽纹有所减少，鸟纹逐渐增多。这一阶段可定为第二期，包括高宗末年至睿宗末年（约公元 670 ~ 712 前后）。

接下来在唐代金银器中出现了一些新的具有西方风格的纹饰和器型，如圆腹多瓣平錾环杯等。这里特别提到的是西安何家村出土的素地六曲平底异兽纹银盘。孙机曾认为它是地道的中华文化产物，异兽是中国古代神话中的飞廉形象①。然而与何家村银盘上的异兽纹饰完全相同的纹样曾多次出现在中亚地区出土的被确认为萨珊波斯器物的银盘、银执壶等金银器上②。这种异兽被解释为伊朗神话中的龙——孔雀（dragon—peacock）。这种在素地中心饰以图案的银盘也是萨珊波斯的一种特有造型，一直延续到萨珊波斯灭亡之后③。在唐以前，中国传统的盘、碗纹饰中，也没有发现过这种布局的式样。显然它们反映了当时重新打通西域后引入的西方文化因子。然而，这时的金银器已不仅仅是模仿西方式样，而是把西方艺术作为一部分素材加以借用，同时在器物的形制及纹饰变化趋势中表现出中国民族风格为主的倾向，突出显示出中西文化交融、外为中用的强国风貌。即使在采用波斯神话中的怪兽这一外来纹饰时，也加上了中国民族工艺美术的创作手法。何家村出土的一系列中心纹饰素地银盘中，既有较多地吸收西方风格的六曲熊纹盘，又有完全是中国文化风格的桃形龟纹盘，更有中西艺术结合的双桃形双狐纹盘，正体现了这一时代特征。在这一阶段的很

① 孙机：《关于西安何家村出土的飞廉纹小银盘》，中国考古学会编《中国考古学会第七次年会论文集》，文物出版社，1992。
② Lukonin, *Persia* II, London, Barrie & Jenkins, 1970.
③ Lukonin, *Persia* II, London, Barrie & Jenkins, 1970, 图 202、图 204。

多器物上都反映出这种文化融合的结果，如何家村出土仕女狩猎纹环柄杯中，西方金银器中常见的狩猎纹与典型的中国仕女游乐图案结合成一体；何家村出土银圆盒上的纹饰中，西方的独角兽、飞狮、翼鹿等纹饰与团花、凤鸟、花鸟纹等中国特色纹样并存等。

除去上面提到的典型器物外，还有何家村出土的侈口圈足莲瓣碗、簇花盖碗、浅腹圜底杯，西安八府庄出土的三足盘、素地折柄铛等。主要纹饰为动物纹、花鸟纹、仕女伎乐纹、对叶忍冬纹、宝相花纹、折枝团花纹等。

这一阶段是大唐国力走向巅峰的时期，即玄宗早期（约公元 713 ~ 741），可定为第三期。

以下的唐代金银器风格出现了明显的变化，西方风格的器型逐渐减少，民族风格加强。器物形制明显变大，纹饰由细密纤细转为丰满开放，花鸟纹更加写实，纹样增大。

典型器物有西安何家村出土的仿皮囊式壶、羽觞、匜，西安第一砖瓦厂出土的三足盘，西安韩森寨出土的葵花银盘，何家村出土的提梁罐等。主要纹饰有动物纹、折枝团花纹、花鸟纹，以及个别缠枝葡萄、忍冬等纹饰。

这一阶段可定为第四期，属于玄宗晚期（约公元 742 ~ 755）。

"安史之乱"彻底改变了金银器物的面貌，数量上也较少见。典型器物有三足盘，辽宁昭乌达盟喀喇沁旗的出土品上刻有"刘赞进"等铭文，西安坑底寨的出土品上刻有"裴肃进"等铭文（可以确定其为德宗时期器物），西安西北工业大学校址上出土的侈口带足碗，西安文管处藏菱形圈足盘，辽宁昭乌达盟喀喇沁旗出土的双鱼壶等。这时出现了一些具有汉文化特色的器形，如仿生的双鱼壶、唾盂等。纹饰以分散布局的折枝花、团花等为主，鱼纹、各种鸟纹明显增多。这时的野生动物纹样更图案化，显得温驯柔顺，没有了西方野兽纹的威猛野性。摩羯纹更接近鱼形。佛教内容的纹饰开始出现。

这一阶段可定为第五期，大致包括肃宗至文宗年间（约公元 756 ~ 840）。

唐代金银器的最后一个阶段中，形制变化较大，现在发现的器物中属于该阶段的也最多。这时的器物形制、纹饰着重体现了中华传统文化的风格。其中有些器物形制及纹饰显示出长时期没有出现过的西方文化影响，可能与河西收复后中西交通有所改善有关联。如在西安太乙路出土的"都管七国"六瓣银盒和江苏丹徒丁卯桥出土的三足银壶，尤其是三足银壶，外形与约五六世纪时流行在中亚索格底（Sogdian）地区的金银瓶十分接近[①]。这时金银器纹饰中又重新兴起鱼子纹地，大概也是由于上述的原因。

从整体上看，这时的器物中出现了很多体现中国文化的新器形，如关系茶文化的茶托、茶罗子、注子、贮盐器等，行酒令的酒筹、簪筹等。有民族风格的四至五曲葵形造型与喇叭形高圈足成为很多器物的基本外形。由于文宗大力提倡儒术，以后武宗灭佛排外，佛教纹饰一度灭绝，到了懿宗、僖宗时才重新出现。代替这些纹饰的是取材于中国文化的儒家故事、童子、舞乐等人物活动的图案。典型器物有陕西耀县出土的敞口斜壁圈足碗，江苏丹徒丁卯桥出土的五瓣高圈足碗、船型圈足盘，西安和平门外出土的有大中十四年八月题记的茶托，陕西咸阳出土的短流壶，陕西耀县及扶风法门寺等地出土的四曲、五曲碟子、注子，法门寺出土的莲瓣荷叶圈足碗、鎏金镂空鸿雁纹银茶笼、鎏金卧龟莲花纹五足银熏炉，以及法门寺、丁卯桥等地出土的具有隆盖、高圈足和多种平面外形（如四曲、五曲、菱形、云头形、圆形、蝶形等）的盒子。主要纹饰有团花纹、折枝团花纹、缠枝蔓草纹、鹦鹉、鸿雁等禽鸟纹饰，龙、凤、摩羯及动物纹，童子、舞乐、历史人物等纹饰。模仿植物花叶的器形，如荷叶、海棠花、莲蕾等是这一期中常见的。

这一阶段则为第六期，从武宗至哀帝时期（约公元 841～907）。

这样的六期分法，与以往各家的分期略有不同，主要是结合中西交通情况加以修正的。

对此，我们还可以找到一个有力的旁证，在对现存唐代石刻纹饰做分析时可以看出，唐代石刻中常见的云气纹、四象十二生肖，以及与金银器纹饰相类似的缠枝忍冬纹、宝相花纹、花鸟纹等，它们的变化也可分为与

---

① Lukonin, *Persia* Ⅱ, London, Barrie & Jenkins, 1970, 圈 1 82, 陶 83，1 84。

上述金银器变化相近似的几个阶段，特别是在"安史之乱"以前的石刻纹饰，变化更显著，分期更接近。

在"安史之乱"前，石刻的纹饰很丰富，刻画得十分精美，大致可划分为四期。

第一期：唐初至高宗时。这时的缠枝忍冬、云气等纹饰较简单，主线条为波浪形，枝蔓肥大，花叶、云朵多为单层三瓣。如显庆三年正月二十三日高达墓志盖饰，麟德元年十二月十一日王君墓志盖饰，麟德二年正月十八日刘宝墓志盖饰等[1]。突出的代表物为显庆四年十一月十四日尉迟敬德墓志盖、侧饰，缠枝纹的枝蔓粗壮，呈波浪形连续，花朵为三瓣，单层分布。整个纹饰显得明快清晰，布局匀整，毫不繁缛重复[2]。

（以下未注明出处的石刻均引自《北京图书馆藏历代石刻拓片选》。）

第二期：武后时期。这时石刻上出现了花鸟等新的纹饰，忍冬等花瓣和云纹都变得多重或多出。花朵加大，成为纹饰的主体。纹饰明显变成繁复多层，纤细曲折。布局充满。缠枝花纹的主枝变成多组〜形连续，接续处常形成 X 形或工形的花结。如垂拱元年正月二十六日孟仁墓志侧饰，载初元年五月九日徐登墓志盖饰，延载元年泾川舍利塔基石函外饰，神功二年五月十日独孤思墓志盖、侧饰[3]，圣历二年二月二十四日赵慧墓志盖、侧饰等。

第三期：玄宗开元年间。石刻纹饰转向波浪形连续的缠枝纹，出现了以花朵为主的多重忍冬纹与对叶式忍冬花结。这时四象云气纹与十二生肖纹经常出现，并产生了人身生肖头的十二生肖纹。花鸟纹在此期间成熟。如开元二年十二月七日戴令言墓志盖，开元四年八月二十九日独孤氏墓志盖，开元十五年九月三日杨执一墓志盖，开元十六年七月十五日少林寺柏谷坞碑边饰[4]，开元二十四年九月十八日大智禅师碑侧饰等[5]。

第四期：玄宗天宝年间。这一期间石刻纹饰里主要为肥厚丰硕的花草

---

[1] 北京图书馆金石组编《北京图书馆藏历代石刻拓片选》，中州古籍出版社，1989。

[2] 王仁波等主编《隋唐五代墓志汇编·陕西卷》，天津古籍出版社，1991。

[3] 见中国社会科学院考古研究所编《唐长安城郊隋唐墓》，文物出版社，1980。

[4] 根据北京大学图书馆藏拓片，其石刻纹饰部分多未刊印。

[5] 根据北京大学图书馆藏拓片，其石刻纹饰部分多未刊印。

纹，团花纹也在这时出现。如天宝七载正月十一日宋遥墓志盖饰，天宝十二载十月六日裴处琏墓志盖饰①，天宝十四载正月三十日韩氏造象纹饰等②。

"安史之乱"后，墓志、碑刻等石刻材料中的纹饰减少，且变为简单粗率，程式化。常见纹饰中，墓志盖纹多采用团花纹、宽大的连续叶簇纹、四象纹等，志侧多为开光式十二生肖纹。碑侧以花结和迴形折线纹为主。根据具体刻绘和布局的情况可大致分为两期，即：

第五期：肃宗至宪宗前后。这一时期还有一些较精细的纹饰出现，如大朵团花加卷曲叶片，连续的簇花簇叶条状饰，开光式十二生肖等。又如大历十一年十月一日瞿昙谍墓志侧纹，大历十三年四月八日崔沔墓志盖，建中元年十一月二十四日崔祐甫墓志盖，建中四年四月二十七日宋俨墓志盖，元和二年四月十六日董楹墓志盖③等。

第六期：穆宗前后至哀帝。这时的刻饰比较粗略，大多以一朵大花为图案中心，周围加饰一些花瓣和叶片。四象纹和迴形折线纹也很常见，制作得都十分粗糙。如大和九年十一月八日解君墓志盖，大中四年十一月二十八日何溢墓志盖、侧④，大中十一年史兴墓志盖⑤，乾符四年十月二十四日郑逢墓志盖⑥等。

这种石刻纹饰的变化趋势可能正反映了唐代社会状况及文化艺术等大形势的变化，包括中西交通的变化在内，从而与金银器的变化（特别是纹饰及制作风格的变化）显示出同样的分期规律。

原载《汉唐与边疆考古研究》第一辑，科学出版社，1994

---

① 据河南省文物研究所藏拓片。
② 根据北京大学图书馆藏拓片，其石刻纹饰部分多未刊印。
③ 见中国社会科学院考古研究所编《唐长安城郊隋唐墓》，文物出版社，1980。
④ 根据北京大学图书馆藏拓片，其石刻纹饰部分多未刊印。
⑤ 据河南省文物研究所藏拓片。
⑥ 据河南省文物研究所藏拓片。

太原金胜村唐墓屏风式壁画与
"树下老人"

近 50 年间，唐代考古主要的成就之一就是大量唐代墓葬的发掘。在考古发现的唐代壁画墓中，有相当一批具有独特的布局，即在墓室中绘有模仿屏风的多扇式壁画，习惯上称之为屏风式壁画。具有屏风式壁画的墓葬主人身份不一，从地位比较高的官员贵族直到一般士人。可能这种墓葬装饰形式与身份等级并没有一定的对应关系，而更多地表现了唐代世俗文化中的丧葬方式。宿白先生曾经对西安地区的唐代壁画墓做了深入的研究，将这里发现的屏风式壁画墓流行时期确定在天宝末年至唐代末年间，并且指出屏风式壁画是先在地方上出现，而后在长安兴起，并流行到各地[1]。随着考古工作的不断进展，近年来在山西、湖北等地又发掘了更多的唐代屏风式壁画墓，从而丰富并深化了我们对于这类墓葬的认识。

现按地区将已知的唐代屏风式壁画墓发掘材料加以排比，可以看到主要有以下一些发现（见下表）。

此外，张建林同志还认为在已有的墓葬壁画材料中，有一些残存的壁画可能也是屏风画。他列举了西安东郊王家坟的兴元元年（公元 784）唐安公主墓墓室西壁有整幅花鸟图，上有红色边框；景云元年（公元 710）万泉县主薛氏墓后室西壁北部画花鸟，北壁西部画狮子；开元十七年（公元 729）冯君衡墓墓室东壁残存一马；天宝四年（公元 745）宋氏墓墓室东壁残存乐舞图局部；天宝七年（公元 748）太仆卿张去逸墓墓室东壁残存乐舞

---

① 宿白：《西安地区唐墓壁画的布局和内容》，《考古学报》1982 年第 2 期。

绘有屏风式壁画的唐代壁画墓发掘材料

墓葬出土地点	墓葬名称	墓葬年代	墓葬形制	屏风画位置	屏风画数量	屏风画内容	备注	出处
山西太原金胜村	6号墓	约为武周时期。	小型弓隆顶砖室墓。	墓室西、北、东，棺床上方。	8幅	其中6幅为在树下站立的老人像，2幅为侍女。		山西省文物管理委员会：《大原市金胜村第六号唐代壁画墓》，《文物》1959年第8期。
山西太原金胜村	4号墓	原报告称初唐，应为武周时期。	同上。	墓室西、北，棺床上东壁方。	8幅	树下老人像。		山西省文物管理委员会：《太原南郊金胜村唐墓》，《考古》1959年第9期。
山西太原金胜村	5号墓	同上。	同上。	同上。	8幅	树下老人像。		同上。
山西太原新董茹村	唐代壁画墓	同上。	同上。	同上。	8幅	树下老人像。	发掘材料不全。	《山西文物介绍》，山西人民出版社，1954。
山西太原南郊金胜村附近	唐代壁画墓	原报告推测为唐高宗时期，或可至武周时期。	小型覆斗顶砖室墓。	墓室西、东、西壁各一棺床上方。	8幅，每格床上方各4幅	树下老人像。		山西省考古研究所：《太原市南郊唐代壁画墓清理简报》，《文物》1988年第12期。
山西太原金胜村	337号唐代壁画墓	原报告认为是唐高宗、武后时期。	小型弓隆顶砖室墓。	墓室西、北、东壁，棺床上方。	4幅	6位在树下站立的老人像。北壁2幅中4人，西、东壁各1人。		山西省考古研究所：《太原金胜村337号唐代壁画墓》，《文物》1990年第12期。
山西太原晋源镇果树场	唐代温神智墓	开元十八年（730）。	小型弓隆顶砖室墓。	墓室西、北、东壁，棺床上方。	6幅	树下老人像。	材料尚未公开发表。	常一民，裴静蓉：《太原晋源镇果树场2001年唐代壁画墓》，唐代墓葬国际学术讨论会论文。
山西万荣	唐代薛儆墓	开元九年（721）。	6天井长斜坡墓道、大型弓隆顶砖室墓。	墓室西、北壁。	残留有部分屏风式壁画。	可辨识者3人，2人戴冠、着大袖长袍；1人披皮装、持琴。	壁画大多已被破坏，仅存局部。	山西省考古研究所：《唐代薛儆墓发掘报告》，科学出版社，2000。

续表

墓葬出土地点	墓葬名称	墓葬年代	墓葬形制	屏风画位置	屏风画数量	屏风画内容	备注	出处
新疆吐鲁番阿斯塔那	65TAM38号墓	属于盛唐至中唐时期	土洞墓。	墓室后壁。	6幅	人物。发掘者认为是描绘墓主人生前的生活情景。		新疆维吾尔自治区博物馆:《吐鲁番县阿斯塔那——哈拉和卓古墓群发掘简报》,《文物》1973年第10期。
新疆吐鲁番阿斯塔那	TAM216号墓	发掘者认为属盛唐时期	同上。	墓室后壁。	6幅	其中4幅中各有一位端坐人物,分别题名:"石人"、"玉人"、"金人"等。		《中国美术全集·绘画编12·墓室壁画》,文物出版社,1989。
新疆吐鲁番阿斯塔那	TAM217号墓	发掘者认为属盛唐时期	同上。	墓室后壁。	6幅	花卉。		《中国美术全集·绘画编12·墓室壁画》,文物出版社,1989。
湖北郧县	唐代濮王李泰次子李徽墓	嗣圣元年(684)	大型穹隆顶砖室墓。	墓室中棺床上方的西壁北部与北壁西部。	6幅	在红色边框中绘制了大写意的花卉图案。		湖北省博物馆、郧县博物馆,《湖北郧县唐李徽、阎婉墓发掘简报》,《文物》1987年第9期。
宁夏固原南郊	梁元珍墓	圣历二年(699)	3天井斜坡墓道、中型穹隆方形砖室墓。	墓室的北壁与西壁。	10幅	树下老人像。每个长方形边框中有一位老人,大多头戴花冠、连花冠,着大袖长袍。	由于墓葬曾被盗掘,壁画有残毁,一些人物不够清晰。	宁夏固原博物馆:《宁夏固原唐梁元珍墓》,《文物》1993年第6期。宁夏回族自治区固原博物馆,文物:《固原南郊隋唐墓地》,1996。罗丰:《固原南郊隋唐墓地》,文物出版社,1996。
西安	高克从墓	大中元年(847)	不详。	墓室西壁。	6幅	贺梓城称:可能是鸽子等飞禽。申秦燕等称:仅存一幅,上为双鹤对鸣。	已残。	贺梓城:《唐墓壁画》,《文物》1959年第8期。申秦燕等:《陕西唐墓壁画研究综述》,《唐墓壁画研究文集》,三秦出版社,2001。

续表

墓葬出土地点	墓葬名称	墓葬年代	墓葬形制	屏风画位置	屏风画数量	屏风画内容	备注	出处
西安	苏思勖墓	天宝四年（745）	大型弯隆顶砖室墓，有斜坡墓道，墓室全部清理。	墓室西壁。	6幅	有人推测可能是墓主人的生活像，根据报道，西壁上为6长幅人物画，每幅画上有一树一人，均戴方形冠帽，着大袖长袍，仅手势与方向不同。其中一人作单足跪势，双手捧钵，可能也是类似山西太原金胜村壁画的"树下老人"。		陕西省考古所唐墓工作组：《西安东郊唐苏思勖墓清理简报》，《考古》1960年第1期。
西安	韩氏墓	永泰元年（765）	无天井斜坡墓道，土洞墓。	不详。	6幅	可能有妇女、侍女，男侍等人物。	已残。	中国科学院考古研究所：《西安郊区隋唐墓》，科学出版社，1966。
西安	梁元翰墓	会昌四年（844）	不详。	墓室西壁。	6幅	云鹤。		宿白：《西安地区唐墓壁画的布局和内容》，《考古学报》1982年第2期。
西安	杨玄略墓	咸通五年（864）	不详。	墓室西壁。	6幅	云鹤。		同上

续表

墓葬出土地点	墓葬名称	墓葬年代	墓葬形制	屏风画位置	屏风画数量	屏风画内容	备注	出处
西安陕棉十厂	M7	中晚唐	不详。	墓室中。	8幅	乐舞、花鸟等。		张建林:《唐墓壁画中的屏风画》,《远望集——陕西省考古研究所华诞四十周年纪念文集》,陕西人民美术出版社,1998。
西安	王善贵墓	总章元年(668)	不详。	墓室东、北、西三壁。	15幅,每壁5幅	每幅上绘1侍女。		同上
陕西长安南里王村	唐代壁画墓	原报告称为盛唐以后,中唐前期	竖井式墓道,小型弯隆顶砖墓。	墓室西壁。	6幅	每扇屏风上有一棵树,树下有贵妇与男女侍者,表现日常生活情景,如扑蝶、弹琴、观舞等。		赵力光、王九刚:《长安南里王村唐代壁画墓》,《文博》1989年第4期。
陕西长安南里王村	韦浩墓	景龙二年(708)	不详。	墓室。	不详	树下高士图,可能也是屏风画的形式。	原发掘材料未公布全貌不明。	陕西省考古研究所:《陕西新出土唐墓壁画》,重庆出版社,1998。
陕西岐山县郑家村	唐元师奖墓	垂拱二年(686)卒	五天井斜坡墓道,弯顶隆砖室墓。	墓室。	22组	有树下贵妇、树木、花鸟等。西壁有15组,可辨2组,有男侍、男童戏犬等。	多次被盗掘、破坏严重。	宝鸡市考古队:《岐山郑家村唐元师奖墓清理简报》,《考古与文物》1994年第3期。

续表

墓葬出土地点	墓葬名称	墓葬年代	墓葬形制	屏风画位置	屏风画数量	屏风画内容	备注	出处
陕西富平县	李重俊墓	景云元年（710）	大型穹隆顶砖室墓。	墓室后室西、南、北三壁。	12幅	西壁6幅侍女。南、北壁西侧原各3幅，已残漫。		陕西省考古研究所：《陕西新出土唐墓壁画》，重庆出版社，1998。
陕西富平县	唐代壁画墓	盛唐时期，或称中唐	小型穹隆顶砖室墓。	墓室中棺床上面的西壁。	6幅	山水屏风画。		井增利、王小蒙：《富平县新发现的唐墓壁画》，《考古与文物》1997年第4期。
陕西礼泉县	燕妃墓	咸亨二年（671）	大型穹隆顶砖室墓。	墓室中。	12幅	内容可能是《女史箴》一类的列女图。	原发掘材料未公布，全貌不明。	陈志谦：《昭陵唐墓壁画》，《陕西历史博物馆馆刊》第一辑，三秦出版社，1994。
陕西礼泉县	李勣（徐懋功）墓	咸亨元年（670）	4天井斜坡墓道，大型穹隆顶砖室墓。	墓室中，位于中棺床上面的北壁西段与西壁北段。	6幅	内容为树下仕女，"均穿红色交托阔袖衫，系白色长裙，或静坐，或行走"，怀疑可能也是与列女图有关的内容。		昭陵博物馆：《唐昭陵李勣（徐懋功）墓清理简报》，《文物》2000年第3期。

图局部；天宝十五年（公元 756）左威卫将军高元珪墓墓室东壁残存舞女，西壁残存花卉；贞元三年（公元 787）郯国大长公主墓墓室东壁可见伎乐局部；大和九年（公元 835）东都内侍省知事姚存古墓墓室西壁有花卉等情况①。认为这些墓葬壁画可能也是屏风画。但是在原材料不详的情况下，这些情况还只能附作参考，尚未确切定案。故暂未收入本表。

宿白先生指出："山西太原西南郊新董茹村和金胜村发现的属于武则天时代的四座中小型砖室墓，墓室棺床后面的壁画，都绘出八或六扇树下人物屏风。因此，我们怀疑这种折扇式屏风画，可能先流行在地方上的墓葬里，可是当首都长安墓葬盛行了这种题材的壁画后，不久就普遍地流行起来。"② 由于新材料的公布，现在我们已无法确定最早的屏风式壁画墓是出现在山西太原等地方区域。上述西安地区的王善贵墓建于总章元年，应该是目前所能见到的最早的唐代屏风式墓中壁画。李勣（徐懋功）墓建于总章三年，而后其墓因受徐敬业反武则天的牵连而被毁，在唐中宗年间重修，再次安葬。如果当时壁画没有被破坏而保存了总章三年原貌的话，可为王善贵墓续证。该壁画中仕女的发式是时代比较早的式样，与盛唐女子发式不同。如果它不是表现前代妇女故事的《女史箴》之类的绘画，则可为壁画时代做一旁证。但是从仕女的服装式样来看，表现前代妇女故事的可能性比较大。不过，在其他初唐功臣的墓葬中没有发现这种屏风式壁画，所以也可能它是中宗时重绘的。但是燕妃墓则建于紧接着的咸亨二年，其屏风画清晰可辨。即使是稍晚的元师奖墓中壁画也可以确定绘于垂拱二年，与现存太原唐墓屏风画的绘制时间大致相同或更早一些。这样，似乎屏风式壁画墓是在长安地区与太原等地基本同时流行开的，甚至可能是在中央长安先兴起后再传到各地的。太原作为唐代的陪都，与长安、洛阳之间交通往来比较便利，风俗的传播影响也应该比较迅速。在山西长治等地发现一些时间与太原屏风式壁画墓相近的唐砖室墓，却无一例绘有壁画③。可能

---

① 张建林：《唐墓壁画中的屏风画》，《远望集——陕西省考古研究所华诞四十周年纪念文集》，陕西人民美术出版社，1998。
② 宿白：《西安地区唐墓壁画的布局和内容》，《考古学报》1982 年第 2 期。
③ 长治市博物馆：《长治市西郊唐代李度、宋嘉进墓》《山西长治市唐代冯廓墓》《长治市宋家庄唐代范澄夫妇墓》，《文物》1989 年第 6 期。

有助于说明屏风式壁画墓由中央向地方传播的途径。

从唐代早期的屏风式壁画中，我们可以看到两大类不同的绘画内容。一类是仕女、花鸟等，另一类则以树木与老人、列女等程式性的组合为其特征，山西太原地区的屏风式壁画就基本上采取了这种构图相近似的内容，即习惯称之为"树下老人"的屏风。从上面的列表中可以看到一种现象：现存最早的"树下老人"屏风画出现在太原地区，并一直延续到开元年间；宁夏固原的梁元珍墓"树下老人"屏风画稍晚一点，也是属于武后年间；而山西西南的薛儆墓"树下老人"屏风画则晚至开元年间，西安的苏思勖墓更晚到天宝四年。并且是由存在于早期太原地区的小型墓发展到后来出现在大中型墓葬中。似乎是表现出"树下老人"屏风画形式由太原地区向西安地区传播，由社会中层墓葬扩大到社会上层墓葬的趋势。"树下老人"内容的壁画与新疆、西安等地区发现的描绘仕女、花鸟或墓主人生活情景的壁画似乎是具有不同的艺术、文化习俗渊源，探讨它的内容与来源，可能对认识唐代屏风式墓葬壁画演变的全貌有所帮助。

因此，我们先着重研究一下太原金胜村等地出土的唐代壁画墓中的"树下老人"屏风画。

比较早的发现有太原金胜村6号墓，据原简报介绍：墓室中在东、北、西三面墙壁上绘有6幅树下老人图，每幅周围均有长方形边框，构成一具六扇屏风，围绕在棺床的三面。这六幅图画的内容自东向西依次是：①"树下老人，高33厘米，着黄色巾、乌靴、黄袍。两腮有短须，面向西南，背后绘树一棵，左右有山和草。天空有四雁。"②"竹下老人，高32厘米，着乌靴、红袍。双手举节，面向东南。天空有飞雁十二只，排成人字形向北。老人的左右有竹子、花草、山丘。"③"树下老人，高30厘米，红袍乌靴，双手托巾，俯身下视一兽头、蛇身、口内衔物，项束红巾的动物。人物背后绘树一株，左右也绘有黄山绿草。天空有一双飞雁。"④"竹下老人，高30厘米，红袍黑靴。左肩用斧挑柴一束，左手握斧柄，躬身向东作行走状。身后有青竹三株，天空有两对飞雁。"⑤"树下老人，高31厘米，着乌靴、短红袍、白裤。双手捧物东向行走。身后有树，旁有黄丘、绿草。天空有飞雁七只。"⑥"竹下老人，高32厘米，着黑靴、红绿色袍。右手持杯，左手向上高举，面向东南。左右有山丘、绿草。身后有青竹二株。上空有一朵彩云及飞雁七只。"①

限于条件，我们只能根据《文物》上发表的图版来看，由于黑白图版限制，可能有些细部仍看不清楚，但该介绍中至少有两处不足。第5图中老人面前的"黄丘"上面有多层条纹，形状像覆钟，应该是在表现坟墓。敦煌唐代壁画中的坟墓就是画成这种形式。第6图老人二袖口中均突出一长方形，是杯还是内衣袖口，不好遽定。且系右手高举，指向彩云。这与该地其他唐代壁画墓中手指云气的形象类似。

1987年发掘的太原金胜村另一座唐代壁画墓中，发现了8幅树下老人图。由于这座墓中靠东、西两壁各建一座棺床，中间有间隔。所以在东、西壁的棺床上方各绘有三幅树下老人，而北壁的东、西两侧棺床上方也各有一幅树下老人，形成两具四扇屏风。原简报介绍为："第1幅位于西壁南侧，老翁头戴冠，身穿横条纹长袍，腰系带，足登如意履。老翁面容丰满，颔下留须。左臂弯曲，右手捋须，面向杨树，注目沉思。高约39厘米。第2幅位于西壁中央，老翁容貌装束与前幅相同。左手屈于胸前，右手指向树枝。第3幅位于西壁北侧，树前有一土丘，上有三株野草，可能表示坟墓。老翁面向坟丘，以袖拭面，似号啕恸哭，不胜伤感。左臂弯曲，第4幅位于北壁西侧，老翁左手指向上方垂柳树枝。手指中祥云仙气飘然逸出。第5幅位于北壁东侧，老翁以袖拭面，痛哭流涕。第6幅位于东壁北侧，老翁左手持一似斧之物砍向树枝。第7幅位于东壁中央，老翁腰左侧佩剑，左手伸出两指，若有所思。第8幅位于东壁南侧，老翁背对垂柳，右手伸出两指，作思索状。"②

根据《文物》上发表的图版看，该介绍中有两处不足。第5图中老人面前的树根旁有两株刚长出来的竹笋。第8图中老人的脚下有多处石块、瓦砾。这些原简报未提及。

1958年发掘的太原金胜村4、5号唐代壁画墓，其形制及壁画与上述墓葬相似。均有8幅树下老人图。如4号墓，自西壁中央起，老翁的动作姿态

---

① 山西省文物管理委员会：《太原市金胜村第六号唐代壁画墓》，《文物》1959年第8期。
② 山西省考古研究所：《太原市南郊唐代壁画墓清理简报》，《文物》1988年第12期。

依次为：①右手举一枝花草闻。②右手上举指天。③掩面哭泣。④右手持杯，左手上举，飘出云气。⑤持斧背柴前行。⑥右手掩面哭泣，面前地上有两株竹笋。⑦⑧拱手站立①。在山西太原新董茹庄发现的另一座唐代壁画墓的形制及壁画也与这些墓葬相似。该墓中出土有武周万岁登封元年墓志，可以确定其壁画绘制时间的下限。根据以上各墓出土器物与墓葬形制的近同情况，大约太原地区这些构图与组合相近的壁画基本上都是出现在武周时期。

太原金胜村 337 号唐代壁画墓，同样是在墓室后部棺床上方的壁上绘制了屏风画，内容为四扇、六位树下老人。原简报称："第 1 幅位于东壁北侧，画面正中有一老翁头戴冠，身穿长袍，足登高头履。面前一蛇，口中衔珠，昂首腾起。献珠于老翁。第 2 幅……画面正中是一株枝叶茂盛的树。树两侧各有一头戴冠，身穿袍，足登高头履的老翁。右侧老翁左手抱于胸前，右手伸出二指直指天空。手指间似有云气飘出。左侧的老翁以左手掩面，似有悲哀之情。第 3 幅位于北壁西侧，画面布局与人物服饰均与第 2 幅相同。左侧的老翁右手微屈，左手向上伸出二指，面相严肃安详，右侧的则神态谦恭，双手捧物，直视前方。第 4 幅位于西壁北侧，画面正中是一棵树。两侧有丛石花草。一戴冠穿长袍的老翁站立树下。左手抱胸前，右手拿一小枝树叶伸于脸前。"② 该墓葬的时间大约与上述各墓葬相近。

太原市晋源镇的唐墓材料尚未公开发表，其屏风壁画内容与上引诸墓近似，这里就不讨论了。

这些屏风画的笔法有明显的不同，显然不是出自同一画师之手。但是人物的动作、背景与构图都很相似，可能是出自画工中世代沿承的同一范本（样）。对于它所表现的内容，一直没有比较明确的解释。有关简报或认为是用连环画形式描绘的一段故事，但不能确定内容；或认为与道教有关。而《固原南郊隋唐墓葬》与《宁夏固原唐梁元珍墓》的作者则提出"梁元珍墓树下老者和太原金胜村唐墓壁画中老翁服饰尤其是莲花冠、方型冠均非常相似，表明它们似乎依据的是同一底本，当为表现同一种题材。……

---

① 山西省文物管理委员会：《太原南郊金胜村唐墓》，《考古》1959 年第 9 期。
② 山西省考古研究所：《太原金胜村 337 号唐代壁画墓》，《文物》1990 年第 12 期。

我们有理由认为屏风画内容表现的是魏晋高士形象，竹林七贤与荣启期的故事可能是构图的主要内容"。

太原地区的壁画墓葬与西安地区壁画墓的规格、装饰手段等有明显的不同，西安地区壁画墓（尤其是初唐、盛唐时期的墓葬）大部分是高级官员贵族的墓葬，根据墓志与文献的有关记载，其中有相当一部分墓主的葬礼是由朝廷负责办理（即丧事官给的）。它们等级比较高，而且比较严格地遵守了礼仪上的等级制度。在墓室的装饰绘画上，也体现出明显的官方礼仪色彩。西安地区发现的壁画墓中，虽然有相当一部分墓的壁画已经脱落残缺，很难恢复原来的墓葬壁画布局，但是从上引的一些已经公布的材料中，仍然可以看到在唐高宗及武后期间，这里也曾兴起墓中绘制屏风画的风气。不同的是屏风画以仕女、花卉、山水等为主，应该是体现了唐代上层社会流行的艺术品位与社会风俗。

而太原唐墓可能只是一些低级官员或者富裕平民的墓葬，如太原金胜村5号唐代壁画墓中出土的砖墓志中记载该墓主的父亲任京州司户，本人可能只是个下级军官①。因此，它们在遵从礼仪制度上及等级色彩的表现上都不是很明显，而更接近日常生活。由壁画内容可以看出，太原等今山西地区在当时流行着比较多的儒家文化传统影响。

值得注意的是唐代壁画墓中棺床与屏风画的组合是很明确的，它们可能就象征着墓主的日常生活用具。棺床象征床榻，屏风仅画在棺床所靠的墓壁上方，与棺床边缘相齐，就象树立于床榻上。因此，墓中屏风画的绘画内容与装饰手法，可能就来源于日常生活中的实用屏风装饰。

古代人在生活中使用屏风，在文献与文物资料中都有大量例证。就在太原金胜村出土的北齐壁画墓中，在墓室北壁上绘制了一幅壁画，中央是帷帐，帐中有一张床，床上面安放一具素面屏风，屏风前坐着三位妇女②。类似的壁画还在山东济南马家庄的北齐墓葬中发现过。该墓的"墓室北壁绘赭色九格屏风，向东、西两壁各延伸一格。屏面以墨线绘山峦流云。所

---

① 砖墓志文字已经残泐，存："□节□戎□麾万里""父任京州司户"等词语。见山西省文物管理委员会《太原南郊金胜村唐墓》，《考古》1959年第9期。

② 山西省考古研究所：《太原南郊北齐壁画墓》，《文物》1990年第12期。

绘墓主人头束巾子，披纱，穿大领浅赭色衫，居中端坐于屏风框架前"①。山西大同发现的北魏司马金龙墓中还曾经出土了当时的漆画屏风实物②。唐代敦煌壁画中也有多处使用屏风的画面③。吐鲁番阿斯塔那等地的唐代墓葬中还出土了当时的屏风实物，如230号墓中出土绢画乐舞屏风6扇，188号墓中出土牧马屏风8扇等④。

早在汉代甚至先秦时期，屏风就是社会上普遍使用的家具。《汉书·陈万年传》记载："万年尝病，召咸教戒于床下，语至夜半，咸睡，头触屏风。"表明床与屏风的组合已经定型。屏风上绘画也已成定式。《汉书·班伯传》记载："时乘舆幄坐张画屏风，画纣醉踞妲己作长夜之乐。上以伯新起，数目礼之，因顾指画而问伯：'纣为无道，至于是乎？'伯对曰：'《书》云：乃用妇人之言。何有踞肆于朝？所谓众恶归之，不如是之甚者也。'上曰：'苟不若此，此图何戒？'伯曰：'沉湎于酒，微子所以告去也。式号式呼，《大雅》所以流连也。《诗》《书》淫乱之戒，其原皆在于酒。'"可见屏风不仅绘画，而且要求画面有一定的劝诫意义。这是汉代以来长期流行的风习。《太平御览》卷701引《七略别传》："臣与黄门侍郎歆以《列女传》种类相从为七篇，以著祸福荣辱之效，是非得失之分，画之于屏风四堵。"《太平御览》卷701引《古今注》曰："孙亮作琉璃屏风，镂作瑞应图一百二十种。"《太平御览》卷701引《邺中记》云："石虎作金银钮屈膝屏风，衣以白缣，画义士、仙人、禽兽之像。赞者皆三十二言。"根据多处文献记载，当时的屏风式样与质地非常丰富，有纸、绢、漆、金银、琉璃、云母、石等多种。贫俭之家也不能或缺。《晋书·吴隐之传》载："以竹篷为屏风，坐无毡席。"由于当时人们日常在室内以坐床为主，所以屏风作为床不可缺少的一部分配件，成为室内最重要的家具。《南史·王琨传》记载其吝啬成性，"盐豉姜蒜之属，并挂屏风，酒浆悉置床下，内外有求，琨手

---

① 济南市博物馆：《济南马家庄北齐墓》，《文物》1985年第10期。
② 山西省大同市博物馆、山西省文物工作委员会：《山西大同石家寨北魏司马金龙墓》，《文物》1972年第3期。
③ 如敦煌莫高窟217窟盛唐绘《妙法莲华经》变、如病得医图，195窟佛龛内壁上的人物屏风等。
④ 金维诺、卫边：《唐代西州墓中的绢画》，《文物》1975年第10期。

自赋之"。即可见屏风的实用性。因此，屏风制作也是宫中工匠与社会上工匠的一项重要生产。《北齐书·萧放传》记载：萧放在宫中"监画工作屏风等杂物见知，遂被眷侍"。至唐代，《旧唐书·虞世南传》仍载有"太宗尝命写列女传以装屏风"。

如此广泛使用的屏风，给画家创造提供了极好的天地。据古代画史资料的记载，自汉代起就有画家绘制屏风。以后各代的画家都有一些著名的屏风画流传下来。如《历代名画记》卷二"论名价品第"载："董伯仁、展子虔、郑法士、杨子华、孙尚子、阎立本、吴道玄屏风一片，值金二万，次者售一万五千（自隋以前多画屏风，未知有画幛，故以屏风为准也）。其杨契丹、田僧亮、郑法轮、乙僧、阎立地一扇，值金一万。"

在这些屏风画的题材中，绘制忠臣、孝子、列女、隐士、贤人的作品占有重要的比重。如《历代名画记》卷七就记载有"南齐、范怀珍（孝子屏风行于代）"。山西大同北魏司马金龙墓中出土的漆画屏风也是一个典型代表。在这具屏风上，残存了近 20 个古代人物故事，其中大多为孝子、列女故事，根据题记可知，有舜、周太姜、任、以、春姜女、汉成帝、班婕妤、孝子李充、启、启母、鲁母师、孙叔敖、和帝后、卫灵公、齐宣王、匡清，以及素食赡宾、如履薄冰等。

从古代画论及有关的画作记载中可以看到：汉代画家的作品主要是人物像、神仙画与风景地图几种。在南北朝时期逐渐加入了佛教画与山水专题的作品。而人物、神仙画的用途，主要是用作瞻仰纪念与室内装饰，具有浓厚的实用倾向，表现着儒家文化教育的色彩。正如《历代名画记》卷一"叙画之源流"中记载："曹植有言曰：观画者见三皇五帝，莫不仰戴；见三季异主，莫不悲惋；见篡臣贼嗣，莫不切齿；见高节妙士，莫不忘食；见忠臣死难，莫不抗节；见放臣逐子，莫不叹息；见淫夫妒妇，莫不侧目；见令妃顺后，莫不嘉贵。是知存乎鉴戒者，图画也。……是以汉明宫殿，赞兹粉绘之功；蜀都学堂，义存劝戒之道。马后女子，尚思戴君于唐尧；石勒羯胡，犹观自古之忠孝。"在考古发现中可以看到，用壁画装饰殿堂的做法，很早就流行开了。在陕西周原的周代建筑遗址中，曾发现有彩色绘画残迹的墙皮；在秦咸阳宫殿建筑遗址中，也发现过壁画残片。至于汉代以后宫殿、墓葬中用壁画装饰的记载与实物就更丰富了。

所以，古代人物画中，除一部分为帝王、贵族画的肖像外，大多是具有教育作用的历史人物肖像。如《贞观公私画史》序云："其于忠臣孝子，贤愚美恶，莫不画之屋壁，以训将来。"《文选》卷一一载汉代王逸《鲁灵光殿赋》称："图画天地，品类群生。……黄帝唐虞，轩冕以庸，衣服有殊。下及三后，媱妃乱主。忠臣孝子，烈士贞女，贤愚成败，靡不载述。恶以诚世，善以示后。"同卷载曹魏时何晏的《景福殿赋》也有类似的记载。

由此可见，在壁画中绘制孝子隐士的题材，是自汉代以来十分流行的艺术作品。它与汉代以来儒家思想占据了统治地位，大力宣扬忠臣孝子，推崇文人高士的社会风气是一致的。而这些壁画作品，大多应该是来源于历代画家的作品范本。试从文献中留存的古代画家作品中大致归纳一下，就可以看到忠臣、孝子、列女、名士等是当时画家创作的一个主要题材，从而使这些形象大量流传于世。它必然对民间画工的绘画内容与形式产生重大影响。例如：

《历代名画记》卷三、"述古之秘画珍图"记载有："忠孝图、二十卷……益州学堂图、十（画古圣帝贤臣七十子。后代又增汉晋帝王名臣，蜀之贤相牧守，似晋时人所撰）。"

《历代名画记》卷四、"叙历代能画人名"载："后汉、赵岐，字邠卿，京兆长陵人，多才艺，善画。自为寿藏于郢城，画季札、子产、晏婴、叔向四人居宾位，自居主位，各为赞颂。"

《历代名画记》卷五载："晋、明帝司马绍（列女二、史记列女图二）。荀勖（有大列女图、小列女图）。卫协（史记伍子胥图、醉客图、张仪像、史记列女图）。顾恺之（中朝名士图、谢安像……王安期像……阮咸像、山水、古贤、荣启期、夫子、阮湘、并山水屏风……七贤……并传于后代）。史道硕（古贤图……七贤图……酒德颂图。）谢稚（列女母仪图……孝子图……楚令尹泣歧蛇图）。夏侯瞻（高士图）。戴逵（孙绰高士像……孔子弟子图……嵇阮像）。"

《历代名画记》卷六载："宋、陆探微（孔子像、十弟子像……荣启期）。"

《历代名画记》卷七载："南齐、范怀珍（孝子屏风行于代）。王殿（列女图、母仪图……传于代）。戴蜀（孝子图、息妫图传于代）。陈公恩（列女贞节图、列女仁智图、朱买臣图传于代）。毛惠远（中朝名士图……七贤藤纸图）。"

图一　太原金胜村唐墓壁画

从上面引用的考古发现与古代文献记载中，我们得出三点启发：一、从汉代到南北朝期间，忠臣、孝子、列女、隐士、贤人等历史人物是非常流行的绘画题材，它是儒家教育思想的体现，代表当时社会上流行的思想意识。二、表现忠臣、孝子、列女、隐士、贤人等内容的屏风画在南北朝已经出现。三、现有材料可以勾画出一条比较明晰的从南朝江南地区经今山东地区到山西地区的文化传播路线。在这个大前提下，我们认为，太原等地唐墓屏风画"树下老人"应该是一个定型的社会流行绘画题材。它的原

图二　太原金胜村唐墓壁画线图

型应该是以表现孝子、贤人为主的这类"忠孝图",而不是墓主人像或者道教人物故事。其文化内涵来源于传统的中原儒家文化,具有比较悠久的流行历史。从这些老人所穿的服装是汉、晋时期的式样,而不是唐代的流行式样上就可以确认它们是表现历史故事的内容。当然,可能由于具体传袭中的侧重点不同或画家喜好不同而有具体人物的不同组合。但是它选自忠臣、孝子、高士、贤人等历史人物这一点应该是可以确定的。虽然现在限于画面过分简略,还不能辨识出各处屏风画的全部内容,但仍有一些画面是可以与历代著名的孝子忠臣等古代故事联系起来得到确认的。

例如:太原金胜村 6 号唐代壁画墓中的 6 幅树下老人中,第 4 幅是背着柴的老人，这就可能是表现曾子的孝义故事。《孝子传》载："参采薪在野，母啮右指，旋顷走归，见正不语，入跪问母何患。母曰：'无。'参曰：'负薪右臂痛，薪堕地，何谓无？'母曰：'向者客来，无所使。故啮指呼汝耳。'参乃悲然。"《后汉书》中还记录了蔡顺同样的故事，但历代《孝子传》中大多是把这个故事图画归于曾参。它在有关孝子的壁画、雕刻等艺术品中是最为多见的。咸阳唐代契苾明墓出土的三彩罐上有表现曾子的故事浮雕与文字①。山西壶关宋代墓葬中的二十四孝砖雕上用曾子与其母的形象表现这个故事。老妇的左手举在面前，似乎在表现啮指的动作。男子的袍襟绾上来掖在腰带中，是一副劳作的装束，表现曾参采薪的样子。其形象与河南洛宁出土的北宋乐重进石棺等处相同②。同样，金胜村4、5号墓中的背柴老人也应该是曾子。

6号墓中的第2幅竹下老人，双手举节，面向东南。天空有飞雁12只，排成人字形向北。这似乎应该是表现汉代苏武持节旄出使匈奴，被流放北海的故事。《汉书·李广苏建传》载："武既至海上……杖汉节牧羊，卧起操持，节旄尽落。"与图像的表现相符。

树下老人壁画中多处出现有坟墓，它们有关的画面应该均与孝子故事有关。如1988年报道的金胜村唐代壁画墓第3幅壁画，树前有一土丘，上有三株野草，应该是表示坟墓。老翁面向坟丘，以袖拭面，似号啕恸哭，不胜伤感。这就可以用极为流行的王裒泣墓等故事来解释。《晋书·王裒传》云："庐于墓侧，旦夕常至墓所拜跪，攀柏悲号，涕泪著树，树为之枯。母性畏雷，母没，每雷，辄到墓曰：'裒在此。'"后代将其列入二十四孝中，有大量表现这一故事的艺术品传世。

又如同墓第5幅树下老人画中，老翁以袖拭面，痛哭流涕，面前的树根旁有两株刚长出来的竹笋。这应该是表现孟宗的故事。《古孝子传》云："孟宗后母好笋，令宗冬日求之，宗入竹林恸哭，笋为之出。"金胜村4、5号唐代壁画墓中也有类似的画面，同样应该是用竹笋与哭泣在表现孟宗的

---

① 解峰、马先登：《唐契苾明墓发掘记》，《文博》1999年第5期。
② 长治市博物馆、壶关县文物博物馆：《山西壶关南村宋代砖雕墓》，《文物》1997年第2期。李献奇、王丽玲：《河南洛宁北宋乐重进画像石棺》，《文物》1993年第5期。

孝子故事。以后宋辽金元时期的墓室壁画、砖雕中都是用人与竹笋来表现这个故事。

还有一位老人的面前有一条昂起头的蛇。有人曾经把它解释为隋侯珠的故事。我们试提出另一种推测,它或许是在表现春秋时孙叔敖打死两头蛇的故事。孙叔敖的故事在历代均有流传。在山西大同发现的北魏司马金龙墓出土的漆画屏风上就有关于孙叔敖的图画与题榜。可见,在山西地区很早就流传着孙叔敖的故事。它也是南朝画家的绘画题材,上引《历代名画记》卷五、记载谢稚有楚令尹泣歧蛇图,当即表现孙叔敖的故事。但这里画的不是两头蛇,而且蛇口衔珠,有可能是后代传抄中的误解或装饰。当然,也有可能确实是表现隋侯珠的故事。郑岩同志曾在山东武氏石室的汉代画像石中找出表现隋侯珠的故事画面①。

孝义故事图画,可能在中国古代社会中流传了近两千年,是民间社会常见的伦理教材,也是民间画工常用的题材之一。早在东汉晚期的山东嘉祥武梁祠石室画像中就出现了曾子、闵子骞、老莱子、丁兰、董永、章孝母、忠孝李善等孝义人物像。乐山柿子湾 1 区 1 号东汉墓中也有董永与孝孙原谷的雕刻。1931 年在河南洛阳翟泉村北邙山出土的北魏孝昌三年宁懋石室,现藏美国波士顿艺术博物馆。石室上刻有孝行图,包括董永卖身葬父、丁兰刻木母事亲、帝舜等画面。美国纳尔逊艺术博物馆所藏北魏孝子石棺,两侧用精美的线刻刻了蔡顺、董永、舜、郭巨、孝孙原谷等人的故事。说明在东汉到北朝期间,孝子故事一直是人们墓葬中艺术装饰上的常用题材。

但是,我们尚不能确定太原唐墓中的屏风式壁画上的人物全都是出自孝子故事,可能其中也有其他类型的历史人物,如忠臣、隐士等。其中也未必没有从竹林七贤一类壁画中摘取的人物。树下人物的构图形式就很可能来源于南朝的"竹林七贤壁画"及其原始范本"七贤图""高士图"等。

20 世纪 60 年代首先发现的南京西善桥宫山北麓六朝砖墓中,南北两侧墓壁上嵌着对称的精美画面,每侧 4 人。根据人物旁边的文字题榜,他们是:"嵇康、阮籍、山涛、王戎、向秀、刘灵(伶)、阮咸",以及不列入

---

① 郑岩:《武氏祠隋侯珠画像》,《文物天地》1991 年第 2 期。此条承郑岩同志惠告,谨志谢意。笔者以后借助新发现的文献推测其为伯奇孝子故事。

"竹林七贤"的荣启期。在此以后,南京西善桥油坊村、江苏丹阳胡桥鹤仙坳、江苏丹阳建山金家村与胡桥吴家村等大型六朝墓葬中也陆续发现了大型拼镶壁画"竹林七贤"等。它们的问世,曾在文物考古学界与美术界引起极大的震动,使人们对古人倍加推崇的六朝艺术有了切实的感受。即使以令人的欣赏水平去看,这些砖画刻画得也是十分出色。南齐画家谢赫曾经在他的《画论》中把画面气韵生动列为绘画的六法之首。唐人张彦远在他的《历代名画记》中进一步解释"气韵生动"是"古之画或能移其形似,而尚其骨气"。"以气韵求其画,则形似在其间矣。"可见古代文人往往把能表现出人物的精神风貌作为绘画技艺的最高境界。这组砖画就达到了这种追求。根据唐人张彦远《历代名画记》的记载,晋代的著名画家戴逵、顾恺之等都画过"七贤"题材的作品,刘宋时期画家陆探微画过《竹林像》,应该也是"竹林七贤"的内容,宗炳画过《嵇中散白画》,是表现嵇康的肖像画,南齐画家毛惠远画过《七贤藤纸图》等。凡此种种,正说明"竹林七贤"题材的绘画在东晋后期至宋、齐之间是社会上十分流行的艺术品,它对于绘画艺术的影响应该是非常大的。往下我们可以看到山东济南东八里洼北朝壁画墓①、山东临朐冶源镇北齐崔芬壁画墓②等具有树下人物画像的实证。这些绘画中都绘有席地而坐的人物像。他们身着宽松的衣衫,袒露胸部,姿态悠然自得。其构图与人物的形貌特征明显模仿南京附近发现的南朝砖拼壁画"竹林七贤"。太原金胜村等地唐代壁画墓中树与人物结合的构图形式,也依然显露出来自南朝砖拼壁画"竹林七贤"构图程式的影响。有些人物的形态也与之有近似之处。太原金胜村等地唐代壁画墓中的人物与"竹林七贤"是否有联系,也是可以进一步确认的问题。

这里需要特别提到薛儆墓壁画中的一个人物。该墓北壁西侧残存有两个红色边框,表示屏风的两扇,里面绘有山石。西壁中部的一扇,残存一棵树,树旁有一个身穿大袖长袍的人物。西壁南部也存有两扇,左边一扇里有一棵树,报告称树旁边有一位"高鼻胡人",穿毛皮大衣,手持筝。另一扇上是一个身穿大袖长袍的人,头戴莲花冠,右手抬到胸前,伸出食指

---

① 山东省文物考古研究所:《济南市东八里洼北朝壁画墓》,《文物》1989 年第 4 期。
② 见《中国美术全集·绘画编 12·墓室壁画》,文物出版社,1989。

与中指。薛儆为银青光禄大夫、驸马都尉。虽然墓葬已经多次盗掘，从残存的精致石椁上，仍可以看出其埋葬的规格是比较高的。但是在这样的高等级墓葬中也采用屏风式壁画，应该说明当时屏风式壁画已经是十分流行的墓葬装饰定式了。从原报告的照片来看，将壁画中一位人物称作"高鼻胡人"似有不妥。这个人的形象并没有特别典型的胡人特征。唐代艺术品中的胡人往往在眼睛与胡须上加以强调，突出其种族特征，如章怀太子墓的客使图、敦煌壁画、唐三彩中的胡人俑等。而这个人物恰恰没有这些特征。他面前的长方形器物，解释为筝或琴是比较恰当的。但是这些乐器恰恰是典型的中原传统乐器，胡人不会使用。可见将之定为胡人是不合适的。这种抚琴的人物形象，以往比较多地是出现在"竹林七贤"一类的高士图中。在唐代中期流行的一种铜镜图案上，我们找到了可以与之对证的图像，即在南朝砖画中就有所出现的古代隐士荣启期。

陕西历史博物馆藏有一面唐代铜镜，是 1964 年在西安出土的。圆形镜背上有两位人物，左一人戴方冠，举手探问。右一人戴莲花冠，披鹿皮裘，手持琴，回首应答。两人中间的下方是一棵树。上方有方框，中有"荣启奇（期）问曰答孔夫子"九字。类似的铜镜以往多有报道，早在《岩窟藏镜》中就收录有同样的铜镜，称出土于山东。故宫博物院与洛阳等地也收藏有这种铜镜，或称之为"三乐镜"。除了圆形的镜子之外，还有八瓣葵花形的。可见其在唐代是一种流行比较广泛的器物①。这个铜镜描绘的故事见于《列子·天瑞》。荣启期亦由此故事而传名于后世②。铜镜图案中荣启期的衣着、道具、姿态都与薛儆墓壁画中的人物极其相象。树木与人物的组合也应该是出自"树下老人"一类的绘画程式。广泛使用的铜镜又是荣启期故事在当时有所流行的实证。由此看来，将薛儆墓壁画中的"高鼻胡人"

---

① 参见梁上椿《岩窟藏镜》卷三，北京大业印刷局暨育华印刷所，1942；郭玉海《故宫藏镜》，紫禁城出版社，1996；洛阳博物馆《洛阳出土铜镜》，文物出版社，1988；陕西省文物管理委员会《陕西省出土铜镜》，文物出版社，1959 等。

② 《列子·天瑞第一》："孔子游于泰山，见荣启期行于郕之野。鹿裘带索，鼓琴而歌。孔子问曰：'先生所以乐，何也？'对曰：'吾乐甚多，天生万物，唯人为贵。而吾得为人。是一乐也。男女之别，男尊女卑，故以男为贵。吾既得为男矣。是二乐也。人生有不见日月不免襁褓者。吾既已行年九十矣。是三乐也。'"

看作是荣启期应该是可以成立的。这样，我们将"竹林七贤"之类的高士图看作"树下老人"壁画的一个来源也有了一定的证据。

唐代韦浩墓中壁画上的"高士图"则完全是套用"竹林七贤"砖画构图程式与人物造型的例子。虽然由于有所残泐，人物的身份不能完全确定。但是从构图与人物姿态上，人们很容易把它与"竹林七贤与荣启期"这类高士图、隐逸图联系起来。

顺便提及，太原金胜村4、5号壁画墓中壁画人物头上戴的冠为方形冠（进贤冠）与莲花冠两种，而且是有次序地变换，即第1、3、5、7人为莲花冠，第2、4、6、8人为方冠。说明这些冠只是画工绘画装饰上的一种手法，与6号墓的屏风画中树木与竹子在各扇屏风上交替出现是同样的手段。它们不一定具有真正的象征意义。如4号墓中第5人可以确定为曾子，与道教无关，但是他却戴着"莲花冠"。这样，根据冠式认为这些壁画内容与道教有关的意见就需要再加探讨了。

树下老人屏风画的内容如此复杂多样，并且可能随着时间早晚和地区差异有所变化。我们推测，这大约是由于两方面的因素造成的，一方面，一种古代绘画范本形成后被画工长期沿用，另一方面，在时代发展中社会流行的习尚有所变化。

中国古代绘画中，范本（样）的作用应该是非常重要的。与古代建筑有固定的法式一样，画工们也是习惯于仿照一些固有的范本来绘制实用作品的。这些范本往往是著名画家的作品或者优秀的画工样本。如《历代名画记》卷二"叙师资传授南北时代"中云："佛有曹家样，张家样、吴家样。"可能就是指曹仲达、张僧繇、吴道子这些著名画家的作品范本。当时摹拓画家的作品是学画的必经之路。《历代名画记》卷二"论画体工用拓写"中称："好事家宜置宣纸百幅，用法蜡之，以备摹写（顾恺之有摹拓妙法）。古时好拓画，十得七八，不失神采笔踪。亦有御府拓本，谓之官拓。国朝内库、翰林、集贤、秘阁，拓写不辍。"所以在古代绘画中往往可以见到很多大致相同的作品。壁画墓中的绘画就是极好的实证。事实证明，一种固定的范本可能在画工中传承很多年，如明代的《三才图会·人事四卷》上有一些《鼓琴图》《倚树图》《醉吟图》的范本，其构图、人物姿态、笔法等都与南朝的七贤砖画如出一辙。

但是社会风习与时尚人物却是在不断地变化着的。人们推崇的对象时有不同，各地看中的人物也有所不同。这样，就可能在一种长期使用的绘画范本中加入了多种不同的人物身份，所谓“旧瓶装新酒”。自然，也可能在原有的范本基础上加进一些新的改动，甚至改成新的人物形象。但是它的基本程式始终没有彻底变换。这可能就是树下老人类型的屏风画具有多种不同人物版本的原因吧。

就现有出土材料来看，与山西地区源于南朝儒家传统文化思想的屏风画不同，西安出现的屏风式壁画，其内容大多为仕女、花卉等生活场景，表现了西安地区作为首都，上层人士追求奢华享乐，流行着与地方上不同的欣赏品位。这种风气的产生，大约源于北齐宫廷画家的创造，与当时北齐宫廷中奢华淫乱的情况相符。以后隋代宫廷画中继承了这类题材。唐代可能仍沿其绪，唯宫廷马首是瞻。《历代名画记》卷八载：“北齐、杨子华（宫苑人物屏风）。隋、郑法士（贵戚屏风……游春苑图并行于代）。孙尚子（美人图）。杨契丹（贵戚游宴图）。”《历代名画记》卷九载：“唐朝上、（阎）立本（田舍屏风十二扇）。”前文已引，中唐时“郑法士、杨子华、孙尚子、阎立本、吴道玄屏风一片，值金二万，次者售一万五千”。可见郑法士、杨子华、孙尚子等宫廷画家的作品一直流传下来，其对于初唐画工的影响自不可低估。这可能就是首都地区屏风画与地方上明显不同的原因。如前所述，长安地区唐代墓葬中屏风画与当时日常生活中使用的屏风画也可能是出自同一范本。那么，在中央长安地区流行的屏风画，其艺术流派很可能就是根据北齐以来宫廷画家的作品发展形成的，即上引《历代名画记》中所记载的杨子华、郑法士、孙尚子、阎立本等人创作的美人、贵戚、田舍、花卉等绘画样式。上面引文中提到，唐太宗曾命令虞世南写列女传以装屏风。而西安地区燕妃墓中屏风画上画有一位妇女侍奉床榻上坐着的老夫妇这样的图像，很可能就是表现列女传的题材。李勣墓的壁画也有可能属于同一内容。这正是上有所好，其下趋之若鹜的表现吧。

原载《文物》2003年第2期

从山西太原金胜村唐墓看唐代
屏风壁画墓

　　迄今为止，考古发现的唐代壁画墓主要分布在山西、陕西地区，此外，新疆、河北、湖北、宁夏等地也有零星发现。在各地发现的唐代壁画墓中，有一批是在墓室中绘有屏风式壁画。这些墓葬的主人身份不一，从地位比较高的官员贵族直到一般士人，屏风式壁画墓的形制比较规范，是唐代壁画墓中一个比较具有广泛代表性的重要类型。

　　综观隋唐时期的墓葬制度，我们可以看到，隋唐时期社会中上层人士的墓葬沿袭了自北魏、西魏、北周一脉相承下来的制度，并且有比较明显的阶段性变化。因为按照历代禅让的情况，西魏自认为是北魏的正统，北周接受了西魏的禅让，而隋代又接受了北周的禅让，唐代开国，也演了一场从隋帝手中接过帝位的禅让把戏①。与之相应，其礼仪制度基本上也是延续了北魏、北周的传统。但是由于北齐的文化水平相对较高，保存的礼仪制度较多，所以隋代统一后，礼仪制度中也吸收了一些北齐的礼制，唐代仍沿其绪。而后在社会历史的发展中，又产生了新的特点，这时的丧葬制度中明显地表现出了这种变化。

　　隋唐墓葬，大体可以分为长江南北两大地区，进一步细分，还可以分为唐代两京及受其影响的周围地区、洛阳地区、湖北地区、湖南地区、扬州地区、广东地区、福建地区，等等。各自具有不同的地方特色。就现在考古发现的情况来看，壁画墓大多出现在北方。

---

　　① 参见《北史》《周书》《隋书》《旧唐书》，中华书局标点本。

　　北方的隋唐墓葬主要有砖室墓与土洞墓两种大类型。以两京地区为代表。隋代以土洞墓居多，甚至高级官员的墓葬也采用土洞墓，它们多带有斜坡式墓道，部分采用竖井式或阶梯式墓道。唐代的高级官员则从唐高宗时期起多改用砖室墓，土洞墓降为中低级官员与平民使用的类型。以发掘隋唐墓葬较为集中的西安地区为例，在唐代初年流行带有长斜坡墓道的多天井单砖室墓与单室土洞墓。墓室的平面呈正方形或横长方形，墓室四壁较直。由于多为单室墓，天井与壁龛则成为区分官员身份高下的重要标志。隋代一品官员的墓道中最多有 7 个天井，但壁龛较少；唐代初期一、二品官员的墓道中最多有 5 个天井，壁龛可多达 10 个。到了高宗年间，单室砖墓的四壁稍微向外凸出，呈弧线。前后室的砖墓出现。这些享有前后两室砖墓的人物都是立有特殊功勋的高级官员，如郑仁泰、尉迟敬德等。显然是一种比品官更高的埋葬等级，是超越礼制规定的特殊待遇①。这时前墓室的面积与天井大小相似，后室面积较大。武则天至中宗时期，单室砖墓的形制没有变化，前后两室墓改变为前室与后室的面积相同，如神龙年间的懿德太子墓、永泰公主墓、章怀太子墓等。懿德太子墓等级最高，具有 7 个天井，8 个壁龛。至于一、二品官员的墓，只有少数具有 5 个以上的天井，壁龛最多不超过 6 个。显示出逐渐减少的趋势。这时，土洞墓变化为长方形纵向墓室，墓道开挖在墓室南部偏东处，平面呈刀形。唐玄宗时期，具有前后两室的墓葬形式基本上不再出现；与唐高宗、武后时期相比，单室砖墓的形制没有大变化，单室土洞墓的平面形状为直背刀型或曲背刀型。墓道的长度逐渐缩短。盛唐以后，墓葬建筑趋向简约，基本保持着刀型单室墓的形制。

　　在这些隋唐墓葬中，存在着大量的壁画装饰。这时的壁画中，既有继承汉代以来壁画形式的传统因素，也有不少在唐代才形成的表现形式。在墓室内壁上绘制模仿屏风式样的多屏壁画就是其中主要的新创造。近代以来发现的具有这种屏风式壁画的墓葬数量不少，构成了唐代壁画墓中一个重要的类型。

---

　　① 齐东方：《试论西安地区唐代墓葬的等级制度》，《纪念北京大学考古专业三十周年论文集》，文物出版社，1990。

将现有的唐代屏风式壁画墓发掘材料按地区加以排比，可以看到主要有以下一些发现：

1. 山西太原地区

这里是屏风式壁画墓的一个主要流行地区，历年来发现的这类墓葬有金胜村 6 号墓，建筑时代约为武周时期，为小型穹窿顶砖室墓。墓室西、北、东壁，棺床上方有 8 幅屏风，其中 6 幅为在树下站立的老人像，2 幅为侍女①。与之形制与时代大致相同的还有金胜村 4 号墓，墓室西、北、东壁的棺床上方有 8 幅屏风，为树下老人像②。金胜村 5 号墓，有 8 幅屏风树下老人像。新董茹村唐代壁画墓，有 8 幅屏风树下老人像③。金胜村附近唐代壁画墓，为小型覆斗顶砖室墓。墓室西、北、东壁棺床上方有 8 幅（二棺床，每棺床上方各 4 幅）屏风树下老人像④。金胜村 337 号唐代壁画墓，墓室西、北、东壁，棺床上方有 4 幅屏风，共绘有 6 幅在树下站立的老人像。北壁 2 幅中 4 人，西、东壁各 1 人⑤。

2. 山西西南地区

万荣县唐代开元九年（公元 721）薛儆墓，为 6 天井长斜坡墓道、大型穹窿顶砖室墓。墓室西、北壁残留有部分屏风式壁画，其中可辨识者 3 人，2 人戴冠，着大袖长袍；1 人披皮裘，持琴⑥。

3. 新疆吐鲁番地区

阿斯塔那 65TAM38 号墓，属于盛唐至中唐时期。该墓为土洞墓，墓室后壁有 6 幅屏风画人物。发掘者认为是描绘墓主人生前的生活情景⑦。TAM216 号墓，形制与上一墓相同，发掘者认为属盛唐时期。墓室后壁有 6 幅屏风，其中 4 扇内各有一位端坐人物。分别题名："石人""金人""玉

---

① 山西省文物管理委员会：《太原市金胜村第六号唐代壁画墓》，《文物》1959 年第 8 期。
② 山西省文物管理委员会：《太原南郊金胜村唐墓》，《考古》1959 年第 9 期。
③ 《山西文物介绍》，山西人民出版社，1954。
④ 山西省考古研究所：《太原市南郊唐代壁画墓清理简报》，《文物》1988 年第 12 期。
⑤ 山西省考古研究所：《太原金胜村 337 号唐代壁画墓》，《文物》1990 年第 12 期。
⑥ 山西省考古研究所：《唐代薛儆墓发掘报告》，科学出版社，2000。
⑦ 新疆维吾尔自治区博物馆：《吐鲁番县阿斯塔那——哈拉和卓古墓群发掘简报》，《文物》1973 年第 10 期。

人"等①。TAM217 号墓，发掘者认为属盛唐时期，墓室后壁有 6 幅屏风花鸟②。

4. 湖北郧县

唐代嗣圣元年（公元 684）濮王李泰次子李徽墓，为大型穹窿顶砖室墓。墓室中棺床上方的西壁北部与北壁西部有 6 幅屏风，在红色边框中绘制了大笔写意的花卉图案③。

5. 宁夏固原南郊

唐代圣历二年（公元 699）梁元珍墓，为 3 天井斜坡墓道、中型穹窿顶砖室墓。墓室的北壁与西壁有 10 幅屏风，绘树下老人像。每个长方形边框中有一位老人，大多头戴方形冠与莲花冠，着大袖长袍。由于墓葬曾被盗掘，壁画有残毁，一些人物不够清晰④。

6. 西安及关中地区

这里是屏风式壁画墓流行的又一个中心。已知有总章元年（公元 668）王善贵墓，墓葬形制不详。墓室东、北、西三壁有 15 幅屏风，每壁 5 幅，每幅上绘 1 侍女⑤。陕西礼泉县咸亨元年（公元 670）李勣（徐懋功）墓，为 4 天井斜坡墓道，大型穹窿顶砖室墓。墓室中位于棺床上面的北壁西段与西壁北段存 6 幅屏风，内容为树下仕女，"均穿红色交衽阔袖衫，系白色长裙，或静坐，或行走"。我们怀疑它可能也是与列女图有关的内容⑥。陕西礼泉县咸亨二年（公元 671）燕妃墓。为大型穹窿顶砖室墓。墓室中有 12 幅屏风画，内容可能是《女史箴》一类的列女图。因原发掘材料未公布，全貌不明⑦。陕西岐山县郑家村垂拱二年（公元 686 卒）元师奖墓，为五天井

① 《中国美术全集·绘画编 12·墓室壁画》，文物出版社，1989。
② 《中国美术全集·绘画编 12·墓室壁画》，文物出版社，1989。
③ 湖北省博物馆、郧县博物馆：《湖北郧县唐李徽、阎婉墓发掘简报》，《文物》1987 年第 9 期。
④ 宁夏固原博物馆：《宁夏固原唐梁元珍墓》，《文物》1993 年第 6 期。宁夏回族自治区固原博物馆、罗丰：《固原南郊隋唐墓地》，文物出版社，1996。
⑤ 张建林：《唐墓壁画中的屏风画》，《远望集——陕西省考古研究所华诞四十周年纪念文集》，陕西人民美术出版社，1998。
⑥ 昭陵博物馆：《唐昭陵李勣（徐懋功）墓清理简报》，《考古与文物》2000 年第 3 期。
⑦ 陈志谦：《昭陵唐墓壁画》，《陕西历史博物馆馆刊》第一辑，三秦出版社，1994。

大型斜坡墓道，穹窿顶砖室墓。墓室中有 22 组壁画，包括树下贵妇、侍女、树木、花鸟等。西壁有 15 组，可辨 2 组，有男侍、男童戏犬等。因墓葬多次被盗掘，破坏严重①。陕西长安南里王村景龙二年（公元 708）韦浩墓，墓葬形制不详，墓室中有树下高士图，可能也是屏风画的形式。由于原发掘材料未公布，全貌不明②。陕西富平县景云元年（公元 710）李重俊墓，为大型穹窿顶砖室墓，墓室后室西、南、北三壁有 12 幅屏风壁画，其中西壁 6 幅，侍女。南、北壁西侧原各 3 幅，已残泐③。天宝四年（公元 745）苏思勖墓，为大型穹窿顶砖室墓，有斜坡墓道，未全部清理。墓室西壁有 6 幅屏风，根据报道，西壁上为 6 长幅人物画，每幅画上有一树一人，均戴方形冠帽，着大袖长袍，仅手势与方向不同。其中一人作单足跪势，双手捧钵。从人物形态来看，也是类似山西太原金胜村壁画的"树下老人"。也有人推测可能是墓主人的生活像④。永泰元年（公元 765）韩氏墓，为土洞墓，有斜坡墓道，无天井。有 6 幅屏风，已残，可能绘有妇女、侍女、男侍等人物⑤。陕西富平县盛唐时期唐代壁画墓，或称中唐，为小型穹窿顶砖室墓。在墓室中棺床上面的西壁有 6 幅山水屏风画⑥。陕西长安南里王村唐代壁画墓，原报告称为盛唐以后，中唐前期，为竖井式墓道，小型穹窿顶砖室墓。墓室西壁有 6 幅屏风，每扇屏风上有一棵树，树下有贵妇与男女侍者，表现日常生活情景，如：扑蝶、弹琴、观舞等⑦。会昌四年（公元 844）梁元翰墓，墓葬形制不详，墓室西壁有 6 幅屏风画，内容为云鹤⑧。大中元年（公元 847）高克从墓，墓葬形制不详，墓室西壁有 6 幅屏风，已残泐，其内容贺梓城称：可能是鸽子等飞禽；申秦燕等称：仅存一幅，上为双鹤对鸣⑨。咸

---

① 宝鸡市考古队：《岐山郑家村唐元师奖墓清理简报》，《考古与文物》1994 年第 3 期。
② 陕西省考古研究所：《陕西新出土唐墓壁画》重庆出版社，1998。
③ 陕西省考古研究所：《陕西新出土唐墓壁画》重庆出版社，1998。
④ 陕西省考古所唐墓工作组：《西安东郊唐苏思勖墓清理简报》，《考古》1960 年第 1 期。
⑤ 中国科学院考古研究所：《西安郊区隋唐墓》，科学出版社，1966。
⑥ 井增利、王小蒙：《富平县新发现的唐墓壁画》，《考古与文物》1997 年第 4 期。
⑦ 赵力光、王九刚：《长安南里王村唐代壁画墓》，《文博》1989 年第 4 期。
⑧ 宿白：《西安地区唐墓壁画的布局和内容》，《考古学报》1982 年第 2 期。
⑨ 贺梓城：《唐墓壁画》，《文物》1959 年 8 月。申秦燕等：《陕西唐墓壁画研究综述》，《唐墓壁画研究文集》，三秦出版社，2001。

通五年（公元 864）杨玄略墓，墓葬形制不详，墓室西壁有 6 幅屏风画，内容为云鹤①。西安陕棉十厂 M7，属中晚唐时期，形制不详。墓室中有 8 幅屏风，绘乐舞、花鸟等②。

根据现有考古资料的年代与区域情况，我们就面临着两种解释。其一，屏风式壁画墓是在长安地区与太原等地基本同时流行开的，甚至可能是在中央长安创始后再传到各地的。在山西长治等地发现一些时间与太原屏风式壁画墓相近的唐砖室墓，却无一例绘有壁画③。可能有助于说明屏风式壁画墓由中央向地方传播的途径。其二，长安与太原两地有着不同的墓葬形制与装饰系统。各自独立演化，而后随着传播互相影响与融合。

太原地区的壁画墓葬与西安地区壁画墓的规格、装饰手段等有明显的不同，西安地区壁画墓（尤其是初唐、盛唐时期的墓葬）大部分是高级官员贵族的墓葬，根据墓志与文献的有关记载，其中有相当一部分墓主的葬礼是由朝廷负责办理（即丧事官给）的。西安地区屏风式壁画墓中，虽然以中小型墓居多，但是也包括一些大型墓葬，甚至有李勣（徐懋功）墓、燕妃墓这样的高等级墓葬。其绘画装饰主要体现唐代政治经济中心的社会习尚。

而太原唐墓可能只是一些低级官员或者富裕平民的墓葬，如太原金胜村 5 号唐代壁画墓中出土的砖墓志中记载该墓主的父亲任京州司户，本人可能只是个下级军官④。因此，它们在遵从礼仪制度及等级色彩上都不是很明显，而可能更接近世俗习惯的丧葬习俗，如表现方术禁忌、体现民间道德规范以及社会普及的崇拜对象等。这种区别可能有地方文化的差异，也可能有等级高下或财力大小所造成的区别，我们更倾向于太原地区与西安地区存在两种不同的墓葬装饰习俗，表现出地方文化的差异。

---

① 宿白：《西安地区唐墓壁画的布局和内容》，《考古学报》1982 年第 2 期。
② 张建林：《唐墓壁画中的屏风画》，《远望集——陕西省考古研究所华诞四十周年纪念文集》，陕西人民美术出版社，1998。
③ 长治市博物馆：《长治市西郊唐代李度、宋嘉进墓》《山西长治市唐代冯廓墓》《长治市宋家庄唐代范澄夫妇墓》，《文物》1989 年第 6 期。
④ 砖墓志文字已经残泐，存："□节□戎□麾万里""父任京州司户"等词语。见山西省文物管理委员会《太原南郊金胜村唐墓》，《考古》1959 年第 9 期。

　　太原地区唐代壁画墓内容中最突出的一点是它们基本上都采用"树下老人"这样的题材。我们另拟专文说明"树下老人"表现的是从汉代到南北朝期间非常流行的忠臣、孝子、列女、隐士、贤人等历史人物绘画题材，它是儒家教育思想的体现，代表当时社会上流行的思想意识，而不是以前研究者认为的墓主人像或者道教人物故事。其文化内涵来源于传统的中原儒家文化，并可能由于具体传袭中的侧重点不同或画家喜好不同而有不同具体人物的组合。这些情况体现了太原等地"树下老人"屏风画的悠久文化传统与儒家教育色彩。它着重表现的是体现社会道德规范的儒家崇拜对象。而在受儒家影响的丧葬习俗中，这些正面形象同时也具有驱除邪祟、保佑平安的宗教作用[1]，更符合民间的丧葬意识，从而反映出西安、太原两地不同的文化格调。

　　通过比较西安、太原的壁画墓，特别是屏风式壁画墓与仿木结构壁画墓，可以看到墓室壁画在表现墓葬等级制度上的意义，以及它在简化墓葬形制、扩大墓葬虚拟空间上的重要作用。

　　追溯中国古代壁画墓的历史，我们起码可以上溯到汉代。西汉晚期在洛阳地区已经出现了壁画墓。但是那时壁画的内容与象征意义与唐代有所不同。这是与古代墓葬制度的不断演变相对应的。齐东方同志曾经简要地概括过汉代至唐代期间墓葬的形制变化，指出："汉代墓葬模仿现实生活的房屋。墓室的多少有区分等级的意义。这些区别，往往通过墓葬平面布局直接反映出来。魏晋时期，中原和关中的官僚贵族死后，开始使用简化了的方形或长方形单室墓葬。唐代，无论皇室贵戚或一般官吏及平民百姓，都十分流行使用整齐划一的方形或长方形单室墓葬。双室墓葬很少，并且都有特殊的原因，伴随新兴的埋葬方式，也出现了新的表示等级的方法。等级的区别主要表现在墓室尺寸、墓内设施等方面，很少能从墓葬平面布局上来辨别了。"[2]

---

① 孙机先生曾论述在墓葬中随葬《孝子传》具有辟邪意义，见孙机《固原北魏漆棺研究》，《文物》1988 年第 3 期。

② 齐东方：《试论西安地区唐代墓葬的等级制度》，《纪念北京大学考古专业三十周年论文集》，文物出版社，1990。

以社会中上层人物的墓葬来说，我们可以有这样一种感觉，汉代时，墓葬主要在形制上，特别是在平面布局上模仿人世间的建筑布局，表现为砖、石建筑的多室墓以及单室墓。根据墓主生前的地位与财力决定其具体模仿的对象分别为宫廷、宅院或者居室。这一点，我们可以通过墓葬的布局、大小与随葬品等加以确认。如河南芒砀山西汉梁王陵、江苏徐州汉楚王陵等宏大的墓室布局明显是仿效宫廷的一组宫殿。内蒙古和林格尔东汉壁画墓则模仿大型的官署庭院。洛阳等地出土的大量小型砖室墓或者模仿一处宅院，或者模仿一间居室。等级区别是比较明显的。值得注意的是在这些墓葬中，都体现着一种汉代人最基本的宇宙观，体现着将墓葬整体来象征天地宇宙的人文概念。它通过现在可以看到的墓葬形制（尤其是穹窿顶）、壁画内容与布局以及一些宗教方术随葬品表现出来。

到了唐代，由于魏晋以来随着经济衰落、社会动乱而造成了墓葬形制逐渐简略的趋势，多室墓已经比较罕见，单室墓成为墓葬的主流。研究这一时期考古的学者将区别墓葬等级的标准锁定在墓葬的天井数量、墓道长度、墓室大小以及封土高度等条件上。但是，对于单一的墓室以及其四壁的壁画是否具有区别等级的意义这一点却很少有人提及。就墓室本身的象征意义来说，研究者一般还是将墓室看作生人居室的象征。

然而，就规格较高的唐代墓葬而言，将其墓室看作居室的象征似不尽贴切。以懿德太子墓壁画为例，其墓道、天井、过洞中的壁画主要表示出行仪仗与侍从人物等。墓道中有城阙，天井中有庭院建筑等绘画，对照其他墓葬壁画，似乎是以墓道表现宫城中的主干道。在中国古代都市建筑的规划中，一般均有一条主路贯通城市的中央，作为中轴线，连通城门、宫门乃至皇宫的正殿。这在北魏洛阳城以来形成了定制①。例如北魏洛阳城的铜驼街，唐长安城中的朱雀门街等。宫城中的主建筑前，也是这样的主路通向宫门。路两边排列开厢房、走廊、旁院以及门阙等建筑，表现宫室的多层宫殿院落。其实就是贵族、地主的庭院建筑，也采用类似的平面布局。而墓室，应该代表着包括正室的主庭院。它与墓道、天井、过洞、甬

① 徐苹芳：《中国古代城市考古与古史研究》，《中国历史考古学论丛》，（台湾）允晨文化实业股份有限公司，1995。

道等，加上壁画表示的两侧虚拟建筑群，共同模拟了完整的一组宫殿或宅院建筑。

在一些规格较高的隋唐墓葬中，出土有雕刻精致的石椁，外形模仿宫殿。例如隋李静训墓，出土"九脊殿堂形式的石棺"。棺内壁绘有彩色壁画①。唐懿德太子墓、永泰公主墓、薛儆墓等也都具有殿堂外形的石棺椁。这些棺椁才应该是具体象征居室建筑的。将它们摆放在墓室中，正说明了墓室是庭院的象征。因此，墓室四壁上的壁画，有些也具有表现庭院四周廊庑、侧院等庭院建筑，从而展现更大的虚拟空间的作用。陕西三原发现的唐李寿墓，墓室壁画中西壁就绘有马厩、草料库，北壁绘有侧院②。正反映了墓室四壁的虚拟空间作用。即使是与仿木结构建筑结合，表现侍女、仆从活动的壁画，也不只是在表现局限于殿堂中的活动。如章怀太子墓中观鸟捕蝉的侍女图画，就应该是表现庭院中的活动。杨效俊同志指出："章怀太子墓……最具特色的是墓室壁画环境处理的模糊性。……这里的影作木构没有表现纵深的宫室封闭空间，而是在影作木构间布局了山石、花鸟，造成观者的视线可以透过影作木构而了望户外的园苑的错觉。"③ 看来这里木结构建筑更像是庭院四周的廊庑建筑，环绕成一处前庭或天井。这是等级高的大型贵族墓葬墓室壁画多绘制仿木结构建筑形式的根本原因，也是墓室壁画参与表现墓葬等级制度的证据。

中小型的墓葬中，墓室则可能只近似于表现一个天井甚至一间居室，由此体现出墓葬的不同等级。如大部分使用屏风式壁画的墓室，其象征意义就与大型墓葬中有仿木结构壁画的墓室有所不同，特别是太原地区的屏风式壁画墓，基本上是小型砖室墓，墓主的身份等级较低，在世时也不可能拥有宏大的殿堂或庭院。值得注意的是唐代壁画墓中棺床与屏风画的组合是很明确的，它们可能就象征着墓主的日常生活用具。棺床象征床榻，屏风仅画在棺床所靠的墓壁上方，就像树立于床榻上。墓中屏风画的装饰

---

① 中国社会科学院考古研究所：《唐长安城郊隋唐墓》，文物出版社，1980。
② 陕西省博物馆、陕西省文物管理委员会：《唐李寿墓发掘简报》，《文物》1974 年第 9 期。
③ 杨效俊：《影作木构间的树石》，《陕西历史博物馆馆刊》第六辑，陕西人民教育出版社，1999。

手法，可能就来源于日常生活中的实用屏风装饰。屏风与床榻的组合，是隋唐以上普遍使用的日用家具。它可供睡眠，也可供平日坐卧，可在室内摆放，也可在庭院中安放。在敦煌等地保存的多幅北朝至唐代的佛教壁画《维摩诘经变》上便描绘了在庭院中坐榻对论的场面。由于北朝文化中北方游牧民族的影响，在院子中架设帐幕的风俗也曾普遍存在。如当时嫁娶时在庭院中架起的"青庐"，从敦煌莫高窟壁画中还能见到。屏风床榻与帐幕的组合也是一种日常起居方式。太原金胜村出土的北齐壁画墓中，在墓室北壁上绘制了一幅壁画，中央是帷帐，帐中有一座床，床上面安放一具素面屏风，屏风前坐着三位妇女①。山东济南东八里洼北朝壁画墓北壁绘有屏风，上面有垂帐，两侧画帷幕②。这些壁画就表现出了这种组合。所以，具有屏风式壁画的墓室可能是生人居室的象征，也可能象征一处庭院。对于太原附近一些屏风式壁画墓来说，其穹顶多绘有星象图或四神图，有些在屏风画外绘有牛车、驼马等，用墓室象征一所庭院（天井）来解释则更为适当。特别是太原金胜村 337 号墓等处将屏风画与仿木结构建筑壁画结合起来，形成一种介乎纯屏风式壁画与纯仿木建筑壁画之间的形式，更适于表现居室与小型庭院组合的象征意义。洛阳出土的宁懋石室上刻了一些庭院建筑。如果把图中右侧的厅堂看作墓中的棺床与屏风部分，左侧的廊庑与侍女看作墓室壁画的其余部分，正与这些屏风式壁画墓的墓室壁画布局相符。可以比较直观地说明墓室壁画的象征意义。

这种用壁画来表现虚拟空间的意识，成为流行的丧葬习俗后，就更加速了墓葬形制的简化过程。唐代后期墓葬建筑形制缩小，多天井、长墓道的墓葬逐渐消失，乃至宋、辽以下墓葬形制的简化，除了具体社会、经济状况变动的影响外，可能都与墓室象征意义的虚拟化增大有一定关系。

原载《唐墓壁画国际学术研讨会论文集》，三秦出版社，2006

---

① 山西省考古研究所：《太原南郊北齐壁画墓》，《文物》1990 年第 12 期。
② 山东省文物考古研究所：《济南市东八里洼北朝壁画墓》，《文物》1989 年第 4 期。

唐代壁画墓与唐代礼制

　　近代以来，在以关中地区为主的唐代墓葬发掘中，揭示出一批在墓葬中用壁画加以装饰的墓葬建筑。其中多数墓葬还附有墓志出土，为判定其墓主与具体下葬时间提供了确切的证据。因此，这些壁画墓在唐代墓葬研究中占有重要的地位，并且有多位学者对这些墓葬的类型、分期、壁画内容与分布等问题做了大量研究①。不过这些研究大多是专门就具体的壁画墓与壁画进行的，很少考虑壁画墓与其他唐代墓葬之间的关系。确实，这些墓葬中发现的大量墓中壁画已经提供了相当丰富的研究课题。这些精美的壁画作品表现出它们已经达到了很高的艺术境界，而且内容多种多样，是了解唐代社会生活的一批重要的直观资料。由此做出的大量研究成果已经丰富与加深了我们对于唐代社会的认识。

　　但是需要看到的一个重要现实是：在现在已经发掘的唐代墓葬整体中，拥有壁画的墓葬只占有较少的数量比例，而且主要集中在关中地区，其他如洛阳地区、太原地区、吐鲁番地区以及湖北、广东等南方地区只有少量发现。那么，这些壁画墓与其他大量唐代墓葬之间是什么样的关系？它们又反映了唐代社会怎样的现实？这就需要对全部唐代墓葬的发掘情况做出综合性的分析。这可以写一本很厚的书。实际上也已经有了几种关于唐代

---

　　① 参见宿白《西安地区唐墓壁画的布局和内容》，《考古学报》1980 年第 4 期；宿白《西安地区的唐墓形制》，《文物》1995 年第 12 期；齐东方《试论西安地区唐代墓葬的等级制度》，《纪念北京大学考古专业三十周年论文集》，文物出版社，1990；孙秉根《西安隋唐墓的形制》，《中国考古学研究——夏鼐先生考古五十年纪念论文集》（二），科学出版社，1986 等。

墓葬壁画的专著。但是似乎还没有人讨论过唐代壁画墓与唐代墓葬整体的关系。我们这里限于篇幅，只能概括地谈一点对唐代壁画墓与其他唐代墓葬关系的看法，而主要着重于分析唐代壁画墓与唐代礼制之间的关系。

首先简要地介绍一下中国考古工作中近年来有关唐代壁画墓的发现。

最早有记录的唐代墓葬的正式发掘，是在20世纪初外国探险家们对中国西北的探险调查活动中进行的。如英国的斯坦因、俄国的科兹洛夫、德国的勒柯克、日本的大谷光瑞等都先后在新疆吐鲁番地区发掘古代墓葬，吐鲁番地区在北朝晚期是高昌国所在，它虽然是西域国家，但是接受了中原汉文化的制度与文化教育，墓葬形制与丧葬礼仪都源于中原地区。唐朝初年，唐军出征西域，灭高昌国，设立高昌郡。这里的文化礼俗就更紧密地与中原结合在一起。在当时的发掘中，曾经在一些墓葬中发现了随葬的绢本或纸本屏风式绘画条幅。1930～1933年，中瑞西北科学考察团的中方成员黄文弼也曾经在这里调查与试掘了一些高昌时期的墓葬，出土有伏羲女娲画像卷子等绘画①。这些出土于墓葬中的图画应该是悬挂在墓室中的装饰品，其作用与画在墓室墙壁上的壁画相近似。20世纪70年代新疆博物馆等单位的考古工作者在阿斯塔那墓地的发掘中又出土了类似的木框屏风绢画，可以作为该地区唐代墓葬壁画的补充与参考②。而20世纪70年代以来在吐鲁番阿斯塔那等墓地的发掘中多次发现了壁画墓，正说明在新疆地区的唐代墓葬中存在着壁画装饰的情况。

20世纪50年代以来，随着大规模的基建工作迅速开展，配合其进行的考古发掘工作也取得了巨大的成绩。仅就已发表的发掘报告、简报和有关报道情况大致统计，各地发掘的隋唐墓葬已有近千座。其中壁画墓材料达100余座，而且这些壁画墓多为大型墓葬，表现出它们在隋唐墓葬中占有重要的标志性地位。

20世纪50年代，隋唐壁画墓的发现主要出于陕西关中地区。这一时期

① 黄文弼：《吐鲁番考古记》，科学出版社，1954。
② 新疆维吾尔自治区博物馆：《吐鲁番县阿斯塔那——哈拉和卓古墓群清理简报》，《文物》1973年第10期；新疆维吾尔自治区博物馆：《吐鲁番县阿斯塔那——哈拉和卓古墓群清理简报》（1966～1969），《文物》1972年第1期。

发现了长安县郭杜镇显庆三年（公元 658）执失奉节墓、西安市雁塔区羊头镇总章元年（公元 668）李爽墓①、西安市洪庆镇田王村圣历三年（公元 700）李则政墓、长安县南里王村景龙二年（公元 708）韦洞墓②、咸阳市底张湾景云元年（公元 710）万泉县主薛氏墓、西安市东郊经一路开元十六年（公元 728）薛莫墓③、西安市东郊高楼村开元十七年（公元 729）冯君衡墓、西安市东郊韩森寨天宝四载（公元 745）宋氏墓④、西安市东郊兴庆宫遗址附近的天宝四载（公元 745）苏思勖墓⑤、咸阳底张镇天宝六载（公元 747）张去奢墓、咸阳底张镇天宝七年（公元 748）张去逸墓、西安市东郊高楼村天宝十五载（公元 756）高元圭墓、长安县大兆乡庞留村至德三年（公元 758）清源县主墓、西安市东郊洪庆村永泰元年（公元 765）韩氏墓⑥、咸阳市底张湾贞元三年（公元 787）剡国大长公主墓、西安市东郊韩森寨自来水厂工地大和九年（公元 835）姚存古墓、西安市东郊郭家滩会昌四年（公元 844）梁元翰墓、西安市东郊高楼村大中元年（公元 847）高克从墓、西安市西郊枣园咸通五年（公元 864）杨玄略墓等。另据记载，在西安市灞桥区发现过天宝三载（公元 744）史思礼墓，在西安市郭杜镇大居安村发现过一座唐代壁画墓，但没有公布过具体资料。

以上这些发现中，李爽墓、韦洞墓、薛莫墓、宋氏墓、苏思勖墓、韩氏墓已经有发掘简报发表，其他的壁画墓资料仅见于贺梓城《唐墓壁画》与王仁波等人《陕西唐墓壁画之研究》（上）（下）等综述性论文中，没有专门的发掘报告，因此介绍得比较简略，对于其有关墓葬形制的材料发表得很不完整。给有关研究造成一定遗憾。

在 20 世纪 50 年代发现的唐代壁画墓还有山西太原附近的万岁登封元年（公元 696）赵澄墓、金胜村第 4、5、6 号唐墓等 4 座具有地方色彩的墓葬⑦。

---

① 陕西省文物管理委员会：《西安羊头镇唐李爽墓的发掘》，《文物》1959 年第 3 期。
② 陕西省文物管理委员会：《长安县南里王村韦洞墓发掘记》，《文物》1959 年第 8 期。
③ 陕西省文物管理委员会：《西安西郊唐墓清理记》，《考古通讯》1956 年第 6 期。
④ 张正岭：《西安韩森寨唐墓清理记》，《考古通讯》1957 年第 5 期。
⑤ 陕西省社会科学院考古研究所：《陕西咸阳唐苏君墓发掘》，《考古》1963 年第 9 期。
⑥ 中国科学院考古研究所：《西安郊区隋唐墓》，科学出版社，1966。
⑦ 山西省文物管理委员会：《太原市金胜村唐代壁画墓》，《考古》1959 年第 9 期；山西省文物管理委员会：《太原市金胜村第六号唐代壁画墓》，《文物》1959 年第 8 期。

20 世纪 60 年代中，发现了陕西乾县的神龙二年（公元 706）永泰公主墓①、咸阳顺陵（武则天母杨氏陵园）的苏君墓②、广东韶关西北开元二十九年（公元 741）张九龄墓③，以及新疆吐鲁番阿斯塔那 38 号墓④等一批壁画墓，从而将唐代壁画墓存在的区域扩大到南方与西北边域。

20 世纪 70 年代以来，在关中地区，大批唐代壁画墓被发掘清理出来，特别是在历代唐朝皇帝的陪葬墓域中发掘清理了众多大型壁画墓葬。例如在陕西三原的唐高祖献陵陪葬墓域内，发掘了贞观五年（公元 631）李寿墓⑤、咸亨四年（公元 673）房陵大长公主墓⑥、上元二年（公元 675）李凤墓⑦、开元十八年（公元 730）臧怀亮墓⑧，以及近年清理的淮南大长公主墓、嗣虢王李邕墓等。在陕西礼泉唐太宗昭陵陪葬墓域内发掘了贞观十四年（公元 640）杨温墓⑨、贞观十七年（公元 643）长乐公主墓⑩、贞观二十一年（公元 647）李思摩墓⑪、贞观二十二年（公元 648）窦诞墓⑫、永徽二年（公元 651）段简璧墓⑬、显庆元年（公元 656）韦尼子墓⑭、显庆二年（公元 657）张士贵墓⑮、显庆二年（公元 657）宫女墓⑯、龙朔三年（公元 663）新城长公主墓⑰、

① 陕西省文物管理委员会：《唐永泰公主墓发掘简报》，《文物》1964 年第 1 期。
② 陕西省社会科学院考古研究所：《陕西咸阳唐苏君墓发掘》，《考古》1963 年第 9 期。
③ 广东省文物管理委员会、华南师范学院历史系：《唐代张九龄墓发掘简报》，《文物》1961 年第 6 期。
④ 新疆维吾尔自治区博物馆：《吐鲁番县阿斯塔那——哈拉和卓古墓群清理简报》（1966～1969），《文物》1972 年第 1 期。
⑤ 陕西省博物馆文管会：《李寿墓发掘简报》，《文物》1974 年第 9 期。
⑥ 安峥地：《唐房陵大长公主墓清理简报》，《文博》1990 年第 1 期。
⑦ 富平县文化馆、陕西省博物馆、陕西省文物管理委员会：《唐李凤墓发掘简报》，《考古》1977 年第 5 期。
⑧ 张正明主编《中国文物地图集·陕西分册下》，西安地图出版社，1998。
⑨ 陈志谦：《昭陵唐墓壁画》，《陕西历史博物馆馆刊》第一辑，三秦出版社，1994。
⑩ 昭陵博物馆：《唐昭陵长乐公主墓》，《文物》1988 年第 3 期。
⑪ 材料未公布。据李星明《唐代墓室壁画研究》，陕西人民美术出版社，2005。
⑫ 张正明主编《中国文物地图集·陕西分册下》，西安地图出版社，1998。
⑬ 昭陵博物馆：《唐昭陵段简璧墓清理简报》，《文博》1989 年第 6 期。
⑭ 孙东卫：《昭陵发现陪葬宫人墓》，《文物》1987 年第 1 期。
⑮ 陕西省文管会、昭陵文管所：《陕西礼泉唐张士贵墓》，《考古与文物》1978 年第 3 期。
⑯ 孙东卫：《昭陵发现陪葬宫人墓》，《文物》1987 年第 1 期。
⑰ 陕西省考古研究所、陕西历史博物馆、昭陵博物馆：《唐新城长公主墓发掘报告》，科学出版社，2004。

麟德元年（公元664）郑仁泰墓①、麟德二年（公元665）程知节墓②、麟德二年（公元665）李震墓③、乾封元年（公元666）韦贵妃墓④、咸亨元年（公元670）李勣墓⑤、咸亨二年（公元671）燕妃墓⑥、上元二年（公元675）阿史那忠墓⑦、光宅元年（公元684）安元寿墓⑧、开元九年（公元721）契苾夫人墓⑨、开元二十六年（公元738）李承乾墓⑩、临川长公主李孟姜墓⑪等。在陕西乾县唐高宗乾陵陪葬墓域内发掘了永徽年间（公元650～655）的李谨行墓⑫、垂拱元年（公元685）薛元超墓⑬、神龙二年（公元706）懿德太子墓⑭、神龙二年（公元706）章怀太子墓⑮。陕西蒲城唐睿宗桥陵陪葬墓域内发掘了开元十二年（公元724）惠庄太子墓⑯、天宝四年（公元745）王芳媚墓⑰。陕西蒲城唐玄宗泰陵陪葬墓域内发掘了宝应元年（公元762）高力士墓⑱，蒲城三合乡还清理了天宝元年（公元742）李宪墓（让皇帝惠陵）⑲。陕西富平唐中宗定陵陪葬墓域内发掘了一座陪葬

---

① 陕西省博物馆、礼泉县文教局唐墓发掘组：《唐郑仁泰墓发掘简报》，《文物》1972年第7期。

② 张正明主编《中国文物地图集·陕西分册下》，西安地图出版社，1998。

③ 陈志谦：《昭陵唐墓壁画》，《陕西省历史博物馆馆刊》第一辑，三秦出版社，1994。

④ 陈志谦：《昭陵唐墓壁画》，《陕西省历史博物馆馆刊》第一辑，三秦出版社，1994。

⑤ 昭陵博物馆：《唐昭陵李勣（徐懋公）墓清理简报》，《考古与文物》2000年第3期。

⑥ 陈志谦：《昭陵唐墓壁画》，《陕西历史博物馆馆刊》第一辑，三秦出版社，1994。

⑦ 陕西省文物管理委员会、礼泉县昭陵文管所：《唐阿史那忠墓发掘简报》，《考古》1977年第2期。

⑧ 昭陵博物馆：《唐安元寿夫妇墓发掘简报》，《文物》1988年第12期。

⑨ 张正明主编《中国文物地图集·陕西分册下》，西安地图出版社，1998。

⑩ 昭陵博物馆：《唐李承乾墓发掘简报》，《文博》1989年第3期。

⑪ 陕西省文物管理委员会、昭陵文物管理所：《唐临川公主墓出土的墓志和诏书》，《文物》1977年第10期。

⑫ 张正明主编《中国文物地图集·陕西分册下》西安地图出版社，1998。

⑬ 杨正兴：《唐薛元超墓的三幅壁画介绍》，《考古与文物》1983年第6期。

⑭ 陕西省博物馆、乾县文教局唐墓发掘组：《唐懿德太子墓发掘简报》，《文物》1972年第7期。

⑮ 陕西省博物馆、乾县文教局唐墓发掘组：《唐章怀太子墓发掘简报》，《文物》1972年第7期。

⑯ 陕西省考古研究所：《唐惠庄太子李㧑墓发掘报告》，科学出版社，2004。

⑰ 张正明主编《中国文物地图集·陕西分册下》，西安地图出版社，1998。

⑱ 陕西省考古研究所：《唐高力士墓发掘简报》，《考古与文物》2002年第6期。

⑲ 陕西省考古研究所：《唐李宪墓发掘报告》，科学出版社，2005。

墓，位于富平县宫里乡石家村，墓主姓名不详；还有景云元年（公元 710）节愍太子墓①。位于陕西乾县铁佛乡南陵村的唐僖宗靖陵也被发掘清理②。陕西三原永康陵陪葬墓域内发掘的一座陪葬墓，位于三合村。

此外，在西安市席王乡草滩村发掘了唐懿宗德妃墓③，西安灞桥洪庆乡发掘了贞观二十三年（公元 649）司马睿墓④、证圣元年（公元 695）韦仁约墓⑤等，西安灞桥新筑乡发掘有天授元年（公元 690）金乡县主墓⑥。在长安南里王村发现了韦氏家族的一批墓葬，多为壁画墓，包括景龙二年的韦浩墓、韦洄墓、韦泚墓、韦城县主墓、卫南县主墓，天宝元年（公元 742）韦君夫人胡氏墓等⑦。在长安韦曲镇西韦村的北部与西北部都有唐代壁画墓的发现，墓主不详。关中地区发现的唐代壁画墓还有西安市未央路的总章元年（公元 668）王善贵墓⑧、西安市东郊万岁登封元年（公元 696）温思暕墓⑨、西安市东郊神龙元年（公元 705）华文弘墓⑩、西安市高陵天宝八载（公元 749）独孤张氏墓⑪、西安市东郊王家坟兴元元年（公元 784）唐安公主墓⑫、西安市热电厂工地会昌六年（公元 846）李升荣墓⑬、西安西郊枣园曹家堡唐墓⑭、西安西郊陕棉十厂唐墓⑮、长安南郊开元十五年

① 陕西省考古研究所、富平县文物管理委员会：《唐节愍太子发掘报告》，科学出版社，2004。
② 张正明主编《中国文物地图集·陕西分册下》，西安地图出版社，1998。
③ 张正明主编《中国文物地图集·陕西分册下》，西安地图出版社，1998。
④ 员安志、王学理：《唐司马睿墓清理简报》，《考古与文物》1985 年第 1 期。
⑤ 张正明主编《中国文物地图集·陕西分册下》，西安地图出版社，1998。
⑥ 西安文物保护研究所：《唐金乡县主墓》，文物出版社，2002。
⑦ 陕西省文物管理委员会：《长安县南里王村韦炯墓发掘记》，《文物》1959 年第 8 期；员安志：《陕西长安县南里王村与咸阳飞机场出土大量隋唐珍贵文物》，《考古与文物》1993 年第 6 期；王育龙：《西安南郊韦君夫人等墓葬清理简报》，《考古与文物》1989 年第 5 期。
⑧ 材料未公布。据李星明《唐代墓室壁画研究》，陕西人民美术出版社，2005。
⑨ 西安市文物保护考古所：《西安东郊唐温绰、温思暕墓发掘简报》，《文物》2002 年第 12 期。
⑩ 张全民：《唐严州刺史华文弘夫妇合葬墓》，《文博》2003 年第 6 期。
⑪ 张正岭：《西安韩森寨唐墓清理记》，《考古通讯》1957 年第 5 期。
⑫ 陈安利、马咏钟：《西安王家坟唐代唐安公主墓》，《文物》1991 年第 9 期。
⑬ 西安市文管会：《西安西郊热电厂基建工地隋唐墓葬清理简报》，《考古与文物》1991 年第 4 期。
⑭ 张海云、廖彩梁、张铭惠：《西安市西郊曹家堡唐墓清理简报》，《考古与文物》1986 年第 2 期。
⑮ 陕西省考古研究所：《西安西郊陕棉十厂唐壁画墓清理简报》，《考古与文物》2002 年第 1 期。

（公元 727）韦慎名墓①、长安大兆乡东曹村唐墓②、长安 206 所唐墓③等、咸阳机场武德四年（公元 621）贺若厥墓④、岐山郑家村垂拱二年（公元 686）元师奖墓⑤、蒲城保南乡山西村永昌元年（公元 689）李晦墓⑥、咸阳渭城区药王洞村万岁通天元年（公元 696）契苾明墓⑦、泾阳太平乡石刘村天宝十二载（公元 753）张仲晖墓⑧、富平吕村乡朱家道村唐墓⑨、蓝田孟村乡田禾村唐墓⑩、扶风南阳乡孙家山村唐墓⑪等。

同时，在新疆吐鲁番阿斯塔那墓地中又发掘了 216、217 号墓等两座壁画墓⑫，增加了对于这一地区唐代壁画墓的认识。上面提到这里曾出土画像卷子，20 世纪 70 年代在阿斯塔那墓地的发掘中又出土了类似的木框屏风绢画，绘画内容包括乐舞、弈棋、牧马等生活画面，如张力臣墓、187 号墓、188 号墓出土品等⑬。

在山西太原附近继续发掘了金胜村焦化厂墓和金胜村 337 号墓⑭，获得了保存较好的壁画材料。山西太原晋源镇发掘有开元十八年（公元 730）温神智墓⑮、山西另一处重要的唐代壁画墓是位于万荣县皇甫乡的开元九年

①　陕西省考古研究所、西安文物保护考古所：《唐长安南郊韦慎名墓清理简报》，《考古与文物》2003 年第 6 期。
②　申秦雁、杨效俊：《陕西唐墓壁画研究综述》，《唐墓壁画研究文集》，三秦出版社，2001。
③　张正明主编《中国文物地图集·陕西分册下》，西安地图出版社，1998。
④　员安志：《陕西长安县南里王村与咸阳机场出土大量隋唐文物》，《考古与文物》1993 年第 6 期。
⑤　宝鸡市考古队：《岐山郑家村唐元师奖墓清理简报》，《考古与文物》1994 年第 3 期。
⑥　陕西省考古研究所：《陕西省新出土唐墓壁画》，重庆出版社，1998。
⑦　解峰、马先登：《唐契苾明墓发掘记》，《文物》1998 年第 5 期。
⑧　陕西省考古研究所、泾阳县文管会：《唐张仲晖墓发掘简报》，《考古与文物》1992 年第 1 期。
⑨　井增利、王小蒙：《富平县新发现唐墓壁画》，《考古与文物》1997 年第 4 期。
⑩　张正明主编《中国文物地图集·陕西分册下》，西安地图出版社，1998。
⑪　张正明主编《中国文物地图集·陕西分册下》，西安地图出版社，1998。
⑫　新疆维吾尔自治区博物馆：《吐鲁番县阿斯塔那——哈拉和卓古墓群清理简报》，《文物》1973 年第 10 期。
⑬　李征：《新疆阿斯塔纳三座唐墓出土珍贵帛画及文书等文物》，《文物》1975 年第 10 期；金维诺、卫边：《唐代西州墓中的绢画》，《文物》1975 年第 10 期。
⑭　山西省考古研究所等：《太原金胜村 337 号唐代壁画墓》，《文物》1990 年第 12 期；山西省考古研究所：《太原市南郊唐代壁画墓清理简报》，《文物》1988 年第 12 期。
⑮　常一民、裴静蓉：《太原市晋源镇果树场唐温神智墓》，《唐墓壁画国际学术研讨会论文集》，三秦出版社，2006。

（公元 721）薛儆墓①。宁夏固原发现的显庆三年（公元 658）史索岩墓与圣历二年（公元 699）梁元珍墓②，反映了关中地区壁画墓建筑形式对这一地区的明显影响。河南安阳也发现了一座大和三年（公元 829）的赵逸公壁画墓③。河南洛阳龙门镇发掘的开元二十八年（公元 740）豆卢氏墓④，补充了洛阳地区唐代壁画墓的资料。而北京海淀区发现的开成三年（公元 846）王公淑夫妇墓表现出晚唐时期北方壁画墓的特征⑤。另外还有一些墓葬中的壁画已经严重被破坏，但是还可以通过一些残存的迹象得知原来墓中是有壁画装饰的。例如北京丰台区清理的史思明墓⑥，河南洛阳发现的安国相王孺人崔氏墓、安国相王孺人唐氏墓等⑦。

在吉林延边和龙县发现有唐代晚期渤海国大兴五十六年（即唐贞元八年，公元 792）的渤海国贞孝公主墓⑧，其壁画人物与关中地区的壁画墓极其相似，应该是源于唐朝中央文化区域的影响。

在南方新发现的唐代壁画墓有位于湖北郧县的永徽四年（公元 653）李泰墓和开元十二年（公元 724）李欣墓、圣嗣元年（公元 684）李徽墓和开元十二年（公元 724）阎婉墓⑨，湖北安陆的贞观中期杨氏墓⑩，四川万县永徽五年（公元 654）冉仁才夫妇墓⑪、浙江临安光化三年（公元 900）钱宽墓⑫

① 山西省考古研究所：《唐代薛儆墓发掘报告》，科学出版社，2000。
② 罗丰：《固原南郊隋唐墓地》，文物出版社，1996。
③ 张道森、吴伟强：《安阳唐代墓室壁画初探》，《美术研究》2001 年第 2 期。
④ 洛阳市文物工作队：《唐睿宗贵妃豆卢氏墓发掘简报》，《文物》1995 年第 8 期。
⑤ 北京市海淀区文物管理所：《北京市海淀区八里庄唐墓》，《文物》1995 年第 11 期。
⑥ 鲁琪、葛英会：《北京市出土文物展览巡礼》，《文物》1978 年第 4 期；北京市文物研究所：《北京丰台唐史思明墓》，《文物》1991 年第 9 期。
⑦ 洛阳市第二文物工作队：《唐安国相王孺人唐氏、崔氏墓发掘简报》，《中原文物》2005 年第 6 期。
⑧ 宿白主编《中国美术全集 绘画编 12、墓室壁画》，文物出版社，1989。
⑨ 高仲达：《唐嗣濮王李欣墓发掘简报》，《江汉考古》1980 年第 4 期；湖北省博物馆等：《湖北郧县唐李徽、阎婉墓发掘简报》，《文物》1987 年第 8 期。
⑩ 孝感地区博物馆等：《安陆王子山唐吴王妃杨氏墓》，《文物》1985 年第 2 期。
⑪ 四川省博物馆：《四川万县唐墓》，《考古学报》1980 年第 4 期。
⑫ 浙江省博物馆等：《浙江临安晚唐钱宽墓出土天文图及"官"字款白瓷》，《文物》1979 年第 12 期。

和天复元年（公元 901）水邱氏墓[1]等。

在唐代墓葬中，壁画墓的形制是比较特殊的，所占数量比例也比较小。从墓葬形制上来看，壁画墓中大部分属于特大型、大型墓葬。而在全国各地发掘的唐代墓葬中，占较大比例的是具有区域特色的其他几种中小型墓葬形制。与其他墓葬比较起来，大部分壁画墓以其特殊的绘画布局、较大的建筑规模与比较统一的标准建筑形制突出于其他普通墓葬之上，表现出明显的社会高贵等级特色。为了更清晰地揭示出这一根本区别，我们先将现在可知的唐代墓葬整体情况做一个简要的分析。

从现在所能掌握到的隋唐墓葬发掘情况来看，隋唐时期的墓葬建筑形制特色正与中原的地理环境一样，可大致以秦岭、淮河流域作为一条横向界线划分成南北两方。在南方，一般墓葬的建筑形制与北方的墓葬建筑主流形制存在着明显的区别，从而可以认为隋唐时期墓葬分属两个建筑风格明显不同的大区域，即南方区域与北方区域。而在这两个大区域之中，还存在着一些地方性的具体墓葬建筑形制差别，分别形成了几个次级地方区域，由此表现出各地的特点与一些地方性的墓葬建筑传统形式。以下先从南北两个大区域的总体情况加以概括说明，然后再涉及一些具体的次级地方区域。

就目前考古发掘所获得的大量成果来看，概括地讲，北方的隋唐墓葬建筑方式中，除下层官员及平民使用的普通小型土坑墓外，主要是具有墓道的砖室墓（包括土圹砖室墓与土洞砖室墓两种建筑形式）与具有墓道的土洞墓两种大类型。典型例证如《偃师杏园唐墓》《陕西凤翔隋唐墓》《固原南郊唐墓》等考古报告介绍的墓葬形制。而南方的隋唐墓葬则多为土圹砖室墓与土坑墓两种类型[2]。进一步从砖墓室的建筑形式与平面布局来看，南北两地也存在着明显的不同。北方的砖墓室以平面正方形（或四壁外凸成弧形的近似正方形）为主，仅在河北北部及辽宁等北方地区存在有圆形的砖墓室。而南方的砖室墓则以平面呈长方形、腰鼓形以及凸字形

---

① 明堂山考古队：《临安县唐水邱氏墓发掘简报》，《浙江省文物考古所学刊》，文物出版社，1981。

② 可参见《考古》《文物》《考古学报》《南方文物》等刊物中的有关简报。

等形状为主。砖室墓的墓顶结构，北方主要为穹窿顶，而南方则多为券顶。北方的土洞墓一般带有墓道、甬道以及封门设施。而南方的土坑墓则一般没有墓道、甬道等供下葬使用的建筑部分。南北两种不同的墓葬建筑形式，在很大程度上是各自沿袭了南北朝时期乃至更早时已经分化成的南北不同的墓葬形式。推导这种南北差别产生的原因，可能主要是由于南方地理自然条件的限制。如南方土壤松软，直立黏结性差，不能挖掘土洞室墓葬；南方地下水位高，不宜深葬；此外还可能有砖墓室的平面结构建筑受到南方传统的船棺葬式影响、椁式墓的建筑理念在南方长期存在等文化传统因素。

根据考古资料，起码从新石器时期以来，南方的墓葬就是以土坑墓为主，在长江下游一带还有基本是将棺椁置于平地上加以覆土的土墩墓。因此，南方的墓葬传统仍然主要沿循着从土坑墓到土坑木椁墓以来的墓葬建筑方式，只是将木椁改为砖室（砖椁）而已。有些发掘简报中曾经分析了唐代南方砖室墓的建筑方式，即先开挖土圹，然后在土圹底部铺砖作为墓室底，在上面砌墓室四壁。墓室四壁砌好后，下棺，摆放随葬品，再起墓顶，最后覆土。这明显是延续着木椁墓的构建与下葬方式，而不像北方的带墓道砖室墓，是在墓葬全部建成后下棺入葬。黄晓芬在对汉代墓葬的研究中，就是根据这一特点，即根据椁室的密闭性与墓室的开通性这一区别，提出中国古代的墓葬建筑形式在汉代有一个从椁到室的重大改变，并把中国古代的墓葬从根本上划分为椁墓与室墓两大系统[1]。可以看出，在南方，大多数隋唐时期的墓葬仍是属于椁墓这一系统。而从南方墓葬的规制普遍较小，没有长斜坡墓道，墓室建筑边长基本上在 3 米以下等情况来看，它们的等级表现明显要低于属于大型墓葬的壁画墓。

在北方，以土洞墓为主的大多数中小型墓葬建筑则构成了位于壁画墓以下的不同低等级墓葬，它们的建筑规制逐渐减小，墓道缩短并简化成竖井式墓道，与具有长斜坡墓道、天井过洞、壁龛、墓门、甬道、大型墓室等复杂结构的壁画墓放在一起，可以表现出等级分明、上下有序的一个墓

---

[1]　见黄晓芬《汉墓的考古学研究》，岳麓书社，2003。

葬形制系列。而在这个系列中，唐代的大多数壁画墓应该是经官方礼仪制度明确规定的，专门应用于帝王贵族与高级官员墓葬的一种特殊建筑形式。

我们具体看几个具有代表性的壁画墓发掘情况。

（1）长乐公主李丽质墓，建于唐贞观十七年（公元643），长乐公主为太宗第五女。

该墓属于昭陵陪葬墓，全长48.18米，南向174度。包括斜坡墓道、4个过洞、5个天井（第5天井位于前甬道砖砌券顶之上）、4个小龛（分别开挖于第3、4过洞东西两壁）、甬道、墓室。墓道、过洞、天井为土洞结构，甬道和墓室为砖砌结构。墓道水平长16.9米，宽2.31米，坡度13度。4个过洞南北长1.98～2.4米，东西宽2.12～2.18米，高2.44～2.47米，拱券顶。1～4号天井深6.15～8.6米。甬道长8.25米，设有3道石门。墓室四壁弧形，长、宽均为4.2米，穹窿顶。墓室西侧有一石棺床。已被盗，出土长乐公主墓志。

墓道东壁最前端画青龙、云中车马与仪仗队，西壁画白虎、云中车马与仪仗队。墓门上方（第一过洞口上方）所画双层三开间门楼图。第一天井北壁绘单层三间门楼图。第一天井与第二天井东西两壁绘挂刀的仪卫行列。第三、第四天井四角各竖有一根直径18～25厘米的圆柱，表面施草泥白灰，再画彩色图案。东西两壁彩绘圆柱之间绘内侍。甬道顶绘团花藻井图案。第一石门外东西两壁各绘一个男侍，第一、第二石门之间绘多名侍女像。从残存红色影作木构来看，墓室四角各绘一角柱，上端有转角斗拱，四壁中央各绘一立柱，将壁面分成二开间，柱头上绘斗拱，有双层阑额相连，斗拱上又绘柱头枋。每间的阑额与柱头枋之间绘有2个蜀柱。蜀柱之间绘一神鸟（原简报称朱雀）。穹窿顶绘有星辰、银河组成的天象图[①]。

（2）新城长公主墓：建于唐龙朔三年（公元663），新城长公主为太宗第二十一女。

属于昭陵陪葬墓，全长50.8米，南向193度。包括斜坡墓道、5个过

---

① 昭陵博物馆：《唐昭陵长乐公主墓》，《文博》1988年第3期。

洞、5 个天井（第 5 天井位于前甬道砖砌券顶之上）、8 个小龛（开于第 2 ~ 5 号天井东西两壁）、甬道、墓室、墓道、过洞、天井为土洞结构，甬道和墓室为砖砌结构。墓道残长 14.8 米，宽 2.5 ~ 2.6 米，坡度 10 度。5 个过洞南北长 2.4 ~ 2.8 米，东西宽 2.4 ~ 2.45 米，高 2.4 ~ 2.5 米，拱券顶。5 个天井南北长 2.3 ~ 3.3 米，东西宽约 2.5 米。甬道长 4.86 米，宽 1.5 ~ 1.52 米，南端设有 1 道石门。墓室四壁弧形，长 4.74 米，宽 4.7 米，高 4.84 米，穹窿顶。墓室西侧有一石棺床。已被盗，出土新城长公主墓志。深度未报道。

墓道东壁依次画青龙、门吏、朱红大门、前仪仗队、鞍马、檐子、后仪仗队、门吏，墓道东壁依次画白虎、门吏、朱红大门、前仪仗队、鞍马、牛车、后仪仗队、内侍、门吏。第一过洞口上方画门楼图，可见门楼上有侍女坐于榻上，左手持长柄团扇。过洞券顶中部用赭红绘 6 排方形平綦图案，两侧绘一排长方形图案，似象征檐椽，东西两壁各绘有 4 根廊柱，上绘斗拱、阑额、柱头栌斗。每个开间内绘一二人物，第一过洞为男侍，第二至五过洞为女侍。5 个天井均绘有影作木构建筑，四角赭红角柱，上有一斗三升转角拱，四壁上方绘撩檐枋及阑额。第一天井东西两壁各绘一幅六戈列戟架与两个仪卫。第二天井至第五天井东西两壁都是在小龛的两侧各绘一位侍女，龛口上装饰宝相花。天井北壁的过洞口与影作阑额之间多存有宝相花。甬道券顶中部绘 4 排方形平，内为四瓣团花。两侧绘密集的长方形，似表示峻脚椽，内绘花卉及火焰纹。东西两壁绘影作廊柱、柱头栌斗、撩檐枋、阑额与蜀柱，壁面分为 3 间，每间绘二三侍女。墓室四壁上绘柱、斗拱、撩檐枋与檐椽等，每壁分为三个开间，每间内有三四个侍女像。墓室顶绘日、银河等天象图①。

（3）懿德太子墓，建于唐神龙二年（公元 706）。懿德太子为中宗长子。

全长 100.8 米，朝南偏东。由斜坡墓道、6 个过洞、7 个天井（第 6、7 天井位于前甬道砖砌券顶之上）、8 个小龛（分别开于第二至第五过洞东西两壁）、前甬道、前墓室、后甬道、后墓室组成，墓道、过洞、天井为土洞

---

① 陕西省考古研究所、陕西历史博物馆、昭陵博物馆：《唐新城长公主墓发掘报告》，科学出版社，2004。

结构，甬道和墓室为砖砌结构。墓道水平长26.3米，宽3.9米，坡度28度。6个过洞南北长3.72米，东西长2.44米，高3.15米，拱券顶。7个天井深8.5~15米。第五天井南北长2.85米，东西宽3.75米。前甬道长20.3米，宽1.6米，高2.39米。前墓室南北长4.45米，东西宽4.54米，高6.3米，穹窿顶。南北两壁中央开拱券门分别通前后甬道。后甬道长8.45米，宽1.68米，高2.29米。后墓室南北长5米，东西宽5.3米，高7.1米，穹窿顶，西侧有一石椁。南壁东侧开拱券门通后甬道。出土大理石哀册、陶俑、陶器、三彩俑、三彩器、金器、铜铁器等1000多件器物。

墓道东壁最前端画青龙和仙人，西壁最前端画白虎，两壁后面均对称绘阙墙和城墙，并以山水为背景，阙楼由方形墩台、平座庑殿式楼组成。阙楼下方以北绘有由骑马仪仗队、步行仪仗队和车队组成的场面宏大的出行仪仗图。东壁和西壁的阙楼相互对应，与墓门上方（第一过洞口上方）所画的五开间门楼图一同构成模拟宫门的礼制性建筑群。阙楼为双阙式。其中一阙为三重子母阙。第一、二过洞东西两壁分别画侍从持弓箭与驯饲猎豹、鹰、犬、鹞的场面。第一、二天井东西两壁各绘一副12杆列戟架。第三过洞东西两壁画几个内侍和宫女，表示从这里开始进入内宫。第三天井东西两壁各画有一幅辇车图。第四过洞至前甬道均画一系列宫女，间以树石花草。前室四角各绘一立柱，四壁上端有阑额、撩檐枋、斗拱、枋柱、替木等，檐枋上画有彩色流云图案；东西两壁中央各绘一立柱，将壁面分成二开间，内画有宫女群；南北两壁中央开拱券门，两侧也画有宫女。后甬道东西两侧绘有宫女，拱券顶绘宝相花藻井。后室四壁上端同样绘有阑额、撩檐枋、斗拱、枋柱，东、北、西三壁中央各绘一立柱，将壁面分成二开间，内画有宫女群；南壁东侧开拱券门。穹窿顶绘有日月、星辰、银河组成的天象图[①]。

（4）惠庄太子李㧑墓，建于唐开元十二年（公元724），李㧑为睿宗次子，封申王、司徒兼益州大都督。

属于桥陵陪葬墓。全长约53米，南向173度。包括斜坡墓道、3个过

---

① 陕西省博物馆、乾县文教局唐墓发掘组：《唐懿德太子墓发掘简报》，《文物》1972年第7期。

洞、3 个天井、6 个小龛、甬道、墓室。墓道、过洞、天井为土洞结构，甬道和墓室为砖砌结构。墓道水平长 17.5 米，底部宽 2.4~2.45 米，坡度 18 度。深 5.6 米。3 个过洞南北长 2.3~2.5 米，东西宽 1.54~1.76 米，高 2.4~2.45 米，拱券顶。3 个天井深 6.2~9.95 米，南北长 2.35~2.9 米，东西宽 2.46~2.68 米。甬道中有一道石门，石门以南为斜坡甬道，长 2.55 米，宽 1.45 米，高 2.3 米；石门以北为水平甬道，长 14 米，宽 1.45 米，高 2.25 米。正方形墓室，四壁外弧，南北长 4.4~4.76 米，东西宽 4.4~4.8 米，高 6 米。穹窿顶。西侧有一石棺床。出土汉白玉哀册等 1130 多件器物。

壁画情况为：墓道东壁南端下方残存山石、松树、鞍马人物。中段存有前后两乘马车，均为四马单辕车，后斜插十二旒红旗，并有十多个骑士随从。下方绘有山石，北端下方残存树木、山石和一个佩剑武士的上身。上方靠近墓道口处画青龙，仅存龙首。周围密布祥云。墓道西壁残损更严重，南段有河水、树木，河水右侧上方有一组 5 人步兵仪卫，其上方残存一马蹄。中段两乘马车，仅存车舆、车轮。其下方有山石、树木。北段残存红色旗旒，后面有一佩剑武士。墓道北壁上方绘门楼图。第一过洞东西两壁各画 6 个文吏。第一天井壁画几乎全部脱落，仅存廊柱、阑额、斗拱等。第二过洞东西两壁各绘一副 9 戟列戟架。第二天井绘有角柱、转角斗拱、人字拱等影作木构。东西两壁小龛两侧绘有步卫仪仗队。北壁过洞两侧各绘一文吏，上方有云朵与一只鹤。第三过洞东西两壁残存仗剑武士行列，第三天井绘有完整的影作木构，东西两壁小龛两侧各绘有一男侍，北壁过洞两侧各绘一文吏。甬道壁画脱落严重，画廊柱、阑额。两壁在石门以南均绘有 1 个侏儒和 3 个男侍，石门以北残存小树、幼童、仕女等。墓室壁画全部脱落，仅穹窿顶绘有星辰、银河等天象图①。

由这些考古发掘情况中，可以反映出唐代的墓葬形制中确实存在着一个官方制度规定的标准形式。这就是以帝陵陪葬墓为范例的皇族、官员墓葬标准样式。这种标准样式应该是来源于北朝末期形成的大型墓葬建筑制

---

① 陕西省考古研究所：《唐惠庄太子李㧑墓发掘报告》，科学出版社，2004。

式。即典型的斜坡墓道带天井土洞（或土圹）砖室墓。它经过西晋、十六国、北魏、北齐、北周和隋代的演进，到初唐时，在关中京畿地区已经完全成熟定型，成为初盛唐皇室贵戚、王公大臣、贵族高官墓葬的稳定形制，是唐代墓葬文化具有代表性的特征之一。通过对关中地区唐代壁画墓建筑形式的分析，可以看到它们虽然存在着一定的等级差别，即在天井数量、墓室大小与数量、是否使用石门、石棺椁等方面有所区别，但仍然具有以下几点共同的建筑特征，表现出它们源自同一个标准建筑模式，同时区别于唐代的其他墓葬。以关中唐代壁画墓为代表的这些壁画墓特征是：

（1）建筑规模较大，属于特大型、大型以及部分中型墓葬，埋葬较深，最深者可达 10 米以上。

（2）全部墓葬建筑按照一条南北轴线展开，由贯穿一线的长斜坡墓道、甬道、墓门、墓室（早期一些皇室成员和具有特殊地位的王公大臣的墓葬曾采用了前后双室结构乃至三室结构）以及附属于墓道、甬道建筑中的天井、过洞、壁龛组成。

（3）墓道大部分自地面上向下竖直开挖，而部分墓道、甬道与墓室则建筑在水平开凿的土洞中，大多数还在土洞中构建砖室。甬道为券顶，墓室顶部基本为穹窿顶（部分壁画墓为土圹砖室墓，从地面竖直开挖土圹，建筑砖墓室后填土，适用于较浅或土质较差地方的墓葬，如杨思勖墓）。

（4）墓室的平面大多为四壁略显弧形的正方形。

（5）壁画墓中大多附有雕刻花纹的石质墓门或木门，高等级的墓葬还附有石棺床或仿殿堂结构的雕花石椁。

（6）甬道一般开在墓室南壁偏东侧，棺床或石椁靠西壁，这是唐代北方墓葬普遍的一个主要特征。

（7）整个建筑内墙壁面乃至墓室顶部绘有彩色壁画。特别是在墓室及甬道中多绘制成仿木结构建筑形式。

（8）在墓葬的总长，天井、过洞数量，墓室大小及数量，石质葬具，壁画内容等方面都存在着不同的差别，表现出属于同一个系列的上下有序的等级制度。

以上归纳表明唐代存在着一个曾在官方礼仪制度中明确规定的、专门适用于帝王贵族与高级官员墓葬的特殊建筑制度，它应该来源于官方的建造法式。现存最早的记录古代建筑技法与规制的著作是宋代的《营造法式》。但是可以想见，在此之前，也一定会有同样的官方著作与建筑标准存在着。

唐代社会是一个官、民界限十分明显的社会。等级森严，对各级官员以及平民的礼仪待遇都有一个具体的规定，在《新唐书·百官志》中就将官员们的丧礼礼仪分为三个大的等级标准，"凡丧，三品以上称薨，五品以上称卒，自六品达庶人称死"。《唐会要·葬》："元和三年，王公士庶丧葬节制：一品二品三品为一等，四五品为一等，六品至九品为一等。"对每个不同等级所使用的随葬品数量，墓地建筑尺寸、铭旌、灵车等都做了具体规定。《大唐开元礼·凶礼》中同样将官员的丧葬礼仪划分为三品以上，四五品，六品以下等三级，表现出具体的区别。

相对于礼仪程式上的等级区别，现存文献中对墓地地面建筑之外的墓葬建筑具体等级制度缺乏明确记载，但是我们从大量考古发掘材料中可以归纳出一个有规律的等级差别序列，如宿白先生和孙秉根、齐东方、徐殿魁等同志的研究结果，说明这样的礼仪制度规定在唐代时确实存在。

例如在西安地区发掘的大量唐墓中，按照其建造的式样可以大致归纳为双室砖墓、双室土洞墓、单室方形砖墓及方形土洞墓、单室长方形土洞墓等。其中单室砖墓与双室墓的墓主都是三品以上官员。双室墓更是太子、公主及有特殊功勋的高官。单室方形土洞墓的墓主多为五品以上官员，长方形土洞墓则为六品以下的官员。洛阳地区的唐墓中，三品以上的官员采用长斜坡墓道单室砖室墓，五品以上官员采用斜坡墓道单室土洞墓及砖室墓，六品以下官员则采用竖井墓道长方形单室土洞墓（大多为平面呈刀把形、折刀形等土洞墓）。这样就形成了一个上下等级分明、严格有序的法律制度。当然，这中间会伴随着具体官爵、功绩、财富、势力等多方面的实际差别表现出更多也更细致的等级差别。但是这几个大的基本等级在唐代始终没有改变。考古发现告诉我们，当时唐政府用法律形式规定下来的这些礼仪制度是被严格遵守着的，甚至皇族也不例外。从唐代墓葬的考古发掘中可以看到一些表现唐礼约束的现象。

　　例如唐金乡县主和其丈夫于隐的合葬墓。该墓由墓道、3 个过洞、3 个天井、2 个小龛、甬道和单室方形土洞墓室组成。这种建筑形制相对金乡县主的等级来看比较简陋，《旧唐书·职官志》记载："王之女，封县主，视正二品。"现已发现的唐代县主墓葬均为长斜坡墓道多天井砖室墓，如定襄县主墓、万泉县主墓、清源县主墓等。但是与金乡县主的丈夫于隐的身份相比，这一墓葬则比较符合其"朝散大夫蜀州司法参军"的地位。朝散大夫为文散官，从五品下；蜀州司法参军为职事官，从七品下。在西安地区发掘的独孤思贞墓、独孤思敬墓、柳凯墓等，均为类似的单室土洞墓。齐东方认为，这是于隐在天授元年死亡时，先按照他的身份建造了墓葬，金乡县主在开元十二年死亡后，予以合葬，放置了葬具石椁并且更换了绝大部分随葬品，因此出现了同一墓葬中不可移动的遗迹和可移动的遗物分属不同时期，也分属不同的等级。在男尊女卑的社会，夫妇合葬以男子为主。金乡县主墓志中说"尊乎古礼""同穴攸归"，墓志首题也明确表示了她是以于隐夫人的身份埋葬。唐代的丧葬制度中"上可以兼下"，金乡县主随从其丈夫于隐的埋葬方式与礼相符①。

　　如果在丧礼中违背了政府的礼制规定，丧家就很可能受到处罚。在山西万荣县发掘的唐薛儆墓出土现象中就反映了这种法律的威胁。薛儆为唐睿宗之女荆山县主之婿，唐睿宗登基后，荆山县主被封为"息国公主"，薛儆官至太仆少卿，官品从四品，死前任绛州、汾州别驾，从四品下。但是在他的墓葬中出现了雕刻精美的大型庑殿顶石椁，与其身份很不相符。唐代有"诸葬不得以石为棺椁及石室"的规定，从考古发现中可以得知，唐代墓葬中使用石椁的情况均为帝王、皇室子女以及高官中得到皇帝"别敕葬者"的特殊恩赏者。薛儆远远达不到这种等级。所以他的墓葬建筑应属于僭越现象，会受到法律制裁的。实际上薛儆墓的发掘中有一个重要现象，就是将原应树立在陵园地面上的逾越制度的石墓表、武士填埋入天井底部，同时墓道填土中有当时毁坏的壁画残块，说明在下葬时已经毁坏了可能有属于逾越制度绘画内容的墓道壁画。这些做法确实表明薛儆墓葬建筑中存

---

① 齐东方：《唐代的丧葬观念习俗与礼仪制度》，《考古学报》2006 年第 1 期。

在着僭越现象，而且在墓葬建成后感受到了逾越制度会受到处罚的威胁，采取了补救措施。薛儆墓的建筑中之所以会出现这种现象，有学者推测可能是"薛儆家族想利用薛儆之死以获得荣誉，私下撰好墓志，等待谥号颁下，没想到请谥要求未得其果，为了避免违礼僭越的罪名，只好毁坏已经绘制完毕的越制壁画，打碎石墓表、武士，最后只剩下盛放尸体的石椁，草草收场埋葬"①。这种解释当然只是一种推测。薛儆墓葬下葬前毁除逾越制度建筑形式的原因在目前缺乏文献记载的情况下可能还得不出确切的解释。但是它肯定是反映出一个重要现实，即唐代确实存在有如果在丧礼中违背了政府的礼制规定，丧家就会受到法律处罚这一实际行政措施，从而也说明了唐代礼制与法律密切结合、严格执行的社会现状。

回到唐代壁画墓中来看，现有的唐代壁画墓大多是属于五品以上官员的墓葬。特别是三品以上的高级官员和皇族占有较大的比重。显然，唐代壁画墓是一种由官方规定的高等级墓葬建筑形式。由此，我们自然会考虑到这一类墓葬的建造者与普通中小型墓葬的建造者是否也有所不同。答案是肯定的。

帝王陵墓自不待言，根据唐代典章文献记载，即使是类似上面所举例证那样位于帝陵陪葬区内的皇族与高官墓葬，也应该是由中央政府的将作监负责建造的。在唐代墓志中与两《唐书》的传记记载中，经常可以见到有关"丧事官给"和"赐东园秘器"等官方负责官员丧葬事宜的记录。如显庆四年四月十四日尉迟敬德墓志："所司备礼册命，给班剑卌人，羽葆鼓吹，赠绢一千五百段、米粟一千五百石，陪葬昭陵。葬事所需，并宜官给。并赐东园秘器。仪仗鼓吹送至墓所仍送还宅。并为立碑。"② 正可以说明这一点。

《大唐六典》卷二十三"将作监"载："将作大监之职，掌供邦国修建土木工匠之政令。总四署三监百工之官属，以供其职事。……凡山陵及京都之太庙、郊社诸坛庙……东宫诸司王府官舍屋宇诸街桥道等并谓之外作。凡有建造营葺，分功度用，皆以委焉。""左校令，掌供营构梓匠之事……

---

① 齐东方：《唐代的丧葬观念习俗与礼仪制度》，《考古学报》2006 年第 1 期。
② 昭陵文物管理所：《唐尉迟敬德墓发掘简报》，《文物》1978 年第 5 期。

凡宫室之制，自天子至于士庶，各有等差。（天子之宫殿，皆施重拱藻井。王公诸臣，三品以上九架，五品以上七架，并厅厦两头；六品以下五架。其门舍三品以上五架三间，五品以上三家两厦，六品以下及庶人一间两厦。五品以上得制为乌头门。若官修者，左校为之。私家自修者，制度准此。）……""右校令，掌供版筑涂泥丹雘之事。""甄官令，掌供琢石陶土之事……凡石作之类，有石磬、石人、石兽、石柱、碑碣碾，出有方土。用有物宜，凡砖瓦之作，瓶缶之器，大小高下，各有标准。凡丧葬则供其明器之属，别敕葬者供，余并私备。"由此我们看到，唐代法令中对于宫室、宅院以及墓葬建筑都具有明显的等级规制。而掌握这种规制标准与建筑法式的就是中央政府的将作监，具体进行与帝王有关的建筑工程的还是中央政府的将作监。这样，官方建造的墓葬与民间建造的墓葬之间就形成了明显的差别。

位于帝陵陪葬区内的皇族与高官墓葬代表了他们下葬时国家礼制所规定的高等级墓葬形式。而在大致贯穿了唐代历史的一系列关中帝陵区陪葬墓中，如上所述，我们看到的是一种基本固定的墓葬建筑形式，即：由长斜坡墓道、多天井、多过洞、多壁龛、甬道、石墓门、穹窿顶砖墓室南北一线连续组成的大型土洞式墓葬。这应该是唐代礼制与北方传统墓葬形式结合后定型的唐代标准墓葬形制，即中央政府将作监确定的标准法式。由将作监负责修建的皇族、官员墓葬与自行模仿此类标准构建的官员贵族墓葬应该都是按照这一标准法式建造的，并且根据地位等级的高下存在着具体部位上的差别，如天井数量、墓室大小、甬道长度、壁画内容、有无石质建筑构件与葬具等方面的差别。

而其他中小型墓葬，也服从于这一等级体制之下，在建筑形制上受到官方大型壁画墓建筑的约束与影响，尤其是北方地区，墓葬的一些基本建筑形态，如墓门与墓道南向、单墓室、墓葬建筑各部分按轴线一线排列、墓室采用穹窿顶、棺木位于墓室西侧等特点，无不反映着官方大型壁画墓建筑法式所规定的墓葬建筑理念。

唐代墓葬建筑中反映的这一现象，应该是唐代社会高度集中的政权统治、完善的法律与礼制等意识形态的体现。

在中国古代社会里始终存在着的礼仪制度是一种对社会体系具有重大影响的政治意识形态。它在孔子学派的大力提倡与规范下具有了鲜明的儒家思想特征，从而成为封建社会中统治者维系国家体制、保证社会秩序的重要政治工具。同时，它也是世俗生活与民间习俗中必不可少的一个组成部分，在日常生活中潜移默化地影响着人们的思想与生活。

进一步分析，还可以将古代的礼仪活动划分为官方法定的标准礼仪制度与民间传习的礼仪习俗等不同层次的表现。在大的原则上它们是相通的，而在具体实行时，则根据社会阶层的不同与地方风俗差别等表现出一定的差异。

如清代学者皮锡瑞在《经学通论》三"论古冠婚丧祭之礼士以上有同有异"一节中指出的："有王朝之礼，有民间之礼。论定礼之制，则民间通行之礼小，而王朝之礼大。论行礼之处，则民间通行之礼广，而王朝之礼狭。十七篇，古称士礼，其实不皆士礼，纯乎士礼者，惟冠、婚、丧、相见。若祭礼则少牢、馈食、有司彻为大夫礼，乡饮射士大夫所通行。燕礼、大射、聘礼、公食大夫为诸侯礼，觐礼为诸侯见天子礼。并非专为士设。"

这里已经指出了古代礼仪存在着"王朝之礼"与"民间之礼"的区别，并且由官方确定的"王朝之礼"适用的范围实际上是比较狭小的，也就是说只适用于朝廷和官员中。而"民间之礼"则广泛地通行于社会各阶层。在整个礼仪系统中，以官方制定的"王朝之礼"起着指导性的规范作用，影响着民间之礼的运作与发展。唐代壁画墓实际上就是这样一种"王朝之礼"的产物，它的产生与演变，正反映着唐代礼仪制度的发展、完善与演变过程，并且对民间墓葬形制的演变（即"民间之礼"的表现）有着重要的影响。因此，我们需要简要地回顾一下唐代的礼仪制度。

唐代统一全国后，逐步形成了强盛的封建中央集权国家，政令统一，管理体系顺畅，经济有所恢复与发展，创造了著名的"贞观盛世"，从而使得政治文化也在延续前朝的基础上得到了极大的提升。唐朝政府承继隋代统一的成绩，在促进南北融合与众多民族文化融合、强化中央政府的政教作用等方面做了极大努力，对官吏制度与行政体系、法律、礼仪制度等上层建筑进行了全面系统的规范与完善。特别是为了维系国家体制、维护社会秩序、维持封建社会的根本支柱——封建等级制度而在政治体制与意识形态管理上下了很大的功夫。作为思想精神统治工具的礼仪制度规范化便被放在极其重要的地位。敦煌卷子唐写本《大唐新定吉凶书仪》序云："人有礼则安，无礼则危。此识才通明于仪礼，是以士大夫之家，吉凶之重用。"正表明了这一现实。

从唐太宗开始，唐政府多次编纂、修订具有法律约束作用的《唐礼》，使封建礼制在唐代社会中具有重要的指导地位，约束着人们的衣食住行婚丧宾宴等日常行为。《旧唐书·太宗纪下》："（贞观）十一年春正月……甲寅，房玄龄等进所修五礼，诏所司行用之。""二月丁巳，诏曰：……犹恐身后之日，子子孙孙，习于流俗，犹循常礼，加四重之榇，伐百祀之木，劳扰百姓，崇厚园陵。今预为此制，务从俭约，于九嵕之山，足容棺而已。……自今已后，功臣密戚及德业佐时者，如有薨亡，宜赐茔地一所，及以秘器，使窀穸之时，丧事无阙。所司依此营备，称朕意焉。"《旧唐书·高宗纪上》："（显庆）三年春正月戊子，太尉、赵国公无忌等修新礼成，凡一百三十卷，二百五十九篇，诏颁于天下。"

从唐以及汉唐之间历代学者的记载来看，学者们认为汉代以来的礼仪制度已经失去了先秦时期礼仪的原貌，而且历代随时更改修订，极不完备。如《晋书·礼志上》："汉兴，承秦灭学之后，制度多未能复古。历东、西京四百余年，故往往改变。魏氏承汉末大乱，旧章殄灭，命侍中王粲、尚书卫觊草创朝仪。及晋国建，文帝又命荀顗因魏代前事撰为新礼。"《隋书·礼仪志一》："秦氏以战胜之威，并吞九国，尽收其仪礼，归之咸阳。唯采其尊君抑臣，以为时用。……儒林道尽，诗书为烟。"《新唐书·礼乐志一》云："由三代而上，治出于一，而礼乐达于天下。由三代而下，治出于二，而礼乐为虚名。""及三代已亡，遭秦变古。后之有天下者，自天子百官名号位序、国家制度、宫车服器一切用秦，其间虽有欲治之主，思所改作，不能超然远复三代之上，而牵其时俗，稍即以损益。大抵安于苟简而已。"

因此，汉代以来，在政局相对比较稳定的时代，多有整理与完备礼仪制度之举。《新唐书·礼乐志一》云："自梁以来，始以其当时所行付于周官五礼之名。各立一家之学。唐初，即用隋礼，至太宗时，中书令房玄龄、秘书监魏徵与礼官学士等因隋之礼，增以天子上陵……是为贞观礼。"贞观制礼，是唐代第一次整顿礼制。唐高宗时期继续对《唐礼》进行补充与修改。《新唐书·礼乐志一》："高宗又诏太尉长孙无忌、中书令杜正伦李义府、中书侍郎李友益、黄门侍郎刘祥道许圉师、太子宾客许敬宗、太长卿韦琨等增之为一百三十卷，是为显庆礼。"唐玄宗时，第三次大规模地修改礼制。《新唐书·礼乐志一》云："（开元）十四年，通事舍人王彦上书，请删去《礼记》旧闻而益以今事，诏付集贤院议。学士张说以为《礼记》不刊之书，去圣久远，不可改易，而唐贞观显庆礼，仪注前后不同，宜加折衷，以为唐礼。乃诏集贤院学士右散骑常侍徐坚、左拾遗李锐及太常博士施敬本撰述，历年未就而锐卒，萧嵩代锐为学士，奏起居舍人王仲丘撰定，为一百五十卷，是为大唐开元礼。由是，唐之五礼之文始备，而后世用之，随时小有损益，不能过也。"① 随着唐代儒学的发展，以《仪礼》为主体的《唐礼》正式形成，并且成为以后历代礼制的主体。

唐代制礼时，考虑到以前沿传的古代礼法典章，保存了其中的一些规定，同时又强调了唐代时已经流行的新习俗。所以有王彦上书请求"益以今事"。而张说提出的折中意见，虽然保留了《礼记》的内容，但是仍然对说明具体礼仪的仪注"宜加折衷"，即做了新的修订。

现存的《大唐开元礼》共 150 卷，收录了大量具体的礼仪规定与操作程式，是一部详尽全面的礼仪全书。宋代文人周必大在《拟开元礼序》中指出："自时厥后，朝廷有大疑，不必聚诸儒之讼，稽是书而可定，国家有盛举，不必蒐野外之仪，即是书而可行。"可见《大唐开元礼》问世后，一

---

① 这里的《礼记》实际上应该是《仪礼》，即大戴礼记，清皮锡瑞《经学通论》三、三礼，"论汉立二戴博士是仪礼而非礼记。后世说者多误。毛奇龄始辨正之。汉立十四博士，礼大小戴。此所谓礼是大小戴所受于后仓之礼十七篇。非谓大戴礼记八十五篇与小戴礼记四十九篇。后世误以为大小戴礼为大小戴礼记，并误以后仓曲台记为即今之礼记。近儒辨之，已家喻户晓矣。……（毛奇龄）间尝考曲台容台所由名，汉初鲁高堂生传士礼十七篇，即仪礼也。是时东海孟卿传仪礼之学，以授后仓。而后仓受礼，居于未央宫前之曲台殿。校书著记。约数万言。因名其书为后氏曲台记。至孝文时，鲁有徐生善为颂。颂者容也。不能通经，只以容仪行礼，为礼官大夫。因又名习礼之处为容台。此皆以仪礼为名字者。若其学则后仓授之梁人戴德及德从兄子圣与沛人庆普三人。至孝宣时，立大小戴庆氏礼。故旧称仪礼为庆氏礼，为大小戴礼，以是也"。

直是官方礼仪活动的实行标准。其影响还不仅限于唐帝国疆域，渤海、新罗、高丽、日本等国都曾经请求唐朝政府允许其传写《开元礼》，使之对整个汉字文化圈的礼仪制度产生了重大影响。其影响也不仅限于有唐一代，北宋至清代的诸多礼书，如《政和五礼新仪》《大金集礼》《清集礼》等，都是沿承《大唐开元礼》的体系而成。《大唐开元礼》的篇幅浩大、内容具体繁复，所以《通典》记述唐代礼仪时，将《大唐开元礼》的内容做了摘要。《四库全书总目》："《通典》，别载开元礼纂类三十五卷，比唐志差详而节目亦多未备。"《新唐书·礼志》的记载中就更简略了，但仍可以看出它只是在《大唐开元礼》的基础上有所删节。

唐代《凶礼》对丧葬仪式有详尽的规定。这些规定是在传世的古代礼书《仪礼》的基础上加入了大量隋唐时期使用的具体礼仪后形成的，具有唐代的特色。《新唐书·礼志》中称："五曰凶礼。《周礼》五礼，二曰凶礼。唐初，徙其次第五。而李义府、许敬宗以为凶事非臣子所宜言，遂去其《国恤》一篇，由是天子凶礼阙焉。至国有大故，则皆临时采掇附比以从事，事已，则讳而不传，故后世无考焉。至开元制礼，唯著天子赈恤水旱、遣使问疾、吊死、举丧、除服、临丧、册赠之类，若五服与诸臣之丧葬、衰麻、哭泣，则颇详焉。"

整个丧礼的过程中可以划分为丧、葬、祭三个部分，具体的礼仪程序繁多又细致具体。特别是在唐代社会中始终强调官僚等级制度的存在。所以《大唐开元礼》中把官员的丧礼按照官品等级高低划分为三个等级类型，即：三品以上官员、四五品官员、六品以下官员。这也是唐代礼仪中普遍存在的三个等级层次，与官僚体制中高、中、低级官员的区分标准相对应。作为最上层的高级官员，在《大唐开元礼》卷 138 至卷 141、三品以上丧中列举的丧葬礼仪程序依次为：初终、复、设床、奠、沐浴、袭、含、赴阙、敕使吊、铭、重、陈小敛衣、奠、小敛、敛发、奠、陈大敛衣、奠、大敛、奠、庐次、成服、朝夕哭奠、宾吊、亲故哭、刺史哭、刺史遣使吊、亲故遣使致赙、殷奠、卜宅兆、卜葬日、启殡、赠谥、亲宾致奠、陈车位、陈器用、进引、引辒、辒在庭位、祖奠、辒出升车、遣奠、遣车、哭行序、诸孝从柩车序、郭门外亲宾归、诸孝乘车、宿止、宿处哭泣、行次奠、亲宾致赗、茔次、到墓、陈明器、下柩哭序、入墓、墓中置器序、掩圹、祭后土、反哭、虞祭、卒哭祭、小祥祭、大祥祭、禫祭、祔庙。这是一套完整地从官员去世到入土埋葬后全部祭祀活动结束为止的礼仪程序，将整个丧礼中各项程序的操作过程与各种参与人员的礼仪行动都做了具体的规定。

四品五品官员丧葬的程序有所变动，使用的葬具名称有所不同，祭品数量有所减少，以表现等级区别，例如"刺史哭"改为"州县官长吊"，"引辒、辒在庭位、祖奠、辒出升车"改为"举柩、柩在庭位、祖奠、柩出升车"，三品使用的铭为幅长九尺，四品五品使用的铭为幅长八尺，等等。

而六品以下官员的丧葬程序有更多的简省，如取消了在设床以后的多次"奠""亲故遣使致赗""殷奠""赠谥""亲宾致奠"等，"刺史哭、刺史遣使吊"也相应改为"州县吊、州县使吊"等。很显然，是在明显限制丧礼的规模与彰显程度，以表现出尊卑上下等级森严而明确的社会政治现实。

以上礼仪在唐代晚期成书的《通典》中记载时加以简化，没有表现三种等级的区别，以三品以上丧礼的内容为主，除去作为类书体例的限制外，是否也有唐代晚期中央权力衰弱，政令不通，礼仪规定无法执行的因素，尚可探索。《新唐书·礼志》中记载的礼仪项目比《通典》的记录还要少一些，但也只是将其中一部分相近的内容合并或简省一下而已，基本的程序与礼仪内容没有改变。不过从里面存在的一些错字与不当删节之处来看，宋代人对于唐代礼制的理解已经有了缺损不足。

从唐代墓葬考古发掘的情况以及后来的墓葬发展情况可以看出，这一完善详细的礼仪程式在唐代中央政府礼制规定的提倡下渗入到社会各阶层的丧礼中，从而极大地统一了社会丧葬习俗。即使是无法从墓葬考古中反映出来的地上丧仪程序，也有一些民俗调查方面的事例可以参照。至今中国民间仍然流传着一些民间礼仪活动的经办程序记录，如在洛阳附近农村中流传的一些手抄本《规矩书》，就是世代相传的这种礼仪规定。令人吃惊的是其中关于丧礼的一些基本程序仍然保留着唐代以来的礼仪制度内容。

唐礼尽管经过多次修改与补充，但它的基本结构仍然是源于汉代流行下来的《仪礼》。而与以前的《仪礼》相比较，唐礼中最突出的一点就是加强了为皇权专制服务的意义，具体表现在明确的等级规定上，处处突出强调了不同等级的区别与其相应的社会地位，使社会在礼制的约束下处于一个上下有序，层层服从的等级体系中。与《仪礼》比起来，唐礼更加标准化，规定了众多具体的礼仪程式，使之规范化，便于操作。唐礼还针对唐代的实际生活方式加以补充，并对古代礼仪中已经与当前社会生活不符的地方做了修改。

通过对唐代礼仪的分析可以得知，唐代社会是一个官、民界限十分明显的社会。等级森严，对各级官员以及平民的礼仪待遇都有一个具体的规定。从唐代皇帝多次强调维护丧葬礼制，禁止逾越等级规定的厚葬等诏书中就可以看出这一丧礼规定是始终存在的。如唐太宗《戒厚葬诏》称："送往之典，详诸仪制，失礼之禁，著在刑书。""其公以下爰及黎庶，送终之具有乖令式者，明加检察，随状科罪。"武后《禁丧葬逾礼制诏》称："丧葬礼仪，盖为恒式。""至于送终之具，著在条令，明器之设，皆有色数。"唐玄宗《戒厚葬敕》称："宜令所司据品命高下，明为节制，明器等物，仍定色数长短大小，园宅下帐，并宜禁绝，坟墓茔域，务遵简俭。"[①] 就都明确表示出有关丧葬的礼仪典章制度在唐代确实存在，而且这一礼仪的核心就是明确与维护封建社会等级制度。在《新唐书·百官志》中将官员们的丧礼礼仪分为三个大的等级标准，"凡丧，三品以上称薨，五品以上称卒，自六品达庶人称死"。《唐会要·葬》："元和三年，王公士庶丧葬节制：一品二品三品为一等，四五品为一等，六品至九品为一等。"对每个不同等级所使用的随葬品数量，墓地建筑尺寸、铭旌、灵车等都做了具体规定。现存文献中对墓葬建筑的具体等级制度虽然没有明确记载，但是我们从大量考古发掘材料中可以归纳出一个有规律的等级差别序列，说明这样的礼仪制度规定在唐代是确实存在着的。有关这方面的研究，孙秉根、齐东方、权奎山等学者已经做了较详细的分析。

有唐一代，以《唐礼》为主的官方礼仪制度一直影响着整个社会的思想与风俗，具有以往各代无法比拟的重要地位。在墓葬制度中，也明显地表现出这种具有鲜明等级色彩与官方意志的《唐礼》的影响，从而可以解

---

① 以上并见宋敏求《唐大诏令集》卷八十，商务印书馆，1959，排印本。

释唐代墓葬考古发现中的具体现象。

　　而唐代壁画墓明显的等级规格表现，自成一体的独立建筑形制体系，大于普通官吏与平民墓葬的建筑空间，以及遵循"王朝之礼"的种种体现，都表现出它是唐代社会中官方礼仪制度的产物，凌驾于其他墓葬形制之上。与其他唐代墓葬相比，壁画墓带有更明显的礼仪性质，其建筑形制、壁画内容以及石质建筑构件等都表现着一定的等级差别。这种等级差别在唐代前期表现得尤为明显。与唐代政府在早期表现强势，礼法制度与中央法令能顺利实施贯彻的政治形势具有同步性。这种表现即是齐东方所总结的唐代礼制在早期形成与巩固的反映。

　　　　　　　　　　原载《徐苹芳先生纪念文集》（上、下册），上海古籍出版社，2012

试谈隋唐北方民间墓葬的建筑
方式与形制演变

（与魏秋萍合作）

　　隋唐时期是中国古代社会中承上启下的一个重要历史阶段。古代墓葬制度在这一时期也有着明显的变化。各种不同等级的墓葬形式在封建礼制与社会风俗的作用下已经基本定型，并且对以后的墓葬建筑产生了长远的影响。在近代以来的考古发掘中，隋唐墓葬也以其数量众多、内容丰富而受到学界重视。有关隋唐墓葬的研究成果众多，并已经形成了一些共识，指导着迄今为止的隋唐考古工作。

　　隋唐时期的墓葬考古发掘及研究，以前以陕西关中地区为主，主要是因为这一地区作为唐代的政治中心，聚集了大量高级官僚与贵族，分布着大量的上层人物墓葬，特别是具有唐历代帝陵及其陪葬墓。已经发掘的大型墓葬在建筑形式与出土器物上都具有典型意义。学者对关中隋唐墓形制的分析大多把重点放在官员的大中型墓葬上，所以在分类讨论中得出的研究结果虽然有所差异，但没有根本性的分歧，基本上都是按照墓葬的规模大小来划分类型。

　　如：王仁波《懿德太子墓所表现的唐代皇室埋葬制度》认为："从陕西省境内目前已经发掘的二千多座唐墓来看，墓室的平面布局大致可分为四种类型。（1）单室土洞墓（斜坡墓道，多天井或竖井墓道，无天井）。（2）单室砖墓（斜坡墓道，多天井，甬道，砖封门，石墓门，砖、石棺床）。（3）双室土洞墓（斜坡墓道，多天井，甬道，砖棺床，木棺，石棺）。（4）双室砖墓（斜坡墓道，多天井，甬道，石墓门，砖、石棺床，石椁）。"①

孙秉根在《西安隋唐墓葬的形制》中分析，"根据墓葬的构筑质料和开凿形式，分为土洞单室、土洞双室、砖砌单室和砖砌双室墓四种，依照形制的不同，又可分为二型十八式"②。

宿白先生在《西安地区的唐墓形制》中也认为："从墓葬结构（砖室和土洞）、平面和墓室尺寸，以及石棺、棺床等设备的差异看，主要有四个类型。"③ 即1型、双室弧方形砖室墓，2型、单室弧方形或方形砖室墓，3型、单室方形土洞墓，4型、单室长方形土洞墓。

宿白先生与王仁波、孙秉根、齐东方等学者曾对隋唐两京地区的墓葬从多个角度做过分析研究，并且从墓葬形制的变化上将唐代墓葬分为多个阶段。如宿白先生将墓葬形制分为三期，第一期为唐高祖、太宗年间，第二期为高宗至玄宗时代，第三期为玄宗以后至唐代灭亡④。他又把唐代壁画墓的发展分为五个阶段，即唐代高祖、太宗年间，高宗、武后年间，中宗至玄宗开元后期，玄宗天宝初至德宗年间，宪宗年间至唐末⑤。孙秉根则将西安地区隋唐墓分为三期六段，即第一期隋代，分为前、后两段，以大业初为界；第二期由唐初到肃宗末年，分为前、后两段，以神龙元年为界；第三期由肃宗末年到唐亡，分为前、后两段，以永泰元年为界⑥。

以上这些分析所依据的墓葬材料主要是唐两京地区六品以上官员的墓葬，多属于大中型墓葬。即宿白先生所述1、2型与3型中的一部分墓葬。此外，陕西、河南、宁夏、山西等地还发现过大量中小型的土洞墓，应该是当时社会中下层人士使用的墓葬，如六品以下低级官员和庶民的墓葬。

---

① 王仁波：《懿德太子墓所表现的唐代皇室埋葬制度》，《中国考古学会第一次年会论文集》，文物出版社，1980。
② 孙秉根：《西安隋唐墓葬的形制》，《中国考古学研究》（二），科学出版社，1986。
③ 宿白：《西安地区的唐墓形制》，《文物》1995年第12期。
④ 宿白：《西安地区的唐墓形制》，《文物》1995年第12期。
⑤ 宿白：《西安地区唐墓壁画的布局和内容》，《考古学报》1982年第2期。
⑥ 孙秉根：《西安隋唐墓葬的形制》，《中国考古学研究》（二），科学出版社，1986。

其中小型土洞墓占有较大比例，如陕西凤翔等地发掘的隋唐墓群。这些数量巨大的小型土洞墓结构相对简单，基本上由斜坡墓道或竖井墓道与墓室两部分组成，从平面上观察，其建筑方法存在着以下几种主要形制：早期偏于墓室西侧的墓道（甬道）与不规则墓室的组合（即习称靴形），早唐、盛唐时期的斜坡墓道与正方形、长方形或梯形墓室组合（即习称之铲形或双梯形），以及偏于墓室东侧的墓道（甬道）与长方形或梯形墓室的组合（即习称之刀把形、折背刀形）等。这些墓葬一般建造简略，形制较小，距地面深度大多 2~3 米，至多不超过 6 米。

从隋唐时期北方地区特大型、大型以及中型墓葬形制的历史演变情况来看，从隋代至晚唐三百年间，其根本的建筑方式与墓葬构成形式没有本质上的改变，只是在规模上逐渐缩小。也就是说，它们以斜坡墓道、甬道、墓室以及天井、过洞、壁龛等成分构成一线贯穿的土洞墓或土洞砖室墓这样的根本形式没有改变。变化的趋势只是缩小建筑规模，例如墓道变短，天井、过洞和壁龛逐渐减少甚至消失，墓室数量减少与边长缩小，等等。①相对而言，在墓葬建筑形制上出现明显变化，并存在着多种类型的，却是数量占据多数的中小型墓葬，也就是按照唐代制度属于六品以下低级官员与庶民的墓葬。我们姑且称之为民间墓葬，以区别于现在有关隋唐墓葬研究中重点关注的皇族与高中级官员使用的官方规制墓葬（即一般所称的特大型、大型以及中型墓葬）。

经过汉末至魏晋南北朝之间漫长的墓葬建筑变革，到了隋唐时期，北方民间使用的中小型墓葬，已经是以小型土洞墓为主。考古发掘中可以看到，民间也有一部分土洞墓（以及小型的土洞砖室墓）模仿了官方规制的标准墓葬的形制，但是与之相比规模要小得多。而更多的中小型墓葬形制则纯粹从土洞墓的实际施工与下葬要求出发，在形制上不断变化，既适应了实际埋葬情况的需要，又尽量地趋于简约，因此与官方标准墓葬的形制区别较大。

首先必须提出，纵观大量隋唐墓葬的发掘材料，可以看到一个明显的

---

① 这里所说以陕西、河南等地隋唐墓葬流行形制为代表，河北北部、辽宁等地在唐代出现一批圆形的砖室墓，其源流待考，不在本文讨论之列。

大的发展变化趋势：与先前的朝代相比，隋唐时期，尤其是唐代的墓葬建筑普遍趋于简单化。这主要表现在大多数中小型墓葬上。反映在墓葬的总体建筑面积逐渐减小，结构简约，墓葬中用于祭祀的空间逐渐消失，甚至减少到只能容纳棺木的地步。这种趋势在初唐已有表现，在唐玄宗后期已经开始加速，到中唐至晚唐期间日益明显。这种变化既表现出隋唐时期丧葬思想与礼仪制度的变化，也与唐代社会政治经济的阶段性变化有关，更是唐代发展中不同时期社会意识的具体反映。

隋唐考古发掘工作中，已经总结出在北方比较普遍使用的几种中小型砖室墓与土洞墓建筑形式，并且在有关报告和简报中，往往用直观的比拟形式将其平面布局称为靴形、铲形、刀把形、折背刀形、双梯形等类型，其中铲形与刀把形的布局见于砖室墓与土洞墓，而其他布局的墓葬多为小型土洞墓。虽然这些名称并未标准化，但也可以被大多隋唐考古研究者接受。为了在下文套用这些名称，这里先将它们做一简单的具体界定。

靴形墓：由墓道与墓室组成。墓室呈不规则型，斜向，与墓道形成一定角度。例如山西大同发现的04M1、04M3等①（图一·1、2）。

铲形墓：由墓道（以及甬道）与墓室组成。墓室多呈正方形（或四壁外凸的弧边正方形），墓（甬）道位于墓室南壁正中或偏东。例如河南偃师杏园唐景龙三年李嗣本墓（砖室墓）、李延祯墓（土洞墓）②（图二·1）。另有一些墓室为长方形、四边不匀称的近似正方形以及近似方形的梯形等多种平面形状，应该是具体开挖时施工不够严谨所造成的。

刀把形墓：由墓道（以及甬道）与墓室组成。墓室多呈长方形（或接近长方形的梯形），墓（甬）道位于墓室南壁偏东，大多将墓（甬）道东壁与墓室东壁连为一线。例如河南偃师杏园唐墓M9316、M9104（土洞墓）③（图二·2）。

折背刀形墓：由墓道与墓室组成。墓室多呈长方形（或梯形），墓道位于墓室南壁偏东，墓（甬）道东壁与墓室东壁呈一定角度相连，构成一折

① 大同市考古研究所：《山西大同新发现的四座唐墓》，《文物》2006年第4期。
② 中国社会科学院考古研究所：《偃师杏园唐墓》，科学出版社，2001。
③ 中国社会科学院考古研究所：《偃师杏园唐墓》，科学出版社，2001。

角线或弧线，亦即墓室与墓道方向形成一定角度。例如陕西凤翔唐墓 M322（土洞墓）[①]（图二·3）、洛阳关林 59 号唐墓等[②]。

梯形墓：由短墓道与墓室组成。长方形墓道多位于墓室南壁中央，墓室为梯形。例如山西大同 04M4（图一·3）。

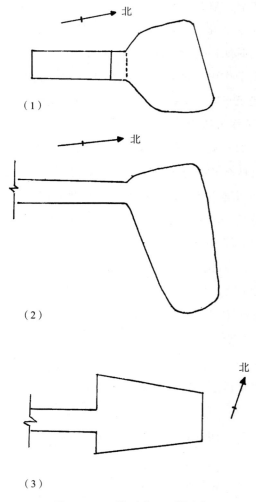

（1）

（2）

（3）

图一　1、2 靴形墓，3 梯形墓

---

① 陕西省考古研究院、西北大学文博学院：《陕西凤翔隋唐墓——1983～1990 年田野考古发掘报告》，文物出版社，2008。

② 洛阳博物馆：《洛阳关林 59 号唐墓》，《文物》1972 年第 3 期。

双梯形墓：由短墓道与墓室组成。墓道多位于墓室南壁中央，墓室、墓道均为梯形。例如陕西凤翔南 M166（图二·4）。

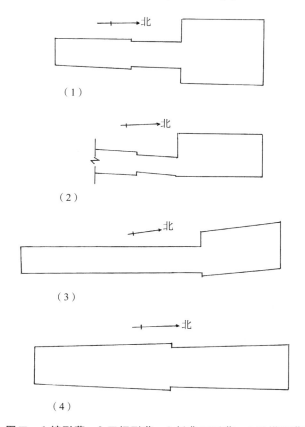

（1）

（2）

（3）

（4）

图二　1 铲形墓、2 刀把形墓、3 折背刀形墓、4 双梯形墓

从《西安郊区隋唐墓》《偃师杏园唐墓》《陕西凤翔隋唐墓——1983～1990 年田野考古发掘报告》《吴忠西郊唐墓》等大型报告以及众多隋唐墓葬发掘简报中介绍的陕西、河南、宁夏等北方地区中小型墓葬的形制演变情况中，可以看出：靴形墓在关中地区出现较早，多为隋代至唐代初年的墓葬，而在山西则出现于中晚唐时期。铲形墓与刀把形墓曾经是唐墓的主要形制，早期以铲形墓居多，刀把形墓则从高宗时期一直持续使用至晚唐。折背刀形墓、梯形墓与双梯形墓在中晚唐时期比较流行，在河南、陕西等地的墓葬中多有发现。

孙秉根在《西安隋唐墓葬的形制》一文中，曾经归纳了在 1982 年 10

月前发掘的 110 座隋唐墓葬情况，将其形制变化规律总结为：①墓室逐渐变长，由东西宽大于南北长，变成宽长相等和长大于宽。②甬、墓道的位置逐渐东移，由室南偏西或中部移至室南偏东和近东侧或东侧；其连线由两条平行线发展成一直线和一折线。③甬、墓道逐渐缩短，甬道变成束腰式，墓道由斜坡式缩短为竖斜式和竖井式；平面由长条形变成梯形。④天井过洞数量逐渐减少，甚至消失。⑤小龛从无到有，数量由少变多，最后固定为 12 个；位置由不固定到固定在墓道两壁，以后又移到两壁及墓室四壁①。

　　以上归纳虽然还有一些不够完善之处（例如将天井、墓道中的小龛与晚唐墓葬中墓室内的小龛混为一体看待，就忽视了这是两种不同意义的建筑结构，天井、墓道中的小龛应该是放置陪葬俑及其他明器，象征生前宅第中的房室或院落；而晚唐墓室中的 12 个小龛仅供放置十二生肖俑，是方术镇厌的产物），但是基本可以反映出西安地区唐代墓葬形制的演变情况。这种演变实质就是我们在上面总结的趋于简约的过程，是由于下葬的具体方式变化与建筑时便利施工的要求所决定的。北方其他地区唐代墓葬的演变，虽然由于地区差异，在变化时间上存在着一些具体的早晚区别，但是大体的变化规律与西安地区的情况是相似的。

　　例如宁夏吴忠西郊的 120 座唐墓中形制基本保存下来的有 117 座，均为斜坡墓道砖室墓，《吴忠西郊唐墓》中将其划分为六型：Ⅰ型为 3 室墓，仅一座。Ⅱ型为双室墓，有两座，M024 为横长方形墓室中以隔墙分割为并排的双室，M111 为一主室带一侧面洞室。Ⅲ型为单室墓，墓道较短，有短甬道。墓室面积较小。根据平面形制可以分为 abcd 四个亚型。Ⅲa 型平面为正方形，四壁大多垂直，墓室四角为直角，墓道位置有位于墓室南壁中部、偏东、偏西三种，棺床有长方形与倒凸字形，以靠北壁的棺床居多。Ⅲb 型平面为正方形，四壁外弧或略外弧，部分墓葬中仅北、东、西壁外弧，墓道位置有位于墓室南壁中部、偏东、偏西三种，棺床有长方形与倒凸字形，以倒凸字形的棺床居多。Ⅲc 型墓室平面为纵长方形，倒凸字形棺床，斜坡墓道位置偏于墓室东侧。Ⅲd 型平面为梯形，四壁外弧或略外弧，墓道位置

---

① 孙秉根：《西安隋唐墓葬的形制》，《中国考古学研究》（二），科学出版社，1986。

有位于墓室南壁中部、偏东、偏西三种，以倒凸字形的棺床居多①。Ⅳ型为准刀形墓，平面纵长方形或略呈方形，墓道贴近墓室东壁，仅错一块砖，棺床长方形，多位于墓室西侧。Ⅴ型为刀把形墓，大多没有棺床，墓室窄小，根据平面形制分为 abc 三个亚型：Ⅴa 型为纵长方形墓室，四壁大多垂直，墓室四角为直角。Ⅴb 型为弧边长方形或不规则斜边长方形。Ⅴc 型为梯形，四壁外弧。Ⅵ型为竖穴土坑墓，无墓道。

由此可以看出宁夏吴忠的唐代墓葬建筑形制的特点与变化基本同于西安、洛阳等中原地区，仅在棺床的形制与位置上表现出一些地方特点。说明北方地区，尤其是西北地区的唐代墓葬形制一直受到中原政治中心地区的影响。

在分析这些墓葬形制形成与演变的原因时，我们需要注意几个对墓葬建筑形式有所影响的因素，即墓葬深度、墓室面积、墓道形式与下棺方式。实际上这四个因素是密切地联系在一起的。

以往的研究者们特别重视唐代墓葬中（尤其是关中地区的唐代墓葬中）存在着明显的等级差别。在唐代前期（这里指唐玄宗开元末年以前），以壁画墓为代表的特大型、大型以及部分中型墓葬中表现出十分清晰的等级状况。齐东方曾经将关中地区的唐墓划分出六个等级，这六个等级具体的表现除去随葬品的数量与种类外，主要表现在墓葬建筑形制上的明显差异②。很显然，这说明了唐代北方墓葬形制使用上的区别主要根据墓葬主人身份的等级高下来决定。在墓葬建筑中，等级的表现具体反映在墓道长度、天井数量、墓室大小、甬道长度、壁画内容等方面的差别上，而以往很少注意的墓葬深度，也是决定墓葬等级与墓葬形制的一个重要因素。

墓葬深度往往与墓葬的等级高低有着同步关系。出于墓葬安全与使死者远离尘世、不惊扰生人的目的，在古人的概念中，只要没有地下水，墓葬应该越深越好。但是为了将棺木运进墓室，过于深的墓葬，则必须有相当长的墓道，按照唐代北方斜坡墓道倾斜度一般在 20 度至 30 度之间的情况

---

① 原报告将Ⅲ型这一类墓葬称作倒凸字形墓，实际就是中原有关唐墓发掘报告中所称的铲形墓。

② 齐东方：《试论西安地区唐代墓葬的等级制度》，《纪念北京大学考古专业三十周年论文集》，文物出版社，1990。

推算，10 米深的墓葬就需要有长达 20 米以上的墓道。这也就必须有大量的地面陵园土地面积作为保证，这不是一般人可以达到的。尤其是在曾经普遍实行了均田制的唐代，我们现在还没有材料证明古人的墓地应属于私人的永业田还是公有的专用土地。但是从一些家族墓地来看，它们是在一个相当长的时期内属于该家族所有。而在洛阳邙山等著名的墓葬区，墓葬排布十分密集，墓与墓之间的距离很近。表明当时社会上大多数人所有的墓地面积是十分有限的。以经过系统科学发掘并有文字纪年材料证明其下葬时间与家族关系的河南偃师杏园唐墓为例，从墓葬的分布图来看，大部分墓葬之间的距离不超过 30 米，同一个家族的墓葬之间甚至不超过 10 米[①]。因此，一般人就不可能建筑很深的墓葬，从现有材料中看，中小墓葬的深度大多在距地面 6 米至 2 米之间[②]。

从现有墓葬发掘中的遗迹来看，唐代的棺木一般采用单棺形式。部分在墓室中安放石棺椁的高等级墓葬应该也是使用单木棺装殓尸体。棺木大小一般在 2 米长、0.6 米宽这样一个范围左右。例如：洛阳 16 工区 76 号唐墓中清理出木棺两具，一具长 1.9 米，宽 0.56 米；另一具长 2.14 米，宽 0.54 米[③]。洛阳北郊唐墓中清理出棺木朽痕为：长 2 米，宽 0.46 至 0.64 米[④]。郑州西郊唐墓中清理的一具装有二具尸骨的木棺为长 2.63 米，宽 1.32 至 1.04 米，高 1.04 米，棺木厚 0.04 米[⑤]。北方土洞墓的两种主要墓道构建形式应该是与将这样的棺木下葬所适应的，北方土洞墓墓道的两种主要构建形式为斜坡式与竖井式，斜坡式墓道可以使用木輴或拖车（即《新唐书·礼志》所言："入墓。施行席于圹户内之西，执绋者属绋于輴，遂下柩于圹户内席上"之輴）装载棺木，用长绳牵引进入墓室。由于坡度的限制（墓葬斜坡墓道的坡度一般不超过 30 度），墓葬越深，相应的墓道

---

① 中国社会科学院考古研究所：《偃师杏园唐墓》，科学出版社，2001。图 2 杏园唐墓分布图。
② 偃师杏园的一批唐墓深度均在 6 米以上，根据发掘者徐殿魁的介绍，该地区地表上覆盖有较厚的唐代以后淤积的土层，使得唐代地面埋在现在地表以下数米处，所以现在深度不代表唐代时开挖墓葬的深度。这也是这批唐墓未被盗掘的原因。
③ 河南省文化局文物工作队第二队：《洛阳 16 工区 76 号唐墓清理简报》，《文物》1956 年第 5 期。
④ 洛阳市文物工作队：《洛阳北郊唐颍川陈氏墓发掘简报》，《文物》1999 年第 2 期。
⑤ 郑州市文物考古研究所：《郑州西郊唐墓发掘简报》，《文物》1999 年第 12 期。

就越长，而挖掘墓葬时天井的数量就要增多。因此，等级越高的墓葬深度越大，墓道越长，天井数越多则成为一定规律。为了节约用地及减少土方量，在盛唐以降，深度不超过 6 米的墓葬大多采用竖井式墓道。竖井式墓道的开口大致略大于棺木的尺寸，可见在下葬时的方法应该是以绳索先将棺木垂直下放到竖井墓道底部，然后再推入墓室。中国社会科学院考古研究所河南二队在介绍偃师杏园唐墓发掘情况时就指出 2 号墓中棺木斜置于墓室的原因可能是人在墓室外面推入所致①。这种下葬方法决定了竖井式墓葬的深度不能过深。有些较深的墓葬，将竖井式墓道与斜坡式墓道结合，竖井式墓道的底部不与墓室平齐，而是向下再开挖斜坡式（或有阶梯式）的一段墓道，接通墓室。这可能是受到地面条件的限制或者礼仪制度的限制，不能建造较长的斜坡墓道，如偃师杏园 M9104、M2901 等。同时也是为了便于棺木推入墓室。

在构建墓葬中，由于礼仪制度限定的等级制约与节约用工财力等具体条件的限制，唐代墓葬的具体建造尺寸多限制在比较合理的基本空间中，一般的小型墓墓室长度在 3 米以下，或在 2 米左右，长度略大于棺木。墓室宽度接近长度或小于长度。高度也不超过 2 米，甚至在 1.5 米左右。甬道的宽度多在 1 米左右，仅可容许棺木宽度通过，高度仅齐一般人头部。在这样狭小的空间中，将重达 100 公斤以上的棺木顺利置入并安放到位是比较困难的。其墓室形制、墓道及甬道的位置，即墓葬的平面布局，首先需要适应棺木入葬的需要。唐代土洞墓的基本布局，特别是中小型土洞墓的刀把式平面布局与多种变形（如折刀式、双梯形、不规则型等）均应该是由此原因产生的建造方式。

由此可以看出，唐代墓葬建筑中充分考虑了如何在有限的空间中将棺木顺利下葬的要求。

唐代墓葬由墓道位于墓室南壁中部的所谓"铲形"转变为墓道位于墓室南壁东侧的所谓"刀把形"，乃至折背刀形，应该都是出于墓室建筑简约化的限制与这种在有限空间中下葬棺木的实际操作需要。

---

① 中国社会科学院考古研究所河南二队：《河南偃师市杏园唐墓的发掘》，《文物》1996 年第 12 期。

　　从大量的唐代墓葬发掘结果中我们可以总结出一个与以前各朝代不同的重要现象，就是在唐代北方墓葬中，无论墓葬等级高低，无论墓葬大小与形状如何不同，几乎所有棺木都是安放在墓室的西侧。随葬品则主要安放在墓室的东侧，列于棺木侧面。

　　为什么会出现这种特殊现象呢？在唐代以前，大部分棺木都是安放在墓室正中的，作为祭祀用品的明器也往往摆放在棺木的前方（例如汉代和北朝时期墓葬中大多是墓门向南，那么明器就摆放在墓室南侧与墓道口）。只有到了唐代，特别是在唐高宗以后出现了这种比较统一的现象，这显然是和唐礼的确定与实行有关的。史载唐高宗在《贞观礼》的基础上修订成《显庆礼》，扩展到130卷、259篇，显然是增添了更具体的内容。在《新唐书·礼志》中对唐代丧礼过程的具体说明中反映出唐代礼制中以西方为上首的新特点。在唐礼凶礼之中，从死者去世后停灵开始，"乃设床于室户内之西，迁尸于床，南首"。行丧礼的人给死者进行收敛、纳含、祭拜、哭灵等活动都是在灵床的东面，面向西站立进行。出殡下葬开始时，棺车入，主人及其子孙们也是在棺车的东面哭送。吊唁的来宾从棺车的东南面走过来，先到棺车前，面向北站立，说明自己来赠送祭礼，然后再走到棺车前，面向西将礼品放到车上。到了墓地后，要在墓室中的西侧放上席子，然后送葬者牵引着"绋"把棺木下放到墓室中的席子上，也就是明确规定要把棺木放到墓室中的西侧。这仍然是表现着中国传统葬俗中以墓葬象征生前所居住的宫室的意识。由于停灵时安放在住室中的西侧，所以下葬时也安放在墓室的西侧。这也正说明了考古发现中唐代北方墓葬内棺木都安放在墓室西侧的原因。

　　因此，下葬时将棺木推入墓室后则必须横向移动到西侧。实际上，根据当时一般墓室的面积情况，最多也只能站下两个人，一前一后进行这一移动棺木的工作，推测最方便的移动方法应该是在棺木北向一直进入墓室后，站在棺木前面（北面）的人先将棺木前段移向西侧棺床上，然后再将棺木后端移至棺床上放正。如果要前后二人同时移动棺木，则墓室长度至少要大于3米。在大量边长小于3米的土洞墓中仍应该采取上述棺木前后分别移动的方法。像这样，如果墓道位于墓室南壁中部，墓室东侧在入棺时没有什么作用。而偏于墓室东侧的墓道已可以满足棺木直接进入墓室后移向西侧所需的工作空间。

特别是唐礼将在墓中进行祭祀活动的礼仪作法改为在地面上进行，从而减少了对墓室中祭祀空间的要求。在汉代至魏晋南北朝期间的墓葬中，都可以看到明显的对墓主在墓中进行祭祀的礼仪存在。如在墓中设置祭祀享宴的空间，摆放祭器，绘制墓主画像等等。这种要求在唐代的中小型墓中已经不那么明显。因此，唐代墓葬中墓室面积的减小与墓葬形制的变化都随之产生了。

由此可见，将墓道位于墓室南壁中部的"铲形"墓变为墓道位于墓室南壁东侧的"刀把形"墓，可以明显节约建墓的土方量。简化的要求正促成了唐代墓葬形制的这一变化。而进一步演变的折背刀形墓，仍是在这一基础上的简化结果。这种简化，正是我们在前面总结出的唐代墓葬建筑普遍趋于简单化，墓葬中用于祭祀的空间逐渐消失和象征性的礼仪操作逐渐增多这些因素共同作用的结果。这种趋势同样反映出隋唐时期丧葬思想的重要改变，即由上古秦汉以来注重实际象征意义，注重为死者营造类似在生世界的地下空间那种丧葬习俗，转向强调虚拟象征意义和虚拟象征空间，造成墓葬小型化与随葬品简化。这种趋势也正反映出古代社会的礼仪制度由强化、统一转向逐渐减弱、分化的变化过程。

原载《中原文物》2016 年第 6 期

泾川大云寺舍利石函与中国佛教塔基考古

（与邱亮合作）

　　今甘肃省泾川县城，为唐代泾州州城旧址。1964 年 12 月，泾川县城关公社贾家庄生产大队社员在原城北水泉寺东南约一里处的田地中发现一座砖砌券室，并在室内起出一件舍利石函，石函内存有鎏金铜匣、银椁、金棺与琉璃瓶装佛舍利等。根据舍利石函上的铭文纪年可知其瘗埋于武周延载元年。1965 年，甘肃省文物工作队张学正、董玉祥二人对该地进行调查。之后发表的简报称"窨室作券顶、方向正南北，室门南开，作方形，前有甬道，宽约 1.50、长约 2.00 米。甬道内有砖砌石台通向地面，甬道两侧壁上原绘彩色壁画，惜经风化，现已剥蚀殆尽"。室门包括石门顶、两扇石门以及石门槛，上面线刻飞天、力士、天王与香炉、莲座、如意火焰宝珠、西番莲纹等精美的纹饰图样①。由于原简报对于出土地点的周围环境、地层情况以及券室建筑形制没有具体说明，我们已无法了解当时的地貌、地层与具体建筑情况。这给以后的研究造成了遗憾与误解。据当时参加过调查与文物保护的同志回忆，券室为长方形。参照石门构件的大小推测，券室可能高 2 米左右，长、宽均在 1 米以上。

　　这次发现的石函与券室是中国佛教舍利瘗埋制度研究中的重要材料。在当时来说，也是存世时代最早的舍利石函实物。但是由于时处文革前夕，

---

① 　甘肃省文物工作队：《甘肃省泾川县出土的唐代舍利石函》，《文物》1966 年第 3 期。

特殊的历史环境造成该项发现长久没有得到应有的重视，更没有进行相关的考古发掘探查。这件舍利石函四个侧面刻有近千字的长篇铭文，是现存中国古代舍利函铭中最长的一篇题刻，为唐代著名文人孟诜撰写，里面包含了众多重要的信息。据说郭沫若在 1971 年看到这次出土的金棺银椁时曾指出"舍利石函，贵在石函"。但是这件石函铭也一直没有一个正确的释文与深入的解读研究。长期以来对泾川出土石函及舍利的考证研究中，都存在着不同程度的错释与误读，并引申出一些错误的推论。2005 年，杜斗成先生曾撰文考证石函铭并做了新的释文①。但是这一释文中仍然有释读错误存在。同时对石函铭中反映出的原舍利出土情况与再次瘗埋情况也没有解释清楚。有鉴于此，我们对该件石函铭重新做了释文与标点，就其中涉及的中国佛教塔基考古研究等有关问题进行说明。

图一　泾川大云寺舍利石函

首先将我们新作的释文按照原刻分行转录于下。它与以前发表过的几种释文多有不同，请予对比，限于篇幅，改正处不一一注明。

函盖刻方格，内刻阳文：

大周泾州大云寺舍利之函。总一十四粒。

图二　泾川大云寺舍利石函盖铭

石函四面阴刻楷书铭文（每行前的数字为原分行序数）：

1. 泾州大云寺舍利石函铭并序
2. 朝散大夫行司马平昌孟诜撰
3. 若夫能仁幽赞，沿圣敬以开祥；
4. 妙善冥扶，徇贞明而效彩。故难
5. 思钜相，形于广济之辰；希有殊
6. 姿，显自总持之运。恭惟瑞景，允
7. 应慈歔者焉。爰有古塔余基，
8. 在兹寺之右，高惟及仞，袤岁无
9. 常，壤甓既零，榛芜遂积。建葺之
10. 始，访耆颜而靡详；光影之奇，在
11. 休辰而屡警。维那正法言于司
12. 马孟诜，以为伊昔拘夷，爰分舍
13. 利。甫覃八国，俄遍十方。斯陁腾

14. 辉，必是遗好。每将穿究，苦乏资

15. 力。诜谓之曰：自香薪既燎，珍塔

16. 具修，理契则通，道符乃应。当今

17. 圆常摄运，方等装期，阐持线之

18. 微言，赞结绳之景化。融之以慧

19. 昬，润之以慈云。行使家励四勤，

20. 人弘五力。诸佛现喜，幽瑞腾光，

21. 彩发散身，复何疑也。勉加开显，

22. 当申资助。于是庀徒具锸，揆势

23. 施功，言未倍寻，便臻藏所，遽开

24. 砖室，爰得石函。中有瑠璃瓶、舍

25. 利十四粒。诜与长史济北史藏

26. 诸、安定县令颍川陈燕客，并当

27. 寺徒众，俱时瞻奉。法公严持香

28. 水，诚祈就浴。倒瓶伫降，虚器匪

29. 延。合众惊嗟，咸沮情望。既而言

30. 曰：接神在敬，奉觉以诚，兹理或

31. 暌，冥应自阻。愿众等少湔意垢，

32. 暂拔情尘，注仰内专，虔恭外肃，

33. 同申忏露，共取感通。于是言既

34. 逗机，人皆励款，进力坚猛，谛受

35. 精严。复写兹瓶，方下神粒。于函

36. 之侧，仍勒铭云：

37. "神皇圣帝，地同天合，星拱辰居，

38. 川潮海纳。"伟哉

39. 睿后，显号著于铭刊；铄矣康

40. 期，景度载于冥纪。乘变之机不

41. 测，先物之轨难寻。彰妙本之宿

42. 圆，证善权之今发。拾天形而演

43. 庆，彩叶大云；怀地品以宣慈，化

44. 敷甘露。岂与夫风君絙瑟，火辟

45. 轸琴，黄祚正名，丹灵酬□，大诰

46. 其冲奥，校我神通者哉。昔八

47. 万四千，育王起光明之塔；三十

48. 六亿，首楞载平等之龛。乃瞻规

49. 模，敢忘修措。爰从大周延载元

50. 年岁次甲午七月癸未朔十五

51. 日己亥迁于佛殿之下。崇

52. 圣福焉。广厦清泠，曾轩肃穆，基

53. 伴象戴，隧拟龙缄。采涅槃之旧

54. 仪，遵宴坐之遗则。香说法而为

55. 盖，花韫觉以成台。若诸天之赴

56. 临，疑列仙之降卫。夫以炎祁递

57. 运，流峙或移，不茂委于瑚镂，讵

58. 永宣乎殊妙。式诠斯祐，用刊于

59. 侧。庶乎宸徽叠叠，与僧伽而

60. 永存；灵彩昭昭，历遄劫而常现。

61. 延宣睿感，乃作铭云：

62. 满月为容，攒曦表相。一音攸述，

63. 万法斯亮。鹤林迁瑛，龙步韬威。

64. 芳薪罢炳，构瓅凝晖。五分余王，

65. 千龄翔圣。骈陛慧彩，允□

66. 慈政。雪龛曩饰，月殿新封。昔悲

67. 双树，今栖四松。念□难留，□□

68. 不测。愿言景□，长辉太极。

69. 中散大夫使持节泾州诸军事守泾州

70. 刺史上骑都尉源修业。

71. 朝散大夫前沙州长史博陵崔璩。

72. 奉义郎行录事参军卢元纲，参军韦晋。

73. 通直郎行司功参军事寇基亮。

74. 宣义郎行司户参军李悘，博士郑元礼。

75. 奉义郎行司仓参军独孤思礼。

76. 通直郎行司法参军张景略，郝师式。

77. 参军张守范，参军皇甫说，王僧言。

78. 豳州宜禄县尉检校营使汲人赵贞固书。

79. 定远将军守左卫泾阳府折冲都尉

80. 宣义郎行许州长社县尉窦少铎。

81. 征事郎行安定县尉窦少微。

82. 参议郎行同州参军姜昕。

83. 泾阳府右果毅游骑将军薛智静。

84. 通直郎泾阳府长史赵思一。

85. 登仕郎行泾州录事董玄挺。

86. 僧大量，僧行恭，僧悟寂、惠觉。

87. 上座复礼、除疑、崇道、无着。

88. 寺主志筠、处寂。僧嘉庆、小罗汉。

89. 僧广法、谦严、师叡、道寂。

图三　泾川大云寺舍利石函铭文（一、二）

图四　泾川大云寺舍利石函铭文（三、四）

一

　　该篇铭文书体具有明显的初唐书风，而且包含有典型的武周新创字样，如：日（☉）、星（○）、地（埊）、载（𡙍）等。说明其记载的书刻年代大周延载元年（公元694）确切可信。除去唐代骈文中常见的大量颂词与夸饰骈句之外，这篇铭文中详细记录了这批舍利的发现、发掘、尊礼与再次瘗埋的经过。对铭文中记录这些情况的语句予以正确的释读与认识，是了解有关情况的根本依据。下面我们看一下铭文中述及的这些活动。

　　首先是关于舍利的发现情况。铭文记载说明："在泾州大云寺的西侧，有一座古塔的残址，建塔的砖瓦已经零散，可能只余下部分塔基，高七八尺，长满了草木。建塔的年月也不详。但是僧人发现这处塔基具有发光的奇观，于是大云寺的维那僧正法对孟诜说：'以往佛祖灭度在拘尸那城，八王分舍利，后来遍及各地。这一地点能发出光辉，一定是有佛舍利存在。我想把它挖出来，苦于没有财力。'而孟诜非常赞同，认为这就是佛光显现，鼓励正法去开掘，并答应给予资助。正法雇人开掘，下挖不到十六尺深，就打开了砖室，并得到一座石函，石函中有一个琉璃瓶，装有舍利十四粒。"

　　这就告诉我们，这批舍利出土于武周泾州大云寺西侧的一座古塔土基中，建有砖室安藏。舍利装在琉璃瓶中，外有石函。而其中是否有金棺、银椁等多重护卫，则没有明确说明，或许是没有。塔基原在地面上"高惟及仞"，仞的高度，古代有八尺、七尺、五尺六寸等说法，后人认为八尺是指周尺，七尺是指汉尺，五尺六寸则是东汉尺等，属于不同时代的解释。根据当代学者对古尺的研究，隋唐时期使用过大小两种尺度，即使是小尺，每尺也要比东汉尺长出1厘米左右[①]。如果仞的长度固定，周尺八尺的一仞折算成唐尺只有五尺四寸多。所以这里所说的仞，可能只是一个概念，表

---

　　①　郭正忠：《三至十四世纪中国的权衡度量》，中国社会科学出版社，1993。

示高五尺到八尺的一个范围。下挖"未倍寻",寻的长度是八尺。如果铭文的记载反映了实际的数字,减去地表"高惟及仞"的遗址堆积,则藏石函的砖室即佛塔地宫距地表不足十尺。如果遗址堆积以前未被开挖或移动,这一"高惟及仞"的堆积就可能是原佛塔的夯土基址,外包砖,上面建筑木结构佛塔。地宫建于夯土塔基之中。如果原为夯土塔身、外面包砖的实心多层楼阁式塔,坍塌后的堆积应该不会仅几尺来高。梁思成先生曾认为:"隋文帝大崇释氏,敕建舍利塔于天下诸州,盖均木塔也。"① 这一点倒是比较吻合。

其次是发掘出舍利后的瞻礼活动。铭文记载了得到舍利函及琉璃瓶后,僧众与孟诜等地方官员瞻仰供奉舍利的情况。维那僧正法准备好香水,要将舍利先倒出清洗。然而可能是由于潮湿等缘故,瓶中的舍利倒不出来。僧人借此劝导众人要恭敬虔诚,反省自身。大家都端正心态、诚心敬佛后,再次倾倒,才使舍利倒出。由此反映僧人对舍利的供养中,香水沐浴是一个必不可少的环节。所以在历代塔基地宫中出土的器物中常有净瓶、玻璃瓶、瓷器等容器,应该多与储存香水、沐浴舍利有关。如陕西耀县发现的隋宜州宜君县神德寺舍利塔基,出土铜净瓶,还有装着淡红色液体的玻璃瓶②。陕西临潼发掘的庆山寺塔基地宫,出土有银勺、银箸、鎏银宝瓶等③。河北定县静志寺地宫出土的器物中有两件直筒型的玻璃杯,一大一小。小者浅色无纹,大者蓝色并有竖线磨刻条纹。参考在地宫中出土的唐大中十二年《唐定州静志寺重葬真身记》铭文记载:"发旧基,得石函二……供具内金函,函内有七珍缭绕。银塔内有琉璃瓶二,小白大碧,两瓶相盛水,色凝结。"可知这些玻璃杯原来也是装有香水的供具④。

孟诜应该是一个深谙封建政治、善于利用时机的官员,所以在此武则天刚刚称帝、热衷于吉兆神示的时刻,他敏锐地利用了舍利出土这一有利条件,借助出土的舍利石函铭文,大肆宣扬武则天的君权神授。铭文中称:

---

① 梁思成:《中国建筑史》,中国建筑工业出版社,2005。
② 朱捷元、秦波:《陕西长安和耀县发现的波斯萨珊朝银币》,《考古》1974 年第 2 期。
③ 临潼县博物馆:《临潼唐庆山寺舍利塔基精室清理记》,《文博》1985 年第 5 期。
④ 定县博物馆:《河北定县发现两座宋代塔基》,《文物》1972 年第 8 期;〔日〕出光美术馆:《地下宫殿の遗宝》,平凡社,1997。

于函之侧，仍勒铭云："神皇圣帝，地同天合，星拱辰居，川潮海纳。"伟哉睿后，显号著于铭刊；铄矣康期，景度载于冥纪。

这里所说的"函"与"勒铭"，应该是指当时从古塔塔基中出土的原石函。"神皇圣帝，地同天合，星拱辰居，川潮海纳"四句，则是指原石函上的铭文。史载：武则天在载初元年（公元694），"改国号为周。……加尊号曰圣神皇帝"①。延载元年五月，又加尊号为越古金轮圣神皇帝。石函上原来刻写的"神皇圣帝"四字，正与武则天的尊号相合。在讲求神异祥瑞的古代，这应该是一个极大的吉兆，是神授君权的体现。所以孟诜借此宣扬天后称帝的尊号早有神祇在冥冥之中予以宣示，大肆歌颂武则天是神佛化身。可以想见，这在巩固武氏皇朝的政治活动中会具有重要的意义。然而，我们并没有在正史中找到有关这一征兆的记载。可能是当时各地类似的祥瑞不少，不必一一详细记录了。

"牝鸡无晨，牝鸡之晨，惟家之索。"② 武则天称帝，最大的阻碍就是古代中国根深蒂固的男尊女卑概念。因此，她利用在唐代世人广泛信仰的佛教，直接通过僧人的宣传，造成女主君临世间的舆论基础。即伪造大云经与兴建大云寺的全国性政治宗教活动，为自己登上皇帝宝座奠定思想舆论上的基础。《旧唐书·则天皇后纪》记载："载初元年……秋七月……有沙门十人伪撰《大云经》，表上之，盛言神皇受命之事。制颁于天下。命诸州各设大云寺，总度僧千人。"汤用彤《隋唐佛教史稿》第一章称："中宗即位，武后乃亟谋篡位，遂大造符瑞图谶，以期移天下之视听。垂拱四年四月（或五月），武承嗣伪造瑞石，文曰：'圣母临人，永昌帝业。'令雍州唐同泰表称获之于洛水。皇太后大悦，号其石为宝图。六月又得瑞石于汜水，是曰'广武铭'……次盖暗示女子武媚当为天子。而摩顶授记，则实暗指《大云经》谶之事。得瑞石之明年，太后服衮冕，搢大圭，执镇圭以祭。再一年，改周正，是为载初元年。其年七月，沙门怀义、法朗等造《大云经

① （后晋）刘昫等：《旧唐书·则天皇后纪》，中华书局，1975。
② 《尚书·牧誓》，《十三经注疏》，中华书局，1980。

疏》，陈符命，言则天是弥勒下生，作阎浮提主。"① 接着，武则天就在九月
正式登基称帝。孟诜所宣扬的泾州古塔石函刻铭中的瑞兆，正是在如此风
气下，利用佛教为武氏巩固政权的手段之一。

从史载孟诜的仕途经历来看，这次对舍利石函的发现与颂扬应该是起
到了一定作用的。至少孟诜从此官运亨通。以前，由于他说武则天赏赐给
刘祎之的黄金是炼过药的而遭致贬斥，从凤阁舍人外放台州司马，由五品
中央枢机官员降为六品地方佐吏。任泾州司马就是在此后的调动。而在舍
利石函出土几年后的长安年间，孟诜便升任同州刺史，加银青光禄大夫，
由六品升至实职四品、散官三品②。不能说这没有发现瑞兆的功劳。

值得注意的是在供奉舍利活动后，重新瘗埋舍利的记载，铭文云：

> 爰从大周延载元年岁次甲午七月癸未朔十五日己亥迁于佛殿之下。
> 崇圣福焉。广厦清冷，曾轩肃穆，基倖象戴，隧拟龙缄。采涅槃之旧
> 仪，道宴坐之遗则。

这里记载了将舍利再次瘗埋在大云寺的"佛殿之下"。需要注意的是，
以往都是把 1964 年泾川大云寺舍利函出土的地点认作是唐代塔基。但当时
报告中并没有明晰的地层发掘情况与遗址状况说明，可能并没有做过完整
的基址发掘。后来多是依据铭文前面介绍舍利出土于古塔基址的词语把这
件武周的石函也看作是从塔基中发掘出来的。我们在有关佛教的历史文献
中，还没有见到把"佛塔"称作"佛殿"的情况。而根据出土舍利石函题
铭中称其"佛殿""广厦清冷，曾轩肃穆，基倖象戴，隧拟龙缄"的记载，
也更像是在描述一处殿堂建筑与其中开挖的地宫，而不是高耸的佛塔。在
佛寺殿堂下面埋葬佛教信徒的例证，则有在西安发现的隋李静训墓。据发
掘报告介绍，李静训的石棺墓葬"埋在一座夯土台基的下面，台基残存的

---

① 汤用彤：《隋唐佛教史稿》，中华书局，1982。
② 见（后晋）刘昫等：《旧唐书·方技传·孟诜传》，中华书局，1975。孟诜的经历、著作与
交往文人等情况，杜斗成先生有较详细的考证，此不赘述。请参阅杜斗成《"泾川大云寺
舍利石函铭并序"跋》，《敦煌学辑刊》2005 年第 4 期。

长宽50乘22米，当是一座建筑物的遗址"。同出的隋大业四年十二月廿二日李静训墓志称："葬于京兆长安县休祥里万善道场之内。即于坟上构造重阁。遥追宝塔，欲髣髴于花童；永藏金地，庶留连于法子。"① 正说明建造坟墓后即在上面建有殿堂建筑。可见当时也存在着在坟墓上建佛堂以象征魂归佛国的习俗。那么，在佛殿下瘗埋舍利也是合理的。

徐苹芳先生在总结中国古代舍利塔基考古情况时，把泾川大云寺舍利石函作为一个典型代表，认为它表明舍利地宫的正式出现。从其断代排列来看，可能徐先生认为在隋代与唐代初期还没有完备的地宫建筑出现，而出土泾川大云寺舍利石函的地宫则是现知最早的完备的唐代地宫建筑②。然而由于该处地宫可能是建筑在佛殿之下的，那就与舍利塔基中的地宫建筑系列无关了。故该处地宫的设立，应该是地宫建设中的一个特例，并不能表明佛塔地宫制度的完善化。而铭文中记载的当时出土舍利函的古塔基中，同样建有砖室。那么在这座年代远早于武周时期的古塔中就有了砖室地宫建筑。如果该记载属实，这会把佛塔地宫建筑的完善时间大大推前。

有学者把这批舍利看作是仁寿元年隋文帝颁发给全国30个州的那批舍利之一，出土舍利石函的古塔则是隋文帝下令建立的泾州大兴国寺舍利塔。这种说法恐怕还没有绝对的证据。有关隋文帝颁令全国建立佛舍利塔一事，《广弘明集》《法苑珠林》《集神州三宝感通录》等佛教文献中都有所记载。《隋书·文帝本纪》中记载隋文帝在仁寿元年下诏命令在全国三十个主要州内建造舍利塔，供奉舍利。《广弘明集》卷十七收录《隋国立舍利塔诏》中称："朕归依三宝，重兴圣教。思与四海之内一切人民俱发菩提，共修福业。使当今现在，爰及来世，永作善因，同登妙果。宜请沙门三十人谙解法相兼堪宣导者，各将侍者二人并散官各一人，熏陆香一百二十斤，马五匹，分道送舍利往前件诸州起塔。"③ 从已有的文物来看，这一诏令是得到了完全的执行。这一批诏令建塔的州中，就有泾州大兴国寺。

---

① 中国社会科学院考古研究所：《唐长安郊区隋唐墓》，文物出版社，1980。
② 徐苹芳：《中国舍利塔基考述》，见《中国历史考古学论丛》，（台湾）允晨文化实业股份有限公司，1995。
③ （唐）道宣：《广弘明集》，见《弘明集·广弘明集》，上海古籍出版社，1991。

而在以前的金石著录中曾记录了一些隋文帝建立的舍利塔铭，如山东益都广福寺出土的仁寿元年（公元601）青州胜福寺舍利塔下铭，扶风龙光寺出土的仁寿元年（公元601）岐州舍利塔下铭，其铭文比较简单，内容大体相似。例如仁寿元年（公元601）青州胜福寺舍利塔下铭为："舍利塔下铭：维大隋仁寿元年岁辛酉十月辛亥朔十五日乙丑。皇帝普为一切法界幽显生灵，谨于青州逢山县胜福寺奉安舍利，敬造灵塔，愿太祖武元皇帝、元明皇后、皇帝、皇后、皇太子、诸皇子孙等，并内外群官，爰及民庶、六道、三途、人非人等，生生世世，值佛闻法，永离苦空，同升妙果。孟弼书。敕使大德僧智能。侍者昙辩。侍者善才。敕使羽骑尉李德谌。长史邢祖俊。录事参军丘文安。司功参军李恬。"① 这些塔下铭已经脱离了石函，刻成一件单独的方形石板。很可能是覆盖在舍利石函上面的。

现经考古发掘的陕西耀县隋代宜州宜君县神德寺塔，虽然仍是在塔基夯土中埋设舍利，但在塔基的清理中发现：在埋设的舍利石函四周又砌了围绕的护石和砖墙，形成了初步的地宫建筑形式。在这件石函的外表四面上有线刻的舍利佛、迦叶、阿难、大目犍连、四大天王与力士等佛教神祇形象。石函的上口，专门嵌了一件刻在方石板上的舍利塔下铭作为内盖②。上文已述，类似的隋代舍利塔下铭已经有过众多发现，其内容与字体基本相似，可能是当时官方统一规定的式样。根据《佛祖统纪》《续高僧传》等佛教文献记载，隋文帝在仁寿四年（公元604）还曾经下诏，再向三十余州赠送舍利起塔供养③。宜州宜君县神德寺塔舍利塔下铭证明，该塔就是这次在全国三十余州建立的舍利塔之一。

1981年11月，在北京市房山县石经山雷音洞中的佛座后发现了一个埋藏舍利函的地穴，从中出土的全套舍利石函包括三层石函，一层镀金银函和一层白玉函，十分精致。最外边的汉白玉石函是明代万历母后慈圣皇太后把隋代石函中的佛舍利请进宫中供养后制作的，上面刻写铭文262字，记

---

① 见（清）王昶：《金石萃编》卷四十《青州舍利塔下铭》，扫叶山房刻本。
② 朱捷元等：《陕西长安和耀县发现的波斯萨珊朝银币》，《考古》1974年第2期。
③ 如（唐）道宣：《续高僧传》卷二十二释洪遵传："仁寿四年下诏曰：……今更请大德奉送舍利，各往诸州依前造塔。……又下敕三十余州一时同送。"见《高僧传合集》，上海古籍出版社，1991。

录了明代万历二十年（1592）发现舍利的情况。里面一层是隋代石函，上面刻写了"大隋大业十二年岁次丙子四月丁巳朔八日甲子于此函中安置佛舍利三粒，愿住持永劫"的题记①。由此可见，到了隋炀帝时期，官方统一制作的塔下铭文辞格式就有所改变了。

又据《法苑珠林》卷四十录隋著作郎王邵作《舍利感应记》记载："皇帝于是亲以七宝箱，奉三十舍利……乃取金瓶琉璃各三十，以琉璃盛金瓶，置舍利于其内，熏陆香为泥，涂其盖而印之。三十州同刻，十月十五日正午入于铜函石函，一时起塔。"②

这样，我们可以得知，隋文帝诏令建筑的舍利塔，其塔下铭具有统一的固定形制与文辞格式。而且仁寿元年向各州赠送的舍利都仅有一粒，仁寿四年宜州宜君县神德寺塔地宫中出土的舍利也不过三粒。这些塔中瘗埋的舍利也都是有琉璃瓶。金瓶、铜函与石函几重包装。而据泾川大云寺石函铭文中的记载，该古塔中出土石函的形制、铭文及舍利包装都与上述情况不符。特别是舍利的数量远远超出隋文帝所赐数量。这些都说明目前材料还不能确定这批舍利出自隋文帝诏令建筑的泾州大兴国寺舍利塔。据张怀群先生介绍：2005 年 3 月，泾川县城关镇水泉村附近出土一尊北周石雕佛像，出土地为一处寺院遗址。该地在 20 世纪 70 年代出土过北周天和二年（公元 567）宝宁寺比丘惠明舍利石函及铜函、铜匣、舍利等文物，现存平凉市博物馆。说明这里为北周宝宁寺遗址③。此地位于唐大云寺遗址西南约 200 米，与孟诜所撰舍利塔铭中所说的古塔方位相同。那么，铭中所说古塔是否也属于北周遗址，则是可以进一步探索的问题。如果能够确认泾州大云寺舍利函中的舍利原来是北周塔基中瘗埋的，那么，对于了解北周时期佛教的活动情况会有宝贵的参考作用，而地宫建筑的出现也可以提前到北朝晚期。

---

① 北京市文物考古研究所：《十年来北京考古的新成果》，《文物考古工作十年 1979～1989》，文物出版社，1990。

② （唐）道世：《法苑珠林》卷四十，见《大正新修大藏经》五十三册，大正一切经刊行会，1934。

③ 张怀群：《大云寺西侧之北周宝宁寺佛像出土及遗址调查记》，见泾川县大云寺景区开发建设委员会办公室编辑《泾川大云寺史籍资料选辑》，内部发行。

二

舍利石函题铭的最后列举了大量参与这次瘗埋舍利活动的当时官员姓名。而其中的众多人物可以在唐代文献中找到踪迹，既可补史，也对了解当时士族大姓在官僚政治中的地位提供了实际证据。如：

"中散大夫使持节泾州诸军事守泾州刺史上骑都尉源修业。"《新唐书·宰相世系表》五上："源氏……师民，字践言，隋刑部侍郎……（曾孙）修业，泾州刺史。"天宝六载（公元747）二月癸酉唐故通议大夫守太子詹事上柱国源（光乘）府君墓志铭记载："司户之子讳修业，长寿中为洛州司马、泾州刺史。……府君即泾州之第三子也。"此外还有源修业孙子建中四年（公元783）二月二日唐故朝议郎守楚州长史赐绯鱼袋源（溥）公墓志铭与源修业曾孙女贞元十三年（公元797）二月四日唐故殿中侍御史张府君夫人河南源氏墓志①，显示了源氏家族的世系传承，均可为证。

"朝散大夫前沙州长史博陵崔璩。"《旧唐书·崔玄暐传》云："博陵安平人也。父行谨，为胡苏令。本名晔，以字下体有则天祖讳，乃改为玄暐。……深为叔父秘书监行功所器重。……子璩，颇以文学著名，官历中书舍人、礼部侍郎。璩子焕，自有传。"又见于《新唐书·宰相世系表》二下博陵崔氏。传世有开元三年（公元715）十月己酉大唐故特进中书令博陵郡王赠幽州刺史崔（晔）公墓志铭。即崔玄暐之墓志，志文称"子紫微舍人璩等"。又咸通四年（公元863）三月三日李夫人墓志记载："外六代祖尊讳玄暐，特进中书令，封博陵郡王。外五代祖尊讳璩，礼部侍郎、博陵郡公。"② 此舍利铭中题名之崔璩当即上述文献所载崔玄暐之子崔璩。然而《新唐书·崔玄暐传》中称："开元二年诏：'宜以玄暐子璩、束之孙毖，并为朝散大夫。'"而此舍利铭记载于延载元年（公元695）崔璩已经授官朝

---

① 均见于周绍良主编《唐代墓志汇编》，上海古籍出版社，1992。
② 周绍良、赵超主编《唐代墓志汇编续集》，上海古籍出版社，2005。

散大夫。其间崔璩或许曾经因受其父累而贬职。《旧唐书·崔玄暐传》云："（玄暐）以后累被贬，授白州（《新唐书》作古州）司马，在道病卒。"史载为武三思与韦后制造桓彦范等人冤案所及。

"参军韦晋。"神龙二年（公元706）十二月二十四日大唐故黄门侍郎兼修国史赠礼部尚书上柱国扶阳县开国子韦（承庆）府君墓志铭记载："嗣子晋等。"① 时代相合，可能就是舍利铭中的韦晋。

"豳州宜禄县尉检校营使汲人赵贞固书。"赵贞固，应即赵元，《新唐书》中有传，附于陈子昂传后。《新唐书·陈子昂传》中记载："子昂资褊躁，然轻财好施，笃朋友，与陆余庆、王无竞、房融、崔泰之、卢藏用、赵元最厚。"《新唐书·赵元传》则称："赵元者，字贞固，河间人。祖揆，号通儒，在隋，与同郡刘焯俱召至京师，补黎阳长，徙居汲。元少负志略，好论辩，来游雒阳，士争向慕，所以造谢皆搢绅选。武后方称制，惧不容其高，调宜禄尉。……卒年四十九。其友魏元忠、孟诜、宋之问、崔璩等共谥昭夷先生。"开元二十五年（公元737）十一月十五日大唐故监察御史天水赵（陵阳）墓志铭载："曾祖揆，隋□阳郡守。祖礼舆，皇制授许州临颍县丞。父贞固，皇朝征授豳州宜禄县尉。"② 正证实赵贞固即史载之赵元。上引咸通四年（公元863）三月三日李夫人墓志记载："外五代祖尊讳璩，礼部侍郎博陵郡公，与道士司马公子微、赵公贞固、卢公藏用为莫逆之交。"时隔160余年，而崔氏后人仍将崔璩与赵贞固等人的交往铭记在心。可见这些人物之间的交谊非同一般。而且这些人物也都不是等闲之辈。司马子微即司马承桢，与卢藏用均在两唐书中有传。他们和赵贞固都是以道术知名，并被朝廷征召为官。与之交游深厚的著名文人陈子昂，曾著有诗《赠赵六贞固二首》和《同宋参军之问梦赵六赠卢陈二子之作》，并在赵贞固卒后为其撰碑文，所记述的赵贞固世系与经历更为详细。谨录陈子昂撰昭夷子赵氏碑文如下③：

---

① 周绍良、赵超主编《唐代墓志汇编续集》，上海古籍出版社，2005。
② 周绍良、赵超主编《唐代墓志汇编续集》，上海古籍出版社，2005。
③ （唐）陈子昂：《陈拾遗集》卷五，四库全书本，集部别集类，台湾商务印书馆，1986。《昭夷子赵氏碑》原文作"幽州宜禄县尉"，幽当为豳之误。

"昭夷子讳元亮，字贞固，汲人也。本居河间，世为大儒。至祖拨，尤博雅耽道。隋征入学士，与同郡刘焯俱至京师，补黎阳郡长，始居汲焉。有二子：礼舆、礼辕，舆官至临颍县丞，辕为校书郎，并著名当代。昭夷即礼舆季子也。元精冲懿，有英雄之姿。学不常师，志在遐远。年二十七，褐衣游洛阳。天下名流，翕然宗仰。群蒙以初筮求我，昭夷以玄縠发机。故蓬居穷巷，轩冕结辙。时世议迫陋，不容其高，乃屈身泥蟠，求禄下位，为幽州宜禄县尉。到职逾岁，默然无言，唯采药弹琴咏尧舜而已。州将郡守，穆然承风，君之道标浩如也。因巡田入陇山，见乌支丹穴，密有潜遁之意。苍龙甲申，岁在大梁，遭命不造，发痼疾而卒。时年四十九。

君故人云居沙门释法成、嵩山道士河内司马子微、终南山人范阳卢藏用、御史中丞钜鹿魏元忠、监察御史吴郡陆余庆、秦州长史平昌孟诜、雍州司功太原王适、洛州参军西河宋之问、安定主簿博陵崔璩，咸痛君中天……乃共稽陟旧行，考谥定名，问于元著，象曰明夷于昭夷。"

宋之问亦有《送赵六贞固》一诗，称："目断南浦云，心醉东郊柳。怨别此何时，春芳来已久。与君共时物，尽此盈樽酒。始愿今不从，春风恋携手"[1]。陈子昂死后，卢藏用曾为之编辑文集，并作序。在序文中再次记录了与陈子昂交厚的这些友人，赵贞固仍然列名其中。即："友人赵贞固、凤阁舍人陆余庆、殿中侍御史毕构、监察御史王无竞、亳州长史房融、右史崔泰之、处士太原郭袭征、道人史怀一，皆笃岁寒之交。与藏用游最久，饱于其论，故其事可得而述也。"可见赵贞固与陈子昂的笃厚交谊，为世人共知。据碑文记载，赵贞固的去世，应该是在"岁在大梁"，即酉年。陈子昂卒于圣历初年。而泾川舍利石函铭刻于延载元年（公元694），其间只有神功元年（公元697）为丁酉。赵贞固则应卒于是年，可能还是死在宜禄县尉职所。

"宣义郎行司户参军李恁。"《新唐书·宰相世系表》二上赵郡李氏东祖叡之后有李恁，任湖州司马。其曾祖父李纯为隋介州刺史。推算在世时间应与此舍利铭中李恁相合，或即此人。

---

① 见《全唐诗》卷五十一，中华书局，1960。

"奉义郎行司仓参军独孤思礼。"此人在现存唐代文献中尚无记载，但是 20 世纪 50 年代在陕西省西安市发掘的两座唐代墓葬中，出土有独孤思敬与独孤思贞二件墓志①。核对于《新唐书·宰相世系表》五下独孤氏，载有独孤思贞，其四世祖独孤永业，曾为北周襄州总管。其曾祖独孤子佳。祖父独孤义顺，有子三人：元恺、元康、元庆，即独孤思贞父辈。独孤思敬墓志记载其祖父也是独孤义顺，父亲为独孤元恺，可见他们是叔伯兄弟，并且葬地邻近，应该是同葬在独孤家族的家族墓地中。《新唐书·宰相世系表》载独孤思贞诸叔伯兄弟均以思字行辈。独孤思贞卒于神功二年（公元 698），独孤思敬卒于景龙三年（公元 709），与泾川舍利塔铭记载的独孤思礼在世时代相同。由此推测，独孤思礼可能也是独孤义顺这一家族的后代。

原载《考古》2016 年第 6 期

---

① 中国社会科学院考古研究所：《唐长安郊区隋唐墓》，文物出版社，1980。

山西壶关南村宋代砖雕墓砖雕
题材试析

《文物》1997 年第 2 期《山西壶关南村宋代砖雕墓》一文中介绍了该砖室墓壁上嵌饰的一批砖雕。这批精美的砖雕用生动的人物形象向人们展示了在当时日益流行的古代孝子故事。它对于了解宋代儒家孝义思想的内容及著名的二十四孝故事的形成都具有一定的参考意义。但是，原报告只简单地说明："内容为常见的武士，侍女及孝子故事。"而没有进行详细的注解。类似的孝义故事图画及雕刻在宋、辽、金、元的北方墓葬中是经常出现的重要墓室装饰，但在以往的简报中，对没有题榜的这类图画雕刻往往不能准确地注明其名称，并且缺乏综合研究。我们在此尝试对这批砖雕中可以辨识的部分内容加以考释，借以为报告做一些补充，同时探讨一下宋代墓葬中二十四孝图的产生根源与演变规律。限于未见到原砖雕，仅能根据《文物》上发表的照片予以辨识，错谬在所难免，敬请识者予以指正。

根据报告，这座宋代砖墓中嵌饰的砖雕共有 24 件。其中 2 块武士砖雕砌于南壁墓门两侧，2 块侍女砖雕分别砌于东西两壁门侧（即报告中编号第 1 至第 4 号砖雕，以下直接引用原报告编号），自第 5 号至第 24 号，每块砖雕表现一个历史故事，根据大部分可以确定内容的砖雕推测，这些砖雕应该都是在表现历代的孝义故事，形成了一个孝子图系列。它虽然还没有达到中国古代一度流行的"二十四孝"的数量，但是已经把"二十四孝"的主要内容包括在内了。

20 世纪 50 年代以来发掘的宋代墓葬中，曾经多次发现了孝子题材的墓室壁画和石棺线刻画。例如：《文物参考资料》1958 年第 7 期《宋画像石棺》介绍的石棺孝子图 15 幅①，《文物》1961 年第 11 期《重庆井口宋墓清理简报》介绍的石浮雕孝子图等 11 幅，《文物》1982 年第 4 期《荥阳司村宋代壁画墓发掘简报》介绍的墓室壁画中 19 幅孝子图，《考古与文物》1982 年第 5 期《河南林县城关宋墓清理简报》介绍的墓室砖雕壁画二十四孝，《文物》1984 年第 7 期《洛阳北宋张君墓画像石棺》介绍的石棺线刻二十四孝，《中国考古学年鉴》1985 年《新安县石寺李村的两座宋墓》介绍的 1 号墓中四幅浮雕孝子图，《中原文物》1987 年第 3 期《嵩县北元村宋代壁画墓》介绍的 15 幅壁画孝子图，《中原文物》1988 年第 1 期《巩县西村宋代石棺墓清理简报》介绍的石棺线刻二十四孝图，《中原文物》1990 年第 4 期《林县一中宋墓清理简报》介绍的墓中壁画孝子图 10 幅（另有一些画面残毁），同文还介绍 1980 年汤阴伏道公社发现的北宋元丰元年薛方墓中的石棺上有二十四孝的线刻画像，《文物》1993 年第 5 期《河南洛宁北宋乐重进画像石棺》介绍的石棺线刻 22 幅孝子图，《考古》1994 年第 9 期《山西长治市五马村宋墓》介绍的砖雕孝子图 12 件②，《文物》1996 年第 8 期《河南宜阳北宋画像石棺》介绍的 10 幅孝子线刻等。这些壁画与线刻的创作时代大多在宋徽宗时期，表明在北宋晚期，中原地区，至少在河南与山西地区，孝子题材是墓葬壁画中十分常见的内容，而且这些壁画的构图与表现形式都十分相似，说明它们可能都是按照在画工中世代相传的一定的范本绘制的，而随时间与地域的不同有所变化。因此，可以借助于已发现的材料来考释类似的壁画内容。我们将现有材料汇集成附表一及附表二，通过它们可以了解当时孝子图内容的变化情况，并有助于壁画内容的解释。

---

① 严格地说，这二十四个故事并不能都称为孝子故事，有些属于友悌，有些属于节义。所以后代的二十四孝有所更改。但原报告均如此称名，故暂依原状。
② 本墓砖雕共 15 件，名目未定，据照片可确定者有田真、曾参、王祥、鲁义姑、舜、郭巨、鲍山、董永、老莱等，另有 3 件为妇女执炊、担水、磨面等，与孝子图无关。尚有 3 件内容待定，可能也是孝义故事。

附表一　宋墓壁画与石刻砖雕二十四孝出土情况

出处	出土地	墓葬形式	图画在墓中的位置	绘画形式	绘画内容	题榜
《文物参考资料》1958.7	据说为洛阳	不详	石棺左右两侧及尾部	线刻	孝子图	有
《文物》1961.11	重庆井口	双墓室石室墓	墓室及甬道四壁	浮雕	孝子图及佛教孝义故事	无
《文物》1982.4	荥阳司村	仿木结构六角形砖室墓	墓室各壁	壁画	孝子图	有
《考古与文物》1982.5	林县城关	仿木结构方形砖室墓	北、西、东壁嵌饰	砖雕	孝子图。东壁又有彩绘宴饮图,南壁有出行图与伎乐图等	不详
《文物》1984.7	孟津张盘村	不详	石棺左右两侧后部及尾部	线刻	孝子图。另有雕刻墓主升仙图、仙女、侍卫、力士、花鸟等	有
《中国考古学年鉴》1985	新安李村	仿木结构八角形砖室墓	甬道两侧壁上	浮雕	孝子图	不详
《中原文物》1987.3	嵩县北元村	仿木结构八角形砖室墓	东壁、西壁、北壁及甬道内壁	彩绘	孝子图。另有墓主宴饮图及武士像等	不详
《中原文物》1988.1	巩县西村	单室土洞墓	石棺左右侧中间	线刻	孝子图。另有浮雕花草文饰,棺首有一女子掩门	有
《中原文物》1990.4	林县一中	仿木结构四室砖墓	前室及东、西室墓壁	壁画	孝子图。另有四神、花卉等	无
《文物》1993.5	洛宁大宋村	不详	石棺左右侧及后挡	线刻	孝子图。石棺前挡刻宴乐图,盖刻天女散花图等	有
《考古》1994.9	长治五马村	仿木结构长方形砖室墓	东、西壁角及北壁	砖雕	孝子图。另有3件以上为妇女执炊、担水、磨面等图	无
《文物》1996.8	宜阳	土洞墓	石棺左右侧	线刻	孝子图。石棺前挡有墓主宴饮图,后挡有收获图	有

附表二　二十四孝内容比较

出处	林县城关	山西壶关	洛阳孟津	嵩县北元村	巩县西村	荥阳司村	元潘德冲石椁	元郭居业集
年代	熙宁至政和（1068~1117）	元祐二年（1087）	崇宁五年（1106）	大观年间（1107~1110）	宣和七年（1125）	待考		
形式	砖雕	砖雕	石棺线刻	彩绘壁画	石棺线刻	彩绘壁画	石棺线刻	
数量	24	20	24	15	24	19	24	24
人物	董永	同左	同左	同左	同左	同左	同左	同左
	杨香	同左	同左		杨香		杨香	同左
	陆绩	同左	同左		陆绩	同左	同左	同左
	姜诗		姜诗		（姜）诗妻	姜诗	同左	
	王裒							王裒
	曾子	同左	同左		曾子	同左	同左	同左
	赕子	同左	同左	同左	同左	同左	同左	同左
	丁兰	同左	同左	同左	同左	同左	同左	同左
	蔡顺	同左	同左				蔡顺	同左
	大舜	同左	同左	同左	同左	同左	同左	同左
	老莱	同左	同左	同左	同左	同左	同左	同左
	郭巨	同左	同左	同左	同左	同左	同左	同左
	王祥	同左	同左	同左	同左	同左	同左	同左
	孟宗	同左	同左	同左	同左	同左	同左	同左
	王庭坚							
	曾（鲁）义姑	同左	同左		鲁义姑	同左	同左	
	韩伯瑜		韩伯瑜	同左	同左			
	刘殷	同左	同左	同左	同左	同左	同左	
	原谷	同左	孙悟元觉	元觉	同左	同左	同左	
	邓攸							
	鲍山	鲍山	同左		鲍山	同左	同左	
	曹娥	曹娥	同左	同左	同左		曹娥	
	姜肱							
	乌鸦反哺							
		田真	同左	同左	同左	同左	同左	
			赵孝宗	同左	同左		赵孝宗	

续表

出处	林县城关	山西壶关	洛阳孟津	嵩县北元村	巩县西村	荥阳司村	元潘德冲石椁	元郭居业集
			刘明达		刘明达		刘明达	
			王武子妻		武妻	王武	同左	
			闵损		子骞(闵损)	闵子骞	同左	同左
				汉文帝				汉文帝
					蔡母			
								仲由
								江革
								唐夫人
								吴猛
								朱寿昌
								庾黔
								黄庭坚
			2件待定					

下面我们就按照原报告的顺序对壶关宋墓砖雕的内容逐次加以说明。

第5号，雕刻一老妇在对一个拱手聆听的男子说话，似乎是在教训儿子。

在古代的大量孝子故事中，供奉母亲，受母亲教训的事迹很多。例如嵇绍、孟宗、夏侯佩等①。而根据这块砖雕的位置居于首位及当时常见的二十四孝内容来看，它应该是曾子的故事。《孝子传》载："参采薪在野，母啮右指，旋顷走归，见正不语，入跪问母何患。母曰：'无。'参曰：'负薪右臂痛，薪堕地，何谓无？'母曰：'向者客来，无所使。故啮指呼汝耳。'参乃悲然。"②《后汉书》中还记录了蔡顺同样的故事，但一般是把这个故事图画归于曾参。砖雕上，老妇的左手举在面前，似乎在表现啮指的动作。男子的袍襟挽上来掖在腰带中，是一副劳作的装束。表现曾参采薪的样子。其形象与北宋乐重进石棺等处相同。

第6号，画面上是一个男子，身后有一个抱着孩童的女子。这是在表现

---

① 见《太平御览》卷四一二、四一三引。
② 《太平御览》卷三七〇引。

郭巨的故事。东汉刘向《孝子图》载："郭巨，河内温人，甚富。父没，分财二千万，为两分与两弟，己独取母供养……妻产男，虑养之则妨供养，乃令妻抱儿，欲掘地埋之。于土中得金一釜。上有铁券云：赐孝子郭巨。巨还宅主。宅主不敢受。遂以闻官。官依券题还巨。遂得兼养儿。"① 郭巨的故事是比较著名的孝子事迹，在二十四孝中位居前列。画面上虽然没有刻画出郭巨掘地的动作，但从这一家三口的场面也大致可以推定其内容了。其他宋墓壁画雕刻的画面上的郭巨故事与此大致相同。

第 7 号，这是一个比较复杂的画面。上面有一个赤身老人，在他下面是一个戴着幞头的男子，旁边是一个两鬓垂鬟的孩童，原报告称其"肩扛篱笆"。从照片上看，这个孩童肩上扛的应该是一件类似担架的器物，这件器物可能是当时人们使用的肩舆。河南林县宋墓中的原谷图与嵩县宋墓的元觉行孝图中都有形状与此相似的肩舆。由此想到这个画面应该是在表现孝孙原谷的故事。《孝子传》载："原谷者，不知何许人。祖年老，父母厌弃之，意欲弃之。原谷年十五，涕泣苦谏。父母不从，乃作舆舁弃之。谷乃随，收舆归。父谓之曰：'尔焉用此凶具？'谷云：'后父老不能更作得，是以取之耳。'父感悟愧惧，乃载祖归侍养。克己自责，更成纯孝。谷为孝孙。"② 这个故事可能反映了人类社会进化中对待老人态度和道德标准的变化过程，所以在世界各民族的古代传说中都有过类似的弃祖故事。在生产力低下的原始社会中，抛弃丧失生存能力的老人是常见的事。因此，在汉代的孝子故事中，仅用孝孙来称呼其人，还没有原谷的名字。山东嘉祥武梁祠石室画像中已经有了孝孙的雕刻。画面上，左侧坐着一个老人，榜题为"孝孙祖"。右侧站着一个伸手召唤的男子，榜题为"孝孙父"。中间站立一个孩童，回首与父应答，伸手欲去拿取长方形的舆舁。这个场面与第 7号砖雕十分相似③。美国纳尔逊艺术博物馆中收藏的北魏孝子石棺上也有孝孙原谷的故事画④。宋代的二十四孝图中，有些题榜将这个故事改称为元

① 《太平御览》卷四一一引。
② 《太平御览》卷五一九引。
③ 见《汉代画像全集》。
④ 见 Willam Watson, *The Arts of China to A D900* 及宫大中《邙洛北魏孝子画像石棺考释》，《中原文物》1984 年第 2 期。

觉。其原因我们在下文中分析。

图一　壶关南村宋墓砖雕孝孙原谷（原 7 号砖雕）

第 8 号，画面上是一个男子，身后有两头大象。这个画面可以肯定为表现古帝舜的孝义故事。《帝王世纪》载："父顽母嚚，咸欲杀舜。舜能和谐，大杖则避，小杖则受，年二十，始以孝闻……葬苍梧九疑山之阳……下有群象为之耕。"① 二十四孝中，帝舜居于首位。不仅宋代各二十四孝图中用大象表现帝舜，在清人陆昀所绘元代郭居敬的《二十四孝图说》中，也是用舜与大象的图象来表现这个故事。

第 9 号，刻有一位老妇与一个拱手行礼的男子。这个构图没有特殊的地方可以确定其内容，同时宋墓中的二十四孝里，除去已与本墓砖雕对应者以外，比较接近的就是韩伯瑜、姜诗、王武子等人的图像了。这里具体为哪一个，尚待新的旁证。

第 10 号，画面上只有一个男子身披鹿皮，头上戴着鹿头坐在地上。这是在表现赕子的孝义故事。赕子，即赕摩（Samaka）菩萨，后秦圣贤译《佛说赕子经》记载：昔有长者夫妻二目并丧，入山求道。时有菩萨名一切妙见，悯其意，生于长者家，名赕摩，至孝仁慈。年过十岁，与父母共入山奉事，着鹿皮之衣，提瓶汲水。时迦夷国王入山射猎，引弓射赕。盲父

---

① 《太平御览》卷八一引。

母仰天曰：睒至孝。天知之，则睒当更生。于是释梵四天来下睒前，灌神药于口，拔箭更活。父母惊喜，两目皆开。睒子的故事不见于中国东汉以来的孝子传记故事，但被列入二十四孝中。敦煌莫高窟中自北魏时期的壁画里就出现了《睒子本生》的故事画。《二十四孝》中称为周人睒子，是将佛教故事汉化的结果。

第 11 号，原报告称：砖面上刻三男子，均着圆领袍服，戴幞头，立于大树前，掩面嚎啕大哭。审砖雕照片，三人中，中间一人身材较矮小，右手下垂，左手向前举起，并非掩面，后面两人，拱手相揖，也不能肯定为嚎啕痛哭，而似乎是三人在对话。根据现有的宋代壁画二十四孝图参考，这是表现田真的故事，亦称"田真哭荆"。周景式《孝子传》云："古有兄弟，忽欲分异，出门见三荆同株，接叶连荫，叹曰：'木犹欲聚，况我兄弟，而欲殊哉。'遂还相为雍和矣。"[1] 又作：西汉人田真兄弟三人，欲分家财，堂前紫荆树枯死。引起田真劝说兄弟宜合不宜分的故事。

第 12 号，原报告称：画面上方刻一脚踏云雾的女子，下方刻一个着圆领袍服、戴幞头的男子，拱手而拜。如果依此说法，女子明显是一位天神。此画面表现的应该是董永的故事。董永是流传较早的孝子故事。汉代画像石中已有出现。在河南洛阳出土的北魏孝子石棺和宁懋石室上，就刻有董永的故事画[2]。刘向《孝子图》载："前汉董永，千乘人。少失母，独养父。父亡无以葬，乃从人贷钱一万。永谓钱主曰：'后若无钱还君，当以身作奴。'主甚悯之。永得钱，葬父毕，将往为奴，于路忽逢一妇人，求为永妻。永曰：'今贫若是，身复为奴，何敢屈夫人之为妻。'妇人曰：'愿为君妇，不耻贫贱。'永遂将妇人至……钱主曰：'为我织千匹绢，即放尔夫妻。'于是索丝，十日之内，千匹绢足。主惊，遂放夫妇二人而去。行至本相逢处，乃谓永曰：'我是天之织女，感君至孝，天使我偿之，今君事了。不得久停。'语讫，云雾四垂。忽飞而去。"[3] 画面上表现的正是织女告别董

① 《太平御览》卷四一六引。
② 宫大中：《邙洛北魏孝子画像石棺考释》，《中原文物》1984 年第 2 期。
③ 《太平御览》卷四一一引。

图二　壶关南村宋墓砖雕田真哭荆（原 11 号砖雕）

永，飞腾而去的场面，与传为洛阳出土的宋画像石棺等处的董永一图相似。① 上面提及的北魏孝子石棺线刻画中，表现董永的有两个场面，一个是董永在锄地，他的老父坐在一辆双轮车中，面前摆放着食品，意为供养父亲。另一个是董永与织女在交谈，意为织女助董永还债赎身。而宋代的这件砖雕，和其他宋代二十四孝图一样，则抓住了故事的关键情节，即织女告别董永升天而去的场面，极富代表性。这也是董永这一故事的高潮，后人把这一故事演化为"天仙配"的戏曲，正是将这一高潮发展成人仙相爱却被迫分离的悲剧。从这些壁画砖雕看来，可能宋代民间就已经酝酿了这种剧情的萌芽。②

---

① 黄明兰、宫大中：《洛阳北宋张君墓画像石棺》，《文物》1984 年第 7 期。
② 关于这一问题，《四川文物》1995 年第 5 期王建纬同志《"董永故事"源流考》一文有很好的研究，请参看。

第 13 号，画面上为一男子肩上背一孩童。现有的宋墓二十四孝图中未见类似图画，尚未能确定其名目。

第 14 号，砖面上刻三人，上方为一对老夫妇，下方跪着一个头梳发髻，拱手的男子。这可能是表现老莱娱亲的故事。刘宋师觉授《孝子传》云："老莱子者，楚人，行年七十，父母俱存，至孝蒸蒸，常着班兰之衣，为亲取饮。上堂脚跌，恐伤父母之（疑原文脱心字），因僵仆为婴儿啼。"① 宋墓壁画雕刻中的老莱子图多为一对老夫妇与一男子的构图。

图三　壶关南村宋墓砖雕老莱娱亲（原 14 号砖雕）

第 15 号，砖面上右侧是一个梳髻着裙的妇女，坐在一个似乎是几案的器物上。左边一个男子在弓身拱手行礼。这类男子对老妇行礼的场面，在孝子故事画中可能是最常见的，本墓葬中就有多件。但这件砖雕上较特殊的是老妇坐的器物与其他画面不同，像是一尊人像置于台案上。由此推测，

① 《太平御览》卷四一四引。

这件砖雕可能是丁兰的故事。《孝子传》载:"丁兰早孤,不识其母,乃刻木作母而事之。"① 后代的《二十四孝》中还添加了丁兰妻用针刺木母,木母泣血,丁兰因此休妻的情节。第 9 号与第 19 号砖雕也是一男子对老妇行礼,当然也可以用丁兰的故事来解释,但比较起来,此件更为相符。

第 16 号,刻有一个着甲的武士,面前一个男子在作揖行礼。根据河南林县等地的墓中壁画对照,这可能是蔡顺的故事。《广事类赋》卷一六载:"后汉蔡顺,当王莽末,大荒。顺拾葚,以异器盛之。赤眉贼见而问之。顺曰:'黑者奉母,白者自食。'贼知其孝,乃遗米肉放之。"画面表现的正是赤眉军询问的场面。

第 17 号,是一位妇女怀抱一个幼童,另一个儿童在妇女身侧大哭。此砖雕表现了古代的义妇故事,其他宋代墓中壁画线刻题榜称为"鲁义姑"。《说苑》记载:"齐遣兵攻鲁,见一妇人,将两小儿走,抱小而挈大;顾见大军且至,抱大而挈小。使者甚怪,问之。妇人曰:'大者妾夫兄之子,小者妾之子。夫兄子者,公义也;妾之子者,私爱也;宁济公而废私耶?'"②

第 18 号,原报告称:右上一男子踏于云朵上。从照片上看,似已残泐。下有一男子拱手作拜。其他宋墓壁画线刻中,构图与此相近的,多为刘殷的故事。《十六国春秋·前赵录》曰:"刘殷七岁丧父,哀毁过礼……梦人谓殷曰:'西篱下有粟'。寤而掘之,得粟十五锺焉,铭曰:'七年粟百石,以赐孝子刘殷。'"③

第 19 号,左上方有一位老妇,右下方,一个身材矮小的男子(可能是表现一个儿童)在向老妇行礼。这种场面可以用很多故事来解释。比较适合的就要算东汉陆绩的故事了。《三国志·吴书·陆绩传》云:"绩年六岁,于九江见袁术。术出橘,绩怀三枚,去,拜辞堕地。术谓曰:'陆郎作宾客而怀橘乎?'绩跪答曰:'欲还遗母。'术大奇之。"这里可能是在表现陆绩见母时的场面,与林县城关宋墓、乐重进石棺等处相似。而后代的各种二十四孝图中,都是把陆绩画成向袁术下跪行礼的形象,面前还有落下的橘

---

① 《太平御览》卷三九六引。
② (汉)刘向撰,向宗鲁校证《说苑校证》佚文辑补,中华书局,1987。
③ 《太平御览》卷四一一引。

子，内容就比较容易确定了。从照片上看，儿童的手部上方似乎有圆形的物品，可能就是橘子。

第20号，一男子双手交叠胸前，跪在地上。双手所扶，似为一圆锥形节状物，可能是竹笋。如果此推测不误，这就是表现孟宗的故事。《古孝子传》云："孟宗后母好笋，令宗冬日求之，宗入竹林恸哭，笋为之出。"① 其他宋墓壁画线刻中多绘成一男子手扶竹子，跪地哭泣，面前地上长出竹笋。这里可能受砖雕材料的限制，无法表现过多的内容。

第21号，这件砖雕上只刻了一个赤身裸体的男子，平躺在地。很明显，这是表现晋代王祥卧冰的故事。这也是古代最著名的孝子故事，在二十四孝中占有重要地位。《晋书·王祥传》载："祥性至孝……母常欲生鱼。时天寒冰冻，祥解衣将剖冰求之。冰忽自解，双鲤跃出，持之而归。"后代的传说中把它渲染成王祥赤身卧于冰面求鱼。二十四孝中称之为：卧冰求鲤。与此画面恰恰相符。宋墓中的王祥画面多与此相同。

图四　壶关南村宋墓砖雕王祥卧冰（原 21 号砖雕）

第22号，砖面上方刻有一个梳丫髻的女童，骑于虎背作击打状，下方一人，作呼喊状。这应该是表现二十四孝中"搤虎救父"的晋代杨香故事。《孝子传》载："杨香，其父为虎所噬。忿愤搏之。父免害。"② 与此画面正符。

---

① 《古孝子传》，清茆泮林辑，丛书集成初编本。
② 《太平御览》卷四一五引。

第 23 号，刻一妇人披麻戴孝，一手持哭杖，另一手掩面号啕。根据其他宋墓壁画雕刻参考，这是表现曹娥的故事。《会稽典录》载："孝女曹娥者，上虞人，父盱能弦歌为巫，五月五日，于沂县溯江涛迎婆娑神，溺死，不得尸骸。娥年十四岁，乃缘江号哭，昼夜不绝声，旬有七日，遂投江而死。"① 嵩县北元村壁画、宜阳石棺、乐重进石棺等处的曹娥，都是同样的一个妇人在哭泣，只是加上了江水与水中的曹娥父亲头骨。

第 24 号，砖面左上方刻一甲胄武士，右下刻一个穿袍男子，背负一老妇。这件砖雕应该是表现鲍山的故事。乐重进石棺、宜阳石棺等处的鲍山故事画与此十分相似。鲍山，应为鲍出，见《三国志·魏书·阎温传》注引《魏略·勇侠传》："鲍出，字文才，京兆新丰人也……而瞰人贼数十人已略其母……出复追击之，还见其母与比舍妪同贯相连，出遂复奋击贼。贼问曰：'卿欲何得？'出责数贼，指其母以示之，贼乃解还出母。……出以舆车历山险危，不如负之安稳，乃以笼盛其母，独自负之，到乡里。乡里士大夫嘉其孝烈。"敦煌写本《孝子传》所载略同。后代郭居敬的二十四孝中把他换为江革，称为"行佣供母"。

由以上的分析可以看出，这个宋墓中的砖雕题材大部分都与二十四孝的故事题材相吻合。它们应该是当时社会中相当流行的道德伦理教育内容。

二十四孝，是古代封建社会中非常普及的一个伦理教材，几乎是家喻户晓。它的形成，现一般认为是在元代，著名孝子郭居业首辑《二十四孝》，收入帝舜、郯子、老莱、仲由、闵损、曾参、汉文帝、董永、江革、黄香、姜诗、丁兰、郭巨、杨香、蔡顺、陆绩、王褒、孟宗、王祥、吴猛、庾黔、唐夫人、黄庭坚、朱寿昌二十四人的故事，"序而诗之，以训童蒙"②。以后，明清乃至民国初年还有过多种不同的二十四孝选本，收入的人物各有不同。如：清家秘本《二十四孝诗注》《二十四章孝行录抄》等就以田真、张孝代替了江革与仲由。

以后又有内容更多的《百孝图》《二百四十孝图》等作品。民国 30 年郭立志《新辑二十四孝》序云："元郭义祖性至孝，尝集虞舜以下二十四人

---

① 《太平御览》卷四一五引。
② 见《新辑二十四孝》序。

孝行之概序而诗之，以训童蒙，流行于世，几于家喻户晓。坊间继出《后二十四孝》及《女二十四孝》，皆未知何人作。清道光中高月波别录二十四事。同光之际，俞诚甫广为《百孝图》。胡虎臣又广为《二百四十孝》。"

清代《三余堂丛书》中收有南宋名儒朱熹的《二十四孝原》一书，提出了二十四孝的系统。这个系统的人物与元代郭居业的二十四孝一致。但此书不见于《朱子大全集》等朱熹的著作中，未晓是否为后人伪托。民国22年北平古物陈列所影印宝蕴楼藏《二十四孝书画合璧》介绍了南宋末年画家赵孟坚书画的二十四孝图。其内容与上述郭居敬所辑者完全一致。但在现在国内各博物馆里收藏的古代书画中并未见到赵孟坚的二十四孝图（据《中国古代书画目录》），而且赵孟坚以画花卉著名，故宫博物院存有他画的《墨竹图》《水仙图》等，未见其人物画存世，虽然影印本画上有明代大收藏家项子京的印章，但此二十四孝图的真伪尚需考辨。因此，仅凭文献与传世文物，尚不能确定在南宋时，已经流行开了二十四孝的故事。然而，上述大量宋代墓葬壁画石棺等实物却可以证明：二十四孝义故事这一系统在北宋时已经广泛地于民间流行开来。山西壶关宋墓中的这批孝子故事砖雕，又是一个极好的证明。这对于了解二十四孝的缘起和研究中国血缘宗法社会孝义思想的巨大影响具有重要的意义。

孝义故事图画，可能在中国古代社会中流传了近两千年，是民间社会常见的伦理教材，也是民间画工常用的题材之一。早在东汉晚期的山东嘉祥武梁祠石室画像中就出现了曾子、闵子骞、老莱子、丁兰、董永、章孝母、忠孝李善等孝义人物像。乐山柿子湾1区1号东汉墓中也有董永与孝孙原谷的雕刻[①]。1931年在河南洛阳翟泉村北邙山出土的北魏孝昌三年宁懋石室，现藏美国波士顿艺术博物馆。石室上刻有孝行图，包括董永卖身葬父、丁兰刻木母事亲、帝舜等画面。美国纳尔逊艺术博物馆所藏北魏孝子石棺，两侧用精美的线刻刻了蔡顺、董永、舜、郭巨、孝孙原谷等人的故事。说明在东汉到北朝期间，孝子故事一直是人们墓葬中艺术装饰上的常用题材。但这时的孝子题材，数量有限，不超过十种。值得注意的是，这些孝子人

---

① 见唐长寿《乐山崖墓和彭山崖墓》，电子科技大学出版社，1993。

物是历代大量孝子中影响最大的，绝大部分直至各种二十四孝中依然存在。

在唐代的壁画、线刻、绢画等艺术作品中，尚很少发现有关孝子的图画。但是，在晚唐至宋初的经卷文书写本中，却已经可以发现"二十四孝"的名称。敦煌卷子见有《故圆鉴大师二十四孝押座文》一种，共存三件，为斯 7，伯 3361，斯 3728，内容基本相似。《敦煌变文集》校记根据此文注有"左街僧录圆鉴大师赐紫云辩述"一句考云："斯 4472 有左街僧录云辩'与缘人遗书'知云辩卒于广顺元年。启云：'云辩与杨凝式同时，曾居洛，与妓女作诗嘲讽，事见宋张齐贤《洛阳缙绅旧闻记》'……此押座文刻于云辩死后，已经是五代末或宋初了。"① 此件押座文虽然称为二十四孝，但文中只提到了舜、王祥、郭巨、老莱等人，没有列举完全，由于是佛教的宣传品，起首提到了"目连已救青提母，我佛肩舁净梵王"。可能是把目连和释迦牟尼也列入了二十四孝，这是在其他提法中未见的。这样，它既表明在唐代末年已经有了二十四孝的提法，又反映了一个与北宋墓葬壁画石棺线刻孝子图不同的二十四孝系统。从这样一种中原地区僧人创作的宣传品经刻印流传到敦煌地区，而且同出多件的现象来看，晚唐时期乃至五代，这种二十四孝的提法是非常流行的。

有意义的是，类似二十四孝押座文这样，把佛教与中国传统的孝义思想结合起来的古代文物实证还可以找到不少。20 世纪 60 年代清理的重庆井口宋石室墓中，除发现有丁兰、郭巨、陆绩、仲由等人的故事画外，还刻有目连救母与六师外道谤佛不孝等佛教中有关孝的故事画②。恰与上述押座文互相对应。敦煌卷子中，还有当时寺院进行俗讲用的《舜子至孝变文》《董永变文》等③。这些与四川大足宝顶等地宋代石窟中的六师外道谤佛，父母恩重经变等同时证明着佛教在形成二十四孝过程中的作用，也反映了中国传统的孝义思想对佛教中国化的巨大影响。

唐代孝子故事已经形成类似二十四孝的系统，还可以在敦煌卷子中找到旁证。敦煌写本中共发现五卷《孝子传》，均为残卷，斯 5776 存故事六

---

① 见王重民等《敦煌变文集》，人民文学出版社，1957。
② 重庆市博物馆历史组：《重庆井口宋墓清理简报》，《文物》1961 年第 11 期。
③ 王重民等：《敦煌变文集》，人民文学出版社，1957。

则，斯 389 存故事五则，伯 3536 存故事三则，伯 3680 存故事三则，伯 2621 存故事二十三则①。后代二十四孝中主要的人物，在这里都有出现。如：舜子、姜诗、蔡顺、老莱、吴猛、曾参、闵子骞、董永、郭巨、江革、鲍出（山）、王祥、王褒（哀）、赵孝（孝宗）、刘明达、王武子妻、丁兰、睒子等，而且将故事加工成变文俗讲的形式，故事文字生动，夹以韵文，可以边讲边唱。可以想见，这会多么有利于孝子故事在民间的普及和流传。加上中国自古以来就有注重四、十二、二十四〔源于四象（四时）、十二月、二十四气〕这样数字规律的习惯。很早就有将人物和风景等集为四、十二、二十四等项的做法，如战国四公子、商山四皓、十二子等，又如《后汉书·梁鸿列传》载："仰慕前世高士，而为四皓以来二十四人作颂。"说明汉代已经有此种风气。由此推想，在这类《孝子传》的基础上集结出最有影响的二十四个孝义故事来，应该是很自然的事。特别是鲍出（山）、赵孝（孝宗）、刘明达等人，在宋以后的文献中很少看到他们的故事，而在敦煌写本《孝子传》中却有明确记载。又如原谷其人，唐宋以前均称之为原谷，宋墓中却多写作元觉。究其来源，似来自句道兴的《搜神记》，敦煌卷子斯 525，斯 6022，伯 2656，伯 5545 等卷均录有《搜神记》，其中一段为："《史记》曰：孙元觉者，陈留人也，年始十五，心爱孝顺。其父不孝，元觉祖父年老，病瘦渐弱，其父憎嫌，遂缚筐舆舁弃深山。元觉悲泣谏父。"②这正是原谷的故事。而在唐代的写本中变成了元觉，影响到宋代。宋代墓葬中的二十四孝图与唐代孝子故事的关系，不是很明显了吗？

这样看来，在唐代，甚至可能更早时期就产生了二十四孝的系统，应该是符合实际的。当然，那时的二十四孝可能有多种不同的题材选择，由于缺乏证据，我们还无法列举出那时的二十四孝名目。但可以肯定，舜、董永等出现最多的人物一定会包括在内。

在中原广泛流行的二十四孝故事，作为中国古代社会伦理的重要组成部分，不仅存在于宋的疆域中，还流行于北方的辽、金地区，直至元代的北方地区仍然存在。在山西、河南、北京、辽宁、甘肃等地的辽、金、元

---

① 王重民等：《敦煌变文集》，人民文学出版社，1957。
② 王重民等：《敦煌变文集》，人民文学出版社，1957。

墓葬中曾经多次发现过彩绘壁画与石雕线刻的二十四孝（包括不完全的孝子图）。如：

《考古通讯》1955 年第 4 期《山西绛县裴家堡古墓清理简报》介绍的砖室壁画郭巨行孝，孟宗行孝，韩氏节孝，董永行孝四图，根据墓中出土的买地券上残留的"大金国"字样可以判断为金代壁画。

《考古通讯》1956 年第 1 期《山西垣曲东铺村的金墓》介绍的以孝义故事为主的 12 幅壁画。

《文物参考资料》1957 年第 3 期《兰州中山林金代雕砖墓清理简报》介绍的砖雕孝子图孟宗、王祥、郭巨、闵子骞（原简报误，根据画面应该是孝孙原谷）。

《考古》1960 年第 2 期《辽宁辽阳县金厂辽画像》介绍的石雕孝子故事。

《考古》1960 年第 2 期《锦西大卧铺辽金时代画像石墓》介绍的六面浮雕孝子图。

《考古》1960 年第 8 期《山西芮城永乐宫旧址宋德方、潘德冲和"吕祖"墓发掘简报》介绍的石椁线刻二十四孝图。其内容见附表二。它的组成与巩县西村宋代石棺上的二十四孝完全相同，仅题榜多假借字，如：陆绩作陆稷、丁兰作丁拦、郭巨作括拒、刘殷作刘鹰等，似乎反映了它从宋代一直传留下来的悠久传统。大量的假借字，既说明了民间工匠文化水平的低下，也说明了这些内容完全靠世代口头流传下来的状况。

《考古》1961 年第 12 期《山西侯马金墓发掘简报》介绍的 31 号墓孝义故事六幅。

《考古》1966 年第 1 期《山西新绛寨里村元墓》介绍的孝子石雕 12 幅。

《文物》1979 年第 8 期《河南焦作金墓发掘简报》介绍的金代邹琼画像石墓中的 11 幅孝行故事图。据该文介绍，在焦作新庄、林县城关、沁阳木楼等地金墓中也出现过彩绘或砖雕的孝行故事图。

《考古》1981 年第 3 期《辽宁鞍山市汪家峪辽画像石墓》介绍的石雕孝子图 19 幅。

《文物》1981 年第 7 期《北京市斋堂辽壁画墓发掘简报》介绍的墓中

彩绘壁画。简报根据同墓出土的辽天庆元年陀罗尼经幢推测其为辽代晚期的作品。壁画无题榜，根据其内容判断为丁兰、蔡顺、原谷等人。

《文物》1982 年第 2 期《甘肃漳县元代汪世显家族墓葬简报之一》介绍的 8、9、11、13 号墓中墓室四壁下部镶嵌模制花砖，其中人物画像"多属于'二十四孝'内容"。

《考古》1984 年第 8 期《山西长治故漳金代纪年墓》介绍的孝子图壁画 22 幅。

《文物》1985 年第 6 期《山西长子县石哲金代壁画墓》介绍的金代砖墓壁画二十四孝图，其内容与常见的北宋墓中壁画二十四孝完全一致，并且有题榜，将人物姓名与事迹介绍清楚，具有较大的参考价值。同期《山西长治市提马村元代壁画墓》介绍的元代砖室墓中也保存有孟宗、丁兰、韩伯瑜、王祥等人的故事画。

《文物》1985 年第 8 期《山西永济发现金代贞元元年青石棺》介绍的二十四孝图。

《文物》1986 年第 12 期《山西省闻喜县金代砖雕壁画墓》介绍的孝子图六幅。

《文物》1988 年第 7 期《山西闻喜寺底金墓》介绍的孝子壁画 11 幅。

《中原文物》1990 年第 4 期《焦作电厂金墓发掘简报》介绍的金大定二十九年砖墓砖雕孝子图，有刘殷、江革、郭巨三幅。

《文物》1990 年第 5 期《山西长治安昌金墓》介绍的二十四孝图壁画。

《文物》1991 年第 12 期《山西汾阳金墓发掘简报》介绍的 M5 中有郭巨、王祥的砖雕。

《文物》1994 年第 12 期《甘肃临夏金代砖雕墓》介绍甬道两侧有原谷与王祥的砖雕。

另据日人鸟居龙藏记录，20 世纪三四十年代，在鞍山也出土过辽代的砖雕孝子图①。

这些孝子图画，与现有的宋代墓中的孝子图在时间上相比，或略早，

① 见 *Sculptured Stone Tombs of The Liao Dynasty*。

或同时，或稍晚，而在构图、人物形象、基本组合等方面都十分相似，应该是从同一来源传衍发展而成。这个源头可能就是唐代或者更早时期在中原形成的二十四孝体系。

段鹏琦同志曾经将宋辽金元墓中的孝悌故事画做了一个分区统计，指出豫西、晋南的二十四孝故事似乎不止一种组合，"可能流传着内容大同小异的多种二十四孝悌故事蓝本，各种蓝本流传的地域有所不同"①。这种细微的区别，在现可见到的宋代墓葬二十四孝图中就已经有所表现。

我们将宋代一些内容比较丰富的孝子图壁画（石雕、砖雕）中收入的孝子题材列为附表二，进行一下对比，似乎可以看出，随着时间的早晚不同，孝子题材有着明显的改变。这似乎可以为孝子图及有关墓葬的断代提供一个参考依据。为了说明问题，我们将收入全二十四孝的元潘德冲墓中石椁线刻内容与元郭居业集的二十四孝也附入表内。

通过附表二的对比我们可以看出，林县城关的砖雕二十四孝在已有材料中时间可能最早，它的内容也与其他材料区别最大，其所有的王裒、姜肱、王庭坚、乌鸦反哺、邓攸等内容在其他材料中没有，而其他宋代壁画线刻孝子图中的赵孝宗、刘明达、王武子妻、田真、闵损等也不见于林县城关宋墓。这种区别，可能具有一定的断代意义。而后形成的包括赵孝宗等人的体系，影响最大，一直延续到元代，可能是当时北方民间广泛流行的体系。而郭居业的体系，与此又有明显不同，则仅仅是文献中的说法了。

需要说明的是：由于有些简报没有说明其判断壁画内容的根据及是否有题榜，我们只能根据原报告的说法来做出推测。至于这些壁画的内容定名是否恰当，尚需就原画及有关材料加以考证。如：林县城关壁画中被称为姜肱的一幅上有三人对话，如果没有题榜，似乎也可以说成是田真的故事。因此，也有另一种可能，即当时流行的二十四孝只有一种组合，林县城关壁画的定名尚需商榷。因为附表二表明其他墓葬中的孝义内容均基本相同。我们曾试想，如果能够将现有的二十四孝画面全部集中排列起来，进行全面的对比，可能对宋辽金元墓中二十四孝的内容确定、选题演变、

---

① 《我国古墓葬中发现的孝悌图象》，见《中国考古学论丛》，科学出版社，1993。

绘画技法的流传及民间画工的流派祖承等问题都起到重要的参考作用。但遗憾的是，可能是过去把孝子图当作封建统治的反动糟粕而不予注意，以往有关的报道多过于简略，很多画面或不予刊印，或印得很小，无法细致观察。所以我们这里尚无法完成这一工作。特意在此说明的意思，也是希望能够引起各地文物工作者的注意，将有关材料更好地介绍出来，彻底解决这一问题。

最后附带提一下关于二十四孝与全真教的关系问题。段鹏琦指出"二十四孝悌故事之所以能在宋辽金元时期形成并得以广泛传播，究其原因，正如不少学者所一再指出的，除受当时处于统治地位的理学的思想影响之外，同全真道教的兴起和迅速发展也有着十分密切的关系"①。从我们上述的分析中，可以看出二十四孝的形成至少应该提前到唐代晚期，这样，将二十四孝与理学及全真教联系起来，就比较牵强了。认为二十四孝与全真教有关的意见来源于20世纪50年代末山西芮城永乐宫旧址潘德冲墓中石椁上发现的二十四孝图。当时，二十四孝的画像石雕材料发现得还比较少。得出这样的结论是很自然的。而现在有大量宋辽时期的材料可以证明二十四孝在北宋时就已完善化。敦煌卷子等材料又把它的形成时期推向更早，并显示了佛教在二十四孝形成中的具体作用。实际上，道教徒的石椁上有二十四孝图，正是迁就了中国民间已根深蒂固的孝义思想。它和佛教宣扬孝义一样，都是利用向孝义思想的让步来扩大自己宗教的影响。所以，从现有材料来看，还不能证明全真教对二十四孝的形成与传播有所影响。

本文承周绍良先生指示《故圆鉴大师二十四孝押座文》出处，深表谢忱。

原载《文物》1998年第5期

---

① 段鹏琦：《我国古墓葬中发现的孝悌图象》，见《中国考古学论丛》，科学出版社，1993。

道术东传

——谈日本飞鸟·藤原宫考古发掘中出土的一件符咒木简

在日本平城京、藤原宫等古代遗址的发掘中，曾经多次发现大量的古代木简，这些木简的形制、书写方式等都与中国古代的竹木简牍颇为相似。笔者曾经在日本奈良文化财研究所参观木简储藏库房内的这些出土木简。据介绍，奈良文化财研究所储藏的出土木简，包括各种碎片、削屑，总数达十万件以上，现场观看，那些整齐地存放在库房中的出土资料规模颇为惊人。可见在日本古代，木简也曾经是一种广泛使用的书写材料，出土木简的研究同样是日本考古学与古代史研究中的一个重要方面。

有关出土木简的内容，在日本出版的有关发掘报告《平城京木简》《飞鸟·藤原宫发掘调查出土木简概报》等材料以及《木简研究》与《日本的木简》等专著中都有过详细介绍。这些木简的内容中包括当时实用的记录器物的簿册、出入登记、贡品目录，等等。另外还有少量涉及宗教符咒的木简，十分引人注目。特别是从这些符咒木简中，可以追寻中世纪中国大陆与日本之间的文化传播状况。日前，参与藤原宫遗址调查发掘的佐川正敏教授曾经示以一枚在飞鸟·藤原宫遗址出土的书写有特殊符咒文字的木简图片（图一），嘱加以解释。现将有关材料及一己愚见介绍于下，以俟知者正焉。

这件木简是在 1995 年进行的藤原宫遗址第 79 次调查中获得的。有关情况见于 1996 年出版的《飞鸟·藤原宫发掘调查概报 26》与《飞鸟·藤原宫发掘调查出土木简概报（十一）》上①。根据报告，这件木简是出土在位于藤原京西大垣内的西方官衙南部地区的一个古代水井（编号 SE8431）中，出土时木简斜倚在木质井壁的西南角木柱上，保存十分完整。发掘者根据地层判断这个井被埋弃的时间相当于藤原宫的前期（公元 7 世纪前期）。（图二、图三）

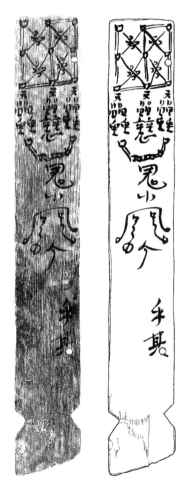

图一　飞鸟·藤原宫出土符咒木简及摹本图

---

① 〔日〕奈良国立文化财研究所：《飞鸟·藤原宫发掘调查概报 26》，1996 年 5 月，《飞鸟·藤原宫发掘调查出土木简概报（十一）》，1996 年 6 月。

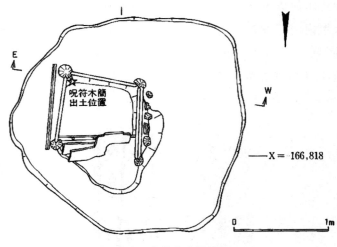

图二　木简出土位置图

该木简长38.8厘米，宽5.3厘米，厚0.6厘米，顶端方形，底部呈斜线，接近底部处两侧各刻有一个三角形的缺口。一面墨书符咒及文字。（见图一）

图三　水井木栏及木简图

如图二所示，佐川正敏教授发掘出的这件木简上面书写的应该是巫术方士（日本称阴阳道）用于施术的符咒，同其他日本古代文化中与汉文化有关的文化因素一样，这样的符咒使用方式也可能是由中国传播到日本的。众所周知，中国古代长期流行着出于原始多神崇拜宗教的各种实用方术，用于日常生活中的驱鬼避邪、疗疾祈福、求雨通灵等众多方面，并逐渐形成了系统的阴阳术数之学。符咒禁忌之术即为其中十分重要的一个组成部分。这方面，中国拥有大量的古代文献记载与考古发现予以证明。

出土殷商甲骨表明，商周时期已经有龟卜筮占等方术活动。河南舞阳贾湖遗址二期墓葬出土的龟甲与安徽凌家滩遗址出土的玉龟则将这一历史推向约 7700 年前①。在云梦睡虎地、甘肃放马滩等地的秦代简牍《日书》中，可以看到当时流行的驱逐禁忌方术，如睡虎地秦简《日书》甲种《诘》起首就明确说道："诘咎，鬼害民罔行，为民不羊。告如诘之，召，导令民毋丽凶央。"② 意思是说"禁止凶咎，鬼怪危害民众，造成不祥，告诉神灵去禁止鬼怪，使民众不遭受凶险危害"。《日书》中收录了很多当时驱鬼的禁忌方术。书写符咒也应该是较早的驱鬼方术之一。现在可以见到的比较早的实物资料有西汉初期马王堆汉墓出土帛画、东汉墓葬中出土的解除神瓶等镇墓器物铭文。任继愈主编的《中国道教史》中提出《史记·封禅书》讲所谓"画法"就是早期符文。李零则更明确地提出"符书是起源于对图画、文字魔力的崇拜，在原始巫术中是很重要的一种。……人类的很多早期艺术品（如石器时代的岩画、青铜时代的铜器纹饰），都不是我们今天所理解的那种艺术品，它们除赏心悦目，还往往包含着许多神秘主题，并具有一定的厌劾作用"③。

道教在东汉晚期兴起后，沿用秦汉方士习用的符咒禁忌之术，道教法术大多离不开符咒。《洞神八帝元变经·服符见鬼第五》云："符者，盖是天仙召役之神文，学者灵章之秘宝。然则符文于术，无所不宗。故云玄文垂象，王者当有盛衰；坤文兆灵，百姓所以存亡。变怪见微，室家必有善恶；龟策呈文，筮者岂无臧否。符文已彰，鬼神何能隐伏。"④ 后代道教中人在教派活动的发展中不断编写增加新的符咒图像，使之成为道教文献中

① 河南省文物研究所：《河南舞阳贾湖新石器时代遗址第二至六次发掘简报》，《文物》1989年第1期；安徽省文物考古研究所：《安徽含山凌家滩石器时代墓地发掘简报》，《文物》1989年第4期。

② 睡虎地秦简整理小组：《睡虎地秦墓竹简》，文物出版社，1990。

③ 李零：《中国方术正考》，中华书局，2006。

④ 见《道藏》，以下引用道教经典均出自此。

非常庞大的一个组成部分。现存《道藏》中收录了大量以实用符箓为主的道书，如南朝初年陆修静所著《太上洞玄灵宝众简文》《灵宝玉鉴》等书，给我们留下了这方面的宝贵资料。我们从这类道书中可以看到众多符箓的构成形式，包括图形符号与变形汉字等，根据《灵宝玉鉴》的叙述，一个符箓（符咒）的形体是由众多称为"散形"的具体组成部分结合起来，从而表示一定的方术意义。上述日本藤原宫遗址出土木简上书写的符咒，其中有星图、汉字与符号等，这些具体的组成部分在中国传世道书中都可以找到类似的"散形"。因此，我们可以尝试用《灵宝玉鉴》中介绍的各种道符"散形"的含义来套用到藤原宫出土的这件木简上，看看其是否成立，并考察一下它要表达的意义与其用途。

中国古代道教大量使用的符箓来源于从先秦就广泛流行的方士术数之学。这一点学术界已有共识。明代学者顾炎武在他的《日知录》卷三中引用罗整庵《困知记》云："所谓经咒、符箓大抵皆秦汉间方士所为。"[1]这和当代道教史研究者把秦汉方士视作道教的源头之一是相符的。现代的学者也都赞同这一见解。至于符咒的形体来源，汤用彤先生曾经指出："道教之符，来源有二，一为复文，二为符印。"[2] 从考古发现得到的实证中，我们所能见到最完整的早期古代符咒应该是东汉时期墓葬中出土的陶瓶（解除神瓶）上面书写的符文，现在所存例证有数十件之多。王育成曾经收集过这些符咒加以研究，在解读这些道符[3]时，他提出了"这个符是由文字堆砌而成"的观点，认为"制作道符的人是把组符的字作为表示符意的符号或缩写来使用的"[4]。组成道符的除了文字符号以外，还有图像。例如陕西户县出土的东汉阳嘉二年曹氏解除瓶上的形。王育成认为"从大量汉代考古遗存的资料看，当为星图……此即所谓'太一锋'即以代表太一的天

[1] （清）顾炎武：《日知录集释》，中华书局，1936。
[2] 见王明《道家与道教思想研究》《论太平经钞甲部之伪》引文，中国社会科学出版社，1984。
[3] 王育成把这些符咒称为"道符"，但是实际上在东汉中期还没有形成完整的道教体系，这些符咒应该还是民间方士制作使用的禁咒解除手段，不应称为道符。这里因为引用，暂时沿用王育成的说法。
[4] 王育成：《东汉道符释例》，《考古学报》1991年第1期。

极星与天一星合画在一起的星图"①。这些古代形成的图像符号与古文字（包括变形的文字）就是方士使用来组成符咒的基本成分。如上文中李零指出的，中国文字在古人的心目中一直具有神奇的含义，受到崇敬。《淮南子·本经》中记述："昔者，仓颉作书，而天雨粟，鬼夜哭。"注云："鬼恐为书文所劾，故夜哭也。"可见以文字为主去驱除鬼魅的方术应该源远流长，甚至可以追溯到在占卜的甲骨上刻写文字的商代。而用图形符号来表示驱鬼方术的历史也应该更早于文字符咒出现的历史。虽然现在考古发现中还没有更早的确切实例，但是在湖南长沙马王堆出土的西汉初年帛书中有一件绘制太一星图与神灵形象的帛画，可能就是当时的符咒。

根据《三洞神符记》记载，道教符咒文的种类有云篆、八体六书六文、符字、八显、玉字诀、皇文帝书、天书、龙章、凤文、玉髓金书、石字、题素、玉字、文生东、玉篆、玉札、丹书墨篆、玉策、福连之书、琅蚪琼文、白银之编、赤书、火炼真文、金壶墨汁字、琼札、紫字、自然之字、四会成字、琅简蕊书、石喃等。《续汉书·礼仪志》中记载汉代的用符习俗为："以桃印长六寸，方三寸，五色书文如法，以施门户。"说明在道教符咒中一直是以文字或变形的文字符号为主的。

中国古代的道教经典中存在着大量来源于先秦文字的"秘篆文"，用它来书写经咒与符箓，在敦煌卷子中曾经发现一批抄写的古代《灵宝经》文，里面就有书写符箓的"秘篆文"。王承文在《敦煌古灵宝经与晋唐道教》一书中详尽地研究了这批资料，指出："古灵宝经是指东晋末年在江南产生的一批早期灵宝经典。""古灵宝经中这些诡谲神秘的文字……应该是秦始皇统一中国文字之前的大篆，或更早的篆、籀、虫书、古文异体等文字，而且是可以释读的。"②北周时期的僧人道安曾经写作《三教论》，指出："灵宝创自张陵，吴赤乌之年始出。上清肇自葛玄，宋齐之间乃行。圣人设教，本为招劝，天文大字，何所诠谈？始自古文大小两篆。"正说明，从汉代的原始符咒到南朝时大量形成的各种"秘篆文"符箓，都是按照一定的宗教意义用源于文字的符号造成的。道教形成后，这些符箓还要经过道教仪式

---

① 王育成：《东汉道符释例》，《考古学报》1991年第1期。
② 王承文：《敦煌古灵宝经与晋唐道教》，中华书局，2002。

被赋予一定的神力，用于辟邪除鬼、祈福去病等宗教活动，从而普遍流行于社会。例如南朝初年陆修静所著《太上洞玄灵宝众简文》、唐代的《太上洞玄灵宝赤书玉诀妙经》等，都是现在可见到的比较早的道家经典，也是比较早的收有符咒等"秘篆文"的古籍。大量考古实物与古文献证明，从汉代到南北朝之间，中国大陆上一直广泛流行着使用符咒的方术之风。

符咒在道教活动与其影响到的民间方术活动中占有极其重要的地位，实用性极强。大约在晚唐形成的《洞神八帝元变经·服符见鬼第五》称："故道家以灵文太版、真文大字并都篆鬼符，并是役神之秘书，阶仙之典诰。真人隐要，莫不因符能效，诸符之力也，或致天神地祇，或辟精魅，或服之长生不死，或佩之致位显达。"《太上洞玄灵宝素灵真符》卷上中称："凡一切符文，皆有文字，但人不解识之。若解毒符字者，可以兼召万灵，役使百鬼，无所不通也。"中国古代的墓葬中出土过多种不同时代的镇墓神瓶、镇墓券等具有方术性质的器物，在上面往往写有符咒。它们起着驱除镇压邪鬼的作用。例如在陕西的清源县主墓葬、武三思墓葬等处出土的唐代镇墓券，上面书写《太上灵宝洞玄灭度五炼生尸妙经》，并且有符篆文[①]。该经又见于敦煌写本中的《灵宝经目》。在四川成都等地的宋代墓葬中，也出土了大量的镇墓券、真文券等，上面刻有众多符篆文字，有些还有汉字与符篆文逐一对照。例如现存成都文物考古研究所的北宋田世中镇墓真文券、任公告地券等。

因此，日本藤原宫出土的木简应该也是这样的实用符咒。用现存的道教符咒来对比这件符咒，可以看出它们具有相同的散形结构与组合规律，应该是具有相同的来源。那么，这件符咒的散形意义与组合意义也应该是与中国道教符咒相通的。

从《灵宝玉鉴》等道家著作中对符篆的说明中看，汉代符篆中以文字符号与图像符号结合来组成各种符篆的作法被道教一直沿用下来，使得道符的结构与组成方式存在着一些基本规律，从大量符篆图形的组合来看，它们是：一、整个符篆竖行，由众多单个的符号或图形（道家著作中称为

---

① 李子春：《唐武三思之镇墓石》，《人文杂志》1958 年第 2 期。

散形）组成。顶部为代表天空与玄元三气等象征天界的图像符号。下部是要镇压或驱除的对象。二、一般采用三竖行符文来表示符箓的整体内容。三、在不同的符箓中，一些基本的散形具有基本相同的固定意义。日本藤原宫出土的木简正表现出这些基本的组成规律。

我们先引用《灵宝玉鉴》中对一些与日本藤原宫木简中组成部分相近的基本散形的解释。

《灵宝玉鉴》卷八：玉清总召万灵符：该符聚形（全符形状）见图四。组成该符的各部分散形为："上三星即玄元始三气 ᐱ 奉三清上帝敕。▢ 四方拱极。◯ 刀利尊天。王 玉帝临御。明 日月光金。义 皇天降命，玉玺急宣。三合 大上治职诏召万神灵官玉女，辄敢稽延。鬼 万神万鬼，符到声奉。"

图四　王清总召万灵符

《灵宝玉鉴》卷十：普现通目符，散形有：見 神虎大将。照 稟敕急召魂，急急现真形。

《灵宝玉鉴》卷十五：太上开天符命：义 直入天门，通真达灵，三元正气，无鬼敢临。

套用以上符号的意义来看，在道符中，"天"大多仍是表示上天的含义，"见"代表天神大将的威力，"鬼"仍表现鬼神魂灵。这样藤原宫木简上的符咒意义就很明显了。它的上部为星图，下部三行依次为"天""见""鬼"等字符，表现的正是用天神的威严来镇压鬼魂。

藤原宫木简符咒最上面的图形 ▦ 代表着什么呢？按照一般道教符箓的组成规律，它应该是象征上天或星象的图像符号。日本学者在《飞鸟·藤原宫发掘调查概报26》中指出它是罗堰九星。其根据是在宋代成书的

《天原发微》中找到了表示"罗堰"的类似图形。在唐代编撰的《晋书·天文志上》与《隋书·天文志中》叙述天穹中的星座时，都记载有"罗堰"，《晋书·天文志上》"星官在二十八宿之外者"一条中记载："天田九星，在牛南。罗堰九星，在牵牛东。岠马也，以壅蓄水潦，灌溉沟渠也。"《隋书·天文志中》的记载与此相同，表明了这是唐代初年通行的天文知识。日本学者据此认为，考虑到木简从井中出土的情况，它很可能是与水有关的祭祀中使用的符咒。并且指出，符咒中正确地描写了罗堰九星的星座图，说明当时存在着正确的天文学体系知识，是反映当时日本从中国输入最新的天文学思想知识的有力证据，具有重要的意义①。

日本学者的研究成果，具有相当的说服力。尤其是符咒上端的图形与"罗堰"九星图颇为近似。但是我们将两种图形细加比较，发现还是存在着一些不同点，如"罗堰"九星的连线中，左侧下端空缺，而木简符咒的图形是在上端左侧空缺，而且中央有竖行连线，为"罗堰"九星图所无。此外，这些连线均用双线，而且在四个交叉点上各画有四个圆圈，不知是否具有实际意义。而且从出土情况来看，该木简未置于井底，应该是在水井被废弃，掩埋时混入的。恐怕不能确定为在该水井进行与水有关的祭祀时放入的。

如果追寻原意，"罗堰"九星对应的是地表上的湖池围堰，而不是水井。中国古代天象学者是把天穹星座与地理人事对照起来定名与定义的。就《晋书·天文志上》的记录可见，位于牵牛座附近的天田、罗堰、九坎、天池等星座是主水流灌溉的。而"玉井四星，在参左足下，主水浆以给厨"。"玉井东南四星曰军井，行军之井也。""东井西南四星曰水府，主水之官也。"可见在给星座定名时对于水井有专门对应的星座。如果符咒是用于祭祀水井的，按照当时天文学的概念，也应该画上"玉井""军井"之类星座的图像，而不应画与此无关的"罗堰"。就当时的星图与天象学概念来看，"罗堰"属于二十八宿以外的星官，远不够进入中宫紫宫垣的等级，似乎不是具有代表天帝威力的星座，在中国现存的古代天象图文物上几乎都

---

① 参见〔日〕奈良国立文化财研究所《飞鸟·藤原宫发掘调查概报26》，第28页，1996年5月。

找不到"罗堰"的星象。如在洛阳出土的北魏元乂墓室顶部的天象图、新疆吐鲁番哈拉和卓高昌墓葬中发现的伏羲女娲绢画上的星图等①，都没有罗堰星座的图像。敦煌藏经洞发现的 S3326 号敦煌星图卷子上，可以看到清晰的"天田""九坎"等星座，却没有应该在它们附近的"罗堰"。另一件敦煌卷子《星占》中，记载有"罗堰"，但只有三颗星②，出现了与《隋书·天文志》记载明显不同的错误，可能也是由于它不太重要的地位吧。所以要把符咒上的图形确定为"罗堰"九星，还存在着一些疑问。

就中国道符的组成来看，符咒的最上端图像是以日月、三光、三气或北斗七星为主，象征天神的震慑威力。由此推测，在藤原宫出土的木符中，上部的图形是天宫以及天神威力的象征符号似乎更合理一些。这种符咒可能还是用于镇压邪鬼，野田幸三郎在分析《类聚国史》中记载的日本阴阳师活动时（时值公元 797 年至 963 年间），将这些活动分为三类：一是出于阴阳五行思想的各种仪礼祭祀，如属星、本命等有关星辰崇拜、镇压害气等方面的祭祀。二是出于灵鬼概念的各种仪礼祭祀，如鬼气祭、追傩、河临禊等。三是进行咒禁的仪礼，如诅咒祭、反闭等③。由此可见，木简符咒所应用的场合也不外乎这三类。主要目的都是在驱逐、镇压鬼怪灾害。日本其他地点出土的木简符咒也可以做一侧证。如在鸟羽离宫 124 次调查中出土的符咒木简，顶端书写"天罡"，下部有被镇压的三行"鬼"字（图五）④。在冈山县邑久町助三畑遗址出土的符咒木简，同样上面有"天罡"，下面有"鬼"字⑤。都是在表示通过上天星官的威力来镇压邪鬼。

《灵宝玉鉴》卷七招魂附幡符的散形中有 ⊞ 与此相近，该书解释它的含义是："开天门，照地户，通人门，留鬼路，摄魂摄魄，倒生催魂，丑文东

---

① 紫金山天文台王车、北京天文台陈徐：《洛阳北魏元乂墓的星象图》，《文物》1974 年第 12 期；中国社会科学院考古所编《中国古代天文文物图集》，文物出版社，1980。

② 潘鼐：《敦煌卷子中的天文材料》，《中国古代天文文物论集》，文物出版社，1989。

③ 〔日〕野田幸三郎：《阴阳道の一侧面——平安中期を中心として》，《阴阳道丛书》〔1〕，古代·名著出版，1991。

④ 转引自〔日〕金子裕之编《日本の信仰遗迹》所收藤泽典彦《死者のまつり》，《奈良国立文化财研究所学报》第五十七册，奈良国立文化财研究所，1998。

⑤ 转引自〔日〕增尾伸一郎：《天罡咒符の成立——日本古代における北辰·北斗信仰の收容过程をめぐって》，《阴阳道丛书》〔4〕，古代·名著出版，1991。

图五　鸟羽离宫 124 次调查中出土的符咒木简

北气。"比较符合藤原宫木简符咒中这个图形的位置所要表示的意义。另外，《灵宝玉鉴》卷十五中介绍道家作法使用的茭郭式为："如城郭之义，分列八门，各门有额，列八门幡，各按分野标九州、社。"图形见图六，其结构与藤原宫木简符咒上部相近似，也可供参考。这种八阵图含有五行八卦的意义，也可以看作是古代宇宙图形的一种表现。当然，这些图形与藤原宫出土木简符咒上的图形存在一定差别，未能定论，这里只是作为参考。

　　在日本保存的古文书中，也可以看到时代比较晚一些的符咒图形，例如奈良元兴寺所藏的有关葬送、供养的古代残书中，曾经修复了一册名为《入棺作法》的古书，上面绘有一种"死人丘门符"（见图七），位于下方的一个散形也与藤原宫木简符咒上面的散形相近似，但是它位于整个符箓

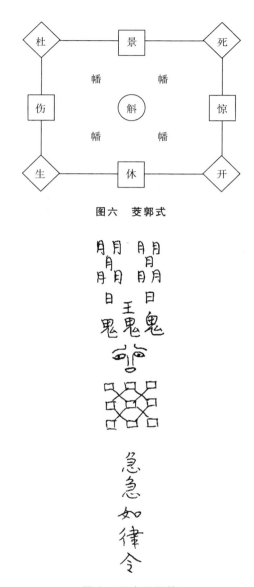

图六　菱郭式

图七　死人丘门符

的下方而不像藤原宫木简符咒那样位于整个符咒的上方，所以还不能确定它是否为星象图。但是，《入棺作法》书中对该符篆的说明是"死人丘门符形，魔王百万鬼打返"，可以看出它正是驱逐鬼怪的镇压道符。组成该符篆的"日""月""王""鬼"等"散形"正是我们在上面分析中国道符时见到的基本符号。而这些符号都在表示天神威力驱除鬼怪，这与这几件日本古代符咒所表现的意义完全一致。由此可见，在日本古代的符咒中使用的具体符号、含义、组合方式与整体意义来源于中国古代符箓，是一脉相通的。

《旧唐书·吕才传》记载："太宗以阴阳书近代以来，渐致讹伪，穿凿既甚，拘忌亦多，遂命才与学者十余人共加刊正，削其浅俗，存其可用，勒成五十三卷，并旧书四十七卷，十五年书成，诏颁行之。"反映了唐代重视阴阳方术之学的情况，也表明当时在社会生活中普遍应用着阴阳方术。敦煌石室出土文书中保存有隋唐时期的《阴阳书》残本，如 P. 2534 号卷子等，还有画有符咒的实用《命书》《驱恶鬼咒》，如 S. 6216、S. 5797 号卷子等，就是实际的证明。

阴阳选择方术（自元代开始称为阴阳学）在中国古代官方政治体系中也始终占有一席之地。以唐代为例，在太常寺中设有太卜署，《大唐六典》卷十四"太卜署"条下云："周礼有太卜下大夫，卜师上士，掌方兆、功兆、义兆、弓兆之法；有龟人中士，掌六龟之属；主天子卜筮之事。秦汉奉常属官有太卜令丞。武帝置太卜博士。后汉并于太史，又灵台待诏员有龟卜三人，易筮三人。魏晋宋齐梁陈无其职。后魏有太卜博士，从七品下。北齐太常有太卜丞。后周有太卜下大夫、小卜上士及又有龟卜中士。隋太常寺有太卜令丞，皇朝因之。"其作用为"皆辨其象数，通其消息，所以定吉凶焉"。[1]

古代日本宫廷的祭祀中曾经普遍使用符咒。如冈本充弘《院政期における方违》一文中引《水左记》永保元年十二月二日条："晓向土御门。已克许，阴阳头道言来打厌百鬼符。"[2] 这种习尚的实物证明就是大量考古发现的符咒木简。例如在鸟羽离宫第 124 次调查中出土过符咒木简，上面的符文与上述《入棺作法》中记录的符文有相似之处。增尾伸一郎研究的有关"天罡"的符咒有 7 批 15 件，分别出土于静冈县浜松市伊场遗迹、大阪府藤井寺市国府遗迹、石川县小松市漆町遗迹、静冈县烧津市道场田遗迹、

---

① 见《大唐六典》卷十四，〔日〕广池学园事业部，1973。
② 见〔日〕金子裕之编《日本の信仰遗迹》所收藤泽典彦《死者のまつり》，《奈良国立文化财研究所学报》第五十七册，奈良国立文化财研究所，1998。

广岛县尾道市市街地遗迹、广岛县福山市草户千轩町遗迹、冈山县邑久町助三町遗迹等①。这些符咒主要以文字组成，但是也存在着并排排列文字、符号的组成规律与（O）这样的特定图像符号。

根据日本学者的研究，阴阳道方术思想大约在六世纪以来通过百济传入日本，在天平初年（公元 729 年后），日本成立了专门掌管方术活动的"阴阳寮"②。其作用可能类似唐朝的太卜署。上文已引，野田幸三郎分析《类聚国史》中记载的阴阳师活动（时值公元 797 年至 963 年间），总结为出于阴阳五行思想的各种仪礼祭祀，出于灵鬼概念的各种仪礼祭祀，以及进行咒禁的仪礼等③。由此可见，随着阴阳道思想的传入，中国文化传统中利用符咒驱鬼镇邪的做法也传入了日本，并且被官方所采纳，在官方的祭祀与重大活动（如建筑宫城等）中大量使用，同时在日本民间迅速流行开来。在藤原京的建设中，于持统天皇五年就举行了镇祭。在平城迁都的诏敕中也写有"当今平城的地形符合四神图像，做三山镇，龟筮占卜的结果都是吉兆"。说明在建都前进行了方术占卜，考察了地形走势④。

在建筑都城之前要先通过占卜选择好地点，这是在中国习见的宗教方术仪式。其起源已可以追溯到商周时期。《尚书·洛诰》记载"召公既相宅，周公往营成周，使来告卜。……予惟乙卯朝至于洛师。我卜河朔黎水，我乃卜涧水东，瀍水西，惟洛食。我又卜瀍水东，亦惟洛食"。"食"是用龟板占卜时显示的吉兆。孔疏云："凡卜之者必先以墨画龟要圻，依此墨，然后灼之。求其兆顺食此墨画之处。"在中国，这种为了建筑进行的占卜活动从上古时期直到近代一直延续存在着。由于同属于选择类方术，建筑前对建筑基址的占卜选择与建墓前对墓葬地点的占卜选择应该是相同的。幸运的是，我们可以找到唐代时期选择墓葬的方术过程例证，如在石刻资料中发现的一次完整的选择墓地占卜方术活动记录，从而了解当时选择占卜的具体操作情况。该次占卜见于唐大历二年李氏迁先茔记中的记载。该碑

① 〔日〕增尾伸一郎：《天罡咒符の成立——日本古代における北辰·北斗信仰の收容过程をめぐって》，《阴阳道丛书》[4]，古代·名著出版，1991。
② 〔日〕野田幸三郎：《阴阳道の成立》，《阴阳道丛书》[1]，古代·名著出版，1991。
③ 〔日〕野田幸三郎：《阴阳道の一侧面——平安中期を中心として》，《阴阳道丛书》[1]。
④ 〔日〕村山修一：《古代日本の阴阳道》引《日本书纪》，《阴阳道丛书》[1]。

原石已佚，有陕西西安碑林博物馆藏宋代祥符三年（1010）重刻碑石。以下摘录碑文中涉及迁坟时相宅与占卜的一段，以供参考（原文为篆书，这里是笔者所作释文。□是碑石残缺字）。

"昔苍龙大渊献①遭家不造。先侍郎即世。建茔霸陵，遗令也。先大夫徐公高②备矣。……天宝改元，我之伯也卒。间五六年，仲也卒。不四三年，叔也卒。君子曰：'李氏子，天假其才，不将其寿。盍谋及龟策，谋及鬼神欤？'方士邵权，遍得管郭③之道。喟曰：'霸岸凿窀，客土耗矣④。干温冥之禁⑤。非窀夕攸宜。'是用□叶永地，其原凤栖。筮之，遇损之解⑥。曰：损孚解缓，吉孰甚焉⑦。乃□卜邰城左、畤□右，惟兹食⑧。枚卜浐水东、樊水西、亦惟兹食。新卜茔连山，南佐平岗，□□坤势之宜。隧而顺之。伯氏、仲氏、叔氏三坟陪侧。……"

碑文前面讲李家连着死人，有才无寿，所以认为坟地不好，有鬼神作怪，危及生人。特请方士选地迁坟。下面讲选地与占卜的经过。看来是先在原坟地观看地势，得出此地已经被河水侵蚀，不宜埋葬的结论。以后在原地占卜，由所得损、解两卦求得寻找新坟地的方向。接着去那一带选地，同时占卜，在几处占卜后确定一地最适宜。下面讲新地点的风水，应该是在选地的同时看风水，帮助确定坟地。

这一记载应该与上面引录的日本平城京建筑时选地的占卜方法与过程

---

① 苍龙大渊献：指太岁纪年，大渊献相当于亥年

② 按：原碑此处缺一字，疑是"铭"字。

③ 管郭：管辂、郭璞，均为古代著名术士，见《三国志·魏书·方技传》。

④ 霸岸凿窀，客土耗矣。指水侵蚀霸河河岸。凿有穿凿之意。窀似指水冲击出洞窟。客土指从其他地方移来的泥土。见《汉书·成帝纪》："客土疏恶，终不可成。"《金石萃编》注云："此云客土，犹形家（超按即堪舆家）谓之来龙也。土耗则脉伤而藏者体魄不安矣"。

⑤ 干温冥之禁：前人对温冥解释不清。愚意可能为"温明"，假借字。温明是古代葬具，见《汉书·霍光传》。这里说水侵蚀坟地附近，对死者不利。

⑥ 遇损之解：卦象是从损卦到解卦。

⑦ 损孚解缓，吉孰甚焉：《周易正义》：卷四："损，有孚。元吉。无咎可贞，利有攸往。"又："解，利西南。无所往，其来复吉。有攸往，夙吉。彖曰：解，险以动，动而免乎险。"这两卦都是吉卦，而且利于行。即利于迁坟。解卦还说有险就要动，移动后可以免于危险，西南方是有利的移动方向。所以下文说吉孰甚焉，即占卜的结果很好，利于迁坟。

⑧ 惟兹食：卦象显示只有这个地方适宜。食指卦象相符，见文中所引《尚书·洛诰》："惟洛食"疏。

基本一致，从另一角度说明了日本流行的阴阳道方术思想正是源于中国大陆。既然在建筑时使用了占卜选择方术，那么同时也会使用各种镇邪驱鬼的方术，出土书写符咒的木简正是表现了当时使用这种方术的状况。藤原宫这件木简符咒出土地点位于城内西部官衙附近，是否与当时建筑官衙时的方术活动有关，未敢遽定，在此提出来以供参考。

总之，在日本各地考古遗迹中出土的大量咒符木简，是中国传统方术思想在日本流行的可靠证据。它的符号构成、含义与中国古代道符的相同性也表明了它从大陆传播过来的文化渊源，表现出中国古代阴阳方术思想向东亚各国的辐射与应用。这对于古代东方文化思想历史的研究，应该是十分珍贵的材料。

原载《出土文献研究》第九辑，中华书局，2010

中国古代铭刻与文书研究五十年

从甲骨文字存在时算起，中国已经有了 3000 多年的不间断的文字史。这段漫长的历史留下了大量带有文字的古代遗物，从而形成了专门的古代铭刻研究。

追溯中国近现代考古学的前身中国金石学，就是以研究古代铭刻作为主要内容。但是，传统金石学在研究方法上存在着重大缺陷，即只注重文字考释，强调金石证史，而不能综合利用考古发现的全部文化信息。因此，将文字考证与考古学研究方法相结合，成为当代考古学一个重要分支的古代铭刻研究便取代了金石学，并在近 50 年中的考古发掘与研究工作中发挥了重要作用。

在这里主要述及的是甲骨文与金文以外的古代铭刻文字材料的研究情况。根据材质与形制特点，可以将这些文字材料归纳成中国古代（主要是战国秦汉以来）的石刻砖铭、玺印货币、简牍帛书、文书写本等主要类别。

自 1949 年以来，中国考古学步入了最辉煌的时期，在这 50 年间不绝于踵的重大考古发现中，有关古代铭刻文字材料的发现占有很大的比重。湖南长沙马王堆帛书①、山东临沂银雀山竹简②、湖北云梦睡虎地竹简③、甘

---

① 国家文物局古文献研究室：《马王堆汉墓帛书》，文物出版社，1980。
② 银雀山汉墓竹简整理小组：《银雀山汉墓竹简（壹）》，文物出版社，1975。
③ 睡虎地秦墓竹简整理小组：《睡虎地秦墓竹简》，文物出版社，1990。

肃居延与武威汉简①、新疆吐鲁番文书②、各地出土的历代墓志、陕西扶风法门寺地宫石刻③、荆门包山楚简④，乃至新近发现的湖南长沙三国木简等⑤，都曾予以学术界冲击，引起了各有关社会科学学科的研究热潮。

　　50 年来新出土的铭刻材料数量惊人，其研究成果也令人叹为观止。由于很多铭刻材料涉及的范围十分广泛，遍及哲学、历史、语言文字、法律、经济及自然科学各个领域，有关专门研究无法一一列举。在此只能就与考古学结合较紧密的研究情况做一简要的概括。

一　石刻砖铭

　　在以往的金石学研究中，石刻（包括砖瓦文字）占有较大的比重，在 1949 年以来的考古发掘与调查工作中，又陆续发现大批重要的石刻。这些新材料大多具有明确的发掘记录，因此，它们不仅能以铭文反映历史，而且对确定有关遗址的时代及其文化内涵具有重要的参考价值。由于它们带有较全面的考古信息，对改进石刻研究方法也产生了全新的作用。

　　综观近 50 年间出土的石刻材料，古代墓志占有相当大的比例。据有关统计，已经发表的墓志材料有近 3000 件之多。这些成果为有关研究提供了丰富的资料。在此基础上，考古文博界不仅对一些重要的人物墓志进行单独考释，探讨了与之有关的历史问题，而且开展了多方面的综合研究。例如结合早期墓志材料与有关铭刻对墓志起源过程的讨论；由北朝邺城附近出土的北朝墓志对当地大族墓葬情况的研究；对洛阳地区北魏元氏墓志的

---

① 　a. 甘肃省博物馆、中国科学院考古研究所：《武威汉简》，文物出版社，1963。b. 甘肃省博物馆、武威县文化馆：《武威汉代医简》，文物出版社，1975。c. 甘肃省文物考古研究所等：《居延新简——甲渠候官与第四燧》，文物出版社，1990。

② 　a. 新疆维吾尔自治区博物馆：《吐鲁番县阿斯塔那——哈拉和卓古墓发掘简报》，《文物》1973 年第 10 期。b. 国家文物局古文献研究室等：《吐鲁番出土文书》，文物出版社，1980 ~ 1991。

③ 　陕西省法门寺考古队：《扶风法门寺塔唐代地宫发掘简报》，《文物》1988 年第 10 期。

④ 　湖北省荆沙铁路考古队：《包山楚简》，文物出版社，1991。

⑤ 　胡平生、宋少华：《新发现的长沙走马楼简牍的重大意义》，《光明日报》1997 年 1 月 4 日。

综合研究，对南京地区南朝墓志反映的当时墓葬制度、侨郡情况及有关士族人物的研究；由新疆吐鲁番地区出土墓志对高昌国史的研究；通过唐代墓志中的有关记载对西安、洛阳、幽州等主要城市建筑布局的研究，对唐代历史、文化、有关人物及对士族大姓状况的研究；对北京、辽宁等地出土的辽、金、元官员墓志的考证等①。

近 50 年来，各地还出土了一些古代碑石。较重要的有汉代的张景碑②、幽州书佐秦君石阙③、鲜于璜碑④、肥致碑⑤、熹平石经残石⑥、王舍人碑⑦等，魏晋时期的三体石经残石⑧、司马芳碑⑨，隋唐时期的智该禅师碑⑩、东渭桥记残碑⑪、回元观钟楼铭⑫、唐重修内侍省碑⑬、周护碑⑭、永泰寺

① a. 赵超：《墓志溯源》，《文史》第 21 辑，1984；《唐代洛阳城坊补考》，《考古》1987 年第 9 期。b. 黄展岳：《早期墓志的一些问题》，《文物》1995 年第 12 期。c. 李建丽、李振奇：《临城李氏墓志考》，《文物》1991 年第 8 期。d. 赵万里：《汉魏南北朝墓志集释》，科学出版社，1958。e. 宫大中：《邙山北魏墓志初探》，《中原文物》1981 年特刊。f. 新乡市博物馆：《北齐窦、娄、石、刘四墓志中几个问题的探讨》，《文物》1973 年第 6 期。g. 罗宗真：《南京新出土梁代墓志评述》，《文物》1981 年第 12 期；《略论江苏地区出土六朝墓志》，《南京博物院集刊》第 2 期，1980。h. 王去非、赵超：《南京出土六朝墓志综考》，《考古》1990 年第 10 期。i. 吴震：《麴氏高昌国史索隐——从张雄夫妇墓志谈起》，《文物》1981 年第 1 期。j. 王素：《北凉沮渠蒙逊夫人彭氏族属初探》，《文物》1994 年第 10 期。k. 武伯纶：《唐万年长安县乡里考》，《考古学报》1963 年第 2 期。l. 陈久恒：《唐东都洛阳城坊里之考证——从唐代墓志看东都坊里名称及数目》，见《中国考古学会第五次年会论文集》，文物出版社，1988。m. 杨希义、陈忠凯：《唐代墓志中所载的长安坊里》，《文博》1988 年第 5 期。

② 郑杰祥：《南阳新出土的东汉张景造土牛碑》，《文物》1963 年第 11 期。

③ 邵茗生：《汉幽州书佐秦君石阙释文》，《文物》1964 年第 11 期。

④ 天津市文物管理处考古队：《武清东汉鲜于璜墓》，《考古学报》1982 年第 3 期。

⑤ 河南省偃师县文物管理委员会：《偃师县南蔡庄乡汉肥致墓发掘简报》，《文物》1992 年第 9 期。

⑥ 中国社会科学院考古研究所洛阳工作队：《汉魏洛阳故城太学遗址新出土的汉石经残石》，《考古》1982 年第 4 期。

⑦ 于书亭：《新出土的汉王舍人碑》，《中国文物报》1988 年 3 月 18 日。

⑧ 刘安国：《西安市出土的"正始三体石经"残石》，《人文杂志》1957 年第 3 期。

⑨ 段绍嘉：《司马芳残碑出土经过及初步研究》，《人文杂志》1957 年第 3 期。

⑩ 秦珠：《长安发现唐智该法师碑》，《考古与文物》1985 年第 4 期。

⑪ 董国柱：《陕西高陵县耿镇出土唐〈东渭桥记〉残碑》，《考古与文物》1984 年第 4 期。

⑫ 马骥：《西安新出柳书"唐回元观钟楼铭"碑》，《文博》1987 年第 5 期。

⑬ 保全：《唐重修内侍省碑出土记》，《考古与文物》1983 年第 4 期。

⑭ 昭陵博物馆张沛编著《昭陵碑石》，三秦出版社，1993。

碑①、渤海国贞惠公主墓碑、贞孝公主墓碑②，以及法门寺塔基中出土的启迎岐阳真身志文、金银宝器衣物账③等，宋元以降的宋嘉祐石经残石④、西夏王陵残碑⑤、泉州伊斯兰等宗教碑石⑥等。这些材料在发表时均对有关历史、文字与考古发现情况做了专门研究。

对于散存深山中的古代摩崖题记，在考古调查中也有一些重要的新发现，这些新发现有助于补充史载和进一步研究古代交通、宗教、经济等专题。例如在黑龙江嘎仙洞中发现的北魏祭天刻辞与《魏书》记载相符，可以证实鲜卑拓跋的原活动区域⑦。又如福建泉州九日山的祈风题记⑧、四川安岳卧佛沟的摩崖刻经⑨、江西上犹的西晋摩崖题记⑩、西藏吉隆的大唐天竺使出铭⑪等，都是具有较高价值的考古资料。

在有关宗教石刻的整理研究中，对北京房山云居寺石经的清理是一项宏伟的工程。云居寺石经自隋唐时期刊刻，历时 1000 多年，中国佛教协会等将其发掘、整理，统计出全部刻石 14620 件（另有残刻经 420 件，非佛经的碑铭 82 件），共刻写了 1100 余种佛教经籍，并整理出版了《房山云居寺石经》《房山石经题记汇编》等。除对佛教考古、佛教学术、佛经版本等方面的巨大贡献之外，碑石上刻写的历代刻经人题名也有助于研究北京史。此外，在各地发掘古代城市建筑遗址与陵墓时，还出土了一批相关的石刻。

---

① 宫崇涛：《嵩阳书院大唐碑》，《中国文物报》1994 年 5 月 22 日。

② 王承礼：《唐代渤海〈贞惠公主墓志〉和〈贞孝公主墓志〉的比较研究》，《社会科学战线》1982 年第 1 期。

③ 陕西省法门寺考古队：《扶风法门寺塔唐代地宫发掘简报》，《文物》1988 年第 10 期。

④ 张子英：《河南开封陈留发现北宋二体石经一件》，《文物》1985 年第 1 期。

⑤ 宁夏文物考古研究所：《西夏陵园北端建筑遗址发掘简报》，《文物》1988 年第 9 期。

⑥ 泉州海外交通史博物馆：《泉州伊斯兰教石刻》，宁夏人民出版社、福建人民出版社，1984。

⑦ 米文平：《鲜卑石室的发现和初步研究》，《文物》1981 年第 1 期。

⑧ 吴文良：《泉州九日山摩崖石刻》，《文物》1962 年第 11 期。

⑨ a. 曹丹：《安岳卧佛院卧佛刻经与题记》，《四川文物》1990 年第 2 期。b. 胡文和：《四川道教、佛教石窟艺术》，四川人民出版社，1994。

⑩ 李坊洪：《上犹县发现西晋摩崖题刻》，《江西历史文物》1983 年第 4 期。

⑪ 西藏自治区文管会文物普查队：《西藏吉隆县发现唐显庆三年（大唐天竺使出铭）》，《考古》1994 年第 7 期。

例如在西安汉代礼制建筑遗址中出土有工匠题记的石础①，在河南芒砀山汉梁国王陵墓中出土大量有文字标记的黄肠石②，在西安唐代遗址中出土了刻有西明寺铭文的石碾子③，在陕西等地的塔基发掘中出土多件舍利塔铭与舍利函铭等。这些题记虽然简单，但对于确定有关遗址的性质、年代，乃至建筑方式等重大问题都具有宝贵的参考价值。特别是在北京丰台史思明墓、陕西临潼唐宪宗太子李宪墓、河南洛阳唐宫城遗址等处出土了当时的玉册④，对于了解唐代的册命制度、哀册制度颇有裨益。

历代砖、瓦、陶文材料的发现也引人注目。值得注意的有陕西临潼赵背户村出土的秦代刑徒墓瓦文⑤，咸阳、临潼等地出土的秦代陶器铭文⑥，河南偃师等地发现的汉代刑徒砖铭⑦，江苏南京等地出土的六朝砖墓志、墓砖铭⑧，新疆吐鲁番出土的高昌国与唐代砖墓志⑨，河南洛阳含嘉仓城出土的铭文仓砖⑩等。围绕这些材料，学术界就秦汉的刑徒状况、有关法律与服役情况、墓志的起源、六朝时期的士族情况与侨郡分布、唐代的粮库制度与粮食储备运输情况等有关问题进行了深入的探讨，取得了大量成果。

二　玺印货币

在考古学研究中，往往将历代的玺印和货币文字材料划分为两个部分。

① 考古研究所汉城发掘队：《汉长安城南郊礼制建筑遗址群发掘简报》，《考古》1960 年第 7 期。
② 河南省文物考古研究所：《永城西汉梁国王陵与寝园》，中州古籍出版社，1996。
③ 马得志：《唐长安城发掘新收获》，《考古》1987 年第 4 期。
④ a. 鲁琪、葛英会：《北京市出土文物展览巡礼》，《文物》1978 年第 4 期。b. 陕西省考古研究所、临潼县文物园林局：《唐惠昭太子陵发掘报告》，三秦出版社，1993。c. 中国社会科学院考古研究所洛阳唐城工作队：《唐洛阳宫城出土哀帝玉册》，《考古》1990 年第 2 期。
⑤ 始皇陵秦俑坑考古发掘队：《秦始皇陵西侧赵背户村秦刑徒墓》，《文物》1982 年第 3 期。
⑥ 袁仲一：《秦代陶文》，三秦出版社，1985。
⑦ 中国科学院考古研究所洛阳工作队：《东汉洛阳城南郊的刑徒墓地》，《考古》1972 年第 4 期。
⑧ 南京市博物馆：《南京出土六朝墓志》，文物出版社，1980。
⑨ 穆舜英、王炳华等：《隋唐五代墓志汇编（新疆卷）》，天津古籍出版社，1991。
⑩ 沧清：《含嘉仓铭砖初探》，《考古》1982 年第 3 期。

秦代以前的玺印，一般称之为古玺。战国时期的货币铭文也归入古文字研究中。

近 50 年来，出版了大批玺印图录及罗福颐《古玺印概论》、王人聪《新出历代玺印集释》等一些专门著作。讨论玺印、货币文字的论文达数百篇，其中在考释文字和考察古代官职、地理、度量衡制度等诸多专题上都取得了突破性的进展。如将古玺根据形制、字体及官名等特征划分国别、地域并加以综合考察，汇总大量材料对一系列字型加以考定，将货币上的地名与货币特征等予以全面排比并进行国别、地理以及商业等方面的考证等。这些研究，极大地丰富了有关玺印、货币的知识，增大了可确识的古文字数量，对深入战国文字的研究起到重要作用[①]。

汉代以下的玺印货币文字一般容易识读，不必进行专门的文字考证。近 50 年来，汉代以下的玺印货币文字材料出土较多，它们主要用于证明有关墓葬的年代及墓主身份，判定有关遗址的年代与性质等，同时涉及对有关时期的地理、官制、军事、人物等专题的考证。较重要的发现与研究有河北石家庄西汉"长耳"墓中印玺的出土与对"长耳"身份的讨论，湖南长沙附近出土的一批汉印与有关官职、地理的讨论，广州南越王墓中出土玺印的考证，徐州狮子山西汉楚王陵中出土大量官印、封泥的研究，西安出土大量封泥的考证，对于金、西夏、元等时代的官印的研究[②]等。

---

① a. 李学勤：《战国题铭概述》，《文物》1959 年第 7～9 期。b. 朱德熙、裘锡圭：《战国文字研究（六种）》，《考古学报》1972 年第 1 期。c. 朱德熙：《战国陶文和玺印文字的"者"字》，《古文字研究》第一辑，中华书局，1979。d. 裘锡圭：《战国文字中的"市"》，《考古学报》1980 年第 3 期；《战国玺印文字考释三篇》，《古文字研究》第十辑，中华书局，1983。e. 李家浩：《楚国官印考释（四篇）》，《文物研究》第二辑，黄山书社，1986。f. 吴振武：《〈古玺汇编〉释文订补及分类修订》，见《古文字学论集初编》，香港中文大学，1983。g. 曹锦炎：《战国玺印文字考释（三篇）》，《考古与文物》1985 年第 4 期；《释𦍒》，《史学集刊》1983 年第 3 期。h. 何琳仪：《古玺杂识》，《辽海文物学刊》1986 年第 2 期。i. 汤余惠：《略论战国文字形体研究中的几个问题》，《古文字研究》第十五辑，中华书局，1987。

② a. 孙贯文、赵超：《由出土印章看两处墓葬的墓主等问题》，《考古》1981 年第 4 期。b. 周世荣：《长沙出土西汉印章及其有关问题研究》，《考古》1978 年第 4 期。c. 广州市文物管理委员会等：《西汉南越王墓》，文物出版社，1991。d.《徐州狮子山汉楚王陵发掘获重大成果》，《中国文物报》1995 年 11 月 26 日。e. 王恺：《狮子山楚王陵出土印章和封泥对研究西汉楚国建制及封域的意义》，《文物》1998 年第 8 期。f. 周晓陆等：《秦代封泥的重大发现》，《考古与文物》1997 年第 1 期。

对于一些零散出土的收集品,如东汉广陵玉玺、汉皇后之玺、北周皇太后印以及大量汉代、魏晋与宋元时期的军将印鉴,也就其史料价值进行了有关考证。

至于汉代以降的历代货币材料,在考古学研究中主要是作为有关墓葬、遗址的断代工具,着重于分析其形制特征与字体特征。如以汉代五铢的不同时期特点总结出的分期规律,在判断两汉墓葬的年代上起了重要作用。宋代以下各年号铸币更是具有明显的时代意义。在这些材料上如何深入开掘,获取更多的研究信息,是需要进一步探讨的问题。

近 50 年来,在中原及边疆地区出土了部分外国古钱币,如东罗马金币、萨珊银币等,对它们的铭文也及时进行了释读与考证,有助于中西交通的研究。

三 简牍帛书

在 20 世纪初,西北居延等地汉代简牍的发现曾被誉为是改变学术界的四大发现之一。但是在近 50 年间,经科学考古发掘出土的古代简牍已经有近 70 批,总数约 20 万片,远远超过了居延汉简的内含,其中多次发现具有震惊国际学术界效应的重要内容。简牍帛书的考古发现应该是近 50 年间最重要的考古成果之一。

在这些发现中,影响最大的有湖南长沙仰天湖楚墓①、河南信阳长台关楚墓②、湖北随县曾侯乙墓③、湖北江陵天星观楚墓④、江陵望山楚墓⑤、江陵王家台秦墓⑥、湖南慈利楚墓⑦、湖北荆门郭店楚墓⑧、荆门包

① 史树青:《长沙仰天湖出土楚简研究》,群联出版社,1955。
② 河南省文物研究所:《信阳楚墓》,文物出版社,1986。
③ 湖北省博物馆:《曾侯乙墓》,文物出版社,1989。
④ 荆州地区博物馆:《江陵天星观一号楚墓》,《考古学报》1982 年第 1 期。
⑤ 湖北省文物考古研究所:《江陵望山沙冢楚墓》,文物出版社,1996。
⑥ 荆州地区博物馆:《江陵王家台 15 号秦墓》,《文物》1995 年第 1 期。
⑦ 湖南省文物考古研究所、慈利县文物保护管理研究所:《湖南慈利石板村 36 号战国墓发掘简报》,《文物》1990 年第 10 期。
⑧ 湖北省荆门市博物馆:《荆门郭店一号楚墓》,《文物》1997 年第 7 期。

山楚墓①、湖北云梦睡虎地秦墓、云梦龙岗秦墓②、天水放马滩秦墓③、四川青川郝家坪秦墓④等处出土的大量战国、秦代简牍，湖南长沙马王堆汉墓、湖北江陵凤凰山汉墓⑤、安徽阜阳双古堆汉墓⑥、山东临沂银雀山汉墓、内蒙居延汉代遗址、甘肃敦煌汉代遗址、甘肃武威磨嘴子汉墓、武威旱滩坡汉墓、青海大通上孙家寨汉墓⑦、河北定县八角廊汉墓⑧、江苏仪征胥浦汉墓⑨、江苏东海尹湾汉墓等处出土的汉代简牍帛书，以及湖南长沙走马楼古井、安徽马鞍山吴墓、新疆古楼兰、尼雅遗址等处发现的三国晋代简牍⑩等。这些简牍材料，大部分已经过艰苦的整理工作予以考释发表，部分尚在整理中。就已发表的材料已经开展了广泛的研究讨论，刊布了大量专著与论文。除有关图录、报告、释文外，还有大量高水平的研究专著，形成了一个专门的学术分支。

根据出土简牍的内容及其用途，大致可以将它们划分为遣策、官府档案、法律文书、日书、地图、各种经籍抄本以及名刺等日用品。有关研究涉及到古文字学、历史、地理、宗教、法律、军事、古籍校勘等众多学科，引起了学术界极大的研究热情，在古文字学、法学、古籍校勘与古代思想史、学术史等方面的研究都取得了突破性的重大成果，并在不断深化。

就与考古学结合较紧密的方面而言，主要收获有两点：一是对古代简牍制度的综合研究，全面总结了古代简牍的制作、书写、编连、使用等方

---

① 湖北省荆门市博物馆：《荆门郭店一号楚墓》，《文物》1997年第7期。
② 湖北省文物考古研究所等：《云梦龙岗六号墓及出土简牍》，《考古学集刊》第8集，1994。
③ 甘肃省文物考古研究所等：《甘肃天水放马滩战国秦汉墓群的发掘》，《文物》1989年第2期。
④ 四川省博物馆等：《青川县出土秦更修田律木牍——四川青川县战国墓发掘简报》，《文物》1982年第1期。
⑤ 纪南城凤凰山一六八号汉墓发掘整理组：《湖北江陵凤凰山一六八号汉墓发掘简报》，《文物》1975年第9期。
⑥ 安徽省文物工作队等：《阜阳双古堆西汉汝阴侯墓发掘简报》，《文物》1978年第8期。
⑦ 国家文物局古文献研究室：《大通上孙家寨汉简释文》，《文物》1981年第2期。
⑧ 国家文物局古文献研究室：《定县40号汉墓出土竹简简介》，《文物》1981年第8期。
⑨ 扬州博物馆：《江苏仪征胥浦101号西汉墓》，《文物》1987年第1期。
⑩ 纪南城凤凰山一六八号汉墓发掘整理组：《湖北江陵凤凰山一六八号汉墓发掘简报》，《文物》1975年第9期。

法，揭示了古代法令中对简牍使用制度的规定，如对诏书、法律文书、经籍等用简尺寸的不同规定。这些研究，加深了对古代简牍制度的认识，有助于区分与判定出土简牍的时代与内容。其二是在结合发掘情况对简牍内容进行综合考释时，研究当地的历史地理情况。这一点在居延等地的边塞遗址出土简牍研究中尤为重要。如陈梦家《汉简所见居延边塞与防御组织》[①] 等论文所做的工作。此外，在有关发掘报告中，还就墓葬中的出土随葬品与遣策内容进行了对照、考释和研究。但是这一方面的研究往往局限于对照上，还有待于深入考察，与丧葬制度研究更好地结合起来。

四 文书写本

新疆吐鲁番地区文书写本的发现始于 20 世纪初，多为外国"探险队"盗掘所得。自从 50 年代以来，新疆文博考古工作者在吐鲁番的哈拉和卓、阿斯塔那等地进行了数十次考古发掘，清理了大批从西晋至高昌国及唐代高昌郡时期的墓葬。在这些墓葬中出土了大量被制作成纸棺、纸衣、纸鞋袜及陪葬俑的古代文书写本。至 1975 年的统计表明，在近 300 座墓葬中，共出土了晋泰始九年（公元 273）至唐大历十三年（公元 778）间的文书 2700 余件。1975 年以后，在配合地方基本建设的考古发掘中，又陆续在阿斯塔那、交河故城、吐峪沟千佛洞、柏孜克里千佛洞等地发现了一些古代文书[②]。

这些文书出土后，经过故宫博物院等单位专业人员精心揭剥处理，整理人员长期释读、联缀和编排，已将 1975 年以前出土的文书编程《吐鲁番出土文书》专著出版。1975 年以后出土的一批文书，也编辑成《新出吐鲁番文书及其研究》一书出版。同时，以往流散到国外的吐鲁番文书也逐渐得到整理和介绍，一些汉文文书也在国内得到出版介绍，如《斯坦因第三次中亚探险所获甘肃新疆出土汉文文书——未经马斯伯乐刊布的部分》《日

---

① 陈梦家：《汉简缀述》，中华书局，1980。
② 柳洪亮：《新出吐鲁番文书及其研究》，新疆人民出版社，1997。

本宁乐美术馆藏吐鲁番文书》等。

有关的研究工作中，首先是对出土文书予以分期断代，并释读文书内容，确定文书名称。整理工作中以有明确墓志纪年的墓葬作为标尺，参照保存有纪年的出土文书，从书体、常用文体、常用俗字别字、文书内容等方面加以综合比较，建立了一定的断代分期标准，从而将大多数文书准确地判断出书写时期，并尽力对残缺文书予以拼合，这为正确使用这批宝贵材料奠定了可靠的基础。

在此基础上，史学界对高昌国的历史进行了深入探讨，对高昌国纪年、政府行政体制、官职设置、高昌国的行政制度与中原的关系等问题都有新的认识，并写出了新的高昌国史。

对吐鲁番文书中的经济材料进行了广泛的研究，如研究土地租佃关系、商务贸易情况、官府的经济管理活动、唐代均田制度的变迁、奴婢买卖等，关于均田制等有关土地制度的研究尤为热烈。

此外，有关吐鲁番文书中涉及历法、佛典、民族状况、经典文学著作等内容的专题研究也取得了显著成果。随着研究中亚各民族语言的学术力量成长壮大，还开展了对吐鲁番文书以及新疆其他地区出土文书中的非汉文文书（包括吐蕃文书、粟特文书、佉卢文书、吐火罗文书、回鹘文书等）的研究工作。除翻译介绍有关资料以外，就其中涉及的西州民族关系、中外交往、经济贸易等专题也有所探讨。

20世纪初震惊世界的敦煌文书的发现，造就了被称作敦煌学的国际性学科研究。1949年以来，尤其是近20年以来，敦煌文书的研究有了前所未有的进展。流散至海外的敦煌文书已经或者正在被编出完善的目录，并出版图录与录文，为研究者创造了良好的条件。

利用敦煌文书的研究主要有对河西历史的整理归纳，对当时社会经济状况的分析，对唐代法律文献的研究，对敦煌与莫高窟历史的研究，对地理资料的整理考证，对天文历法以及文字音韵、文学、佛道教等方面文献的研究等。中国学者在这些方面均取得了丰硕成果。

20世纪初，俄人科兹洛夫的探险队与斯坦因等曾在今内蒙古自治区阿拉善盟额济纳旗的黑城地区盗掘走大量文书和文物，以后中瑞西北科学考察团的黄文弼又曾在此发掘到一批文书。近 50 年内,内蒙古文物考古研究所等单位又在此多次采集、发掘古代文书。其中仅 1983、1984 年发掘所得文书就有近 3000 件。除大量汉文文书外,还有部分西夏文、畏兀尔体蒙古文、八思巴文、藏文、亦思替非文字与古阿拉伯文等文字写成的文书①。

　　黑城,是西夏国黑水城与元代亦集乃路的遗址。这里出土的文书以元代时期的遗物为主。学者们对这批汉文文书内容中反映出来的元代亦集乃路建制与居民情况,农牧业、商业、财政经济、站赤情况,社会状况,儒学文化情况与宗教信仰等专题分别进行了考证,并就元代的诏敕律令、票引契券材料做了深入分析。这些文书中还包含一些北元时期的史料,对此也进行了介绍与考证。

　　由于这次科学发掘对文书出土的情况记录全面,有利于了解文书原来的放置情况及顺序,如在架阁库遗址中出土的文书档案就可以集中反映出元代文书档案制度的原始状况。此外,通过出土公文类文书可以了解元代公文的固定格式与公文往来制度,通过民间文书可以考察元代的社会经济、民俗、文化等,而一些早期印刷品(如《大方广佛花严经》《孝经》《尚书》《孟子》等)尤其值得珍视。科兹洛夫、斯坦因等人盗走的黑城文书现也陆续有所介绍与研究。

原载《考古》1999 年第 9 期

---

① 　内蒙古文物考古研究所等:《黑城出土文书(汉文文书卷)》,科学出版社,1991。

中国古代简帛的出土与考古学研究

　　文字的产生，是人类社会发展中具有根本意义的一件大事。汉代《淮南子》一书中记载，在中国古代传说中的文字创造者仓颉造字时，"天雨粟，鬼夜哭"。这一记载正说明：在古人的心目中，文字的创造是一件惊天地、泣鬼神的壮举。意味着创造文字后，人类就能逐渐掌握自然，掌握命运，成为世界的主人了。

　　文字创造出来后，必须记录下来，才能传播与流传，这就需要有良好的书写材料作为传播的介质。今天所使用的纸张是比较方便的书写材料。但在人类发展史中，造纸术还是比较近的发明，它是我们祖先经过长期实践后才创造出来的。在这之前，人们主要使用各种天然材料记录文字。在全世界主要的古代文明中，如在常说的四大古代文明中，由于人们所处的生存环境与自然条件不同，记载文字的材料也是多种多样的。例如古代埃及人使用纸草，古代亚述人使用泥版，古代印度僧侣使用贝叶，古代西亚与欧洲人使用羊皮等，这些古代文书，有世界各地的考古发现以证明。

　　而在古代中国，竹子和木材制作的简牍是主要的书写材料。通过考古发掘出土的实物，我们可以看到古代简牍是窄长的，简一般不到 1 厘米宽，长度从十几厘米到六七十厘米不等，一般是 20 多厘米长。牍则是较宽的木板。由于每支简上能书写的字数有限，所以古人们就把一支支单独的简用绳索编连起来，于是便形成了"册"这个字。它是表示文书的字。在现存的商代甲骨文中，"册"字的形状就是把简编起来。中国最古老的典籍《尚书》的《多士篇》中记载："惟殷先人有册有典。"表明在商代已经有了用简记录的文化典籍。这是中国古代使用简牍书写的最早证据。那么大约就是在距今三四千年之前已经有了简牍文书。直到汉代发明了纸以后，简牍才逐渐地从书写材料中消失了。这一过程，今天已经有大量的考古发现加以证明。

众所周知，我们的祖国拥有持续数千年不间断的文字书写的历史。但是由于保存不力，现存的古代文献数量有限，而且距离我们越远的时代所能保留下来的文献材料就越稀少，给今人了解古代社会造成了极大的困难。因此，通过考古发掘出土的古代文字材料与传世保存下来的古代文字材料就具有无比珍贵的价值，是了解古代社会最直接的证据。特别是 20 世纪的一百年中，大量战国、秦汉时期以来的古代简牍、帛书陆续出土，在很大程度上改写了古代的历史。古代简牍、帛书的出土，已经成为 20 世纪考古发现中最重要的一个方面。迄今为止，已经有一百多批古代简牍帛书出土，总数达数十万枚，在近代出土文物中占有相当大的比例。在这大量的出土材料中，内容较丰富，影响较大的有湖南长沙仰天湖楚墓竹简①、河南信阳长台关楚墓竹简②、湖北随县曾侯乙墓竹简③、湖北江陵藤店楚墓竹简④、湖北江陵望山楚墓竹简⑤、湖北江陵九店楚墓竹简⑥、湖南慈利楚墓竹简⑦、湖北荆门郭店楚墓竹简⑧、湖北荆门包山楚墓竹简⑨、湖北江陵王家台秦墓竹简⑩、湖北云梦睡虎地秦墓竹简⑪、湖北云梦龙岗秦墓竹简⑫、甘肃天水

---

① 商承祚：《战国楚竹简汇编》，齐鲁书社，1995。
② 河南省文物研究所：《信阳楚墓》，文物出版社，1986。
③ 湖北省博物馆：《曾侯乙墓》，文物出版社，1989。
④ 荆州地区博物馆：《湖北江陵藤店一号墓发掘简报》，《文物》1973 年第 9 期。
⑤ 湖北省文物考古研究所、北京大学中文系：《望山楚简》，中华书局，1995。湖北省文物考古研究所：《江陵望山沙冢楚墓》，文物出版社，1996。
⑥ 湖北省文物考古研究所、北京大学中文系：《九店楚简》，中华书局，2000。
⑦ 湖南省文物考古研究所、慈利县文物保护管理研究所：《湖南慈利石板村 36 号战国墓发掘简报》，《文物》1990 年第 10 期。
⑧ 荆门市博物馆：《郭店楚墓竹简》，文物出版社，1998。
⑨ 湖北省荆沙铁路考古队：《包山楚简》，文物出版社，1991。
⑩ 荆州地区博物馆：《江陵王家台一五号秦墓》，《文物》1995 年第 1 期。
⑪ 睡虎地秦简整理小组：《睡虎地秦墓竹简》，文物出版社，1990。
⑫ 湖北省文物考古研究所、孝感地区博物馆、云梦县博物馆：《云梦龙岗六号秦墓及出土简牍》，《考古学集刊》第 8 集，科学出版社，1994。

放马滩秦墓简牍①、四川青川郝家坪秦墓简牍②、湖南里耶秦简③、湖南长沙马王堆汉墓竹简④、湖北江陵张家山汉墓竹简⑤、湖北江陵凤凰山汉墓竹简⑥、安徽阜阳双古堆汉墓竹简⑦、山东临沂银雀山汉墓竹简⑧、内蒙古居延汉代简牍⑨、甘肃敦煌汉代简牍⑩、甘肃武威磨嘴子与旱滩坡汉墓简牍⑪、青海大通上孙家寨汉墓简牍⑫、河北定县八角廊汉墓简牍⑬、江苏仪征胥浦汉墓竹简⑭、江苏东海尹湾汉墓竹简⑮、湖南长沙走马楼古井出土的三国简牍⑯、安徽马鞍山吴墓出土的三国竹简⑰，以及新疆古楼兰、尼雅遗址出土的汉代至晋代简牍⑱等。此外，还有一些珍贵的古代帛书出土，如湖南长沙

① 何双全：《天水放马滩秦简综述》，《文物》1989 年第 2 期。秦简整理小组：《天水放马滩秦简甲种〈日书〉释文》，《秦汉简牍论文集》，甘肃人民出版社，1989。
② 四川省博物馆、青川县文化馆：《青川县出土更修田律木牍——四川青川县战国墓发掘简报》，《文物》1982 年第 1 期。
③ 湖南省文物考古研究所等：《湖南龙山里耶战国—秦代古城一号井发掘简报》，《文物》2003 年第 1 期。
④ 湖南省博物馆、中国科学院考古研究所：《长沙马王堆汉墓》，文物出版社，1973。
⑤ 荆州地区博物馆：《江陵张家山两座汉墓出土大批竹简》，《文物》1992 年第 9 期。
⑥ 长江流域第二期文物考古工作人员训练班：《湖北江陵凤凰山西汉墓发掘简报》，《文物》1974 年第 6 期。吉林大学考古专业赴纪南城开门办学小分队：《凤凰山一六七号汉墓遣册考释》，《文物》1976 年第 10 期。
⑦ 文物局古文献研究室、安徽省阜阳地区博物馆阜阳汉简整理组：《阜阳汉简简介》，《文物》1983 年第 2 期。
⑧ 银雀山汉墓竹简整理小组：《银雀山汉墓竹简（一）》，文物出版社，1985。
⑨ 中国社会科学院考古研究所：《居延汉简甲乙编》，中华书局，1980。甘肃省文物考古研究所、甘肃省博物馆、中国社会科学院历史研究所：《居延新简——甲渠候官与第四燧》，文物出版社，1990。
⑩ 甘肃省文物考古研究所：《敦煌汉简》，中华书局，1991。
⑪ 中国科学院考古研究所、甘肃省博物馆：《武威汉简》，中华书局，2005。甘肃省博物馆：《武威汉代医简》，文物出版社，1975。
⑫ 国家文物局古文献研究室、大通上孙家寨汉简整理小组：《大通上孙家寨汉简释文》，《文物》1981 年第 2 期。
⑬ 国家文物局古文献研究室、河北省博物馆、河北省文物研究所大通定县汉竹墓简整理组：《定县 40 号汉墓出土竹简简介》，《文物》1981 年第 8 期。
⑭ 扬州博物馆：《江苏仪征胥浦 101 号西汉墓》，《文物》1987 年第 1 期。
⑮ 滕昭宗：《尹湾汉墓简牍概述》，《文物》1996 年第 8 期。
⑯ 宋少华等：《长沙出土大批三国吴纪年简牍》，《中国文物报》1997 年 1 月 5 日。
⑰ 安徽省文物考古研究所、马鞍山市文化局：《安徽马鞍山东吴朱然墓发掘简报》，《文物》1986 年第 3 期。
⑱ 林梅村：《楼兰尼雅出土文书》，文物出版社，1985。

子弹库战国帛书①、长沙马王堆汉墓帛书②等。

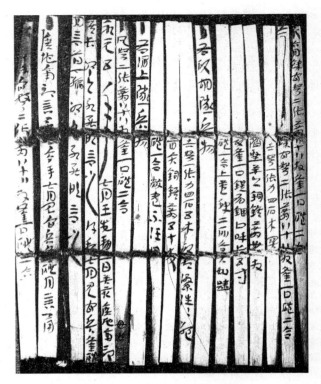

图一　居延汉简永元器物簿

更可宝贵的是，在这些时代悠久的文字材料中保存有多种震惊国际汉学界的古代文献资料。因此，出土简牍帛书成为当代考古学、古文字学与古文献研究的热点。它们从各方面反映了古代社会的真实面貌，以大量前人未曾得见的古代文献资料重新展现了历史，使历史科学乃至中国学术界的整个研究方法、研究思想在 20 世纪中都产生了根本性的变化。

现在发现的简牍帛书材料，是古代人们日常生活中实际使用的文字材料，其内容非常丰富，大致包括有文人儒生学习用的书籍，从开蒙识字用

---

① 蔡季襄：《晚周缯书考证》，石印本，1944。李零：《长沙子弹库战国楚帛书研究》，中华书局，1985。

② 马王堆汉墓帛书整理组：《马王堆汉墓帛书》（一）（二）（三）等，文物出版社，1980～1983。

的《仓颉篇》直到《诗经》《仪礼》等主要儒家经典。诸子百家的思想著作，如《老子》《易经》《孙子》以及《纵横家书》《刑德》等古佚书。实用的方术卜筮、天文历法、医药养生等书籍，如《日书》《历谱》《脉书》《五十二病方》等。实用的法律、诏书与各种官方文书、档案、簿籍、地图。民间使用的契约、书信、账簿、名刺、笔记等实用文书，以及丧葬专用的遣册、告地状等宗教用品。可以看到，这些文字材料涵盖了古代人们日常生活中的各个方面，是真实地反映当时社会思想、政治、经济、军事等状况的宝贵历史资料。特别是这些实用材料大多是现存古代历史文献中不曾记载的缺佚资料，就更增加了它的研究价值。

因此，有关简牍帛书材料的研究成果蔚为壮观，成为 20 世纪里社会科学研究中一批极重要的收获。学术界对于这些材料中涉及的有关朝代的政治制度、法律、经济状况、地理建制、交通往来，以及医疗技术、天文历法知识、兵法、卜筮方术等专门知识都有深入广泛的研究。对于与这些简帛材料内容有关的古代思想史、学术史、古代文献学与古文字学等方面的研究也取得了巨大的成就。

虽然有学者提出简帛学这样的新学科已经形成，但是必须看到，中国古代简帛研究是考古学的产物，来源于考古学的分支学科——古代铭刻学。在近代考古学的传入与发展中，才有了中国古代简牍的大量出土发现以及由此形成的简牍学研究。时至今日，出土简牍的整理研究已经蔚为大观，它不再像过去那样仅仅是简单的古代经史文献整理工作，而是具有先进方法与现代技术的社会科学综合研究科目。它不再像传统学术那样只是用文字内容来"证经补史"，而是通过它来全面了解古代社会。这是伴随着新文化的潮流，伴随着西方现代科学研究的引进而产生的重大学术变迁。可以说，中国的简牍帛书发现与研究，只有在近代考古学引进以后才获得了充分发展的机遇与条件。

由于近代出土的简牍帛书材料绝大多数是在科学的考古发掘中发现的，它与考古发掘及有关考古学研究密不可分，并且在有关的考古学研究中起到了重要的作用。但是以往学术界热衷于出土简帛的文字考释，主要讨论出土简牍帛书的文字内容，较少有人专门讨论对出土简牍帛书的考古学研

究这一问题。因此，本文想就出土简牍帛书研究中与考古学联系较紧密的
研究专题与有关论述择要予以介绍。

图二　居延出土简牍

　　西北甘肃、新疆等地出土的大量简牍，是在清理废弃已久的古代建筑
遗址（如烽燧、官署、居室等）中发现的。而对这些古代建筑的清理、考
察与复原是考古学研究工作的主要任务。借助于出土简牍帛书，可以对有
关遗址的建筑布局、荒废时间及分布情况等问题进行研究考证。出土简牍
帛书上的明确可靠记载与确切的时间记录可以为考古学提供有关遗址准确
的存在时间、方位、距离、自然地理情况、人口地理情况等重要证据，同
时探讨相关的古代道路、灌溉系统等情况。对甘肃居延地区等处出土的汉
代简牍材料所做的系列研究就是这方面研究成果的一个重要代表。

居延等地出土简牍中的官私文书，可以帮助我们了解汉代河西地区的社会面貌，进而认识汉代社会的整体结构。西北地区出土简牍中首先可以展现出的，就是居延地区乃至河西四郡的边塞设置情况与防御组织。利用汉简的出土地点，将全部居延汉简中有关防御设置的记录加以系统排比，可以恢复部分汉代居延地区的防御系统，以弥补历史文献中的不足。

汉代北方诸郡，由于其边防上的重要地位，与内地各郡的官吏组织稍有不同。边郡太守除了管辖郡内各县民政以外，还管辖着两个或两个以上的部都尉。另外，在郡境内还有属于中央政府大司农、典属国等官衙的农都尉、属国都尉等。他们也各自有所管辖的范围。太守的府属与内地一样，有阁下、诸曹等办事机构。另外还有仓库。而各都尉也是开府治事的，同样设有阁下与诸曹，此外，还管辖有各部的候望系统（包括候、塞、部、隧）、屯兵系统（包括城尉、千人、司马）、屯田系统（包括田官）、军需系统（包括仓、库）和交通系统（包括关、驿、邮亭、置、传、厩）。有人推测，交通系统可能也统一由郡里管辖。太守兼管本郡内的屯兵，部都尉则主管屯田与屯兵等事务。张掖郡的两个部都尉，各自守塞四五百里。每一百里塞设置一候官。候官的长官为候。其下属有丞、掾、令史、士吏、尉史、候文书等吏员。候与塞尉共同管辖下属诸部。部有候长、候史。部管辖数隧。隧有隧长，率领隧史、助吏、吏、伍佰等士卒。以居延汉简中所见最多的甲渠候官为例。它大约管辖 20 个部、80 个隧，属下吏员约 100人，士卒约 300 人。都尉所在的城中设置城尉，其治所为城官，设有城仓。都尉以下设有城尉、千人、司马等官员，他们均与候并列，而品秩或者较低。另外有田官，为屯田官员。以上官属设置情况，均是从居延等地出土的汉简文书记录中归纳出来的结果。大量的出土简牍记录详细地反映了张掖郡二都尉（居延都尉、肩水都尉）的结构与其所属、所关联的其他机构的分布位置；表现了不同等级机构之间的隶属关系。将这些记载与发掘勘察的实地收获认真比勘，相互结合，可以使我们对汉代边郡的防御组织得出清楚的认识[1]。同时，借助于汉简与考古测量材料，可以绘制这一地区的

---

[1] 陈梦家：《汉简所见居延边塞与防御组织》，见《汉简缀述》，中华书局，1980。

汉代边疆防御设施分布图，与河渠、田地、道路等有关地图。深入了解当时的地貌状况与屯田分布情况。

通过简牍文书考证汉代的烽燧制度，是自 20 世纪初西北汉简问世以后就有多位学者加以探讨的重要课题。这中间涉及各烽燧的设置情况，其日常职责与有关的法令，烽火台的建筑形制、设备器具，烽燧的日常运作等大量内容。尤其是在对居延地区（额济纳河流域）等地进行了广泛考古调查的基础上，结合尚存在的烽燧、塞墙遗迹分布情况，结合有关烽燧遗址的发掘成果对简牍上的记载进行综合研究，使这一课题有了丰硕的成果。

在居延汉简中出现的燧名，已知者有 250 个以上，但这还不是这一地区当时全部的燧数。根据《内蒙古额济纳河流域考古报告》中的调查情况，在相当于汉代张掖郡七个候官塞的防线上，现存有 174 处汉代城障亭燧的遗址，其中烽台 156 处①。根据汉简中反映的情况，燧与燧之间相距为三至五里，如居延汉简中记录"登山燧"至"要虏燧"之间为五里，敦煌汉简中记录三燧十三里多，那么每两燧间的距离为四里多。而现在遗存的汉代烽燧台址实测距离也与此相近。据此推测，在上述汉代张掖郡的防线上，应该分布着 300 处以上的烽燧。由此可见，对出土简牍的深入分析有助于考古调查的准确进行。

将简牍中对烽燧建筑的记录与考古发掘、测量的结果相结合，可以深入了解汉代烽燧的建筑布局与防御设施的配备情况。汉简中有大量日常维修烽燧亭障的官方记录，其中反映出烽燧建筑的具体尺寸与布局。如："一人草涂　内屋上，广丈三尺五寸，长三丈，积四百五尺。"沙 102（戍 27）"四人马矢涂　上内地，广七尺，长十丈四，积七百廿八尺，率人二百卅[二]尺[七寸]"。沙 106"高四丈二尺，广丈六尺，积六百七十二尺，率人二百廿三尺[五寸]"。沙 108"二人削除亭东面，广丈四尺，高五丈二尺"。沙 111（戍 29）"坞高丈四尺五寸，按高六尺，衔高二尺五寸，任高二丈三尺"。175·19A②，等等。给我们提供了准确的形象概念。

类似的大量汉简记录告诉我们，汉代的烽燧是一座高台形的建筑，台

---

① 陈梦家：《汉简考述》，见《汉简缀述》，中华书局，1980。

② 以上见于《流沙坠简》《居延汉简甲乙编》等。

下有四面封闭的房屋——坞。坞用来屯兵、存物。坞垣可高达汉制一丈四尺以上。亭台可高至四丈二尺以上。通过坞陛登上高台。高台上有候楼或候橹①。考古调查的实际情况与此记载相似。闫文儒《河西考古杂记》与斯坦因《中国沙漠考古记》（*Ruins of Desert Cathay*）中记录敦煌西北的汉代烽燧遗址 T25，其台基每面 7.6 米，高 7.6 米。台上房屋四面每边各为 4.5 米，残高约 3.6 米。门向南。小屋四周有土坯垒成的矮垣。阶梯在西边，尚残存梯子的栈孔。

而斯坦因调查的敦煌 T6B 遗址，根据在这里发现的汉简记录，可以确定为汉代凌胡燧的所在。通过斯坦因所绘的 T6B 遗址平面图与出土汉简，可以比较得出汉代烽火台的布局与尺度，大致如下：亭，底部为 6.4 米见方，12.11 米高（包括台基与上面的楼）。东屋，内部面积为 5.18 米长，3.65 米宽。屋西面为一块长方形的空地，约 2.74 米长，0.61 米宽。台与房屋的四面是内坞的墙，南北两面长 8.53 米，西面长 7.92 米，东面长 7 米。

甲渠与肩水是居延边塞防线上最重要的两个候官。它们的建筑规模比烽燧大出许多。1973～1974 年，甘肃省博物馆对甲渠候官遗址进行了系统的发掘。根据遗址情况与出土简册分析，甲渠候官的建成可能在王莽末年，不早于汉武帝晚期。其候官遗址四周为城障，由土坯筑成，厚 4～4.5 米，高 4.6 米，边长为 23.3 米。城障南边为方形的坞，长 47.5，宽 45.5 米。坞内有房屋 37 间，东侧一组房间中有吏卒的住房、档案室与灶房等。坞南 50 米处另建了一个烽燧。坞的四周 3 米以内，还在地面上埋设了尖头木桩，即"虎落"等防御设施②。

通过这些汉代简牍的记录，可借以恢复汉代边防防卫系统设施的具体建筑形制以及分布状况，从而使我们对汉代西部边防的全貌有了清楚的认识，对于汉代西方匈奴等民族的入侵威胁有了更具体直观的了解，从而补充深化汉代政治史的有关研究。

关于汉代边防各烽燧使用的器具设备，如烽、表、烽竿、烽承索、烽

---

① 见陈梦家《汉代烽燧制度》，《汉简缀述》。又汉简中有"候楼不垂涂土恶（214·5）"，"候橹不堪（214·8）"等文。
② 见《汉书·晁错传》"为中周虎落"。郑注："虎落者，外藩也，若今时竹虎也。"

索、鹿卢、灶、鼓、柝、出火具、薪苣等，在出土简牍中都有着大量具体的记录，并且可以看出它们之间的组合情况。

当时的一个烽燧上可能安置有三具烽架。烽架由烽柱（烽竿），可以上下举动的横木，横木一端放置的烽或者表，系在横木上牵引用的烽索，以及起落烽索的鹿卢等组成。其中烽是把柴草放置入笼中，点燃以后，用烽架举起进行示警。而据简牍中所言，表则是用红、白色的缯制成，悬挂起来，在白天示警。鼓和柝显然是敲击出声响来示警的器物。有人曾认为在烽台上有灶，用以焚烟示警①。据考古调查，灶一般不在烽台上，应该是供炊事使用。至于焚烟用灶，现在还没有确凿的证据。

出土简牍中有大量邮驿的公事文书，从而反映出汉代严密完备的邮驿制度②。将其记录邮书课与其他有关邮程的简文汇集编排起来，还可以说明燧与燧、部与部、候官与候官之间的相互交接情况与邮驿行进的方向，协助恢复边防系统的面貌。20世纪60年代，陈梦家就在《汉简考述》一文中通过排比记录邮程的简牍，推定了额济纳河两岸的邮站干线，指出这条贯穿南北、长达250公里的邮路依次通过"殄北、居延、甲渠、卅井、广地、橐他、肩水"七个候官。根据1974年出土的《塞上烽火品约》等简牍材料，还可以了解到伊肯河南岸的边塞及居延北部的主干邮路③。

结合居延、敦煌地区出土简牍所讨论的一个热点课题是汉代玉门关关址所在。20世纪初，沙畹在《敦煌木简》一书中提出了玉门关曾经西迁之说，王国维同意这一说法，而后劳榦虽然提出了对玉门关关址的不同看法，但仍赞成西迁的观点。20世纪40年代以来，向达、夏鼐根据出土汉简等材料否定了沙畹等人的看法。夏鼐根据1944年在敦煌考察时出土了写有"酒泉玉门都尉"内容的简牍而提出汉代玉门关在小方盘城的意见。陈梦家也在考证汉简的基础上提出了同样的结论④。1977年，在上述小方盘城地点以西11公里的马圈湾烽燧遗址出土了1200余枚汉简，根据其中的"诣官"

---

① 劳榦：《居延汉简考释之部·考证二》，"中央研究院"历史语言研究所专刊第40号，1960。
② 楼祖治：《汉简邮驿资料释例》，《文史》第3辑。
③ 《居延汉简所见的边亭》，《汉简研究文集》，甘肃人民出版社，1984。
④ 陈梦家：《玉门关与玉门县》，见《汉简缀述》，中华书局，1980。

簿籍等可以考定马圈湾遗址为当时玉门候官的治所。同时，根据其中的“出入关名籍”“出入关致籍”“出入关吏卒廪给簿”等记录与邮驿文书，还可以推测出西汉玉门关遗址位于马圈湾遗址西南约0.6公里的羊圈湾高地上①。这些新的研究成果也有待于更多的考古资料来加以证实。

在中原与南方的古代墓葬发掘中，出土了多批简牍帛书，这些出土材料在考古工作中最突出的直接作用就是协助确证墓葬的时代、墓主身份、随葬器物的名称与数量等情况。而这些情况对考古学研究是至关重要的，如果没有文字材料的直接证明，则需要通过大量的形制、类型分析去加以对比、排定。简牍帛书的出土，为有关墓葬的分期断代提供了最可靠、最直接的证据。将其结合墓葬情况进行分析，可以大大提高考古器物分期的可靠性与实用性。通过对出土简牍帛书及有关考古资料的分析释读，已经成功地确认了一些重要墓葬的时代与墓主身份，如云梦睡虎地秦墓、长沙马王堆汉墓、包山楚墓、东海尹湾汉墓，等等。像东海尹湾6号汉墓中出土《元延二年起居记》，可以由此推断墓主下葬于汉元延三年（公元前10)，同时根据墓中出土的谒、遣策等可以认定墓主为在东海郡作过卒史、五官掾、功曹史的师饶。

墓葬中出土的简牍材料里有相当一部分属于记录随葬品的“遣策”。通过它们可以与墓葬中出土的器物加以对比，确认其古代的名称，从而深入了解古代的丧葬制度、器物名称乃至舆服、礼仪制度与宗教思想等重要的意识形态问题。例如在《包山楚简》一书对简牍“遣策”内容的考释中，就结合文字释读，对照了墓葬出土器物。指出“东室所出带座铜杯可能就称作‘金棬’”。“箕，经与出土实物对照应是盛放食物的竹笥。”“西室出土一件铜盉，兽形嘴，似为‘盨’。”“收床即可以折迭收敛之床，西室中的一件木床便是可折迭的。”“东室中有二件平底束腰鼎，楚墓中都以此种鼎为升鼎。”“纤羽，指戟柄上装饰的黑白相杂的羽毛，与出土实物相符”②。等等。

又如天星观楚简、曾侯乙墓竹简、望山一号墓楚简、尹湾六号墓等处出土简牍中的“遣策”记录也与各墓中出土的随葬品多有相符之处。如尹

① 吴礽骧：《玉门关与玉门关候》，《文物》1981年第10期。

② 刘彬徽等：《包山二号楚墓简牍释文与考释》，见《包山楚墓》，文物出版社，1991。

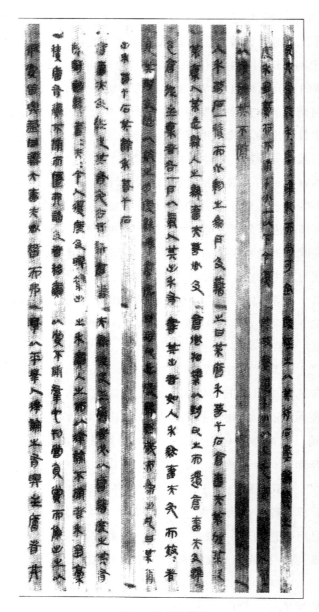

图三　睡虎地秦简

湾六号墓中出土的一件"君兄缯方缇中物疏"除记载了笔、刀、墨囊、板研等书写工具，还记载了随葬的书籍名称，有"六甲阴阳书一卷、列女傅（传）一卷、恩泽诏书、楚相内史对、乌傅（赋）、弟子职、记⋯⋯"这对于出土文书的整理与定名极富帮助。《记》可能就是出土竹简中的《元延二年起居记》，《乌傅》就是出土的《神乌傅》，《六甲阴阳书》应该是出土的9号木牍。《列女傅（传）》《恩泽诏书》《楚相内史对》《弟子职》等则在墓葬中已经不见遗存。同出的"君兄节司小物疏"中记录的饰物等随葬品，如"疏比、顿牟蚕、簀蚕、羽林蚕、镜"等。墓中清理出木梳笼、木蝉、玉蝉、毛笔、铜书刀、墨橐、板研等，就是这些简册记录的随葬品在出土器物中的对应[①]。没有简牍的记载，是无法如此确切地知道这些古代器物名称的。

对于包山楚简中涉及的随葬车马（即"用车"）制度，以及涉及古代典章名物制度的简牍材料，一向为学者所重视。曾有过不少有关讨论，如何琳仪《包山竹简选释》、汤余惠《包山楚简读后记》、刘钊《包山楚简文字考释》、李家浩《包山楚简研究（五篇）》、舒之梅《包山简遣册车马器考释五则》、陈伟《包山楚简初探》[②]等。通过对文字的考释与对有关实物的分析，不仅深化了对古代用车制度的认识，而且对当时各种车的名称、车上的附件、形制等有了更明晰的概念。

简牍帛书中附带的地图对于古代城市、地理的研究与有关古代城市考古研究而言，是十分珍贵的实物材料。如甘肃天水放马滩发现的秦代木板地图、马王堆汉墓出土的西汉地图、城邑图等。徐苹芳对比了马王堆3号汉墓出土的帛画"城邑图"与内蒙古和林格尔汉代壁画墓中的多幅城市图、朝鲜平安南道顺川郡龙凤里辽东城冢壁画墓中的辽东城图，通过这些宝贵的科学资料，探讨了秦汉时期的城市布局与中国古代城市的发展过程，并指出，从马王堆3号汉墓出土的帛画"城邑图"中可以看出，用不同的建筑图像来表示城市中不同的建筑设施这种中国传统绘图方法已经有了两千多年的历史[③]。周世荣也就马王堆3号汉墓出土的帛画地形图对上面记载的

[①] 连云港市博物馆等：《尹湾汉墓简牍》，中华书局，1997。
[②] 何琳仪：《包山竹简选释》，《江汉考古》1993年第4期；汤余惠：《包山楚简读后记》，《考古与文物》1993年第2期；刘钊：《包山楚简文字考释》，中国古文字研究会第九届学术讨论会论文；李家浩：《包山楚简研究（五篇）》，第二届国际中国古文字学研讨会论文；舒之梅：《包山简遣册车马器考释五则》，纪念容庚先生百年诞辰暨中国古文字学国际学术讨论会论文；陈伟：《包山楚简初探》，武汉大学出版社，1996。
[③] 徐苹芳：《马王堆3号汉墓出土的帛画"城邑图"及其有关问题》，《简帛研究》第一辑，法律出版社，1993。

古代城邑进行了实地调查与考证①。在中国古代都城考古中，不可忽视出土简牍帛书材料，特别是地图材料的重要作用。

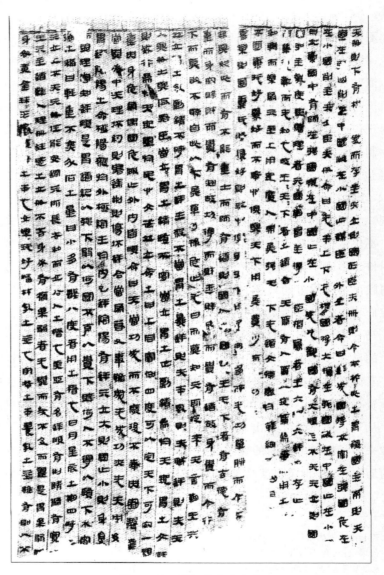

图四　马王堆汉墓出土帛书

---

① 周世荣：《马王堆 3 号汉墓地形图古城邑的调查》，《湖南考古辑刊》2，岳麓书社，1984。

　　长沙出土的三国时期简牍，是在废弃的古井中发现的，而且以后又有多处井中简牍的发现。它揭示了古代人利用废弃的井作为处理过期官府档案的场所这一特殊现象。而在考古发掘中，以往未曾认识到这一点，同时限于条件，对古井的探察往往不够彻底。这一新发现，无疑给考古发掘提出了新的技术要求，开拓了新的着眼点。

　　此外，古代简牍的出土，还给有关的考古发掘工作与文物保护工作增添了新的技术内容，如在发掘时对简牍的记录、提取、编号等都应该有明确的程序规定，在室内清理与复原时也有了科学的具体操作方法，从而获取更多的古代简牍原始信息，帮助有关简牍缀合、编排等复原工作的顺利进行。由于当代文物保护科学技术的发展，在简牍的脱水、保护等专门技术方面也取得了重要成果，保护良好的湖北郭店楚简与修复完好的上海博物馆所藏楚简就是这方面突出的代表。由此可见，古代简牍帛书的发现，也起到了促进考古发掘技术与文物保护技术迅速发展的客观作用。

原载《东亚古物》A 卷，文物出版社，2004

后 记

  这本小书中选录了我自 1982 年至 2016 年间在《考古》《文物》《考古与文物》《中原文物》等有关考古期刊上和论文集中所发表的 35 篇论文。内容主要为：有关金文、玺印、砖瓦文字、简牍文书等古代铭刻材料的释读考证与研究，汉唐考古研究以及一些其他专题，如宋墓砖雕、日本出土简牍等材料的研究。由于在此之前，我已经将历年旧作中其他专题研究的论文分别选编了两本小书，并承三晋出版社予以出版，即《锲而不舍——中国古代石刻研究》《雪泥鸿爪——中国古代文化漫谈》。这本小书就与之相连，定名《我思古人——古代铭刻与历史考古研究》。三本小书，概括了我主要从事的研究内容，希望能通过它们反映出自己几十年学术生涯中所做的努力。

  由于是几十年间陆续发表的作品，其间学术文章的写作规范产生了很大的变化，从这些文章的注释形式中就可以看出差别。本应整体加以补充修改，而使之统一体例。但是限于时间精力，只好保持原貌，仅在个别内容上做了一些修改，请予谅解，并希望读者多加批评指教。本书出版获得中国社会科学院离退休干部工作局老年科研出版资助，谨此致以衷心的感谢。同时也向指导、帮助过我的前辈学者和同事、朋友们致以诚挚的谢意。

  按照出版合同，这本小书问世之时我正迈入古稀之岁。回首一生，不胜感慨。毕竟书生，百无一用，也就是把这些文字作为给自己的一份寿礼吧。

  谨此为记。

图书在版编目（CIP）数据

我思古人：古代铭刻与历史考古研究/赵超著. ——
北京：社会科学文献出版社，2018.6
（中国社会科学院老年学者文库）
ISBN 978 - 7 - 5201 - 2955 - 8

Ⅰ.①我…　Ⅱ.①赵…　Ⅲ.①古印（考古）- 中国 - 文
集　Ⅳ.①K877.64

中国版本图书馆 CIP 数据核字（2018）第 132183 号

中国社会科学院老年学者文库
我思古人
　　——古代铭刻与历史考古研究

著　　者 / 赵　超

出 版 人 / 谢寿光
项目统筹 / 宋月华　李建廷
责任编辑 / 范明礼

出　　版 / 社会科学文献出版社·人文分社（010）59367215
　　　　　地址：北京市北三环中路甲 29 号院华龙大厦　邮编：100029
　　　　　网址：www. ssap. com. cn
发　　行 / 市场营销中心（010）59367081　59367018
印　　装 / 三河市尚艺印装有限公司

规　　格 / 开 本：787mm × 1092mm　1/16
　　　　　印 张：29　字 数：450 千字
版　　次 / 2018 年 6 月第 1 版　2018 年 6 月第 1 次印刷
书　　号 / ISBN 978 - 7 - 5201 - 2955 - 8
定　　价 / 128.00 元